WINTER / HÖRBELT

Hatje Cantz

# WINTER / HÖRBELT

Westfälisches Landesmuseum
für Kunst und Kulturgeschichte
Münster

Herausgegeben von Friederike Wappler
Edited by Friederike Wappler

Hatje Cantz

IMPRESSUM / COLOPHON

Herausgeberin / Editor: Dr. Friederike Wappler
Übersetzungen / Translations: John Brogden (pp. 14 - 18, 39, 40),
Dr. Jeremy Gaines (pp. 5, 7, 25 - 28, 34 - 36, 165 - 195)
Grafische Gestaltung / Graphic design: surface
Redaktion / Editor: Dr. Friederike Wappler
Bildrecherche und -redaktion / Photo research and editing:
Sebastian Deisen
Herstellung / Layout: surface
Satz / Typesetting: surface
Reproduktion / Reproduction: High End GmbH, Frank Rothfuss
Gesamtherstellung / Printed by: DruckVerlag Kettler

© 2003 Hatje Cantz Verlag, Künstler / artists,
Herausgeber / editor und Autoren / and authors
© 2003 für die abgebildeten Werke von Joseph Beuys,
Robert Morris, Thomas Schütte und Richard Serra bei
VG Bild-Kunst, Bonn, sowie bei den Künstlern oder ihren
Rechtsnachfolgern
© 2003 for the reproduced works by Joseph Beuys,
Robert Morris, Thomas Schütte and Richard Serra by
VG Bild-Kunst, Bonn, the artists and their legal successors

Erschienen bei / Published by
Hatje Cantz Publishers
Senefelderstraße 12
73760 Ostfildern-Ruit
Germany
Tel. 00 49. 7 11. 4 40 50
Fax  00 49. 7 11. 4 40 52 20
Internet: www.hatjecantz.de

ISBN 3-7757-1285-2
Printed in Germany

Umschlagabbildung / Cover illustration: Wolfgang Winter /
Berthold Hörbelt: Flower Power Waiting Room, 2002

**VORWORT**   KLAUS BUSSMANN

Die Künstler Wolfgang Winter und Berthold Hörbelt haben 1992 ihre gemeinsame Arbeit begonnen. Die zehnjährige Zusammenarbeit ist für das Westfälische Landesmuseum für Kunst und Kulturgeschichte Münster Anlass zu einer Ausstellung im Lichthof des Museums und der sorgfältigen Dokumentation des bisher Geschaffenen. Kompetente Kenner ihres Werkes beleuchten die verschiedenen Aspekte und Werkphasen, die einführende Interpretation und die sorgfältige Bearbeitung der Edition lag in den Händen von Frau Dr. Wappler und der Künstler selbst.

Der lokale Bezug zu Münster ist evident: nicht nur durch den Wohnort Hörbelts im münsterländischen Havixbeck, wo sie auch eines ihrer Ateliers haben. Auch ihre engen Frankfurter Kontakte zu dem Münsteraner Kasper König, der ihnen mit der Einladung zu der Ausstellung *Skulptur. Projekte in Münster 1997* zu internationalem Durchbruch verhalf, sind entscheidend: mittlerweile reicht ihre Präsenz von Japan und Vietnam bis zu den Vereinigten Staaten und Brasilien. Seit 1997 gehören sie zu den Lieblingen des Münsteraner Publikums.

Zum Markenzeichen wurde das Kastenhaus, ein aus Mineralwasserkästen geschichteter, meist weichen organischen Grundformen folgender Pavillon, der ästhetische Erscheinung mit nützlichen Funktionen verbindet. Doch wie Ausstellung und Buch zeigen, lässt sich ihr Werk nicht einseitig auf dieses Markenzeichen reduzieren. Auch deren Erscheinungsweise, ihre Wahrnehmung (sowie Gebrauch) durch den Betrachter, und ihre kunsthistorischen Konnotationen sind vielfältig und mehrdeutig. Gemeinsam ist allen die verblüffende Wirkung des Lichtes, die Wechselwirkung von Offenheit und Geschlossenheit, Transparenz ohne die banale Durchsichtigkeit einer Glaswand, dem Gegensatz zwischen der klaren architektonisch-skulpturalen Erscheinung des Äußeren und dem Verfließen des inneren Raumes.

Verschieden ist ihre Wirkung im wechselnden städtebaulichen Kontext, wie man gerade in Münster sehr gut beobachten konnte. In landschaftlicher Umgebung wie dem Aasee wirkten sie, trotz des modernen Materialcharakters, wie Erinnerungen an die „Folies" eines französischen Parks des 18. Jahrhunderts, Orte intimen Beisammenseins, wo die Blätter (feuilles) der umstehenden Bäume ein diskretes und diffuses Licht im Inneren erzeugten. Vor dem Residenzschloss konnte man an die Wach- und Schildhäuser der fürstbischöflichen Soldaten denken, die vor dem Schloss Wache hielten. In der Einkaufsstraße vor Karstadt bildeten sie eine elegant um eine (überflüssige) Skulptureninstallation herumgeführte Passage, im Bahnhof schließlich wurden sie zu banalen Informationskiosken. Überall aber waren sie Orte der Überraschung und Faszination gerade für den so genannten Mann von der Straße, der mit Verblüffung anerkannte, wie man aus so banalen Dingen wie Mineralwasserkästen durch Form und Licht höchst poetische Orte schaffen konnte.

Walter Grasskamp hat anlässlich der Ausstellung von 1997 den Begriff von der „Kunst als Dienstleistung" angesprochen und der populäre Erfolg gab ihm recht. Wenn man davon absieht, dass eine der Künste – die Architektur – immer auch Dienstleistung war, lässt sich auch für die Entwicklung eines Teils der Skulptur seit den späten siebziger Jahren ein Trend ausmachen, nicht nur nützliche Dinge in der Tradition von Marcel Duchamp ironisch zu verfremden, sondern in einem Zwischenfeld zwischen Architektur, Skulptur und Design Arbeiten zu schaffen, die „schön und nützlich" und von hohem Kommunikationswert waren, manchmal in absurden Verbindungen wie bei Armajani oder Acconci, manchmal funktional einsetzbar wie bei Scott Burton. Selbst die hochintelligenten Spiegelhäuser von Dan Graham gehören, trotz ihrer intellektuellen Vorgeschichte, dazu (Dan Graham hat, übrigens auch in der Tradition der Folies, den wunderbaren oktogonalen Spiegelpavillon für den Münsterschen Schlossgarten geschaffen).

Trotzdem sind aber diese Arbeiten zugleich Antidesign – sie kommen aus künstlerischen Arbeitsprozessen, die nicht den Gesetzen der Designtheorie gehorchen. In den Werken von Winter und Hörbelt wird das deutlich: Ihr Thema ist die Transformation, sei es des Materials wie zum Beispiel der häufig roh benutzte Knochenleim, der im Härtungsprozess seine Form verändert, sei es das Objekt – banal wie die Devotionalie oder ein standardisierter Kopf – oder sei es durch Reihung und Häufung, sei es durch den materiellen Realisationsprozess, sei es das Licht, das Kastenhäuser oder amorph geformte Stahlgitterwände durchfließt und eine neue Qualität erhält. Auch ihre kleinen Acrylmodelle leben von dieser Steigerung der Licht-Material-Wahrnehmung. Letzten Endes ist auch die Neubestimmung eines Kriegerehrenmals zu einer Bühne der Erinnerungsserenade ein solcher Akt der Transformation mit einer außergewöhnlich diskreten, aber nachhaltigen Präsenz.

Kunst nicht als Dienstleistung, sondern als Angebot zu Reflexion, die Verwandlung einer banalen Materie zu etwas Geistigem – um diesen trotz allem immer noch gültigen Gemeinplatz zu gebrauchen – scheint mir die Leistung der beiden Künstler auszumachen, die diese Ausstellung im Westfälischen Landesmuseum rechtfertigt.

Ein herzliches Dankeschön geht an die Künstler Wolfgang Winter und Berthold Hörbelt. Ausstellung und Buch wären ohne die großzügige Förderung durch Sponsoren auf diese Weise nicht realisierbar gewesen. Mein Dank gilt dem Engagement der Genossenschaft Deutscher Brunnen GmbH und der Sparda Bank Münster sowie dem Entgegenkommen der Lichtgitter-Gesellschaft mbH.

Vorhaben dieser Art sind immer das Werk vieler einzelner Personen, die auf die eine oder andere Weise einen Beitrag leisten. Mein besonderer Dank richtet sich an Friederike Wappler, die mit den Künstlern Ausstellung und Buch konzipiert und realisiert hat. Sie wurden im Museum durch Maïté Vissault unterstützt. Die Öffentlichkeitsarbeit oblag Daniel Müller-Hofstede. Die Gestaltung übernahmen Markus Weisbeck und Maike Truschkowski von „surface", Frankfurt a. M. Bei ihnen bedanke ich mich ebenso wie bei den Autoren, den Übersetzern, den Fotografen, der Galerie Voges + Partner für Fotorecherche und Bildredaktion sowie bei Frank Rothfuss für die Bildbearbeitung und beim Verlag Hatje Cantz.

Klaus Bußmann

## PREFACE   KLAUS BUSSMANN

Artists Wolfgang Winter and Berthold Hörbelt started working together in 1992. Westfälisches Landesmuseum für Kunst und Kulturgeschichte Münster is taking the tenth anniversary of this cooperation as the occasion to launch an exhibition in the courtyard of the museum and carefully document what they have created to date. Experts familiar with their œuvre shed light on the different aspects and phases of it, and the introductory interpretation and careful editing of the edition was ably handled by Dr. Wappler and the artists themselves.

There is a quite evident reference to Münster: not only does Hörbelt live in near-by Havixbeck, where the duo also have their studio. The two were also closely linked in Frankfurt to Kasper König, born and bred in Münster, who was instrumental in their international breakthrough with his *Skulptur. Projekte in Münster 1997* exhibition. Today, their work is at home in locations as far afield as Japan and Vietnam, the United States and Brazil. And since 1997 they have certainly been among the favourites of Münster's general public.

Their trademark today is most certainly the crate-house, a pavilion consisting of stacked crates for mineral water bottles, that primarily reproduces soft organic shapes, combining aesthetic appearance with useful function. Yet, as the exhibition and book show, such crate-houses cannot be reduced to this one branded hallmark and their appearance, to their perception (and use) by the viewer – indeed, there are various levels of different connotations from art history at work here permitting a variety of readings. All the houses share this astonishing use of light, the interaction of openness and closedness, of transparency bereft of the trivial translucence of a glass wall, the contrast between clear architectural / sculptural outward appearance and the fluid state of the inner space.

The impact the crate-houses also differs from one urban context to the next, as can be easily seen precisely in Münster. Surrounded by countryside, as at the Aasee, for all their modern materials they were reminiscent of the "follies" of a French 18th century park, places for intimate encounters, where the leaves (feuilles) of the surrounding trees ensure the light that is cast on their interior is discreet and diffuse. In front of the Residenzschloss, they brought to mind the sentry houses of the soldiers in the employ of the ruling prince-bishop, who stood guard before the castle. In the shopping street outside the Karstadt department store they formed an elegant arcade leading round a (superfluous) sculptural installation, and in the railway station they became quite banal information kiosks. In each instance they were sources of surprise and fascination specifically for the so-called man on the street who recognized with amazement how such trivial things as crates for mineral water bottles can create highly poetic spaces by virtue solely of their shape and light.

On the occasion of the 1997 exhibition, Walter Grasskamp voiced the notion of "art as service" and the popular success of the show proved him right. If we ignore for the moment the fact that one of the arts (namely architecture) was always also a service, then it is fair to say that there is a trend in some strands of sculpture as of the late 1970s not only to ironically transform useful objects in keeping with the intentions of Marcel Duchamp, but also to establish an interstice between architecture, sculpture and design in the shape of works that are "beautiful and useful", not to say highly communicative – at times in absurd combinations as in the works of Armajani or Acconci, at others with a quite functional basis, as with Scott Burton's ideas. Even Dan Graham's highly intelligent mirror houses, for all their intellectual antecedents, can be included in this category. (Incidentally, quite in keeping with the tradition of the folly, Graham created the marvelous mirror pavilion for the Schlossgarten in Münster).

Nevertheless, these works are at the same time also anti-design – they originate in artistic work processes that do not obey the laws of design theory. This becomes quite clear in the works of Winter and Hörbelt: the issue they tackle is transformation, be it of the material (such as the crude bone glue they often use, which changes shape when it sets), be it the object (as trivial as a devotional object or a standardized head), be it by serialization and repetition, be it by processes of material realization that shed their original connotations, be it by dint of the light that permeates the crate-houses or the amorphous steel wire walls and imbues them with new properties. Even the duo's small acrylic models thrive on this enhancement of the perception of light and material. In the final instance, the re-functioning of a war memorial as a stage for a serenade on memory is precisely such a transformational act with an extraordinarily discreet but enduring presence.

Art not as a service, but as an opportunity to reflect, the transformation of trivial material into something intellectual – to use what is still an applicable commonplace – that, in my opinion, is the real achievement of the two artists and this certainly justifies the exhibition at Westfälisches Landesmuseum.

My heartfelt thanks go to the artists Wolfgang Winter and Berthold Hörbelt. It would not have been possible to realize either the exhibition or the book in the present form without the generous support of sponsors. I am grateful to Genossenschaft Deutscher Brunnen GmbH and Sparda Bank Münster for their commitment and to Lichtgitter GmbH for the cooperation.

Projects such as this are always the result of the efforts of many individuals who have contributed to it in the one or other way. My special thanks goes to Friederike Wappler who, together with the artists, devised the exhibition and the book. She was ably supported at the museum end by Maïté Vissault. Daniel Müller-Hofstede was in charge of PR.

The book was designed by Markus Weisbeck and Maike Truschkowski from "surface" in Frankfurt / M. I would like to thank them, the authors, the translators, the photographers, the Gallery Voges + Partner for researching and editing the photos as well as Frank Rothfuss for the images, and Verlag Hatje Cantz.

Klaus Bußmann

REFLECTING ON SCULPTURE  ZUM WERK
VON BERTHOLD HÖRBELT UND WOLFGANG
WINTER   FRIEDERIKE WAPPLER

Als Auguste Rodin Ende des 19. Jahrhunderts
mit Abgussverfahren experimentierte, berührte
er ein Tabu: Die ästhetische Kultur seiner Zeit
war noch zu eng mit der Vorstellung des sub-
jektgestifteten Kunstwerks verknüpft, um eine
einfache mechanische Reproduktion bereits be-
stehender Wirklichkeiten als Kunst zu begreifen. Die abgegossene Form konterkarierte das
Ideal einer künstlerischen Erfindung. Die Wirk-
lichkeitsnähe eines Abgusses konnotierte nicht
allein durch die Praxis der Herstellung von Toten-
masken das Sujet Tod, sondern auch – im über-
tragenen Sinn – die Auslöschung der künstlerischen Idee, somit das Ende der Kunst selbst.

Rodins Abgüsse und Abformungen wurden
erst ein Jahrhundert später als „œuvres mécon-
nue", als bislang „verkannte Werke", rezipiert
und als Kunst wahrgenommen.[1] Erst 1992 wurde die Aktualität der ausgegrenzten Arbeiten
offensichtlich. Vor dem Hintergrund der in Kunst
und Kunstgeschichte befragten Kategorien der
Autonomieästhetik erschienen nun gerade
Rodins Abgüsse und Abformungen avanciert. In
demselben Jahr entschlossen sich Berthold
Hörbelt und Wolfgang Winter gemeinsam zu
arbeiten, das heißt, zu zweit Arbeiten zu konzipieren und zu realisieren. Beide Künstler sind
ausgebildete Bildhauer.

Freilich haben sich die Vorstellungen von
dem, was Skulptur beziehungsweise Plastik ist
und sein kann, seit dem ausgehenden 19. Jahrhundert radikal verändert. Kunst wurde seit der
zweiten Hälfte des 18. Jahrhunderts als Akti-
vität eines schöpferischen Subjekts begriffen,
dessen Werk keiner vorgegebenen Regel, sondern der eigenen Natur folgt. Diese künstlerische Haltung ist im 20. Jahrhundert bekannterweise durch Marcel Duchamp und die historischen Avantgardebewegungen nachhaltig irri-
tiert worden. Was seither als Kunst begriffen
wird, hängt von den diskursiven Grenzen der
eigenwillig entfalteten kulturellen Sphäre ab.
Duchamp hat die Grenzen ausgelotet. Das von
einer individuellen Handschrift geprägte Kunstwerk verabschiedete er nicht allein mit seinem
mit R. Mutt signiertem Urinal, sondern auch
durch eine Portraitzeichnung, die er mit einem
Gipsabdruck seiner Wange überblendete. Die
sprichwörtliche Ironisierung der Kunst im alten

Sinn wird im Titel deutlich. Duchamp nannte die Arbeit *With My Tongue in My Cheek*.

Berthold Hörbelt und Wolfgang Winter beginnen
1992 ihre gemeinsame Arbeit mit einer Abguss-
Serie, der sie den Titel *Same Same* geben. Als ab-
gusstauglich erweisen sich Alltagsgegenstände, die
als Projektionsflächen tradierter Ikonographie dienen, wie eine bereits reproduzierte Madonnenfigur
aus den fünfziger Jahren, eine Spielzeugpuppe oder
eine Likörflasche. Ihre Abgüsse bringen jedoch nicht,
wie der Titel *Same Same* suggeriert, immer gleiche
Doubles hervor. Die Künstler beziehen sehr bewusst
Zufälle des Abgussverfahrens in die künstlerische
Produktion ein. Sowohl die Beschaffenheit der Ab-
gussformen, einige bestehen aus flexiblem Material, als auch Druckveränderungen beim Aushärten
irritieren den Reproduktionsvorgang. Das Verfahren
deformiert und verfremdet die „Prototypen". Der
Abguss einer Madonnenfigur wurde beispielsweise
aus Silikon hergestellt. Da die weiche Negativform
beim Gießvorgang nachgibt, ähneln die gegossenen
Figuren nur noch sehr entfernt der Ausgangsform,
einem bereits massenhaft reproduzierten ‚Original',
das freilich keines mehr ist. Aus transparentem
Kunstharz hergestellt, erscheinen die Abgüsse bis
zur Unkenntlichkeit entstellt [→ S. 30, 166].

Das Spiel mit Ähnlichkeiten und Differenzen
wird in Ausstellungen Anfang der neunziger Jahre
anschaulich. Winter und Hörbelt präsentieren die
Abgüsse in Gruppen, sie zeigen gleichzeitig 50 Variationen einer Portraitplastik, bündeln gegossene
Flaschen zu einem „Trupp" und nutzen die Abformungen der Puppe als Figuren eines fiktiven Tisch-
fußballspiels [→ S. 166].

Im Wettstreit der Künste ging es um die Möglichkeiten der unterschiedlichen Medien, die geschaffene Wirklichkeit zu verlebendigen. Bildhauerei
versuchte, mit der aus Stein geschlagenen und in
Bronze gegossenen Realität die Vorstellungskraft
der Betrachter zu aktivieren. Für dieses Spiel der
Einbildungskraft steht Gotthold Ephraim Lessing
Pate, der mit Blick auf die antike Plastik des leiden-
den Laokoon schrieb: „Dasjenige aber nur allein ist
fruchtbar, was der Einbildungskraft freies Spiel
lässt."[2] Die geschaffene Gestalt, der zur Darstellung
gebrachte fruchtbare Moment, gewährt der Vorstellungskraft Raum. Der zum Bild gewordene Stein
erscheint verlebendigt. Demgegenüber konnotierte
die einfache Reproduktion von Gegenständen durch
Abgussverfahren den Tod – die Totenmaske ebenso
wie das Ende der künstlerischen Produktion.

Die Beziehung der Kunst zu Leben und Tod hat
Wolfgang Winter und Berthold Hörbelt seit Beginn

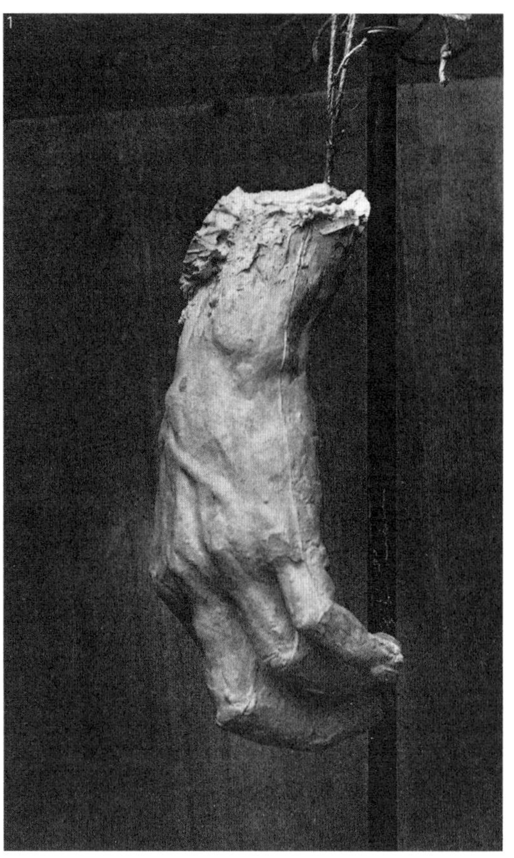

1  Auguste Rodin: *Hand, an einem Draht aufgehängt im Atelier von
Meudon*, um 1890, Musée Rodin, Paris / Auguste Rodin: *Hand, sus-
pended from a wire in the Meudon studio*, approx. 1890, Musée
Rodin, Paris

ihrer Arbeit interessiert. Freilich sieht eine Auseinandersetzung mit diesem grundlegenden
Thema heute ganz anders aus als im 18. und
19. Jahrhundert. Winter und Hörbelt experimen-
tieren seit Mitte der neunziger Jahre mit einem
Material, das die skizzierte bildhauerische Frage-
stellung neu akzentuiert. Sie entdeckten, dass
sich ein aus Tierkadavern hergestelltes Kno-
chenleim-Granulat aufgekocht als Gussmaterial
eignet, und bezeichneten es als *HOEWI 301*.
Da es derweil Monate dauert, bis eine gegossene Form aushärtet, liegt der Produktionsprozess von *HOEWI 301*-Arbeiten nicht allein in
der Hand der Künstler. Vielmehr spielt der Zufall
beim Entstehensprozess eine ganz entscheidende Rolle. Die aus Knochenleim gegossenen
Formen – Blöcke, Depots und über Stahlgerüs-
ten hängende Lappen – schrumpften und ver-
zogen sich eigensinnig und eigenwillig während
des Trocknungsvorgangs [→ S. 166].

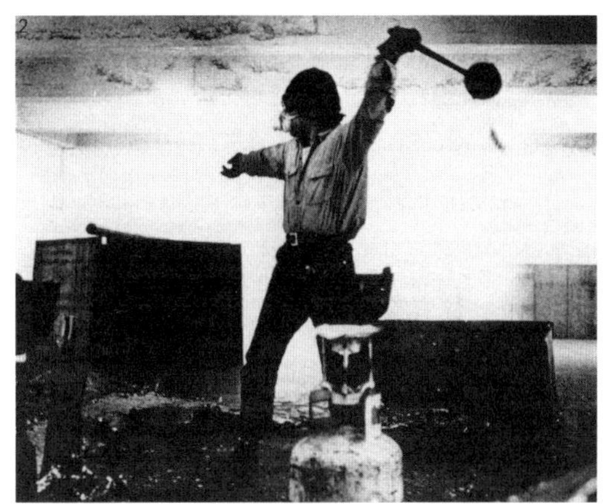

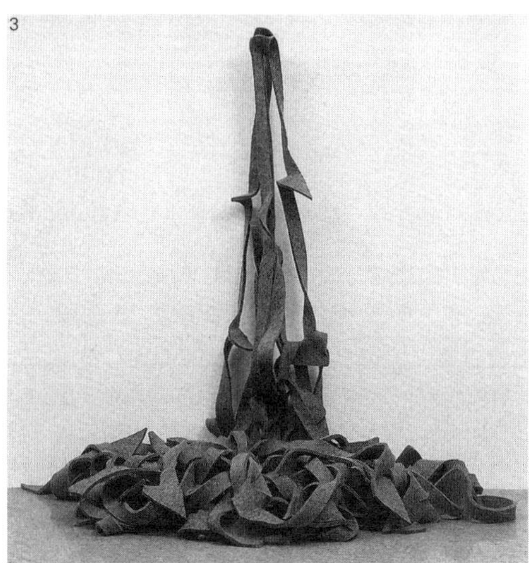

2 Richard Serra: *Blei werfend*, 1969. Castelli-Warehouse, New York /
Richard Serra: *Lead splashing*, 1969. Castelli-Warehouse, New York
3 Robert Morris: *Ohne Titel (Tangle)*, 1967 / Robert Morris: *Untitled
(Tangle)*, 1967

Bereits die Futuristen hatten den Gebrauch aller Materialien in der Kunst gefordert, doch erst mit der künstlerischen Praxis der Dadaisten und Surrealisten erweiterte sich der Rahmen faktisch. Bekannterweise rückten nun Realitätsfragmente in das Kunstwerk. Dieser Transfer ist heute selbstverständlich. Dennoch steht nach wie vor mit jeder künstlerischen Entscheidung die Wahl des Materials zur Disposition.

Bildhauerische Experimente der sechziger und siebziger Jahre erkundeten die Eigenschaften gewöhnlicher Materialien. 1965 hatte sich Donald Judd für die industrielle Fertigung von Kuben aus industriellem Material wie Aluminium und Stahl eingesetzt. Mit seinen „Spezifischen Objekten" wollte er den Illusionismus der europäischen Kunst verabschieden.[3] 1968 beschrieb Robert Morris die Crux des Verfahrens. Die Kuben der Minimal Art blieben aporetisch: Sie wollten jede Referenz vermeiden, doch sowohl die Form als auch die serielle Ordnung unterliefen den eigenen Anspruch. Seine Antwort hieß „Anti-Form"[4], eine Kunst, die Material nicht formte, sondern die Faktizität ausgewählter Stoffe erkundete. Morris experimentierte mit Filz, Richard Serra mit Gummi und Blei, Bruce Nauman mit Mehl und Joseph Beuys mit Fett. Bildhauerisches Material diente ihnen nicht mehr als Mittel zum Zweck, um ein Objekt zu schaffen. Es ging vielmehr um ein In-Gang-Setzen von Prozessen, die ausgesuchte Materialien ermöglichten.[5]

Im Bewusstsein dieser bildhauerischen Verfahren machten Berthold Hörbelt und Wolfgang Winter aus ihrem Atelier eine Art Labor. Der experimentelle Umgang mit alltäglichen Materialien brachte nicht nur den organischen Stoff *HOEWI 301* hervor, fast beiläufig entdeckten Winter und Hörbelt die ästhetischen und konstruktiven Qualitäten von Mineralwasser-Transportkisten.

Mit ihrem Einsatz beginnt 1996 eine neue Werkphase. Die braunen, orangefarbigen und grünen Plastikkästen der „Genossenschaft Deutscher Brunnen" ließen sich aufeinander schichten. Sie eigneten sich hervorragend als Baumaterial. Winter und Hörbelt stapelten die Plastikkästen und entdeckten ihre konstruktiven Möglichkeiten. Ein ästhetisches „Mehr" kam hinzu. Unter sich wandelnden Lichtbedingungen veränderte sich das in Getränkemärkten kaum in Erscheinung tretende Material und begann zu leuchten. Als Winter und Hörbelt ihr erstes Kastenhaus bauten, fiel Sonnenlicht ins Atelier. Sie beobachteten: „Die Mauern aus den fast fleischfarbenen Kästen wurden bei Sonnenlicht leicht transparent durchscheinend, weckten Erinnerungen an das Erlebnis, sich im Dunkeln die Taschenlampe unter die Hand zu halten und von oben das transparente, rötlich schimmernde Fleisch zu betrachten."[6]

Mit den Mineralwasser-Transportkästen fiel den beiden Künstlern ein industriell gefertigtes Modul in die Hände, das es ihnen erlaubte, Lichträume zu produzieren. Architekten haben im 20. Jahrhundert immer wieder die Frage nach der Vermittlung von Innen und Außen durch transparente Materialien zu ihrem Thema gemacht. So erzählt Bruno Tauts „Glashaus"[7], ein 1914 gebauter Ausstellungspavillon für die Glasindustrie, gleichermaßen von den ästhetischen und technischen Möglichkeiten von Glas und Glasbausteinen wie der Umbau der kriegszerstörten Kaiser-Wilhelm-Gedächtnis-Kirche in Berlin (1959 - 63) durch Egon Eiermann. Die Raumgliederungen, die das Büro Murphy / Jahn 1984 für Passanten des O'Hara-Flughafen in Chicago schufen, zeigen, wie Architekten des ausgehenden 20. Jahrhunderts mit dem Baumaterial Glasbaustein umgingen. Die geschwungenen Wände aus farbigem Glasbaustein, welche die Reisenden vom Flugplatz zur U-Bahn-Station „Chicago Transit Authority O'Hare Station" begleiten, zeigen anschaulich, wie die transparenten Materialien die festen Raumgrenzen nahezu auflösen und die Passanten sich in einem Raum bewegen, der selbst mittels der durch die transparente Wand dringenden Lichtreflexe bewegt erscheint.

Den entscheidenden Schritt vom Atelier in die außerkünstlerische Wirklichkeit unternahmen Winter und Hörbelt mit einem Auftrag des „Schwarzacher Hofs", einem bei Heidelberg gelegenen Rehabilitationszentrum. 1996 bauten sie aus 424 Kästen ihr erstes Kastenhaus, das sie als *Kastenhaus 424.8* [→ S. 168] bezeichneten. Der Titel legt die Konstruktionsweise der Architektur offen. Sie stapelten je acht Kisten übereinander und verspannten die Kästen mittels Gewindestangen mit der Boden- und Deckenplatte. Der Innenraum wurde mit Sitzgelegenheiten ausgestattet. Er wurde zum Treffpunkt und Rückzugsraum für die Heimbewohner.

Die Kritik lobte vor allem die sich im Licht wandelnde Wirklichkeit des geschaffenen Raumes.[8] Dass das Kastenhaus jedoch nicht nur ästhetisch wahrgenommen werden kann, sondern zugleich auf eine andere Gebrauchsweise hin konzipiert wurde, macht eine Äußerung der Künstler deutlich: „Ein Anspruch an unsere Kastenhäuser ist, dass man gerne hineingeht und die Räume benutzen kann."[9]

Die Arbeit geht – und das ist ihre spezifische Qualität – weder in der ästhetischen noch in der Gebrauchsfunktion auf. Es geht nicht um ein Entweder-Oder, sondern um ein Sowohl-als-auch. „Autonom" und „fait social"? Das Zusammenspiel von ästhetischer Wahrnehmung und einer nicht-künstlerischen Gebrauchsfunktion lässt sich nicht mehr mit den Kategorien beschreiben, die Theodor W. Adorno in seiner „Ästhetischen Theorie"[10] entwickelt hat. Winter und Hörbelts Kastenhäuser sind keine geschlossenen Werke in dem von Adorno verstandenen Sinn: Monaden, die sich von der Alltagswirklichkeit abgrenzen, um die Antagonismen der Realität mittels ihrer Form zu spiegeln und auf diese Weise „fait social" zu sein. Die begehbaren und zugleich benutzbaren Kastenhäuser durchkreuzen vielmehr die Reinheit des Ästhetischen. Sie schlagen die Brücke von der reinen zur angewandten Kunst und lassen die tradierte Dichotomie hinter sich. Winter und Hörbelts Arbeiten verschieben die Grenzen autonomer Kunst; sie erproben ihre Auflösung.

„Zur Selbstverständlichkeit wurde, dass nichts, was die Kunst betrifft, mehr selbstverständlich ist", bemerkte Adorno bereits Ende der sechziger Jahre.[11] Nach dem Zweiten Weltkrieg hatten bereits die Pop- und die Minimal Art den geschlossenen, sich selbst reflektierenden Werkbegriff unterlaufen. Die Serialität gewann eine historisch neue Qualität. Die Pop Art integrierte die bislang abgewehrte Massenkultur und die Minimal Art bezog die Betrachter sowie die kontingenten Bedingungen der je gegenwärtigen Rezeption in das Kunstwerk ein. Teilnehmer und Umfeld wurden zu Bezugsgrößen eines sich verändernden skulpturalen Systems.

Das heißt, was seit den sechziger Jahren noch als Skulptur bezeichnet werden kann, lässt sich nicht mehr mit den Kategorien der Nachkriegsmoderne beschreiben. Skulptur ist seither zu einem erweiterten System geworden. Mit Blick auf die bildhauerische Praxis der sechziger und siebziger Jahre bemerkte Rosalind Krauss: „Skulptur [ist] nicht länger der privilegierte Mittelbegriff zwischen zwei Dingen, die sie nicht ist. Skulptur ist vielmehr ein Begriff an der Peripherie eines Felds, in dem es andere, anders strukturierte Möglichkeiten gibt. (...) Es scheint mir ziemlich klar, dass diese ‚Erlaubnis' (oder der Zwang), das erweiterte Feld zu denken, von einer Reihe von Künstlern etwa zur gleichen Zeit empfunden wurde. Denn Robert Morris, Robert Smithson, Michael Heizer, Richard Serra, Walter de Maria, Robert Irwin, Sol LeWitt, Bruce Nauman u.a. erreichten, einer nach dem anderen, eine Situation, deren logische Bedingungen nicht länger als modern beschrieben werden können."[12]

Die phänomenologisch geleitete interaktive Kunst der sechziger und siebziger Jahre wurde in den darauf folgenden Jahrzehnten durch eine künstlerische Praxis abgelöst, die das Publikum auf eine neue Art und Weise einbezieht. Es geht in der Skulptur der letzten Jahrzehnte nicht mehr allein um eine erweiterte ästhetische, sondern zugleich um eine erweiterte kommunikative

Situation und Praxis. Kunst, die die traditionellen Werk- und Gattungsgrenzen überschreitet, fungiert beispielsweise als Dienstleistung, als Service, als politischer Aktionsraum oder als ein Ort der Unterhaltung und Zerstreuung.

Die *Skulptur Projekte in Münster* haben im Abstand von zehn Jahren seit 1977 den historischen Stand der Skulptur reflektiert. Ausstellungsort war von Beginn an nicht allein das Museum, sondern das gesamte städtische Umfeld. 1997 agierten Künstler als Dienstleister: Marie-Ange Guilleminot bot im Rahmen der Ausstellung Möglichkeiten einer Fußmassage an, Besucher konnten mit Tadashi Kawamatas Boot auf dem Aasee fahren und Heimo Zobernig entwarf Plakatwände zur Ausstellung. Andere Künstler gestalteten Räume, die dazu einluden, sie auf eine nicht künstlerische Art und Weise zu nutzen. Jorge Pardo entwarf ein Pier für den Aasee, Douglas Gordon verwandelte eine Fußgängerunterführung in einen Kinoraum und Winter und Hörbelt installierten an unterschiedlichen Orten der Stadt Kastenhäuser, die als Informationspavillons der Ausstellung dienten. Doch anders als übliche Infostände, gingen die von ihnen errichteten Architekturen nicht in dieser Funktion auf. Sie antworteten auf die jeweilige Umgebung. Das transparente, lichtdurchlässige Material verwandelte die Räume permanent und ließ sie als Lichträume in Erscheinung treten. Ferner gab es architektonische Bezüge zum Umfeld: Rundbauten am Aasee glichen Kiosken [→ S. 146, 147, 172], ein Pavillon vor dem von Johann Conrad Schlaun erbauten Schloss kommentierte die barocke Architektur [→ S. 140, 142, 170], ein *Bauzaun* in der Fußgängerzone zwischen Karstadt und der Dominikanerkirche diente als eine Passage für die Fußgänger [→ S. 144, 170], und ein im Bahnhof aufgebautes Kastenhaus fungierte als Warteraum für Reisende [→ S. 148, 172].

Zu einem Lichtraum einer ganz besonderen Art wurde das *Kastenhaus 2640.15 (Lichtspielhaus Berlin)* [→ S. 114 - 120, 174], das Winter und Hörbelt 1998 in Berlin aufbauten. Das temporäre Kino aus Wasserkästen ließ das Lichtspiel des aus Transportkisten erbauten Kastenhauses noch viel komplexer werden. Licht drang von außen nach innen und von innen nach außen. Die im Lichtspielhaus laufenden Filme wurden durch Lichtreflexe auch außerhalb des Gebäudes sichtbar; natürliches Licht, Wetterlage und Publikumsandrang veränderten die Rezeptionsbedingungen im Innenraum. Das 2000 in Skärhamn in Schweden auf der Insel Tjörn platzierte *Kastenhaus 356.11* bezeichnen Winter und Hörbelt als *Lighthouse* [→ S. 88, 90, 182]. Aus mintgrünen Getränkekisten gebaut, nimmt das aus drei Ring-

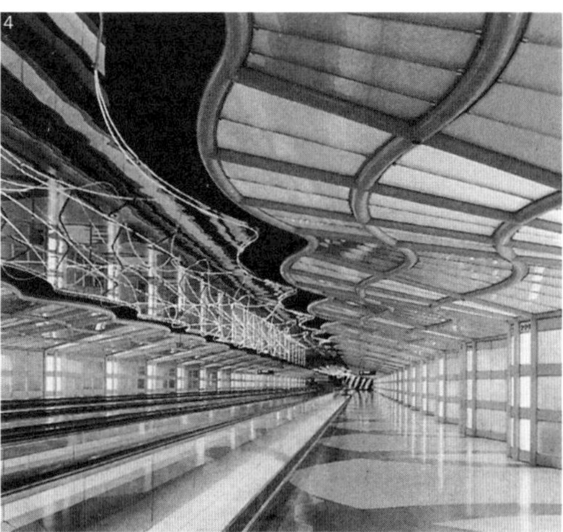

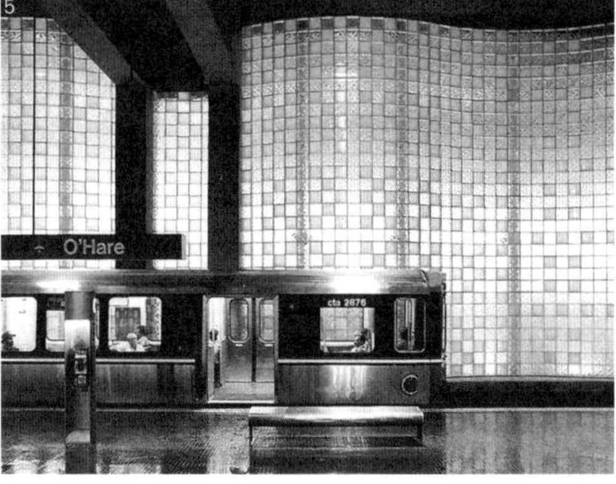


4  Murphy / Jahn: *O'Hare International Airport, Terminal,* Chicago /
Murphy / Jahn: *O'Hare International Airport, Terminal,* Chicago /
5  Murphy / Jahn: *O'Hare International Airport, Station,* Chicago /
Murphy / Jahn: *O'Hare International Airport, Station,* Chicago /

modulen zusammengesetzte, etwa 3,5 Meter breite und vier Meter hohe Gebäude den Ort eines Leuchtturms ein. Ein Zeitschaltsystem schaltet bei Dunkelheit eine Lichtquelle im Innern des Rundbaus ein. Theoretisch dient es mit seinen Sitzgelegenheiten als ein Ort des Verweilens. Doch kein Weg führt zu der begehbaren Skulptur; sie ist bestenfalls schwimmend zu erreichen. Auch dieses Kastenhaus geht freilich nicht in der Funktion auf, vorbeifahrenden Schiffen eine Orientierung und für heranschwimmende Besucher ein Ruheort zu sein. Es befindet sich in unmittelbarer Nähe zum Akvarellmuseet, einem Museum für skandinavische Aquarellmalerei, und fungiert in diesem Umfeld als eine Skulpur, die sich mit den wechselnden Bedingungen des Wetters, des Lichtes und im Rhythmus von Tag und Nacht permanent verändert.

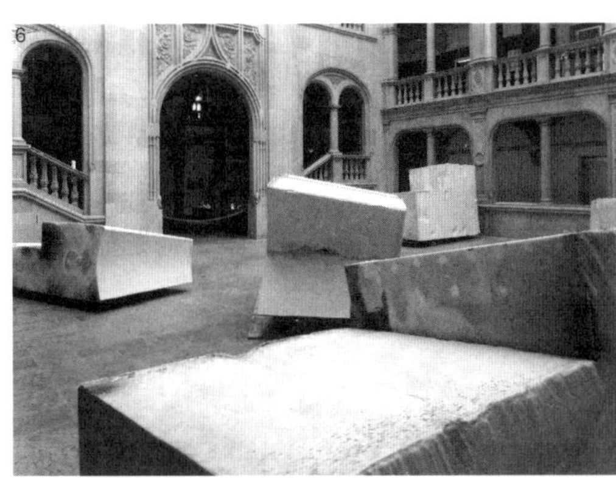

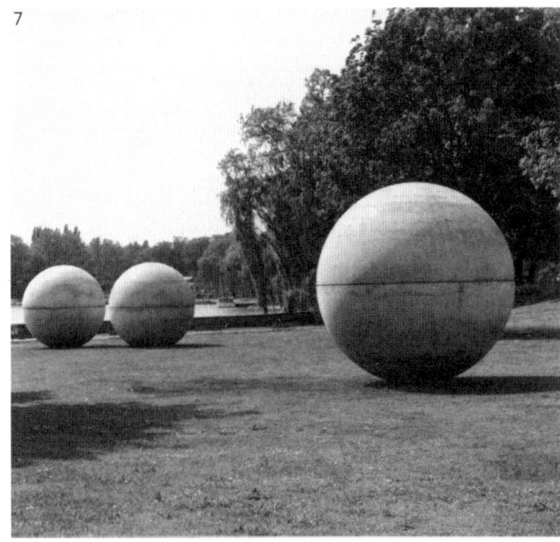

6 Joseph Beuys: *Unschlitt/Tallow*, 1977, Installation im Lichthof des Landesmuseums, Münster / Joseph Beuys: *Unschlitt/Tallow*, 1977, Installation in the courtyard of the Landesmuseum Münster

7 Claes Oldenburg: *Giant Pool Balls*, 1977, *Skulptur Ausstellung in Münster 1977* / Claes Oldenburg: *Giant Pool Balls*, 1977, *Skulptur Ausstellung in Münster 1977*

Während das *Lighthouse* sich in die malerische Umgebung der Bucht einfügt, wird der 1999 konzipierte *Cola View Point for São Paulo* [→ S. 130, 176] inmitten der brasilianischen Megacity São Paulo stehen. *Artecidade*, ein Diskussionsforum zum Thema Stadtentwicklung, lud die Künstler ein, eine auf auf São Paulo bezogene Arbeit zu konzipieren. Andere Vorschläge brachten Künstler, Architekten, Soziologen ein, beispielsweise Vito Acconci oder Rem Koolhaas. Winter und Hörbelt schlugen einen aus roten Cola-Transportkisten gebauten Aussichtsturm vor, der einen Überblick über die sich rasant entwickelnde Stadt ermöglichen sollte: ein aus Transportkisten gebautes „Nest" über den Dächern des Stadtteils Bras. Bereits der Entwurf macht deutlich, wie Winter und Hörbelt ihre begeh-

baren Skulpturen auf das städtische Umfeld beziehen, in dem sie erscheinen. Es sind keine autonomen, vom Ort ihrer Aufstellung unabhängigen Skulpturen, sondern ortsbezogene Arbeiten, die sich mit der sich ständig wandelnden Umgebung und den Menschen, die sie aufsuchen, verändern. Die idealen Rezipienten sind in Bewegung.

Hier wird auch deutlich, dass sich die Möglichkeiten von „Kunst im öffentlichen Raum" in den letzten Jahrzehnten radikal verändert haben. Winter und Hörbelts São-Paulo-Projekt zeigt nicht nur den Wandel des städtischen Raumes, sondern auch, dass sich der öffentliche Raum im Zuge der Globalisierung und durch die neuen Kommunikationsmedien deutlich verändert hat. Es ist eben nicht mehr allein das urbane Umfeld, das so bezeichnet werden kann. Die Public Sphere lässt sich heute nicht mehr ohne TV und Internet denken. Öffentlichkeit hat sich im Zuge der massenmedialen Kommunikation grundlegend gewandelt.

Ein Blick zurück auf die erste *Skulptur Ausstellung in Münster*, die Klaus Bußmann und Kasper König 1977 parallel zur documenta 6 veranstalteten, zeigt deutlich, wie revolutionär noch vor 25 Jahren die Öffnung des Ausstellungsraums war. Die Kunst im öffentlichen Raum hatte in den siebziger Jahren durch die US-amerikanische Kunst entscheidende Impulse erhalten, so beispielsweise durch die Land Art und der damit einhergehenden Vorstellung von „site specificity". Die neuen Arbeiten waren untrennbar mit dem Ort ihrer Realisation verbunden. Künstler wie Richard Serra, Claes Oldenburg, Bruce Nauman, Michael Asher, Donald Judd und Richard Long kehrten vor dem Hintergrund dieser Kunst auch im Rahmen der *Skulptur Projekte in Münster* dem traditionellen Museumsraum den Rücken und bezogen sich mit ihren Arbeiten auf das städtische Umfeld der Stadt Münster. Oldenburg blickte auf die Stadt wie auf ein überdimensioniertes Billardspiel, und Bruce Nauman konzipierte *Square Depression*, eine Vertiefung des Raumes vor dem Schloss. Zur gleichen Zeit nutzte Manfred Schneckenburger während der documenta 6 erstmals das Gelände der Karlsaue. Zehn Jahre später erweiterte er anlässlich der documenta 8 den Ausstellungsraum außerhalb des Museums: Außenprojekte von Richard Serra, Ulrich Rückriem, Tony Cragg, Thomas Schütte, Tadashi Kawamata u.a. wurden nicht nur im Umfeld des Fridericianums gezeigt, sondern auch im Stadtraum. Und auch die Künstler, die 1987 an den *Skulptur Projekten in Münster* teilnahmen, konzipierten ihre Arbeiten für ausgewählte Plätze im städtischen Raum. In den vergangenen Jahrzehnten wurde nicht mehr

allein der Ort, in der Kunst in Erscheinung tritt, bedeutsam, sondern das gesamte Umfeld, der so genannte „Kontext" [13]. Die institutionelle Rahmung wurde zum Teil eines erweiterten skulpturalen Systems.

Was bedeutet das für Spielgeräte, die auf Spielplätzen in aller Welt Kindern zum Klettern dienen? Können sie als Kunst wahrgenommen werden? Winter und Hörbelt haben seit 1996 ausgediente Spielgeräte repariert, neu gestrichen und ausgestellt. Zugleich haben sie neue Geräte erfunden und auf Spielplätzen aufgestellt. In ihrer Form ähneln sie minimalistischen Objekten, so beispielsweise den Skulpturen von Sol LeWitt. Seine Objekte wurden und werden in Räumen ausgestellt, die unzweifelhaft Orte der Kunst sind. Demgegenüber befinden sich Winter und Hörbelts Spielgeräte sowohl auf Spielplätzen als auch in Ausstellungsräumen. Sie fungieren hier wie dort als Kunst und als Spielgerät. Winter und Hörbelt treiben das Spiel mit der kontextuellen Aufladung an eine Grenze, dorthin, wo die systemhafte Zuordnung nicht mehr ohne weiteres gelingt. Die Künstler fotografierten Spielgeräte auf Spielplätzen in aller Welt. Es bleibt offen, ob sie die Geräte ausgewählt, aufgestellt oder einfach nur dokumentiert haben. Ihr Verwirrspiel mit der Autorenschaft lässt potentiell alle Spielgeräte auf Spielplätzen zu Skulpturen von Winter und Hörbelt werden [→ S. 20, 23, 132, 134, 174, 180].

Dass dieses Spiel mit Systemgrenzen in der westlichen Welt anders funktioniert als beispielsweise in Vietnam, zeigt Winter und Hörbelts Arbeit in Hanoi. Die institutionelle Rahmung, die etwas als Kunst oder Nicht-Kunst codiert, verläuft in einem Land, das künstlerisch vom sozialistischen Realismus geprägt worden ist, anders als in Europa oder den USA. Anlässlich ihrer Tätigkeit als Hochschullehrer an der University of Fine Arts in Hanoi bauten die Künstler gemeinsam mit den Studenten der Kunsthochschule das *Hanoi City Tea House* [→ S. 110, 112, 178] auf dem Hochschulgelände. Das Universitätsumfeld ließ den Versuch zu: den Bau einer temporären Architektur aus 500 roten Plastiktabletts. Für die Studenten, so berichten Winter und Hörbelt, war die Arbeit zunächst äußerst fremd. Außerhalb des Unigeländes hätte ein solches Gebäude als Kunst nicht bestehen können, es wäre zu einem öffentlichen Ärgernis geworden. Innerhalb des Hochschulgeländes war das Experiment möglich. Die Architektur diente temporär als Treffpunkt und Teehaus; zugleich war sie als begehbare Skulptur rezipierbar.

Für die Kontextkunst ist das Umfeld von besonderer Bedeutung: Die Umgebung, die Kunst als Kunst in Erscheinung setzt. Das heißt, dass das Betriebssystem Kunst mit seinen Institutionen als diskursive Rahmung funktioniert. Anlässlich der Ausstellung *einlräumen. Arbeiten im Museum* [14] bauten Winter und Hörbelt 2000 erstmals eine begehbare Skulptur aus Gitterrosten, einem lichtdurchlässigem Material, das üblicherweise dazu dient, Kellerräume zu erhellen. Für ihre Arbeit *Feng Shui Basket* [→ S. 78 - 80, 184] ließen Winter und Hörbelt Gitterroste maschinell biegen. In der Formgebung haben sie sich von computergenerierten, geschwungenen Formen in der zeitgenössischen Architektur inspirieren lassen. So arbeitet Frank Gehry beispielsweise mit einer Software, die für den Flugzeugbau programmiert worden ist. Jacques Herzog und Pierre de Meuron haben eine amöbenförmige Bibliothek für die Stadt Cottbus entworfen, deren gerundeten Außenmauern die Bewegungsabläufe im Bau simulieren. Es entstand so ein gerundeter, fast organisch wirkender Körper. Die starren planen Gitterroste erschienen nahezu weich, leicht biegsam. Der transparente einsehbare Raum war durch eine Öffnung zugänglich. Im Rahmen der Ausstellung diente er als Museumskasse. In das Treppenhaus des Altbaus gesetzt, bekam die aus dem ersten Geschoss von oben einsehbare Skulptur eine weitere Funktion. Sie trat als ein gigantischer Mülleimer in Erscheinung.

Ein anderer Museumsort: Der Lichthof des Westfälischen Landesmuseums für Kunst und Kulturgeschichte in Münster wird als Ausstellungsraum zeitgenössischer Kunst genutzt. Dort, wo Joseph Beuys während der *Skulptur Ausstellung in Münster* 1977 *Unschlitt / Tallow* ausstellte, Blöcke aus Stearin und Talg, die aus der Abformung eines Hohlraums unterhalb einer Fußgängerbrücke entstanden waren, und Reiner Ruthenbeck während der *Skulptur Projekte in Münster* 1987 Fahrräder unter einer *Lodenfahne* auftauchen ließ, installieren Winter und Hörbelt 2002 / 03 eine begehbare doppelwandige Gitterrost-Skulptur, die sie – in Erinnerung an eine Straße der Blechhandwerker in Hanoi – *Hang Thiẽc Basket #4, public version* [→ S. 188] nennen. Der von Galerien umgebene Lichthof, ein Ort profaner Erleuchtung im bürgerlichen Museum, wird in ihrer Auslegung zu einem

öffentlichen Raum, der sich dem städtischen Außen anverwandelt. Der von Brian O'Doherty beschriebene ideale Ausstellungsraum, der „White Cube", der durch eine „Technologie des Ästhetischen" die Außenwelt fernhält, wird mit Verbundsteinen gepflastert.[15] Die Verkehrung von Außen und Innen legt den Museumsraum nicht nur als erweiterten öffentlichen Raum aus; sie macht zugleich die hier bestimmende Auslegungspraxis transparent. Der Boden, der das Straßenpflaster zitiert, funktioniert im Museum gleichsam als eine Bühne, welche die ausgestellte, begehbare Skulptur in ein autonomes Werk verwandelt. Die doppelwandige, im Grundriss geschwungene Gitterrost-Skulptur verschränkt Innen und Außen im artistischen Spiel: Ein- und Ausblicke, die durch die Doppelwandigkeit sowohl gewährt als auch verweigert werden, transformieren die komplexe Wahrnehmung in eine Reflexionspiel: Innen und Außen sind nicht nur räumlich verschränkt, sondern auch diskursiv. Sie durchkreuzen sich hier im Museum, einem Ort, der historisch die Ausdifferenzierung autonomer Kunst begleitet hat und bis heute als Institution der diskursiven Grenze fungiert.

Während der *Hang Thiẽc Basket #4* das Museum als einen Ort des öffentlichen Raums auslegt und damit die Grenzziehung zwischen Museum und Stadtraum berührt und thematisiert, stellen Winter und Hörbelt im Rahmen der *Liverpool Biennale 2002* ihre Gitterrost-Arbeit sehr bewusst im städtischen Außenraum auf. Der Bahnhof der „Lime Street Station" bietet mit einem großen Balkon Reisenden ein Entree zur Stadt. Es ist ein Ort des Ankommens und Abschiednehmens, der allerdings heute in dieser Funktion kaum genutzt wird. Winter und Hörbelt greifen mit ihrer Arbeit *Crossing* [→ S. 58 - 64, 188] das Thema des Übergangs auf. Sie platzieren auf dem von ihnen farbig markierten Balkon eine doppelwandige Gitterrost-Skulptur. Den Grundriss der Arbeit hat ein Zufall motiviert, eine sich dort befindliche Pfütze. Trotz der Transparenz, die das Material zu garantieren scheint, sind Einblicke in die temporäre Architektur auch hier nicht selbstverständlich. Die Doppelwandigkeit erschwert sowohl den Blick in die Skulptur als auch Blicke aus dem Innenraum nach außen. Acht Türen in den Wandungen ermöglichen Ein- und Ausgänge in einen Raum, der trotz des eigentlich durchsichtigen Materials Ausblicke nicht notwendig garantiert. Wer sich durch die Arbeit hindurchbewegt, dem werden nur ausschnitthaft Durchblicke gewährt. Auf diese Weise thematisiert die Skulptur, was vor Ort längst in Vergessenheit geraten ist. Indem sie mittels des künstlerisch gestal-

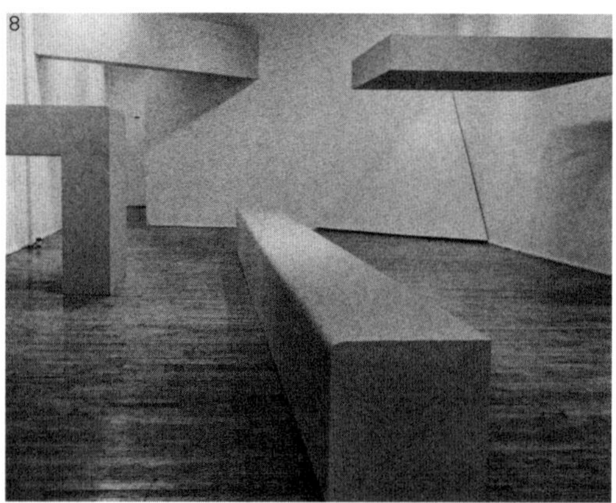

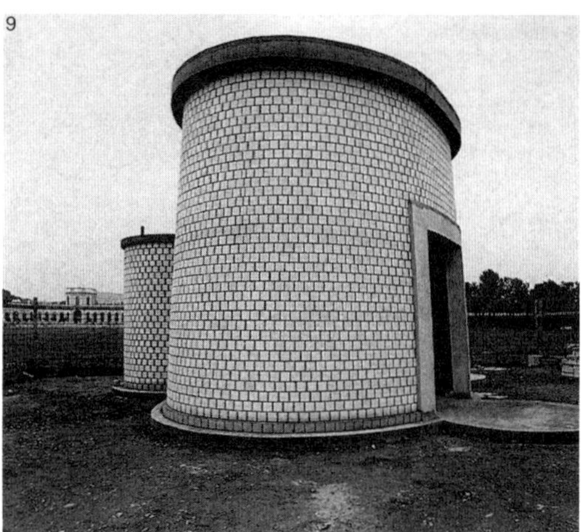

8  Robert Morris: *Installation in der Green Gallery*, New York, Dezember 1964 - Januar 1965 / Robert Morris: *Installation in the Green Gallery*, New York, December 1964 - January 1965

9  Thomas Schütte: *Eis, 1987* / Thomas Schütte: *Ice, 1987*

teten Raums auf die Möglichkeiten und Grenzen der Wahrnehmung aufmerksam macht, schärft sie zugleich ein Bewusstsein für die inmitten der Stadt bestehenden Potenziale.

Seit der Minimal Art – genauer: seit Robert Morris' Ausstellung in der Green Gallery in New York 1964 – ist die Skulptur, so Rosalind Krauss, „reine Negativität" geworden: eine Kombination von Ausschließungen.[16] Wie lässt sich vor diesem Hintergrund ein Auftrag bearbeiten, der nach einer Neudefinition eines Denkmals fragt? Winter und Hörbelt haben sich 2001 der Aufgabe gestellt, ein bestehendes Mahnmal in Billerbeck zu Ehren der im Ersten Weltkrieg Gefallenen umzuwidmen. Ihr Eingriff sah die behutsame Renovierung der Kapelle vor, die Umbenennung des Kriegerehrenmals in eine *Kapelle der Friedfertigkeit* [→ S. 184]. Ihr skulpturaler Eingriff blieb äußerst begrenzt: am Fuß der

Kapelle wurde eine Scheibe aus rotem Kunststein eingelassen – als Bühne für ein 13 Jahre währendes Ritual. Jeden Sonntag spielt ein Musiker ein eigens für den Anlass von Friedrich Jaecker komponiertes Musikstück, eine Komposition, die mit Auslassungen arbeitet. Es ist ein Stück, das im Sinne der Cage'schen Zufallsoperationen Geräusche der Umgebung einbezieht. Die Auslassungen öffnen die Werkgrenze und laden zu einem Zusammenspiel von Kunst und Nicht-Kunst ein.

Das kontingente Wechselspiel von Artefakt und den sich verändernden Bedingungen einer Umgebung, das mit Winter und Hörbelts Abgussarbeiten und den Kastenhäusern begann, wird hier mit anderen Mitteln fortgesetzt. Die Abgüsse verdanken sich Zufällen der Produktion, und die Kastenhäuser bieten Raum für eine offene, ebenfalls dem Zufall überantwortete Kommunikation mit dem Publikum und den nicht planbaren, wechselhaften Bedingungen des Umfeld. So verändert das Licht permanent den geschaffenen Raum. Robert Morris' programmatische Überlegung zur Weiterentwicklung der Skulptur bewahrt ihre Aktualität. 1966 schrieb er in „Artforum": „Die besseren neuen Arbeiten nehmen die Beziehungen aus der Arbeit heraus und machen sie zu einer Funktion von Raum, Licht und Gesichtsfeld des Betrachters. Das Objekt ist nur eines der Elemente der neuen Ästhetik. (...) Man ist sich stärker als früher dessen bewusst, dass man selber die Beziehungen herstellt, indem man das Objekt aus verschiedenen Positionen, unter wechselnden Lichtbedingungen und in unterschiedlichen räumlichen Zusammenhängen erfasst."[17]

Doch etwas hat sich seither verändert: Die Zurücknahme von Autor(en) und Werk zugunsten der zufälligen Bedingungen eines Umfeldes und dem sich im Raum bewegenden Betrachter muss sich heute nicht mehr auf ein in einem Ausstellungsraum befindliches Werk beziehen. Winter und Hörbelts Arbeiten zeigen die Verschiebungen im Kunstdiskurs seit den sechziger Jahren anschaulich: Raum, Licht und Betrachter sind heute nicht mehr allein Elemente einer Skulptur im erweiterten Feld, sie fungieren als kontingente Anteile eines erweiterten skulpturalen Systems, das mit einer Durchkreuzung von einer ästhetischen und einer nicht-ästhetischen Kommunikation die Autonomie der Kunst weiterhin behauptet und sie zugleich in Frage stellt.

1. Georges Didi-Hubermann: *Ähnlichkeit und Berührung. Archäologie, Anachronismus und Modernität des Abdrucks*, DuMont: Köln 1999, S. 100.

2. Gotthold Ephraim Lessing: *Laokoon oder die Grenzen der Malerei und Poesie*. Philipp Reclam Verlag: Stuttgart 1983, S. 23.

3. Donald Judd: „Specific Objects", in: *Arts Yearbook, 8*, 1965, S. 74 - 82.

4. Robert Morris: „Anti-Form", in: *Artforum*, Vol. 6, No. 8, April 1968, S. 33 - 35.

5. Vgl. Friederike Wappler: „Postminimal Art", in: *DuMonts Begriffslexikon zur zeitgenössischen Kunst*, hrsg. von Hubertus Butin, DuMont: Köln 2002, S. 254 - 257.

6. Wolfgang Winter / Berthold Hörbelt, zit. aus: Wolfgang Winter / Berthold Hörbelt: „Kastenhaus xxx.x", in: *Skulptur. Projekte in Münster 1997*, hrsg. von Klaus Bußmann, Kasper König, Florian Matzner, Kat. Westfälisches Landesmuseum, Verlag Gerd Hatje: Ostfildern-Ruit 1997, S. 459.

7. Vgl. Barbara Engelbach: *Das Kunstwerk des Monats (Dezember 1997): Wolfgang Winter / Berthold Hörbelt: Kastenhaus 710.10. Modell, 1997*, Westfälisches Landesmuseum für Kunst und Kulturgeschichte Münster, Münster 1997.

8. W. E. Baumann: „Das Kastenhaus". *Frankfurter Rundschau*, 20. Juli 1996.

9. Wolfgang Winter / Berthold Hörbelt, im Gespräch mit der Autorin im Juli 2002.

10. Theodor W. Adorno: *Ästhetische Theorie*, hrsg. von Gretel Adorno und Rolf Tiedemann, Suhrkamp Verlag: Frankfurt a. M. 1970, S. 16.

11. (Vgl. Anm. 10), S. 9.

12. Rosalind Krauss: *Die Originalität der Avantgarde und andere Mythen der Moderne*, hrsg. von Herta Wolf, Verlag der Kunst: Amsterdam, Dresden 1985, S. 340ff.

13. Vgl. Peter Weibel: *Kontext Kunst. The Art of the 90's*, Kat. „Trigon '93", Steirischer Herbst, Graz 1993, DuMont: Köln 1994.

14. *ein|räumen. Arbeiten im Museum. 61 aktuelle Arbeiten in der Hamburger Kunsthalle*, Kat. Hamburger Kunsthalle, Cantz: Ostfildern-Ruit 2000.

15. Brian O'Doherty: *In der weißen Zelle. Inside the White Cube*, hrsg. von Wolfgang Kemp, Merve Verlag: Berlin 1996, S. 10. Zuerst publiziert als: Brian O'Doherty (1976): *Inside the White Cube. The Ideology of the Gallery Space*. The Lapsis Press: Santa Monica, San Francisco 1986.

16. Rosalind Krauss: „Unterwegs zur Postmoderne", in: Dies.: *Die Originalität der Avantgarde und andere Mythen der Moderne* (vgl. Anm. 12), S. 338.

17. Robert Morris: „Anmerkungen über Skulptur, Teil 2", in: *Minimal Art. Eine kritische Retrospektive*, hrsg. von Gregor Stemmrich, Verlag der Kunst: Dresden, Basel 1995, S. 105. Zuerst publiziert als: Robert Morris: „Notes on Sculpture, Part 2", in: *Artforum*, Vol. 5, No. 2, October 1966, S. 20 - 23.

<u>REFLECTING ON SCULPTURE</u>   <u>ON THE WORKS OF BERTHOLD HÖRBELT AND WOLFGANG WINTER</u>   <u>FRIEDERIKE WAPPLER</u>

When Rodin experimented with the technique of "moulage sur le vif" towards the end of the 19th century, he offended against a taboo: the aesthetic culture of his time was still bound up too closely with the notion of originality and individuality to be able to recognize the simple mechanical reproduction of existing realities as art. The cast form ran counter to the ideal of artistic invention. The extreme closeness of a casting to reality awakened associations with death, not only because this technique was used for making death masks, but also – in a transferred sense – because it represented the end of the accepted notion of art and, by the same token, the end of art itself.

It was not until a hundred years later that Rodin's castings and impressions, his "œuvres méconnues", were finally accepted as works of art.[1] Indeed, it was not until 1992 that the relevance of Rodin's hitherto unrecognized works for our own time became obvious. Now, against the background of the discussion among artists and art historians on the autonomy of art and on the categories into which this autonomy may fall, it is precisely Rodin's castings and impressions which enjoy avantgarde status. It was in 1992, too, that Berthold Hörbelt and Wolfgang Winter decided to collaborate, that is to say, to conceive and realize art works together, as a team. Both artists are trained sculptors.

Of course, the accepted notions of what sculpture is and ought to be have changed radically since the end of the 19th century. Since the second half of the 18th century, art had been understood as the activity of a creative individual whose work did not obey any given rules but, rather, was true to its own nature. As we know, this notion of art was, in the 20th century, considerably shaken – and with lasting effect – by Marcel Duchamp and the movements of the historical avant-garde. What has been understood as art since then has largely depended on the discursive limits of its respective, individually evolved cultural context. Duchamp sounded out these limits. He dismissed the traditional notion of the work of art, the work of art which bore the personal imprint of its maker, not just by signing his urinal with the fictitious name R. Mutt but also by superimposing a plaster cast of his cheek on a portrait drawing. The proverbial ironizing of art in the hitherto accepted sense of the word is clear from the title. Duchamp named his work *With My Tongue in My Cheek*.

Berthold Hörbelt and Wolfgang Winter began their partnership in 1992 with a series of castings entitled *Same Same*. They chose for their castings everyday objects which they considered suitable as projections of traditional iconography, such as an already reproduced madonna from the fifties, a child's doll or a liqueur bottle. The resultant castings were not, however, the identical duplicates suggested by the title *Same Same*. The artists deliberately incorporated the fortuities of the casting process into their work. Both the nature of the moulds – some of them are made of flexible material – and the changes in pressure during the setting process had an "upsetting" effect on the ultimate result. The process deformed and alienated the "prototypes". The mould for the madonna, for example, was produced in silicone. Since the mould yielded during the pouring operation, the cast figures bore only a distant resemblance to the master from which the mould was made, namely the mass-produced "original", which is in itself a contradiction of terms. Cast in transparent synthetic resin, the figures seemed disfigured beyond recognition [→ pp. 30, 166].

This play on similarities and differences was clearly demonstrated in their exhibitions at the beginning of the nineties. Winter and Hörbelt displayed their castings in groups, showed 50 variations of a portrait sculpture simultaneously, assembled cast bottles into "gangs" and utilized the deformed doll castings as figures for an imaginary table soccer match [→ p. 166].

The visual arts have always competed with each other in imbuing their respective media of expression with life. Sculpture sought to activate the imagination of the viewer through its depictions of reality, whether carved in stone or cast in bronze. One of the influences behind this game with the viewer's imagination was undoubtedly Gottfried Ephraim Lessing who, with reference to the antique sculpture of Laocoön, wrote: "Only that is fruitful what leaves room to the power of imagination."[2] Thus, what is created by the imagination in a fruitful moment of inspiration, an image in stone, for example, also comes alive in the viewer's imagination. The simple reproduction of objects by casting them in plaster, on the other hand, awakens connotations with death – not only with the death mask but also, by association, with the end of artistic creativity.

The relationship of art to life and death has interested Winter and Hörbelt ever since they began working together. Naturally, the way they come to terms with this fundamental theme is altogether different from that of the 18th and 19th centuries. Winter and Hörbelt have, since the middle of the nineties, been experimenting with a material which accentuates the above-outlined sculptural problem anew. They discovered that, when boiled, bone glue granules manufactured from animal carcasses constitute an ideal casting material. They named this material *HOEWI 301*. As it takes months for an object cast in *HOEWI 301* to harden, the production process is not entirely in the hands of the artists. Chance, too, has a decisive part to play in the process. The objects cast in this bone-glue material – blocks and "repositories", or pieces of cloth soaked in *HOEWI 301* and draped over steel scaffoldings – shrank and warped entirely of their own accord during the drying process [→ p. 166].

Whilst it was the Futurists who first preached the use of all kinds of material in art, it was in fact not until the Dadaists and the Surrealists arrived on the art scene that the possible scope of materials was widened considerably. Henceforth, fragments of reality were incorporated in works of art. Today, this is a matter of course, though the choice of material is, in the final analysis, still purely a matter for the artist to decide.

The sculptural experiments of the sixties and seventies explored the properties of commonplace materials. In 1965, Donald Judd used industrial materials such as aluminium and steel for the fabrication of cubes. His "specific objects" represented a departure from the illusionism of European art.[3] Three years later, in 1968, Robert Morris described the crux of the process. The cubes of Minimal Art remained aporetic: although they sought to avoid every reference, both their form and their serial arrangement thwarted their intentions. Morris's answer was "anti-form"[4], an art which did not form material but, rather, explored the facticity of selected materials. Morris experimented with felt, Richard Serra with rubber and lead, Bruce Nauman with flour and Joseph Beuys with fat. Sculptors no longer used materials as a means of producing objects. They were now more concerned with the triggering of processes made possible by selected materials.[5]

It was precisely in their awareness of these developments in sculpture that Berthold Hörbelt and Wolfgang Winter turned their studio into an "art laboratory". Their experiments with commonplace materials resulted not just in the development of the organic moulding compound *HOEWI 301*. Winter and Hörbelt also discovered, virtually by chance, the aesthetic and structural properties of mineral water crates.

This discovery, in 1996, marked the beginning of a new phase in their work. The brown, orange and green plastic crates of the "Genossenschaft Deutscher Brunnen" could be readily stacked on top of one another. They were ideal for use as "building blocks". Winter and Hörbelt experimented with these stackable plastic crates, exploring all their structural possibilities. It was during these experiments that they discovered an additional aesthetic quality. Normally kept out of sight in the storerooms of supermarkets, these crates now seemed to metamorphose when exposed to changing lighting conditions. As Winter and Hörbelt were building their first "crate house", sunlight suddenly entered the studio: "The walls built with the almost flesh-coloured crates became slightly translucent in the sunlight, awakening memories of the childhood experience of holding a torch against the palm of one's hand in the dark and watching the light shine through it with a reddish glow."[6]

With these mineral water crates, the two artists had at their disposal an industrially produced module which enabled them to create "spaces of light". Throughout the 20th century, architects have forever been concerned with linking the interior with the exterior with the aid of transparent materials. Bruno Taut's "Glashaus"[7], an exhibition pavilion built in 1914 for the glass industry testifies to the aesthetic and industrial potential of glass blocks, as does Egon Eiermann's conversion (1959 - 63) of the Kaiser Wilhelm Memorial Church in Berlin, which was almost totally destroyed during the Second World War. The way the architects Murphy/Jahn came to terms with space at O'Hara Airport in Chicago in 1984 shows how glass blocks were being used as building materials towards the end of the 20th century. The gracefully curved walls of coloured glass blocks which accompany passengers from the air terminal to the subway station (Chicago Transit Authority O'Hara Station) clearly shows how

transparent materials not only seem to dissolve permanent spatial divisions and relationships but also, through the light reflections in the transparent walls, even seem to set the spaces themselves in motion.

The decisive step beyond the artist's studio into reality was taken by Winter and Hörbelt in 1996, when they were commissioned to build their first crate house by the "Schwarzacher Hof", a rehabilitation centre near Heidelberg. This was built from 424 crates and designated *Crate House 424.8* [→ p. 168]. The numerical suffix refers to the number of crates and how they are stacked. In this case, for example, the crates were stacked eight high and connected to the floor and ceiling by means of threaded rods. The interior was furnished with seating. It soon became a well-frequented meeting place and retreat for the residents.

Above all, critics praised the way the reality of the space thus created seemed to change through the ever changing lighting conditions.[8] The fact that the crate house can be perceived not only aesthetically but also as something which serves a practical purpose is borne out by the artists's own statement: "One of the demands we make on our crate houses is that people must enjoy entering them and making use of the rooms."[9]

The specific quality of the crate house indeed lies in the fact that it succeeds neither solely in aesthetic terms nor solely in functional terms. It is not a matter of "either-or" but, rather, of "not-only-but-also". "Autonomous" and "fait social"? The interplay of aesthetic perception and a non-artistic functional purpose defies description in the same terms as those developed by Theodor W. Adorno in his "Aesthetic Theory".[10] Winter and Hörbelt's crate houses are not self-contained works in Adorno's sense, that is to say, they are not "monads" which set themselves apart from everyday reality in order to mirror, as a "fait social", the antagonisms of reality through their form. Quite the contrary. Being both walk-through sculptures and usable objects, the crate houses detract from the purity of the aesthetic. They bridge the gap between pure and applied art and put the traditional dichotomy behind them once and for all. Winter and Hörbelt's works shift the boundaries of autonomous art; indeed, they try to break them down.

"It became a matter of course," Adorno remarked as early as the end of the sixties, "that anything that concerned art was no longer a matter of course."[11] After the Second World War, Pop and Minimal Art were already undermining the notion of the self-contained, self-referential work of art.

Serial imagery had acquired a quality which, in art-historical terms, was altogether new. While works of Pop Art integrated consumerism and mass culture, which art had hitherto rejected, works of Minimal Art involved both the viewers and the contingent conditions of their actual reception. The participants and the surroundings became the variables of a changing sculptural system.

What this in effect means is that anything produced since the sixties which can still be designated as sculpture can no longer be described in terms of post-war modernism. Sculpture has, since then, become an extended system. Surveying the sculptural scene of the sixties and seventies, Rosalind Krauss wrote: "Sculpture is rather only one term on the periphery of a field in which there are other, differently structured possibilities. (…) It seems fairly clear that this permission (or pressure) to think the expanded field was felt by a number of artists at about the same time, roughly between the years 1968 and 1970. For, one after another, Robert Morris, Robert Smithson, Michael Heizer, Richard Serra, Walter de Maria, Robert Irwin, Sol LeWitt, Bruce Nauman (…) had entered a situation the logical conditions of which can no longer be described as modernist."[12]

The phenomenological, interactive art of the sixties and seventies was gradually replaced during the decades that followed by a form of art which involved the public in an entirely new way. The sculpture of the last two or three decades has no longer been concerned just with an extended aesthetic situation but with an extended communicative situation, too. This new art form, which transcends the traditional notions of art and its genres, operates, for example, as a service, as a field of political action, or as a place of entertainment and distraction.

The *Sculpture Projects in Münster* have, since 1977 and at intervals of ten years, been reflecting the current status, and hence historical development, of contemporary sculpture. The venue of the exhibition was not the museum alone, but the entire urban environment. In 1997, several of the participating artists simply rendered services: Marie-Ange Guillemot gave weary visitors foot massages; Tadashi Kawamata ferried visitors on his boat across Münster's inner city lake, the Aasee; Heimo Zobernig designed poster hoardings for the exhibition. Others designed rooms which invited visitors to use them in ways which had nothing to do with art. Jorge Pardo designed a pier for the Aasee, Douglas Gordon converted a pedestrian underpass into a cinema and, in various parts of the city, Winter and Hörbelt built crate houses which served as information pavilions. However, these information pavilions differed from the usual kind of information booth or stand in that their architecture in no way corresponded to their function but, rather, responded to their respective surroundings. The translucent material permanently metamorphosed their interiors, creating the impression that it was light alone which created the spaces in which one was standing, while their exteriors ideally matched their environment: the round houses on the banks of the Aasee looked like kiosks [→ pp. 146, 172]; a pavilion in front of the palace built by Johann Conrad Schlaun responded to the latter's baroque architecture [→ pp. 140, 142, 170]; a "site fence" (*Bauzaun* [→ pp. 144, 170]) built in a pedestrian precinct between a large chainstore and a church served as a passageway for pedestrians; and a crate house in the railway station functioned as a waiting room for passengers [→ pp. 148, 172].

Quite an extraordinary light effect was created by "Crate House 2640.15 (Berlin Flicks)" (*Kastenhaus 2640.15 (Lichtspielhaus Berlin)*) [→ pp. 114-120, 174], a temporary cinema built by Winter and Hörbelt in Berlin in 1998. Here the lighting situation generated by the translucent crates was extremely complex, for the light not only shone into the crate house from the outside but also shone out of it from the inside. The films shown inside the cinema were also visible, as flickering light reflections, on the outside, while natural daylight, weather conditions and fluctuating crowd density constantly changed the viewing conditions on the inside.

*Lighthouse* was the name given by Winter and Hörbelt to their "Crate House 356.11" (*Kastenhaus 356.11*) [→ pp. 88, 90, 182], which they built in Skärhamn on the island of Tjörn, Sweden, in 2000. Consisting of three ring-shaped modules built from mint-green beverage crates and measuring approximately 3.5 metres in diameter and 4 metres in height, this crate house was, quite literally, a lighthouse. A time switch turned on a light inside the crate house at night. Since it was provided with seating, this circular building was, theoretically, also a place where one could sit and rest awhile. But not a single path led to this walk-through sculpture. It could at best be reached by swimmers. In actual fact, this crate house performed neither of its implied functions, for it neither served passing ships as a means of orientation nor served visitors – for who would in fact be prepared to swim to the island? – as a resting place. The *Lighthouse* was located in the immediate vicinity of the Akvarellmuseet, a museum of Scandinavian watercolour painting, and operated in this context simply as a sculpture undergoing a process of continuous change brought about by fluctuating weather and lighting conditions and by the alternating rhythm of night and day.

Whereas the *Lighthouse* blended in with the painterly scenery of the bay, *Cola View Point for São Paulo* [→ pp. 130, 176], a work conceived in 1999, will stand in the middle of the Brazilian megacity of São Paulo. *Artecidade*, a discussion forum concerned with urban development, invited the two artists to create a work specifically for São Paulo. Vito Acconci and Rem Koolhaas were among the other artists and architects likewise invited to submit their proposals. Winter and Hörbelt suggested a lookout tower, built from red Cola crates, which would provide an overview of the rapidly developing city: a kind of "crow's nest" overlooking the rooftops of the Bras district of São Paulo.

Even before they are realized, Winter and Hörbelt's walk-through sculptures clearly relate to the urban environments for which they are intended. They are not autonomous sculptures that can be placed anywhere, but site-specific works which change in unison with their surroundings and with the people who come to see and experience them. The ideal recipients are the ones that are always on the move.

What has also become clear is that the possibilities afforded by "art in the public sphere" have changed radically during the last few decades. Winter and Hörbelt's São Paulo project points not only to the changes in the urban context but also to the considerable changes that are taking place in the public sphere in consequence of globalization and the new communication media. Indeed, it is not just the urban environment which is changing; the public sphere, too, is no longer conceivable without TV and the internet. It has undergone a fundamental change following the astronomical developments that have taken place in mass media communication.

A retrospective look at the first sculpture project in Münster in 1977, which the organizers Klaus Bußmann and Kasper König arranged to run parallel with *documenta 6*, clearly shows how revolutionary the notion of art in the public sphere was only 25 years ago. Its decisive impulses came from America during the seventies, through Land Art, for example, and the concomitant notion of "site specificity". These new art works were inseparably linked with the places in which they were realized. In was within the compass of the *Sculpture Projects in Münster*, too, that such artists as Richard Serra, Claes Oldenburg, Bruce Nauman, Michael Asher, Donald Judd and Richard Long turned their backs on the traditional art museum and realized their respective projects with direct reference to the urban environment of the city of Münster. Claes Oldenburg saw the city as an over-sized pool table and provided it with three giant pool balls; Bruce Nauman realized his *Square Depression*, a huge concrete slab sloping towards its centre, in front of Schloss Münster. It was at that same time that Manfred Schneckenburger, the artistic director of *documenta 6*, first utilized the grounds of the Karlsaue. Ten years later, for *documenta 8*, Schneckenburger extended the exhibition space beyond the walls of the museum to the outside: outdoor projects by Richard Serra, Ulrich Rückriem, Tony Cragg, Thomas Schütte, Tadashi Kawamata, among others, were shown not only in the immediate surroundings of the Fridericianum but also in other parts of the city of Kassel. Similarly, the artists participating in *Sculpture Projects for Münster* 1987 conceived their works for selected sites in all parts of the city. Moreover, during the past several decades, it was no longer just the actual site of the artwork which was important but also its entire environment, its so-called "context".[13] The institutional framework thus became a part of an extended sculptural system.

What relevance does this have for the playground equipment used by children all over the world? Can it be considered as art, too? Since 1996, Winter and Hörbelt have been repairing, repainting and exhibiting clapped-out playground equipment. They have also invented new pieces of equipment and installed them in playgrounds. Their forms are reminiscent of minimalist objects, such as those of Sol LeWitt, for example. His objects have always been exhibited in places which are, unmistakably, places of art. Winter and Hörbelt's playground equipment, on the other hand, is to be found both in children's playgrounds and in exhibition rooms. It operates in both places both as art and as something which children can play with. Winter and Hörbelt carry this "contextuality game" to a point where systematic classification or assignment is no longer readily possible. The artists photographed playground equipment on playgrounds all over the world, leaving the question open as to whether they selected and installed the equipment themselves or whether they just documented it. This deliberate confusion of authorship makes potentially all playground equipment on all the playgrounds of the world sculptures made by Winter and Hörbelt [→ pp. 20, 23, 132, 134, 174, 180].

The fact that this game of pushing systems beyond their limits works differently in the western world than in Vietnam, for example, is clearly demonstrated by a work realized by Winter and Hörbelt in Hanoi. In a country where art has been strongly influenced by Socialist Realism, the institutional definition of what is art and what is not art differs considerably from the accepted definition in Europe or the USA. During their employment as university teachers at the University of Fine Arts in Hanoi, the two artists and their students built the *Hanoi City Tea House* [→ pp. 110, 112, 178] – a temporary building consisting of 500 red plastic trays – on the university campus. The university environment made this experiment possible. At first, as Winter and Hörbelt recall, this work had an extremely alienating effect on the students. Such a building would not stand a chance of being considered as art outside the campus. Indeed, it would have been regarded as a public nuisance. Within the grounds of the university, on the other hand, such an experiment was quite permissible. The temporary building served as a meeting place and tea house; and it also came to be appreciated as a walk-through sculpture.

Where contextual art is concerned, the environment is of particular importance, for it is precisely the environment which allows the art work to function as art. In other words, art may in this regard be seen an operating system with a discursive framework of institutions. In 2000, for the Hamburg exhibition *einIräumen. Arbeiten im Museum*[14], Winter and Hörbelt built their first walk-through sculpture from wire grilles of the kind used for doors and partitions in communal cellars. Inspired for this sculpture, which they named *Feng Shui Basket* [→ p. 78 - 80, 184], by the computer-generated curves of contemporary architecture, Winter and Hörbelt had the

wire grilles bent and shaped by machine. The architect Frank Gehry, for example, works with software which has been specially developed for aircraft design; Jacques Herzog and Pierre de Meuron designed an amoeba-shaped public library for the city of Cottbus with rounded outer walls simulating the movements in its interior. Winter and Hörbelt's rigid wire-grille structure seemed soft and pliable, almost organic. The room formed by the see-through wire grilles was accessible via an opening. During the exhibition, the sculpture served as the museum's cash desk. Installed in the stairwell of the old part of the museum building, the sculpture acquired an additional function when viewed from the first floor: it looked like a giant wastepaper basket.

Another museum: the inner courtyard of the Westfälisches Landesmuseum für Kunst und Kulturgeschichte in Münster is used as an exhibition room for contemporary art. It was here, for the "Sculpture Exhibition in Münster 1977" *(Skulptur Ausstellung in Münster 1977)*, that Joseph Beuys exhibited his *Unschlitt/Tallow*, blocks of wax and tallow cast from a cavity underneath a footbridge; it was here, for the "Sculpture Projects in Münster 1987" *(Skulptur Projekte in Münster 1987)*, that Reiner Ruthenbeck hung a green loden banner above an assemblage of bicycles; and it is here, in 2002/03, that Winter and Hörbelt have now installed a double-walled, walk-through sculpture entitled – in memory of Tin Street in Hanoi – *Hang Thiẽc Basket #4, public-version* [→ p. 188]. The inner courtyard, surrounded by galleries, and normally serving as a place of secular illumination within the walls of this museum, now calls for a different interpretation, for it has become a public space, an urban exterior. The "White Cube", described by Brian O'Doherty as the ideal exhibition room, protected from the outer world by a "technology of the aesthetic"[15], is now paved with interlocking paving stones. This turning of the museum inside out, as it were, not only permits its interpretation as an extended public space but also renders the applied method of interpretation itself transparent. The floor of the inner courtyard, now paved like a street, operates as a kind of stage, transforming the exhibited sculpture into an autonomous work. In this double-walled, curved, wire-grille, see-through and walk-through sculpture, inside and outside playfully interact: visitors can look both into and out of the sculpture, their glance at once invited and obstructed by its double-wall structure. Complexity of perception gives rise to playful reflection: inside and outside interact not only spatially but discursively, too: they cross each other

here in the museum, that place which has, historically, accompanied the development of autonomous art in all its differentiations and functions to this day as an institution which draws the discursive line.

While *Hang Thiẽc Basket #4* permits interpretation of the museum as a public space, thus blurring and thematizing the borderline between gallery space and urban space, Winter and Hörbelt's wire-grille sculpture for the *Liverpool Biennale* 2002 is intended for installation in an urban exterior. With its large, colourful balcony, Liverpool's Lime Street Station is the perfect entrance hall for travellers arriving in the city. It is a place of arrival and departure, of welcomes and farewells, though today it hardly serves this purpose any more. Winter and Hörbelt's Liverpool sculpture, *Crossing*, [→ pp. 58 - 64, 188] has transition as its theme. Installed on the said balcony, this double-walled wire-grille sculpture owes its shape, quite fortuitously, to the outline of a mark left by a large puddle. Here too, despite the transparency which the material seems to afford, looking into or out of this temporary structure is not as easy as one might imagine. Eight doors in the walls of the sculpture enable people to walk in and out of it, and yet in spite of its see-through character they are not necessarily afforded a clear view once they have entered it. Indeed, anyone walking through the sculpture can see only bits of what is going on outside. Thus the sculpture thematizes something which has long since fallen into oblivion in the urban environment. In drawing attention to the possibilities and limits of perception by means of an artistically created room or space, the sculpture also sharpens the viewer's awareness of the potentials that exist in the very heart of the city.

Since Minimal Art – or, to be more precise: since Robert Morris's exhibition at the Green Gallery in New York in 1964 – sculpture has, according to Rosalind Krauss, become "pure negativity": a combination of exclusions.[16] How, then, can one possibly redefine a memorial commissioned against such an art-historical background? In 2001, Winter and Hörbelt accepted such a challenge, namely the re-designation of an existing First World War memorial in Billerbeck as a "Chapel of Peaceableness" *(Kapelle der Friedfertigkeit)* [→ p. 184]. Their sculptural intervention was minimal: a disc of red artificial stone was let into the ground at the foot of the memorial – as a stage for a ritual which has been observed there for the past thirteen years. Every Sunday, a musician plays a piece of music specially composed for the occasion by Friedrich Jaecker, a composition which operates with omissions, incorporating, with Cage-like fortuitousness, noises from the immediate surroundings. The omissions in the piece open up the work, break and transcend its barriers and invite us to participate in a dialogue of art and non-art.

The contingent interaction between the artefact and the changing conditions of its environment, which began with Winter and Hörbelt's castings and crate houses, has here been continued with different means. The castings owed their shape largely to the fortuities of the production process and the crate houses afforded scope for communication with the public which was likewise a product of chance and the unforeseeably changing conditions of their surroundings – the constantly changing lighting conditions, for example, which constantly altered the space created by the work. Robert Morris's programmatic reflections on the future development of sculpture still hold good today. In "Artforum", in 1966, he wrote: "The better new work takes relationships out of the work and makes them a function of space, light, and the viewer's field of vision. The object is but one of the terms of the newer esthetic. (...) One is more aware than before that he himself is establishing relationships as he apprehends the object from various positions and under varying conditions of light and spatial context."[17]

But something has changed since then: the withdrawal of the author(s) and the work for the sake of the fortuitous conditions of the work's environment perceived and experienced by the viewer as he makes his way around the work need no longer refer just to a work installed in an exhibition room. Winter and Hörbelt's works clearly visualize the shift which has been taking place in the art discourse since the sixties: space, light and the viewer are today no longer sculpture's only variables in its "expanded field", but operate as contingent components of an extended sculptural system which, by communicating at once aesthetically and non-aesthetically, asserts the autonomy of art and at the same time calls it in question.

1. Georges Didi-Hubermann: *Ähnlichkeit und Berührung. Archäologie, Anachronismus und Modernität des Abdrucks*, DuMont: Cologne, 1999, p. 100.

2. Gotthold Ephraim Lessing: *Laokoon oder die Grenzen der Malerei und Poesie*. Philipp Reclam Verlag: Stuttgart, 1983, p. 23.

3. Donald Judd: "Specific Objects," in: *Arts Yearbook*, 8, 1965, pp. 74 - 82.

4. Robert Morris: "Anti-Form," in: *Artforum*, Vol. 6, No. 8, April 1968, pp. 33 - 35.

5. Cf. Friederike Wappler: "Postminimal Art," in: *DuMonts Begriffslexikon zur zeitgenössischen Kunst*, ed. by Hubertus Butin, DuMont: Cologne, 2002, pp. 254 - 257.

6. Wolfgang Winter / Berthold Hörbelt, quoted from: Wolfgang Winter / Berthold Hörbelt: "Kastenhaus xxx.x," in: *Skulptur. Projekte in Münster 1997*, ed. by Klaus Bußmann, Kasper König, Florian Matzner, cat. Westfälisches Landesmuseum, Verlag Gerd Hatje: Ostfildern-Ruit, 1997, p. 459.

7. Cf. Barbara Engelbach: *Das Kunstwerk des Monats (Dezember 1997): Wolfgang Winter / Berthold Hörbelt: Kastenhaus 710.10. Modell, 1997*, Westfälisches Landesmuseum für Kunst und Kulturgeschichte Münster, Münster 1997.

8. W. E. Baumann: "Das Kastenhaus," *Frankfurter Rundschau*, July 20, 1996.

9. Wolfgang Winter / Berthold Hörbelt, in conversation with the author, July 2002.

10. Theodor W. Adorno: *Ästhetische Theorie*, ed. by Gretel Adorno and Rolf Tiedemann, Suhrkamp Verlag: Frankfurt a. M., 1970, p. 16.

11. Ibid. (see note 10), p. 9. Quoted, in translation, from the original German text.

12. Rosalind E. Krauss: *The Originality of the Avant-Garde and Other Modernist Myths*, The MIT Press: Cambridge, Massachusetts, London, England, 1985, pp. 284, 287.

13. Cf. Peter Weibel: *Kontext Kunst. The Art of the 90's*. Kat. "Trigon '93," Steirischer Herbst, Graz 1993, DuMont: Cologne, 1994.

14. *ein|räumen. Arbeiten im Museum. 61 aktuelle Projekte in der Hamburger Kunsthalle*. Cat. Hamburger Kunsthalle, Cantz: Ostfildern-Ruit, 2000.

15. Brian O'Doherty (1976): *Inside the White Cube. The Ideology of the Gallery Space*. The Lapis Press: Santa Monica, San Francisco, 1986.

16. Rosalind E. Krauss: *The Originality of the Avant-Garde and Other Modernist Myths*, The MIT Press: Cambridge, Massachusetts, London, England, 1985.

17. Quoted from Robert Morris: *Continuous Project Altered Daily. The Writings of Robert Morris*, Solomon R. Guggenheim Museum, New York, MIT Press, Cambridge, Massachusetts, London, England, 1993, p. 15. First published as: "Notes on Sculpture," Part 2, in: *Artforum*, Vol. 5, No. 2, October 1966, pp. 20 - 23.

__„IN DER ARBEIT GEHT ES UM EINE VERÄN-
DERTE ERFAHRUNG DES RAUMES, DES KON-
KRETEN UMFELDES."__ DANIEL BIRNBAUM
IM GESPRÄCH MIT WOLFGANG WINTER UND
BERTHOLD HÖRBELT

DANIEL BIRNBAUM Eure Skulpturen aus Getränkekisten fanden in den letzten Jahren inter-
nationale Beachtung. Eure Kastenhäuser waren
auf wichtigen Großausstellungen wie *Skulptur.
Projekte in Münster* 1997 oder auf Harald Szeemanns Ausstellung *Apertutto* (Biennale Venedig
1999) vertreten. Neben den Kastenhäusern habt
ihr einige andere Werkstränge verfolgt, unter
anderem eine Werkgruppe mit Spielgeräten.
Was interessiert euch daran?

WOLFGANG WINTER Diese Geräte sind einfache, meist aus Stahlrohr gefertigte Gegenstände. Sie sind in ihrer Formensprache sehr
reduziert und farbig gefasst. Es gibt sie auf der
ganzen Welt, aber in den USA zum Beispiel
sehen sie etwas anders aus als in Schweden.
Ausgediente Spielgeräte, die uns geschenkt
wurden, haben wir repariert und neu angestri-
chen. Andere Objekte haben wir neu erfunden,
das heißt, nach eigenen Vorgaben hergestellt
und an öffentlichen Orten aufgestellt.

DANIEL BIRNBAUM Es sind typisch modernis-
tische Skulpturen, oder?

WOLFGANG WINTER Etwas spricht dagegen.
Die Spielgeräte sind als Gebrauchsobjekte konzipiert, was die Tradition der modernen Skulptur
gerade ausschließt. Es sind Turngeräte, Appa-
rate, die Hinweise auf ihre Verwendungsmög-
lichkeiten enthalten. Sie funktionieren ohne
Worte. Man ist immer an irgendetwas erinnert.
Man kann sie formal als Skulptur wahrnehmen
und zugleich als Turngerät benutzten [→ S. 20, 23,
132, 134, 174, 180].

DANIEL BIRNBAUM Ist es sozusagen ange-
wandte Kunst?

WOLFGANG WINTER Sie lassen die Trennung
angewandt oder autonom hinter sich. Sie sind
beides: Skulpturen, die man als Geräte gebrauchen kann.

DANIEL BIRNBAUM Gibt es für euch hierbei
konkrete Bezüge zur Kunstgeschichte?

WOLFGANG WINTER Die Werkgruppe ergab sich
aus einer Auseinandersetzung mit Fragen nach der
Kunst im öffentlichen Raum. Aber natürlich fallen
mir in diesem Zusammenhang auch die Arbeiten
Marcel Duchamps ein. Seine Ready-mades wie der
*Porte-Bouteilles* (1914) oder das gesockelte *Roue
de bicyclette* (1913) sind ja nicht nur als Antikunst
zu betrachten; sie zeigen, dass der Kontext, in dem
ein Gegenstand erscheint, von entscheidender Bedeutung für seine Wahrnehmung ist. Frei nach Sol
LeWitt ließe sich ergänzen: Ein Kunstgegenstand an
sich ist unbedeutend; wichtig ist die Idee, die er
transportiert.

DANIEL BIRNBAUM Und wenn man dann eure
Spielgeräte kennt, sieht man dann Spielplätze in
einer anderen Weise? Es gibt ja manchmal so einen
Zirkel bei Kunst. Wenn ich zum Beispiel auf dem
Flughafen warten muss und sehe raus, entdecke ich
immer Bilder von Andreas Gursky. Und ich würde
annehmen, nachdem ihr uns auf diese immer wie-
derkehrende Ästhetik der Spielplätze aufmerksam
gemacht habt, dass man sie nun auch in einer
neuen Form sehen wird.

WOLFGANG WINTER Es ist ja nicht nur die Ästhetik eines solchen Ortes, die neu in den Blick gerät.
Spielplätze sind Orte der Körpererziehung, und der
ganze Körperwahn beginnt ja vielleicht an einer solchen Stelle. Später geht es dann ins Fitness-Studio
zum Workout. Ich war übrigens als Kind so gut wie
nie auf einem Spielplatz; wir hatten Wiesen, Wald
und vor allem eine total interessante und abenteuer-
liche Müllkippe…

DANIEL BIRNBAUM Auch eure Kastenhäuser haben dazu geführt, dass man Wasserkisten auf eure
Arbeit bezieht und mit anderen Augen sieht. Jedes-
mal, wenn man ein paar gestapelte Kisten zum Beispiel beim Getränkehändler oder zu Hause entdeckt,
denkt man an Arbeiten von Winter und Hörbelt…

BERTHOLD HÖRBELT Das war am Anfang keine
besondere Strategie, kein fertiges Konzept, und wir
sind offengestanden selbst manchmal überrascht
über diese Entwicklung. Wir wollten großvolumige
begehbare Skulpturen bauen, und der Kasten kam
uns als Material gerade recht. Im Umgang mit den
Kisten haben wir Aspekte des Materials entdeckt,
die es wert sind, weiterentwickelt zu werden. Anlässlich der Ausstellung *Demeter* in Obihiro, Hokkaido, in Japan werden wir unser bisheriges Bau-
system komplett verändern.

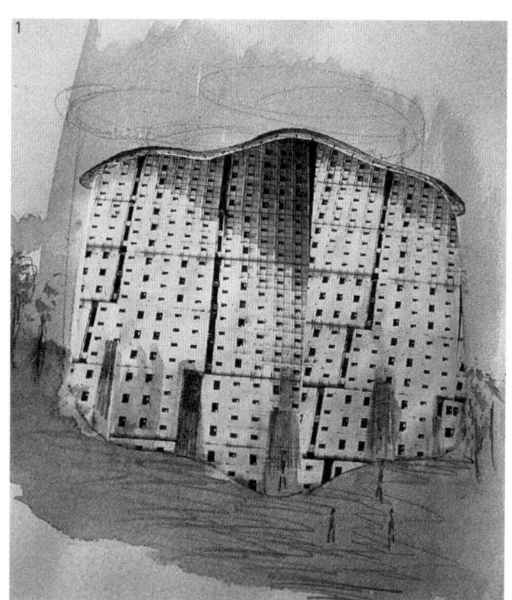

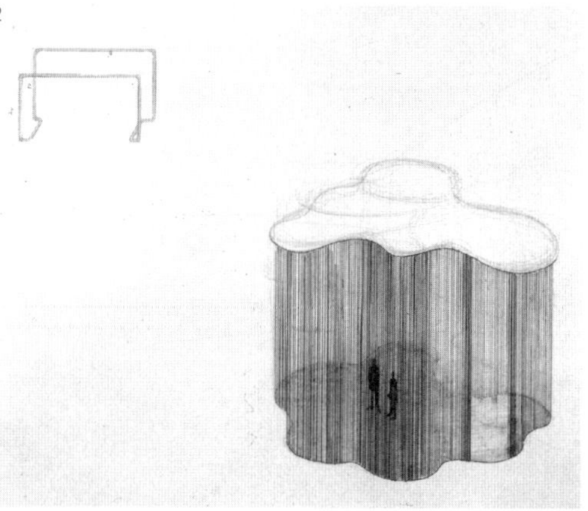

1  Winter / Hörbelt: *White House III*, 1999 / *White House III*, 1999
2  Winter / Hörbelt: *Ohne Titel*, 1999 / *Untitled*, 1999

DANIEL BIRNBAUM Das ist doch ein Beispiel
für die Frage: Wann beginnt Kunst, effektiv zu
sein? Wenn man jetzt Kastengebäude sieht,
dann denkt man an euch. Wenn man an gewis-
se unangenehme bürokratische Stimmungen
erlebt, denkt man an Franz Kafka. Das ist sehr
interessant. Wenn ein Künstler irgendetwas
aus der Wirklichkeit aufgreift und verstärkt, und
wenn man es dann in der so genannten Wirklichkeit wiedersieht, dann denkt man an diese
Kunst. Mit der Popkunst hat die Kunst zum ersten Mal ganz deutlich gezeigt, wie sie Sachen
aus der Werbewelt aufgreift. Inzwischen gibt es
auch die andere Richtung, alles wird viel kom-
plizierter, es gibt einen ständigen Austausch
zwischen den Welten. Zum Beispiel kann man

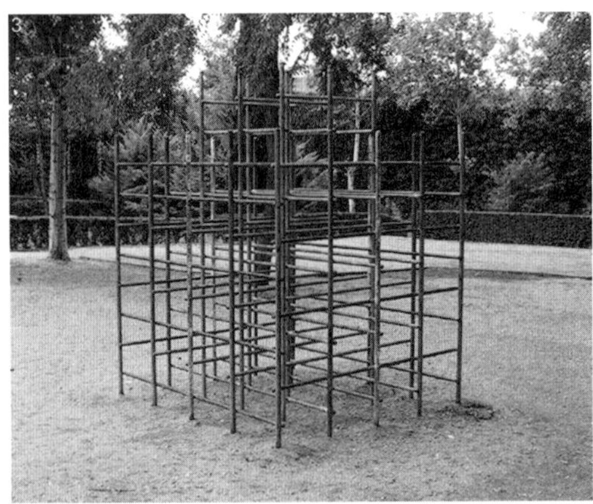

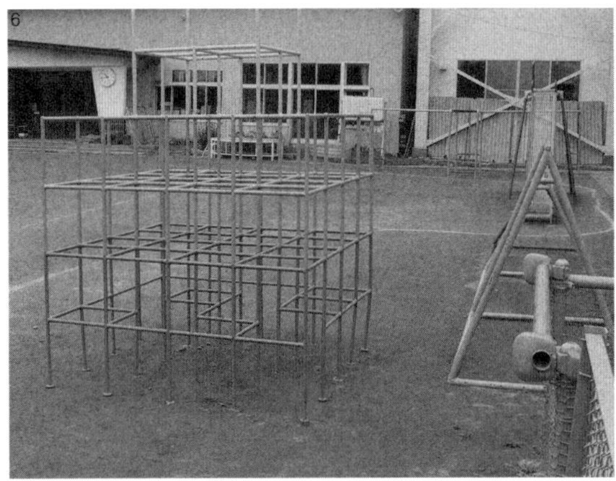

6  Spielplatz in Obihiro, Japan / Playground in Obihiro, Japan

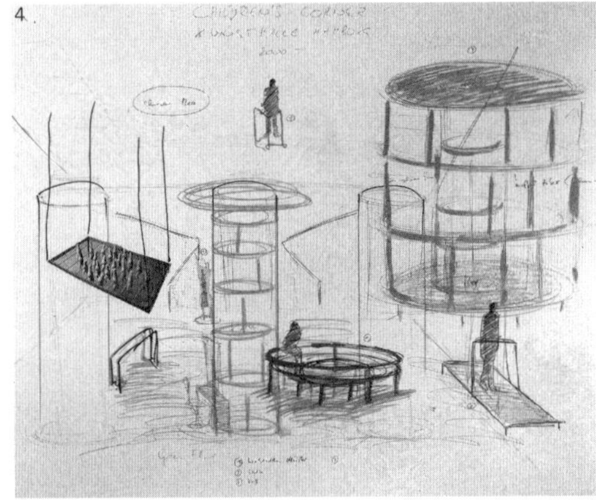

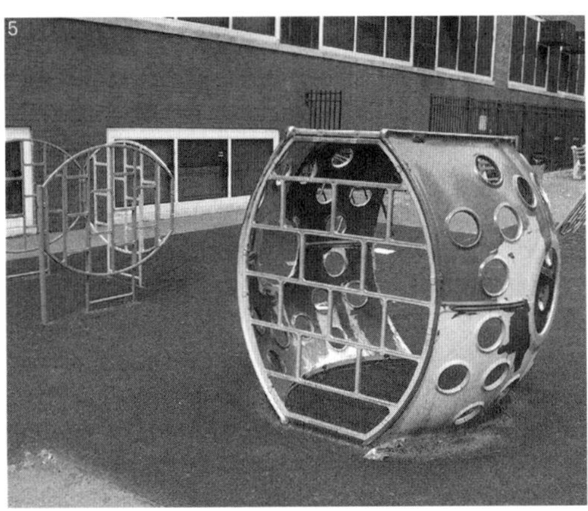

3  Spielplatz in Salamanca, Spanien / Playground in Salamanca, Spain
4  Winter / Hörbelt: *Children's Corner*, 1999 / *Children's Corner*, 1999
5  Spielplatz in Manhattan, New York / Playground in Manhattan, New York

in der Werbewelt immer wieder Zitate von Künstlern entdecken, zum Beispiel von Pipilotti Rist oder von Matthew Barney. Sie verändern in der durch die Werbung vollzogenen Anwendung ihren Sinn; sie werden plakativ. Eure Arbeiten, also zumindest die Kastenhäuser, sind – oberflächlich betrachtet – eine Art Logo. Näher betrachtet, erschließen sich aber viele weitere Aspekte, auch, wenn man die neben den Kastenhäusern entstandenen Arbeiten betrachtet. Es gibt neben eurer Arbeit an den Kastenhäusern Projekte, die Nebensache zu sein scheinen. Ich habe als Student und dann als Hochschullehrer in Schweden nebenher über Kunst geschrieben, und plötzlich rückte das scheinbar Beiläufige immer mehr in die Mitte. Gilt das auch für Euer Projekt in São Paulo? Was genau ist dort geplant?

BERTHOLD HÖRBELT  Artecidade ist eine brasilianische Initiative, die in São Paulo Projekte und Diskussionsforen zu den Themen Stadtentwicklung und Megacities veranstaltet. Das Projekt Brasmitte, zu dem wir 1999 eingeladen waren, bearbeitete den Stadtteil Bras und sollte ursprünglich mit Berlin Mitte im Dialog stehen. Daher der Name. Bras ist durch die rasante Stadtentwicklung aus dem Zentrum heraus in die östliche Zone São Paulos gerückt und dient zur Zeit praktisch nur noch als ein riesiger Lagerort für Lebensmittel und Rohstoff. Eine Thematik von Artecidade ist es, zu erforschen, wie der Stadtteil wieder an Urbanität gewinnen kann. Künstler, Architekten und Soziologen werden eingeladen, um architektonisch-künstlerische Entwürfe zu entwickeln. Es gibt u.a. Vorschläge von Vito Acconci und von Rem Koolhaas. Geplant sind Interventionen an verschiedenen Orten des Stadtteils und eine zentrale Ausstellung im Kulturzentrum des Stadtteils SECS Belenzinho. An dieser Stelle wollen wir unser so genanntes *Cratehouse – View Point for São Paulo* [→ S. 130, 176] errichten, das bereits vor Ort entwickelt und vorgestellt wurde. Vom *View Point* aus kann man die östliche Zone São Paulos gut überblicken.

DANIEL BIRNBAUM  Wann findet dieses Projekt statt?

BERTHOLD HÖRBELT  Es hat bereits vor einigen Jahren begonnen. Das Konzept des Projektes ist im Internet zugänglich. Eine Realisation steht bevor.

DANIEL BIRNBAUM  Wie geht man als Künstler mit der Situation um, in einer solchen chaotischen Riesenstadt ein Kunstwerk zu realisieren?

WOLFGANG WINTER  Am Beispiel von São Paulo zeigt sich eine besondere Dynamik, aber auch die brutale Härte der Megacities. An einigen Orten dieser Stadt gibt es eine Form von Armut, die den Anspruch eines Künstlers an künstlerische Gestaltung der Welt an Grenzen führt oder sogar obsolet macht. Es gibt von Stacheldrahtzaun umgebene und streng bewachte Villenviertel einerseits und andererseits Familien, die auf der Straße leben. Jede Woche kommen zu den mindestens 15 Millionen Einwohnern von São Paulo ein paar Tausend Menschen dazu, die auf einen, wenn auch noch so geringen, sozialen Aufstieg hoffen. Menschen leben auf dem Mittelstreifen der Autobahn. Viele landen in den Favelas, in riesigen Wohnblocks, Containern für Tausende von Menschen. Es führt an dieser Stelle zu weit, das Leben dort zu beschreiben. Aber die Auseinandersetzung mit einer Megacity solchen Ausmaßes provoziert eine Kurskorrektur im Denken und eine neue Beziehung zur Kunst.

DANIEL BIRNBAUM  An welchen Projekten arbeitet ihr derzeit?

BERTHOLD HÖRBELT  Wir entwickeln zur Zeit eine Arbeit für eine Ausstellung in Nordjapan, in Obihiro. Obihiro ist eine Stadt auf der Insel Hokkaido, etwa drei Bahnstunden von Sapporo entfernt. Dort gibt es ein großes Areal, wo alljährlich mehrere Pferderennen stattfinden, die uns Europäern fremd erscheinen. Man lässt dicke Kaltblüter-Pferde einen Betonklotz über Hügel ziehen, drüber und wieder runter, immer auf sandigem Untergrund. Im Winter leben auf dem Terrain bis zu 500 Pferde. Es gibt ein sehr großes Gelände mit flachen Gebäuden, in denen die Pferde mit samt der Familien der Pferdepfleger saisonal untergebracht sind, und es gibt eine riesige Halle, in der man Pferdelotto spielen kann. Alles in allem ist es für uns ein ungewöhnlicher, ja fast unwirklich erscheinender Ort. Hier werden wir ein großräumiges Projekt realisieren, eine *Gangway* [→ S. 46 - 50, 186].

DANIEL BIRNBAUM Man weiß ja, wie eure Arbeiten im öffentlichen Raum in Europa funktionieren. Was ist anders in Asien, wo ihr schon mehrere Projekte realisiert habt?

WOLFGANG WINTER Vor zweieinhalb Jahren haben wir in Hanoi das *Hanoi City Teahouse* [→ S. 110, 112, 178] gebaut. Wir waren eingeladen, als Hochschullehrer an der University of Fine Arts zu arbeiten. Die Studenten dort arbeiten sehr klassisch und akademisch. Nach anfänglichen Kontaktschwierigkeiten haben wir dann beschlossen, ihnen unsere Arbeitsweise zu zeigen. Wir haben 500 rote Plastiktabletts, Holz und PVC gekauft und das *Hanoi City Teahouse* zusammen mit den Studenten errichtet. Wir haben aus den billigen Plastiktabletts und handgesägten Dachlatten einen Pavillon gebaut. Eigentlich baut man in Vietnam mit Bambus.

Das *Hanoi City Teahouse* hatte zwei schmale Eingänge, war rechteckig und hatte einen Innenraum von etwa 12 qm. Es scheint ja absurd zu sein, dass wir Europäer dort im Tee-Anbauland Vietnam ein Teehaus bauen. Aber es war als Ort gedacht, an dem man sich ungezwungen treffen konnte. Die Installation stand im Kontrast zu den Plastiken des vietnamesischen sozialistischen Realismus, die auf dem Campus überall herumstanden. Es sah dort aus wie in der ehemaligen DDR oder in der Sowjetunion. Zur Eröffnung gab es Bier aus umfunktionierten Benzinkanistern, einfaches vietnamesisches Essen. Es war wirklich sehr schön. Für die Studenten war diese Erfahrung damals ziemlich ungewöhnlich, für sie wie auch für uns.

DANIEL BIRNBAUM Was war so ungewöhnlich, der Umgang mit dem neuen Material oder die Art und Weise des Ausstellens?

BERTHOLD HÖRBELT Das Material war neu, und es gab völlig andere Rahmenbedingungen. Die strengen Ausstellungsbedingungen in Vietnam haben uns damals veranlasst, auf dem Campus zu bleiben. Das war schon aufregend genug. Wahrscheinlich hätten vietnamesische Künstler gar nicht die Erlaubnis zu einer solchen Aktion bekommen.

Bei unserem diesjährigen Besuch in Hanoi haben wir lange mit Lehrern und Studenten an der Hochschule diskutiert. Für sie war es neu, etwas in der Öffentlichkeit bauen zu können. Einige kritisierten das „billige" Aussehen des Pavillons. Als wir Dias von unseren anderen Arbeiten zeigten, kam oft die Frage auf, wer die Bauten erlaubt hätte. Würden sie etwas Ähnliches machen, müssten sie die Installationen wahrscheinlich bereits am Tag nach dem Aufbau wegen groben Unfugs oder aus politischen Gründen wieder entfernen.

DANIEL BIRNBAUM Wurde eure Arbeit positiv aufgenommen oder waren Leute auch verärgert?

WOLFGANG WINTER Wir hatten eigentlich viele Sympathien; alle waren ziemlich neugierig. Was ich sehr interessant fand, war, dass die Farbe Rot für die Vietnamesen nicht positiv besetzt ist. Wir hatten vermutet, dass rot von großer Bedeutung ist, da überall in der Stadt rote Fahnen und Spruchbänder zu sehen sind. Der so genannte öffentliche Raum dient hier der Politik. Aus überall in den Straßen angebrachten Lautsprechern werden die Menschen jeden Tag morgens und nachmittags mit politischen Botschaften berieselt.

DANIEL BIRNBAUM Wurde eure Arbeit als eine Art von Störung aufgefaßt?

BERTHOLD HÖRBELT Die Vietnamesen waren erst einmal ratlos. Die wussten mit einer begehbaren Skulptur nichts anzufangen. Natürlich waren die Lehrer und Studenten der Hochschule über die westliche Kunst informiert, aber wir waren wohl die ersten westlichen Künstler, die ein Kunstwerk bauten, das als Treffpunkt konzipiert war. Es soll natürlich nicht darum gehen, etwas vorzumachen, was dann zum Vorbild für die weitere künstlerische Arbeit wird.

DANIEL BIRNBAUM Was war eigentlich der Ausgangspunkt für eure Zusammenarbeit? Ihr wolltet den traditionellen Skulpturbegriff umdefinieren, und ihr wolltet nicht im normalen Kunstkontext arbeiten. Das heißt, ihr wolltet einerseits im Team zusammenarbeiten, andererseits nicht nur in Galerien und Museen ausstellen, sondern auch woanders. So hat es doch angefangen oder?

WOLFGANG WINTER Wir haben an einer Hochschule studiert, an der die merkantile Seite des Kunstbetriebs kaum thematisiert wurde. Die Ent-

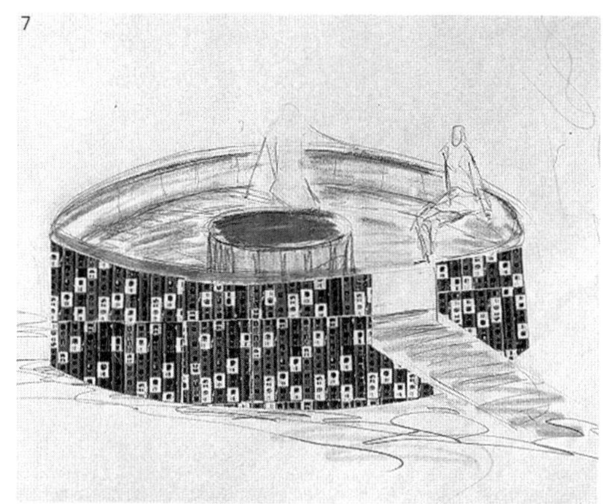

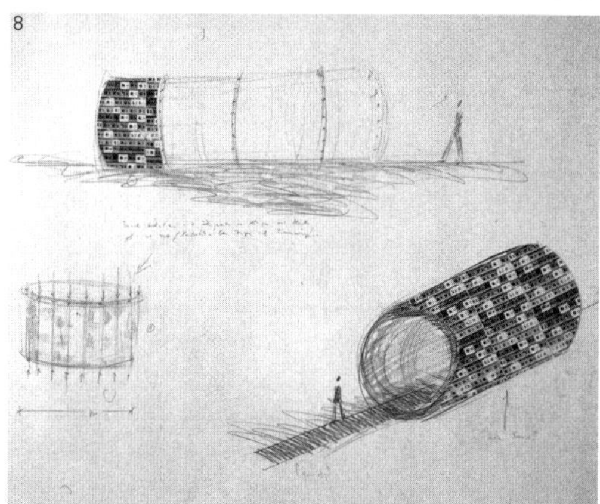

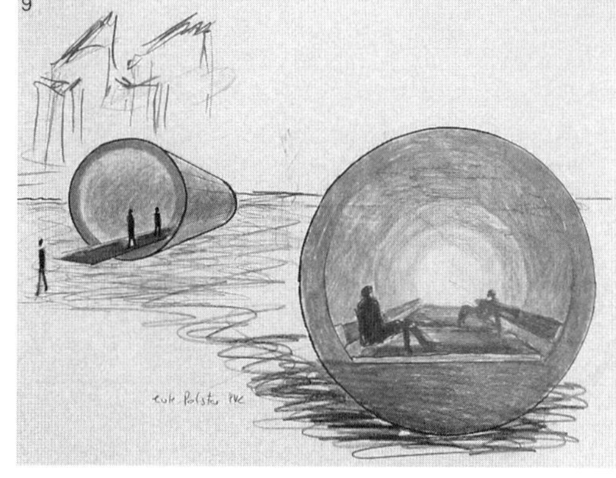

7 Winter / Hörbelt: *Ohne Titel*, 1998 / *Untitled*, 1998
8 Winter / Hörbelt: *Projekt für Köln*, 1998 / *Project for Cologne*, 1998
9 Winter / Hörbelt: *Ohne Titel*, 1999 / *Untitled*, 1999

scheidung zusammenzuarbeiten war deshalb anfangs nicht von großer Tragweite. Wir kannten uns sehr gut und hatten schon einige gemeinsame Ateliers gemietet. Wir gaben uns gegenseitig Kritiken, und so es war für uns normal, auch gemeinsam Werke zu konzipieren und zu erarbeiten.

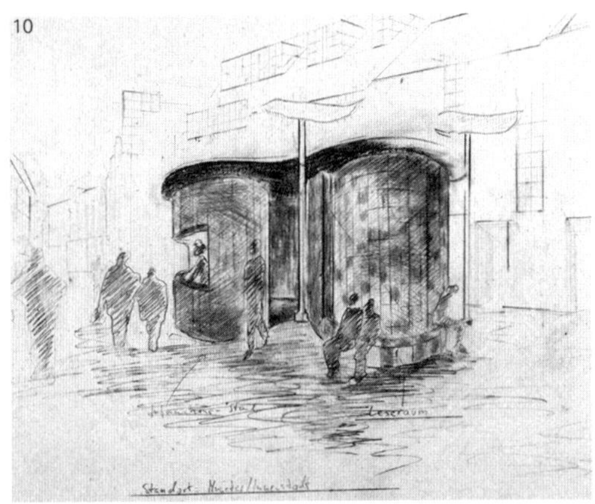

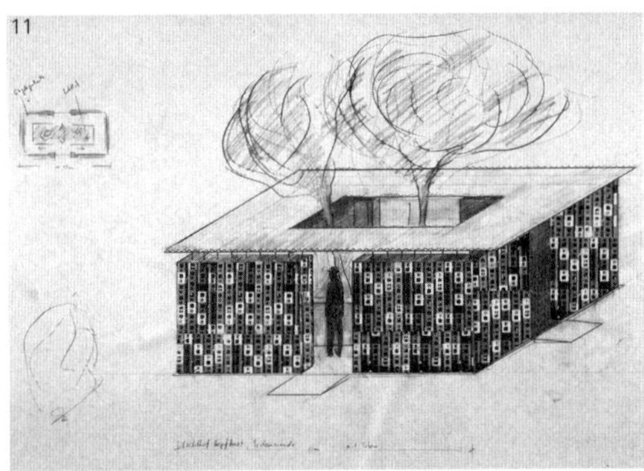

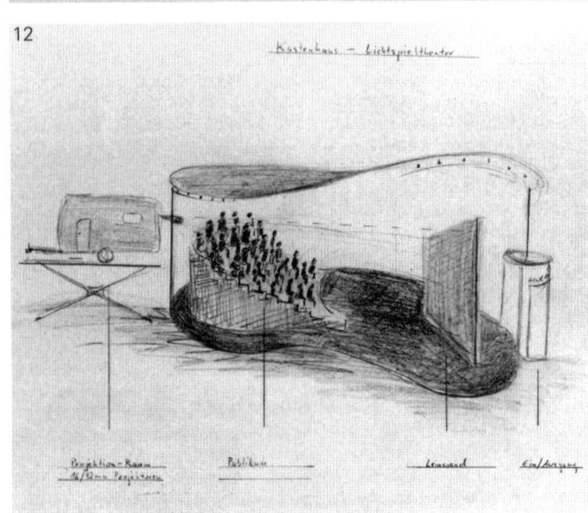

10   Winter / Hörbelt: *Münster, Innenstadt*, 1997 / *Downtown Münster*, 1997

11   Winter / Hörbelt: *Ohne Titel*, 1998 / *Untitled*, 1998

12   Winter / Hörbelt: *Lichtspieltheater*, 1997 / *Movie theater*, 1997

DANIEL BIRNBAUM Zusammenarbeit ist interessant. Einerseits entwickelt man subjektive Ideen, andererseits puscht man sich gemeinsam deutlicher in Richtungen, die man vielleicht allein nicht eingeschlagen hätte. Moderiert man sich, oder geht man gemeinsam einen neuen Weg? Wie funktioniert das bei euch?

BERTHOLD HÖRBELT Wir versuchen, im Hinblick auf unsere künstlerischen Anliegen gemeinsam eine Optimierung zu erreichen. Und wir müssen bis zu einem gewissen Grad teamfähig sein. Wir arbeiten bei jedem Projekt mit Menschen aus anderen Fachbereichen und mit unseren Mitarbeitern zusammen.

DANIEL BIRNBAUM Als eine frühzeitige Inspirationsquelle während des Studiums habt ihr Richard Serras Arbeit erwähnt. Wie seht ihr das heute?

WOLFGANG WINTER Eigentlich waren es eine ganze Reihe von nordamerikanischen Künstlern, die uns anfangs sehr imponierten. Wir fanden beide Walter de Maria ziemlich gut, und auch die Künstler der Land Art wie Michael Heizer oder Robert Smithson waren für uns von großer Bedeutung, auch wenn wir ganz anders arbeiteten. Und was Richard Serra betrifft: Die Monumentalität seiner Skulpturen war sehr anziehend für angehende Bildhauer. *Tilted Arc* zum Beispiel war eine großartige Skulptur und ein wirklich radikales Projekt für den öffentlichen Raum von New York. Einflussreich für uns waren auch europäische Bildhauer dieser Generation wie Ulrich Rückriem. Seine Skulpturen haben eine große Selbstverständlichkeit und Klarheit.

Aber für unsere Generation gibt es selbstverständlich andere Anliegen und Fragestellungen. Die wollen bearbeitet werden. Offen bleibt allerdings immer noch, ob zum Beispiel Ad Reinhardts „Kunst ist Kunst und alles andere ist alles andere …" immer noch relevant ist.

DANIEL BIRNBAUM Wie mischt ihr euch ein? Welche Rolle spielt die Größe einer Intervention im öffentlichen Raum? Manchmal sind eure Projekte vor Ort sehr hilfreich, sie wollen etwas ergänzen, die Situation verbessern. Wie habt ihr beispielsweise den öffentlichen Raum in Münster während der *Skulptur. Projekte in Münster* 1997 verändert?

BERTHOLD HÖRBELT Wir haben an vier unterschiedlichen Stellen der Stadt unsere Pavillons errichtet, die damals noch sehr unvoreingenommen als Informationsstände zur Ausstellung konzipiert waren. Gleichzeitig haben wir auf bestimmte städtebauliche Gegebenheiten reagiert, wie der *Bauzaun*, ein Kastenhaus vor dem Karstadt-Gebäude im Zentrum Münsters, beispielhaft zeigt [→ S. 144, 170]. In dem Umfeld hat man es mit einer großen Menge an architektonischen Entscheidungen und damit verbunden mit stilistischen Vorgaben zu tun. Anlässlich der *Skulptur Projekte in Münster* 1987 schlug Scott Burton vor, aus dem Platz einen Kartoffelacker zu machen. Später wurde hier eine Edelstahlskulptur mit Blechfähnchen aufgestellt, eine Schenkung eines Mäzens der Stadt. Der Boden wurde mit historisierendem Kopfsteinpflaster belegt, um die dort stehenden Bäume wurden typische Stadtmöbel gruppiert. Zunächst wollten wir die Edelstahlskulptur in ein Kastenhaus integrieren; dann haben wir uns jedoch dazu entschlossen, das Kastenhaus in der Salzstraße um die bereits bestehende Skulpur herumzubauen. Der *Bauzaun*, eine begehbare Arbeit, wurde so zu einem Vehikel, das es ermöglichte, den Platz zu überqueren, ohne das Umfeld in üblicher Weise wahrzunehmen.

DANIEL BIRNBAUM Allerdings ist diese Arbeit ein bisschen anders als die anderen. Es ist eine Passage, während es sonst bei euch im Wesentlichen um die Beziehung von Innen und Außen geht. Das Innen hat hier mehr Bedeutung als das Außen. Es ist fast eine meditative Zelle, die eine Art Konzentration verlangt. Hier war es etwas anderes, hier war es ein Übergang. Es wurde einem durchgeholfen.

WOLFGANG WINTER Es geht uns darum, die Begriffe Ort und Weg neu zu definieren. In der Arbeit geht es um eine veränderte Erfahrung des Raumes, des konkreten Umfeldes.

DANIEL BIRNBAUM Gerade lese ich, was Benjamin Buchloh über Thomas Struth schreibt. Struth hat seit 25 oder 30 Jahren immer wieder diese Aufnahmen von verschiedenen Städten aufgenommen, und Buchloh deutet diese Tätigkeit als eine Art Zeugenarbeit über eine Welt, die verschwunden ist. Er konstatiert, dass es keinen öffentlichen Raum mehr gibt. Es ist alles thematisiert, und Leute erwarten, wenn es um Kunst geht, dass man dort etwas Neues macht. Das heißt, der öffentliche Raum ist selbst schon ein Kunstkomplex geworden.

WOLFGANG WINTER Es kommt ja auch darauf an, wie man das definiert. Aber: Gibt es noch so etwas wie einen öffentlichen Raum?

DANIEL BIRNBAUM Als ich über Thomas Struths Straßenaufnahmen schrieb, hatte ich den Eindruck, dass die dargestellte Welt längst vergangen ist. Man kann selbstverständlich noch solche Straßen in Düsseldorf oder in anderen europäischen Städten finden, doch die in seinen Fotografien sichtbare Zeit ist nicht die der Gegenwart. Wie Benjamin Buchloh vorgeschlagen hat, kann man diese Bilder als Archive eines „globalen Verschwindens des Realen – in diesem Fall der Realität eines sozialen Raums und seiner architektonischen Struktur" begreifen. Unsere Zeit der elektronischen Kommunikation und der Medientechnologie fordert die alten Vorstellungen von einem öffentlichen Raum heraus: Die in einer alten Weise fotografierten Architektur-Bilder erscheinen als Nachbilder einer Vergangenheit, die, wie Buchloh zeigt, „von utopischen Erwartungen an die öffentliche Erfahrung, soziale Interaktion und einen Sinn für eine räumlich und zeitlich gebundene Realität" geprägt war. Da sich die Idee des öffentlichen Raums verändert hat, mag es angezeigt sein, die Idee einer Kunst im öffentlichen Raum neu zu definieren. Es kann sein, dass einige eurer Arbeiten bereits auf diese Veränderungen reagieren.

WOLFGANG WINTER Gehen wir einmal davon aus, dass öffentliche künstlerische Handlungen immer an klar definierte Orte geknüpft sind. Unser Anliegen ist es, funktionale Alternativen anzubieten. Je nach Gegebenheiten kann ein Kunstwerk neue Möglichkeiten des Gebrauchs anbieten und gleichzeitig auf seine Autonomie und Freiheit verweisen.

DANIEL BIRNBAUM Es gibt verschiedene Arten, eure Arbeiten zu verwenden. Einerseits wird ein Raum geschaffen zur Konzentration, zur Wahrnehmung, andererseits wird der Raum auch beispielsweise von Jugendlichen verwendet, um Partys zu feiern.

WOLFGANG WINTER Es gibt ja bei unseren Kastenhäusern keine Ausgrenzung, der Raum ist offen für alle. Die Leute übernachten da auch. In Münster wurde der Pavillon vor dem Schloss von einem Stadtstreicher als Schlafplatz benutzt. Dann ist es halt temporär sein Haus.

DANIEL BIRNBAUM Zu den verschiedenen Arten, einen Raum zu verwenden: Manchmal geht es in der Kunst nur darum, etwas zu sehen und zu genießen. Aber bei euch gibt es immer diese Zwiespältigkeit. Einerseits sehen die Sachen gut und interessant aus, andererseits haben sie

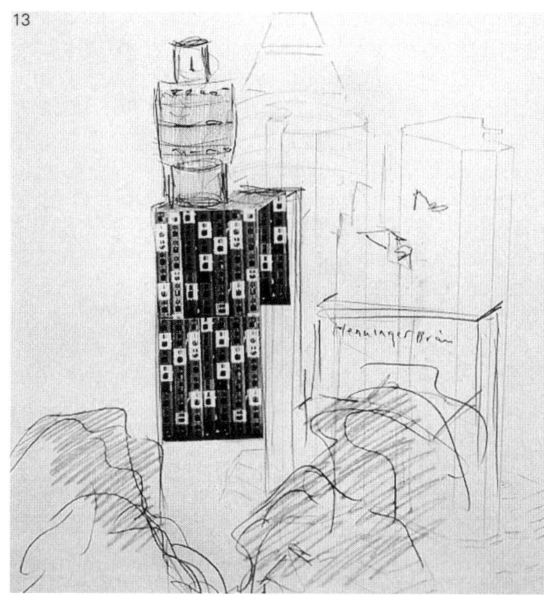

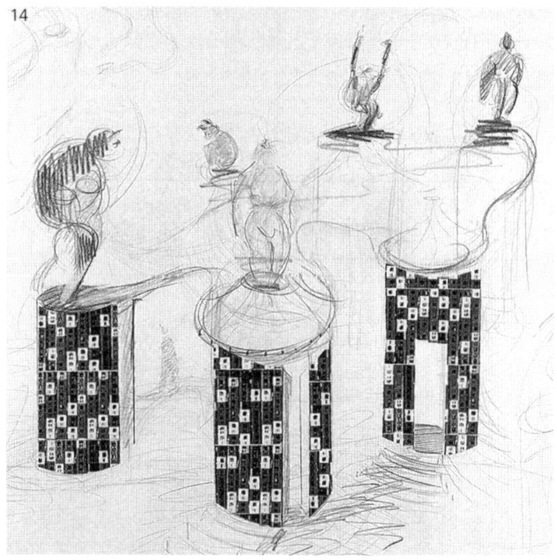

13 Winter / Hörbelt: *Henninger Bräu*, 1997 / *Henniger Brew*, 1997
14 Winter / Hörbelt: *Ohne Titel*, 1998 / *Untitled*, 1998

eine Art Funktion, und sei es nur, einen Raum für Menschen zu schaffen, die dort vorbeikommen. Ich denke an zwei Arbeiten von euch: Das Kino in Berlin und andererseits die Bushaltestelle. Das sind zwei Beispiele. Vielleicht könnt ihr darüber kurz etwas sagen.

BERTHOLD HÖRBELT Beim *Lichtspielhaus* für die Ausstellung *The Cinema Projects* im Künstlerhaus Bethanien [→ S. 114 - 120, 174] wussten wir, dass wir Fragen klären mussten, die uns sonst nicht besonders interessieren: Wie ist die Akustik? Wo sitzen die

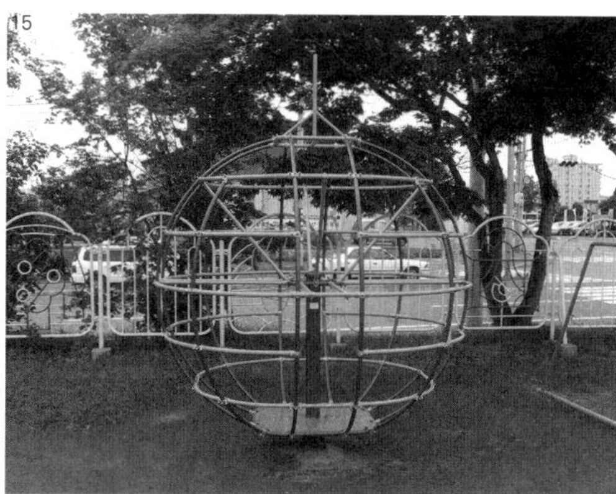

15 Spielplatz in Obihiro, Japan / Playground in Obihiro, Japan

Zuschauer? Aber uns hat von Anfang an interessiert, wie sich das Kastenhaus mit den laufenden Filmen verändern wird, wie es durch das flackernde Licht des Filmprojektors erleuchtet wird.

DANIEL BIRNBAUM Es wird öfters behauptet, die Kunst wäre heutzutage schon länger im Gespräch mit anderen angewandten Bereichen, sei es Design oder Architektur. Das hier war ein Beispiel, wo dieser Dialog wirklich realisiert worden ist.

BERTHOLD HÖRBELT Beim Kino waren es immer noch skulpturrelevante Fragestellungen, die uns hauptsächlich beschäftigt haben. Letztlich muss es aussehen, als wären wir einfach gekommen, hätten ein paar Kästen aufeinandergestellt, ein Dach draufgemacht, das war's. Es sind keine Monumente, keine Denkmäler, die auf eine klar definierte Person und Gegebenheit verweisen. Letztlich stehen die Arbeiten in ihrer ganzen Leere auch für sich, auch dann, wenn eine reale Funktion möglich ist, wie zum Beispiel die einer Bushaltestelle [→ S. 128, 172].

DANIEL BIRNBAUM Manchmal habt ihr die Projekte mit anderen Funktionen verbunden – wir haben schon das Kino erwähnt. Und dann gibt es euer Projekt in Billerbeck. Da wird es plötzlich als Kunstform noch komplexer. Vielleicht solltet ihr einmal kurz beschreiben, was die Aufgabe war.

BERTHOLD HÖRBELT Es gibt eine Kapelle im westfälischen Ort Billerbeck, die als *Kriegerehrenmal für die Gefallenen des Ersten Weltkriegs* bezeichnet worden ist. Eine Initiative der Bürger der Stadt wollte die Kapelle umbenennen. Aus diesem Grund wurde eine Ausschreibung gemacht, ein Wettbewerb veranstaltet, um die Kapelle in ein Denkmal für die Opfer aller Gewalt umzufunktionieren.

DANIEL BIRNBAUM   Ein Denkmal? Was habt ihr dort gemacht?

BERTHOLD HÖRBELT   Zunächst einmal haben wir das Kriegerehrenmal umbenannt in *Kapelle der Friedfertigkeit* [→ S. 184]. Wir haben versucht, temporär – für 13 Jahre immerhin – ein immer wiederkehrendes Ritual zu erfinden, eine Art Dauerperformance. Jeden Sonntag spielt ein Musiker zur gleicher Zeit vor der Kapelle ein Musikstück. Der Musiker ist nicht nur der Interpret des Stückes, sondern er steht da als Person. Die Leute in diesem Ort – es kommen auch Besucher von außerhalb – sehen das als Sinnbild. Ein Mensch steht da und hat ein Musikinstrument, oder er singt ein Stück, das dauert vier Minuten, manchmal schneit es, manchmal regnet es, manchmal scheint die Sonne, aber er steht pünktlich sonntags um 11.30 Uhr da und spielt das Stück. Es ist eine Komposition von Friedrich Jaecker aus Köln.

DANIEL BIRNBAUM   Wie seid ihr auf ihn und das Stück gekommen?

WOLFGANG WINTER   Friedrich Jaecker ist uns empfohlen worden, und wir waren sehr bald sicher, dass er die richtige Komposition schreiben würde. Die für Billerbeck entstandene Komposition spielt mit Auslassungen. Die langen Pausen zwischen den einzelnen Melodiefragmenten sind – wenn ich einmal so sagen darf – sehr skulptural. Sie beziehen die Geräusche der Umgebung mit ein. Die Musik öffnet einen Raum; vielmehr, als es an dieser Stelle mit einer stofflichen Skulptur möglich wäre. Das einzige materialisierte skulpturale Element von uns ist eine Plattform aus rotem Kunststein, auf dem der jeweilige Musiker das Stück spielt.

DANIEL BIRNBAUM   Wie wichtig ist euch der politische Aspekt einer solchen Inszenierung an einem solchen Ort?

WOLFGANG WINTER   Solche Orte gibt es in Deutschland sehr oft. Dennoch haben sie eine enorme Brisanz. Wir haben lange darüber diskutiert, ob und wie wir uns da einsetzen können. Das Risiko, falsch verstanden zu werden, ist hierbei sehr groß. Aber andererseits ist auch dies Teil unserer Arbeit. Es zeigt sich bei den vielerorts errichteten Mahnmalen oftmals, dass große Gedenksteine letztlich keine Anteilnahme mit sich bringen. Sie sind oftmals mit falschem Pathos aufgeladen. Wir haben uns natürlich auch mit dem Mahnmal in Berlin auseinander gesetzt und die Diskussionen um die Entwürfe von Peter Eisenmann und Richard Serra zur Berliner Gedenkstätte für die Opfer des Nationalsozialismus verfolgt. Es bleibt abzuwarten, wie diese Art der Monumentalität später einmal rezipiert werden wird …

DANIEL BIRNBAUM   Bei all euren Arbeiten fällt mir auf, dass ihr die Menschen mit einbezieht, die mit euren begehbaren Skulpturen umgehen. Innen- und Außenraum sind aufeinander bezogen wie das Private und Öffentliche. Und es geht auch um eine Art unvoreingenommener Gastfreundschaft und darum, fortdauernd überrascht zu werden: Man kommt in einen Raum hinein und findet dort etwas ganz anderes vor, als man erwartet hat.

Das Gespräch fand im April 2002 im Büro von Prof. Dr. Daniel Birnbaum in der Frankfurter Städelschule statt.

<u>"IN OUR WORK, THE CRUCIAL FOCUS IS ON A CHANGED EXPERIENCE OF SPACE, OF THE ACTUAL SURROUNDINGS." DANIEL BIRNBAUM IN CONVERSATION WITH WOLFGANG WINTER AND BERTHOLD HÖRBELT</u>

<u>DANIEL BIRNBAUM</u>  During recent years, your sculptures made of using drinks crates have caught the international eye. Your crate-houses were on show at major exhibitions such as "Sculpture. Projects in Münster 1997" (*Skulptur. Projekte in Münster* 1997) or at Harald Szeemann's *Apertutto* exhibition at the *Venice Biennial* in 1999. Alongside the crate-houses you have also pursued a few other interesting ideas, among other things the groups of works using games equipment. What do you find interesting there?

<u>WOLFGANG WINTER</u>  Well, these devices are simple objects, usually made of tubular steel. In terms of formal idiom, they are pretty minimalist, and they are colourful. They can be found everywhere the globe over, but in the States, for instance, they look somewhat different than in Sweden. We repaired the games equipment people gave us as they no longer used them, and added a coat of new paint. And other items we simply invented, i.e., made them according to our own specifications and then exhibited them in public spaces.

<u>DANIEL BIRNBAUM</u>  They're typical modernist sculptures, aren't they?

<u>WOLFGANG WINTER</u>  One thing says they are not. The items of games equipment are conceived of as objects to be used and that flies in the face of the modern sculptural tradition. They are items for gymnastics, apparatus that contains references to their possible uses. They get by without words. You are always reminded of something or other. They can be seen formally as sculptures or at the same time used as gymnastics apparatus [→ pp. 20, 23, 132, 134, 174, 180].

<u>DANIEL BIRNBAUM</u>  Is that applied art, as it were?

<u>WOLFGANG WINTER</u>  They leave the division between applied and autonomous art well behind them. They are both: sculptures that can be used as apparatus.

<u>DANIEL BIRNBAUM</u>  Do you feel there are real references here to art history?

<u>WOLFGANG WINTER</u>  The group arose from a focus on questions of art in public spaces. And of course I immediately think of the work of Marcel Duchamp. His ready-mades such as *Porte-Bouteilles* (1914) or the *Roue de bicyclette* (1913) on its plinth are not only anti-art, they also show that the context in which an object is placed is of decisive importance as regards how it is perceived. One could add, paraphrasing Sol LeWitt: An object of art is in itself insignificant; what is important is the idea it transports.

<u>DANIEL BIRNBAUM</u>  Do you think that anyone familiar with your games equipment will then look at playgrounds in a different way? Sometimes art involves such a circle. If, for example, I am having to wait at the airport and am looking outside, then I repeatedly discover pictures by Andreas Gursky. And I would assume, now that you have drawn our attention to the recurrent aesthetics of playgrounds, that we will now probably see them in a new light.

<u>WOLFGANG WINTER</u>  It is not just the aesthetics of such a location that is suddenly in focus. Playgrounds are also places where bodies are exercised and trained, and the entire body and fitness cult perhaps somehow starts there. Later in life, people go to health clubs to work out. Incidentally, I was a child who almost never went to playgrounds; we had meadows, woods and best of all a really interesting and adventure-ridden scrap heap near-by…

<u>DANIEL BIRNBAUM</u>  Your crate-houses have also led to people relating crates for mineral water bottles to your work and seeing them from a new angle. Each time people see a few crates stacked up, for example, at the local drinks store or even at home, they think themself seeing works by Winter and Hörbelt…

<u>BERTHOLD HÖRBELT</u>  At the beginning, there wasn't any specific strategy to it, or any fixed concept, and to tell the truth we are sometimes surprised ourselves at the way things are going. We wanted to build large-scale sculptures that people could walk through and the crates seemed just the right kind of material. Working with the crates we discovered aspects of the material that are worth developing further. For the exhibition *Demeter* in Obihiro, Hokkaido, in Japan, we plan to change the method of construction we have used completely.

<u>DANIEL BIRNBAUM</u>  Which begs the question: when does art start to become effective? Now, when people see crate buildings, they think of you. Unpleasant bureaucratic situations remind them of Franz Kafka. This is very interesting. When an artist takes something from the real world and amplifies it, then, when we then see it again in what we call the real world, we think about that artwork.

With Pop Art, art clearly demonstrated for the first time what it can do with items taken from the commercial world. Nowadays, things can go in the opposite direction, too; everything is becoming much more complicated, and there is a constant exchange between the different worlds. In the commercial world, for instance, quotations by artists are always cropping up – by Pipilotti Rist or Matthew Barney to name but two. In this application created through advertising they lose their meaning, become strident. Your work, the crate-houses at least, are – on a superficial level – a kind of logo. But upon more careful consideration, additional aspects become apparent, even looking at the work produced alongside these crate-houses.

Alongside your work on the crate-house project, there are other projects, which appear to be of secondary importance. As a student, and then as a university professor in Sweden I wrote about art in my free time and suddenly what had seemed to be incidental took on an increasingly central role. Is the same true of your project in São Paulo? Just what have you got planned for it?

<u>BERTHOLD HÖRBELT</u>  Artecidade is a Brazilian initiative which organizes projects and discussion forums on the subjects of urban development and mega-cities. Brasmitte, a project to which we were invited in 1999, dealt with the Bras district and originally a dialogue with Berlin Mitte was planned. Hence the name. Because the city has spread rapidly from the center outwards, Bras has been pushed into the eastern zone of São Paolo and is currently serving as no more than a giant warehouse for food and raw materials. One of Artecidade's objectives is to investigate how the district can regain some of its urban flair. Artists, architects and sociologists have been invited to come up with architectural / artistic designs. Suggestions have, for instance, been received from Vito Acconci and Rem Koolhaas. Interventions are planned at

various locations within the district, along with a central exhibition at a cultural center in the SECS Belenzinho district. This is where we intend to erect what we call our *Crate-House – View Point for São Paulo* [→ pp. 130, 176], which has already been developed and presented locally. This belvedere offers a good view of the eastern zone of São Paulo.

DANIEL BIRNBAUM  When is this project due to start?

BERTHOLD HÖRBELT  It actually started several years ago. The project concept can be viewed on the Internet. The project is about to be implemented.

DANIEL BIRNBAUM  How does an artist cope with the fact of implementing a work of art in such a vast, chaotic city?

WOLFGANG WINTER  The example of São Paulo demonstrates a particular kind of dynamism, but also the brutal toughness of the mega-cities. In some part of the city there is a kind of poverty that highlights the limits of the artist's desire to design the world artistically or even renders such efforts obsolete. On the one hand, there are closely guarded villa districts surrounded by barbed wire fences and on the other, families living on the streets. Every week, at least a few thousand people swell the ranks of São Paolo's at least 15 million inhabitants, all hoping for some kind of social betterment, however small. There are people living on the central reservation of the highway. Many people end up in the favelas, giant housing projects, containers for thousands of people. At this point it would take too long to describe life there. But coming to terms with a mega-city of such dimensions provokes one to rethink a number of things and to reevaluate one's attitude to art.

DANIEL BIRNBAUM  What are the projects you are currently working on?

BERTHOLD HÖRBELT  At the moment we are developing an item for an exhibition in Obihiro in northern Japan. Obihiro is a town on the island of Hokkaido, about three hours' train ride from Sapporo. In the town there is a place where several horse-races that are completely foreign to us Europeans take place every year. Fat, cold-blooded horses are made to drag concrete blocks across hills, up and back down again, always over sandy terrain. In the winter, up to 500 horses live on the grounds. They are very large grounds with flat buildings where, depending on season, the horses can be housed, together with the families of the people who look after them, and there is a giant hall where people can play a kind of horse lottery. All in all, for us it is an unusual location; it even seems almost unreal. And it is here that we will be realizing a large-scale project, a *gangway* [→ pp. 46 - 50, 186].

DANIEL BIRNBAUM  People are already familiar with the way your works in public spaces function in Europe. What is different in Asia, where you have already realized several projects?

WOLFGANG WINTER  Two and a half years ago we built the *Hanoi City Tea House* [→ pp. 110, 112, 178] in Hanoi. We had been invited to work as university professors at the University of Fine Arts. The way the students work there is very classical and very academic. After initial difficulties in making contact, we decided to show them how we work. We bought 500 red plastic trays, some wood and some PVC and erected the *Hanoi City Tea House* together with the students. We built a pavilion using cheap plastic trays and hand-sawn roof laths. In Vietnam, people normally build things out of bamboo.

The Hanoi City Teahouse had two narrow entrances, it was rectangular and its interior was about 12 square meters in size. It seems absurd for us Europeans to be building a tea house in Vietnam, a country where tea is actually grown. But we intended it as a place where people could meet without constraints. The installation stood in contrast to the sculptures in the Vietnamese socialist realism style that were all over the campus. It really looked like the former German Democratic Republic or the Soviet Union. To celebrate our opening, there was beer out of converted gas canisters and simple Vietnamese food. It really was very pleasant. At the time, the experience was rather unusual for the Vietnamese students. For them and also for us.

DANIEL BIRNBAUM  What was it that was so unusual, the way you used the new material or the way it was exhibited?

BERTHOLD HÖRBELT  The material was new and the framework was completely different. At the time, the strict exhibition conditions in Vietnam caused us to remain on the campus. And even that created enough of a stir. Vietnamese artists probably wouldn't even have received permission for that kind of activity.

When we visited Hanoi this year we held long discussions with university professors and students. For them it was something new to be able to build something publicly. A number of people criticized the pavilion's "cheap" appearance. When we showed slides of our other work we were often asked who had given us permission for the buildings. If they were to do something similar, they would probably have to take down the installations as a gross misdemeanour on for political reasons the day after they had been put up.

DANIEL BIRNBAUM  Was your work positively received or were some people annoyed, too?

WOLFGANG WINTER  Actually, the reception was often a sympathetic one, everybody was quite curious. What I found very interesting was that the colour red does not have positive connotations for the Vietnamese. We had assumed that red was of great significance, since there are red flags and banners everywhere in the city. In Vietnam, the so-called public domain is in the service of politics. Political messages drone out at people from loudspeakers installed all over the streets every day, both in the mornings and in the evenings.

DANIEL BIRNBAUM  Was your work perceived as a kind of disruption?

BERTHOLD HÖRBELT  At first, the Vietnamese didn't know what to think. They couldn't see the point of a sculpture they could walk into. Naturally, both professors and students at the academy knew about western art, but we were seemingly the first western artists to build a work of art designed as a meeting-place. Of course the point should not be to produce something that would serve as an example for future artistic work.

DANIEL BIRNBAUM  What was, in fact, the starting point for your collaboration? You wanted to redefine the traditional concept of sculpture, and you did not want to work within a normal art context. Which means that on the one hand you wanted to work as part of a team, but on the other, to exhibit not only in galleries and museums, but in other locations, too. This is how it started, isn't it?

WOLFGANG WINTER We studied at an academy where the commercial aspect of the whole art business was not really stressed. Accordingly, we were not initially looking too far ahead when we decided to work together. We knew each other very well and had already rented a number of studios together. We offered each other criticism and it consequently became a matter of course for us to design and produce work together, too.

DANIEL BIRNBAUM Collaboration is interesting. Of course, people do still formulate their own subjective ideas, but at the same time, the two partners more clearly push each other in the kind of directions that they might not have considered alone. The question is: does one moderate one's own tastes or do the two partners head in a new direction together? How do things work between you two?

BERTHOLD HÖRBELT We attempt to jointly achieve an optimum situation with regard to our artistic endeavors. And, to a certain extent, we need the ability to work as a team. In every project we collaborate with people from other specialist fields and with our own staff.

DANIEL BIRNBAUM You mention Richard Serra's work as an early source of inspiration during your studies. How do you see this today?

WOLFGANG WINTER Actually, there were a whole series of North American artists that initially impressed us a great deal. We both found Walter de Maria pretty good, and the exponents of Land Art, artists such as Michael Heizer and Robert Smithson were of great significance for us, even if we do work in a completely different way. And talking about Richard Serra: the monumental quality of his sculptures was very attractive to fledgling sculptors. *Tilted Arc*, for example, was a great sculpture and a truly radical project for the public sphere in New York. European sculptors of that generation such as Ulrich Rückriem also influenced us. Rückriem's sculptures possess a great clarity and a real down-to-earth quality. Of course, our generation has other preoccupations and other questions to ask. Issues that we need to address. But the question of whether Ad Reinhardt's "Art is art and everything else is everything else" is still relevant remains unanswered.

DANIEL BIRNBAUM How do you get involved? What role does the size of an intervention in the public sphere play? Sometimes your projects are very helpful to their locations, they aim at complementing something, at improving a situation. How did you change the public sphere in Münster, during the "Sculpture. Projects in Münster" *(Skulptur. Projekte in Münster)*?

BERTHOLD HÖRBELT We erected our pavilions at four different points in the city. At the time, these pavilions were designed as information stands for an exhibition, with no ulterior motive. At the same time, we were reacting to certain urbanic features, something exemplified by the *Bauzaun* [→ pp. 144, 170], a box-like construction in front of the Karstadt department store in downtown Münster. In this area one is confronted by a large number of architectural decisions and consequently with stylistic models. On the occasion of the "Sculpture Projects in Münster" *(Skulptur Projekte in Münster)* in 1987 Scott Burton suggested converting the square into a potato field. Later a stainless steel sculpture with a sheet metal flag was put up here, a gift from one of the city's patrons. The ground was paved with cobblestones to give it an historical air and typical urban furniture was grouped around the local trees. We initially wanted to integrate the stainless steel sculpture into a box-like construction, but we later decided to build the box-like construction in Salzstraße around the already existing sculpture. The *Bauzaun* can be walked through, thus making it into a vehicle that allowed people to cross the square without perceiving the environment in the usual way.

DANIEL BIRNBAUM Nevertheless, this work is a bit different from the others. It is an arcade, whereas your work is otherwise fundamentally concerned with the relationship between the inside and the outside. Here, the inside is more important than the outside. It is almost a meditative cell, one that demands a kind of concentration. Here there was something different, here there was a transition. Here, people were helped through.

WOLFGANG WINTER Our aim is to redefine the terms location and path. This work deals with a changed perception of space, of a concrete urban environment.

DANIEL BIRNBAUM I have just been reading what Benjamin Buchloh has to say about Thomas Struth. For the past 25 or 30 years, Struth has kept taking all those photos of various cities and Buchloh interprets the activity as a way of bearing witness to a vanished world. He notes that there is no longer such a thing as public space. Everything has become an issue and as for art, it is expected to do something new. Which means that even public space has become an art complex.

WOLFGANG WINTER And it also depends on how you define it. But: is there still such a thing as public space?

DANIEL BIRNBAUM Whilst I was writing about Thomas Struth's street photos I had the impression that the world they were portraying had long disappeared. Of course, you still find those kind of streets in Düsseldorf or in other European cities, but the era visible in his photographs is not the present one. As Benjamin Buchloh suggested, these images can be seen as archives of a "global disappearance of the real – in this case of the reality of a social sphere and its architectural structure". Our age of electronic communication and media technology challenges our old notions of public space. These images of architecture photographed in the old way appear as reproductions of a past characterized, as Buchloh shows, "by utopian expectations of the public experience, social interaction and a sense of a spatially and temporally limited reality". Since our notion of public space has changed, it may be appropriate to redefine our notion of art in public spaces. It is possible that a number of your works have already taken these changes into account.

WOLFGANG WINTER Let us assume that public artistic activities are always site specific. So, our aim is to offer functional alternatives. Depending on the circumstances, a work of art can then offer new ways of using a location, whilst simultaneously highlighting its autonomy and freedom.

DANIEL BIRNBAUM There are different ways of using your work. On the one hand, you create a place for concentration, for perception, on the other, perhaps this same place will also be used by young people, for their parties.

WOLFGANG WINTER  Nobody is ever refused entry to our crate-houses, they are open to everybody. Some people spend the night in them, too. In Münster, a local tramp used the pavilion in front of the castle as his sleeping quarters. Then, of course, it temporarily became his house.

DANIEL BIRNBAUM  On the subject of the different ways of using a space: sometimes art is only concerned with seeing and enjoying something. But in your case there is always this ambiguity. On the one hand, what you produce looks good and interesting, on the other, it has a kind of function, even if this is only to create space for the people passing by. I am thinking of two of your works: the cinema in Berlin and then the bus-stop. These are two examples. Perhaps you can say a few words about them.

BERTHOLD HÖRBELT  In the case of the movie theater for *The Cinema Projects* [→ pp. 114-120, 174] exhibition at Künstlerhaus Bethanien we knew that we needed to address the kind of questions that we are usually not too interested in. How are the acoustics? Where do people sit? But right from the outset we were interested to know how the crate-house would change when it showed its first film, how the film projector's flickering lamp would light it up.

DANIEL BIRNBAUM  People often maintain that today art is, and has been for some time already, engaged in discussions with other applied fields, be they design or architecture. The above was an example of an instance where this dialogue really has been implemented.

BERTHOLD HÖRBELT  In the case of the cinema, our main preoccupation was still with questions relevant to sculpture. In the final analysis, it must look as if we simply come along, pile up a few crates, put on a roof and that's that. These are not monuments or memorials to any clearly defined person or occasion. In the final analysis, these works, in all their emptiness, stand for themselves, too, even when a real function is a possibility, for instance that of a bus-stop.

DANIEL BIRNBAUM  Sometimes, you have linked your projects to other functions – we have already mentioned the cinema. And then there are your projects in Billerbeck. Here, for an art form, things become more complicated. Perhaps you should explain what the assignment was.

BERTHOLD HÖRBELT  There is a chapel in the Westphalian town of Billerbeck designated a *war memorial to the soldiers who fell in the First World War*. A local citizens' initiative wanted to rename the chapel. To this end, a procurement process was initiated, a competition which was organized to convert the chapel into a monument to the victims of all kinds of violence.

DANIEL BIRNBAUM  A monument? What did you do?

BERTHOLD HÖRBELT  To begin with, we renamed the war memorial "Chapel of Peaceableness" *(Kapelle der Friedfertigkeit)* [→ p. 184]. We attempted to invent a permanently recurring ritual, a kind of long-lasting performance – admittedly on a temporary basis – but to last for as long as 13 years. Every Sunday at the same time a musician plays a piece of music in front of the chapel. Not only is the musician interpreting the piece of music, he is also standing there as a person. The people of the town – and visitors come from outside, too – see this as a symbol. There is one person standing there with a musical instrument, or he sings, it takes four minutes, sometimes it snows, sometimes it rains, sometimes the sun shines, but punctually at 11.30 a.m. he is standing there performing his piece. It is a composition by Friedrich Jaecker from Cologne.

DANIEL BIRNBAUM  How did you come upon the piece?

WOLFGANG WINTER  Friedrich Jaecker was recommended to us and in a very short space of time we were sure that he would write us the right composition. The piece written for Billerbeck plays with omissions. The long pauses between the individual fragments of tune are, if I may say so, very sculptural. They incorporate the surrounding noises. The music opens up a space, much more so, in this instance, than would be possible with a tangible sculpture. The only material sculptural element by us is an unspectacular platform made of artificial red stone, on which the musician stands to perform the music.

DANIEL BIRNBAUM  How important to you is the political aspect of this kind of performance in this kind of location?

WOLFGANG WINTER  Such locations are often to be found in Germany. And yet the subject is highly explosive. We spent a long time discussing whether we should intervene there, and if so, how. The risk of being misunderstood on such occasions is very great. But on the other hand, this is part of our work. It is often the case with these monuments, that are erected all over the place, that in the final analysis large memorial stones do not elicit sympathy. They are often laden with false pathos. Of course, we have had thoughts about the monument in Berlin and followed the discussions surrounding Peter Eisenmann and Richard Serra's design for Berlin's memorial to the victims of National Socialism. It remains to be seen how this kind of monumentality will be received in years to come …

DANIEL BIRNBAUM  In all your work it strikes me that you always include the people who navigate your sculptures. Inside and outside space relate to each other like the private and the public sphere. And one also senses a kind of unprejudiced hospitality and a permanent surprise: people enter a space and find something quite different from what they had expected.

This conversation was held in April 2002 in Prof. Daniel Birnbaum's office at the Städel Academy in Frankfurt / M.

<u>„WEIL DIE GANZE WELT DARIN IST…"</u>  ÜBER
*SAME SAME, HOEWI 301* UND ANDERES
FLORIAN MATZNER

„Der Wasserkasten ist schließlich so etwas wie die Amphore des 20. Jahrhunderts, wahrscheinlich auch des 21. Jahrhunderts. Und wenn man sich von den ‚gewachsenen' Materialien wie Stein, Fett etc., also den traditionellen Bildhauermaterialien, einmal verabschiedet hat, ist das plastische Material ‚Wasserkasten' in unseren Augen doch nahe liegend und gerade gut genug. Es war jedoch nie konzeptuell angelegt, so zu arbeiten, sondern es wuchs quasi aus dem Atelier heraus (…). Dies ist ein Experiment, ein Versuch, die Autonomiebestrebungen moderner Kunst ernsthaft zu befragen."[1] Mit diesen Worten beschrieben Wolfgang Winter und Berthold Hörbelt 1999 Konzept und Intention ihrer inzwischen berühmt gewordenen Kastenhäuser, die zum ersten Mal 1997 im Rahmen der *Skulptur. Projekte in Münster* einer internationalen Öffentlichkeit vorgestellt wurden[2] und spätestens auf der *Biennale d'Arte* in Venedig im Sommer 1999 mit dem Kastenhaus *Casa bianca per una Nazione sconosciuta* [→ S. 104-108, 176] ihren ‚Durchbruch' erlebten.[3]

Inzwischen gibt es Kastenhäuser auf der ganzen Welt, die als Kinos, Aufenthaltsräume oder Bushaltestellen genutzt werden. Es sind Kastenhäuser mit konkreten öffentlichen Funktionen. Ebenso existieren großformatige autonome Architekturskulpturen, die als so genannte ‚Fliegende Bauten' zeitweilig Orte und Räume, Stellen und Plätze in der Stadt belegen und innerhalb kürzester Zeit bereitwillig vom Publikum angenommen werden.[4] Wie ein asiatischer Pagodentempel, der jederzeit an einem anderen Ort aufgebaut werden kann, sind auch Winter und Hörbelts Kastenhäuser temporäre Architekturen.[5] Taucht hier ein Kastenhaus auf, verschwindet dort ein anderes: Bereits das verwendete Material verweist auf diesen Wechsel. Die Wassertransportkisten, die sie benutzen, verdanken sich eines temporären Recycling aus dem Industriekreislauf. Ready-mades werden zum Baumaterial von Kunstwerken, das heißt, dass aus der banalen Stapelware der Wasserkisten Kunst wird. Wolfgang Ulrich bemerkt: „Die Feste und Ereignisse, die sich in den Kastenhäusern und um sie herum abspielen, sind deshalb so gelungen, weil sie nicht eine strikte Gegenwelt zum Alltag der Menschen aufbauen, sondern ein Stück daraus als Material für etwas Besonderes verwenden und verwandeln – Stapelware als Festarchitektur."[6] Andere Kritiker sprechen von Mineralwasserkisten als „Lichtmaschinen"[7], oder sie bezeichnen die aus Wassertransportkisten gebauten Kastenhäuser als „Kathedrale[n] des 21. Jahrhunderts."[8]

Wolfgang Winter und Berthold Hörbelt, die sich während des Kunststudiums in Kassel kennen lernten, kooperieren bereits seit 1992 in zwei verschiedenen Arbeitsbereichen, die sie als *Same Same* und *HOEWI 301* [→ S. 166] bezeichnen. Mit *Same Same* ist eine von den Künstlern erfundene Methode zur plastischen Transformation bereits vorhandener Gegenstände gemeint, sogenannter „Prototypen". *HOEWI 301* benennt ein von ihnen auf der Basis von Gelatine, also Knochenleim, entwickeltes Material mit thermoplastischen Eigenschaften. Es eignet sich zur Produktion einer zweiten, anderen Werkgruppe.

Eine seltsame Szenerie: Wie eine Portraitgalerie aus vergangenen Zeiten stehen 50 Büsten auf schlichten Sockeln aus unbehandelten Spanplatten im Ausstellungsraum. Ausgangspunkt dieser Rauminstallation ist eine Portraitbüste, wie sie der Betrachter aus der Nachkriegszeit zu kennen glaubt und die noch heute, meist in edlem Bronze gegossen, jedes Rathausfoyer dekoriert: Bürgermeister, Mäzene, Bundespräsidenten, Sportler ließen sich hier verewigen. Sie werden als besondere Individuen präsentiert. Doch die 50 Variationen über ein und dasselbe Thema, ein typologisch standardisiertes Bildnis, haben Winter und Hörbelt mit ihrer Arbeit *Same Same* grundlegend verändert. Sie gossen in eine flexible Abformhaut dieses Kopfes flüssigen Gips, so dass beim anschließenden Trocknungsprozess die Möglichkeit einer nachträglichen Veränderung des ‚Originals' bestand.

Dieser Aspekt des Zufalls variiert die Ergebnisse so grundlegend und nachhaltig, dass die 50 Büsten ein und derselben portraitierten Person wiederum 50 neue, andere, verschiedene Menschentypen hervorbringen. Jede dieser 50 Büsten könnte dann wiederum als Prototyp des *Same Same*-Verfahrens eingesetzt werden und somit eine neue Familie der Büste generieren: Dicke und Dünne, Schöne und Hässliche, Freundliche und Griesgrämige, Traurige und Glückliche. Einige Jahre später hat der italienische Künstler Maurizio Cattelan eine vergleichbare Arbeit vorgelegt. Er veränderte Latex-Abgussformen des eigenen Gesichtes während des Trocknungsprozesses derart, dass er in seinen Selbstbildnissen zu weinen schien, oder zu lachen, oder, oder …?[9]

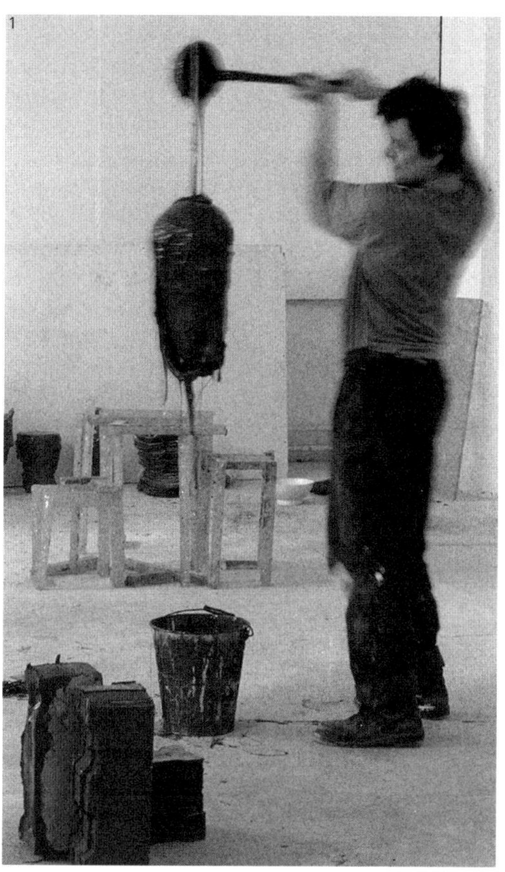

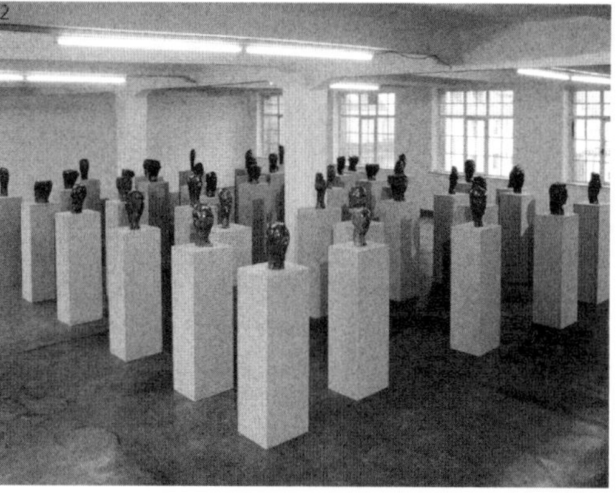

1 Wolfgang Winter: *HOEWI gießend*, 1996 / Wolfgang Winter: *casting HOEWI*, 1996
2 Winter / Hörbelt: *50 Variationen über eine Portraitplastik*, 1993 / *50 Variations on a Portrait Sculpture*, 1993

Gleichzeitig ist *Same Same* auch ein Experiment, das die Beziehung von Figuration und Abstraktion, Tradition und Innovation thematisiert, und es ist gleichsam ein Versuch über die Bedeutung und Perspektive klassischer Plastik und Skulptur heute.[10] Angesichts der Präsen-

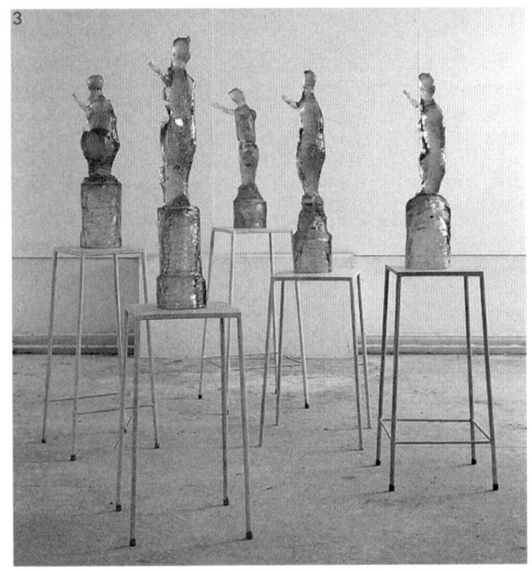

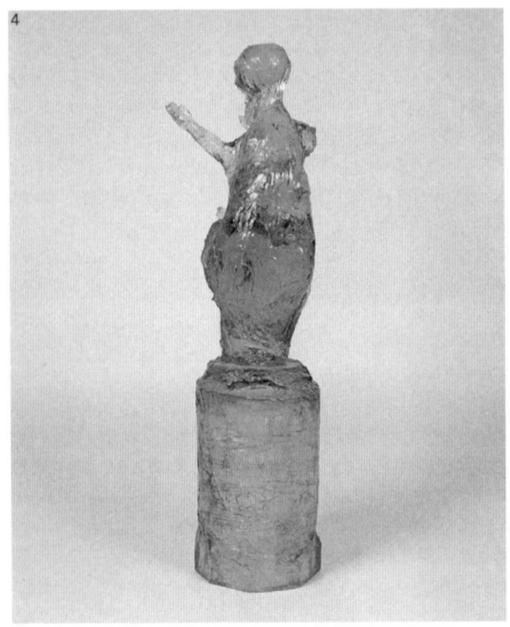

3  Winter/Hörbelt: *Madonnen*, 1992-2001 / *Madonnas*, 1992-2001
4  Winter/Hörbelt: *Madonnen*, 1992-2001 / *Madonnas*, 1992-2001

tation von 50 *Same Same*-Köpfen [→ S. 166] mag man sich an die endlosen Pop Art-Reihungen Andy Warhols erinnert fühlen. Doch während der amerikanische Pop-Künstler Vorgefundenes aus Massenmedien kopierte, ist bei Winter und Hörbelt das Original bereits ein Zitat, eine Reproduktion, die sie weiterentwickeln, transformieren und verändern. Vis-à-vis der 50 Portraits, die abgegossen und bearbeitet wie menschliche Urtypen wirken, fühlt sich der Betrachter mit seinem eigenen Gegenüber kon-

frontiert. Er glaubt sich oder andere wiederzuerkennen, er unternimmt eine kleine Zeitreise in das eigene Ich!

Für eine in Harz ausgeführte Serie von *Same Same*-Madonnen [→ S. 166] benutzten Winter und Hörbelt eine naive bronzene Madonnenskulptur aus den fünfziger Jahren. Die Anbetungsfigur, wie man sie aus Kirchen, Schreinen und Kapellen kennt, wurde in einem Kautschuk-Abgussverfahren bis zur Unkenntlichkeit deformiert. Sie erhielt zudem den Arm eines gekreuzigten Christus. Aus dem anonymen massenhaft reproduzierten Ideal wird so eine entstellte aber zugleich einmalige Figur. Verliert der Portraitkopf in *Same Same* durch die Transformation seine Bedeutung als Typus, so geschieht im Falle der Verwandlung einer Madonnenfigur das Gegenteil: Hier wird dem typisierten Ideal ein einmaliges, individuelles Bild gegengesetzt. Die Statue wird unvermittelt zur Frau, deren Gestus nicht mehr Segen, sondern Abweisen, Winken oder Hilferuf bedeutet.

In *Tischfußball* [→ S. 166] von 1993 werden die Gegensätze Typus und Individuum sowie Anonymität und Persönlichkeit geradezu zynisch gegeneinander ausgespielt: 22 kleine Figuren, jede anders modelliert, sind in die Regeln des Spiels eingezwängt, von Stahlrohren durchbohrt, gesichtslos und ohne Arme wirken sie eigenartig mitleiderregend. Doch das Spiel funktioniert nicht: Keine Handgriffe zum Drehen, kein Boden unter den Füßen: wie Soldaten auf dem Schlachtfeld warten sie auf den Einsatzbefehl, der sie aus ihrer Erstarrtheit befreien könnte – aber nichts passiert. Die spontane Fröhlichkeit des Spiels ist zu einer traurigen Endlosigkeit geworden.[11]

Das Verfahren der Reihung, der Variation, der Vervielfachung mit minimalen Veränderungen, haben Wolfgang Winter und Berthold Hörbelt erstmals im Jahre 1993 mit einem neuen, von ihnen erfundenen Material weitergeführt. Konnten bei den *Same Same*-Arbeiten die Endprodukte durch den handwerklichen Formungsprozess der Künstler während des Trocknens individuell bestimmt werden, so verwandten sie in der Arbeit *Trupp* [→ S. 166]. erstmals jenes Material, das sie *HOEWI 301* nennen, denn, so haben Winter und Hörbelt bemerkt: „Das heißt so, weil Hoe auf Hoerbelt und Wi wie Winter verweist. 301 ist eine Art Seriennummer, wie etwa Mercedes 300."[12]

In *Trupp* diente eine banale, leer getrunkene Flasche als Prototyp, die zu einer Menschenansammlung besonderer Art mutierte. Allerdings haben Winter und Hörbelt kein herkömmliches künstlerisches Material wie Holz, Bronze oder Gips verwendet, sondern die von ihnen erfundenen Masse

*HOEWI 301*, die aufgrund ihrer spezifischen Eigenschaften während des Trocknens beziehungsweise Erstarrens einen eigenen Weg sucht und deshalb selbst über die endgültige plastische Form entscheidet. Dieser Aspekt des Zufalls, dieses Restrisiko in der Produktion, verändert die Ergebnisse so grundlegend und nachhaltig, dass jede Figur anders als ihr Nachbar ist. In der unüberschaubaren Masse scheinen sie alle wieder gleich und auswechselbar. Unvermittelt fühlt man sich an den allzu ehrlichen Satz des Philosophen Max Horkheimer erinnert: „Jeder Mensch muss den Widerspruch ertragen, sich als Mittelpunkt der Welt zu erleben, aber genau zu wissen, dass er völlig überflüssig ist."[13]

*HOEWI 301* – was steckt dahinter? „Im Jahre 1992 machten wir eine Reihe von Experimenten zur Materialfindung. Das Atelier glich zu dieser Zeit eher einem Labor, verschiedene organische Substanzen und Nahrungsmittel wurden zusammengemixt und auf ihre skulpturale Tauglichkeit als Gießmaterial hin untersucht. Als *HOEWI 301* bezeichnen wir ein selbsterfundenes thermoplastisches Material, das aus Produkten der tierischen Resteverwertung und einigen anderen Ingredienzen besteht. Es entstanden später sowohl figurative Skulpturen wie auch freie Formen, die zum Beispiel handtuchartig über einen Bügel gehängt oder zu Blöcken gegossen wurden. Das aus Tierkadavern gewonnene Basismaterial von *HOEWI 301*, Hautleim oder Knochenleim, hat die Eigenschaft, sich nach dem Gießprozess – während der Trocknung – zu verformen. Knochenleim wie auch Hasenleim und Hautleim, aus den Resten von Lebewesen gewonnene Substanzen, fanden bereits zu früherer Zeit in der Kunst Verwendung – beispielsweise als Klebstoffe oder Leinwandfirnis."[14] Und weiter: „Für uns tauchte immer wieder die Frage auf, wie man sich dem subjektiven Formungsprozess entziehen kann, mit anderen Worten, wie man etwas herstellen kann, das sich selbst seine endgültige Form sucht, also das künstlerische ‚Händchen' als verdächtige Augenwischerei möglichst außen vorbleibt. So machten wir eben eine Reihe von Untersuchungen, die zum Gegenstand hatten, ein Material zu erfinden, das nach einem Gießprozess beziehungsweise nach der Erstarrung durch Volumenschrumpfung sich selbst in eine endgültige Form bringt; etwa das Gleiche, als wenn man ein Stück Obst liegen lässt. Irgendwann tritt die Flüssigkeit aus und der Apfel verschrumpelt bis zu einem gewissen Stadium, also ein Grundkörper aus harter Materie bleibt übrig und hat eine andere Form als der pralle, mit Flüssigkeit gefüllte, frische Apfel (...). Naja, jedenfalls entstanden eine beträchtliche Anzahl von Arbeiten, eine erste Produktion wurde noch Opfer von Schimmelsporen, weitere explodierten, weil die Mischung zu ‚scharf' war, manche faulten, weil die Proteine eine nicht ganz einsichtige Reaktion zeigten. Es roch unbeschreiblich. Der Geruch im Studio während des *HOEWI*-Kochens war wie in der Behausung einer darmkranken Schweineherde."[15]

Doch diese offensichtlich extremen, menschenunwürdigen Arbeitsbedingungen, unter denen Wolfgang Winter und Berthold Hörbelt ihre Werke im Atelier produzieren, lohnen das Ergebnis: Wie Handtücher hängen gegossene Skulpturen in verschiedenen Größen und Farben über Stahlbügeln, die an der Wand befestigt sind [→ S. 166]. Das Eigengewicht und das thermoplastische Verhalten des Materials während des andauernden Trocknungsprozesses verformen diese monochromen Flächen dergestalt, dass sie in der Tat das ‚Hängeverhalten' eines völlig anderen Materials – Stoff, Leinen oder Ähnliches – annehmen. Bereits in den sechziger Jahren hatte der amerikanische Bildhauer Richard Serra mit diesem Aspekt experimentiert; er versuchte durch Gießen oder Werfen von Blei dem ‚harten' Material eine ‚weiche' Form zu geben.

Die aus eingefärbtem *HOEWI 301* gegossenen, lappenähnlichen Formen, die anschließend auf einem Stahlgerüst trocknen, ähneln Brunnen-, Blüten- oder Hockerformen. In ihrer Objekthaftigkeit geben sie auf den ersten Blick eine Funktion vor, die sie allerdings bewusst nicht einlösen. Sie bleiben ‚reine', autonome Skulpturen. Von den Künstlern unbeabsichtigt ist in den vergangenen Jahren eine weitere Sinnschicht hinzugekommen, die die banale Wirklichkeit der Materialästhetik in den Werken von Winter und Hörbelt gleichsam ‚überholt' hat. Seit den Lebensmittelskandalen um BSE und MKS erhalten die aus tierischen Restbeständen gegossenen Skulpturen eine merkwürdige Hintergründigkeit und eine eigenartige Präsenz. Die Materialwahl erhält eine unerhörte ikonographische Bedeutung, werden doch ‚tote' Tiere zu ‚lebenden' Kunstwerken transformiert: „Die *HOEWI 301*-Materialanalysen verfolgen die

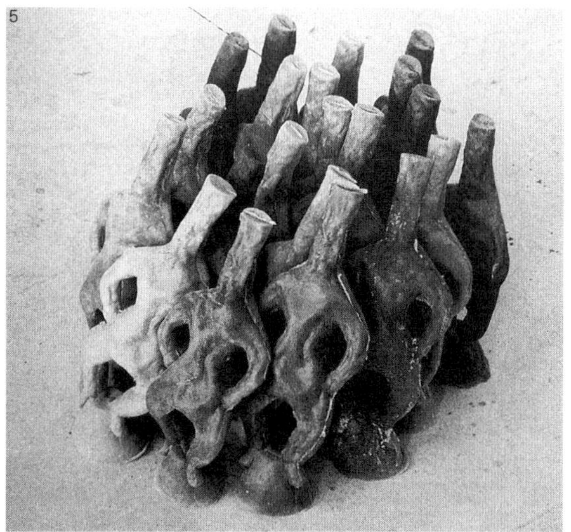

5  Winter / Hörbelt: *Trupp,* 1993 / *Gang,* 1993

Nahrungsmittelwege und die Restverwertung bis hin zu den Abdeckereien. Dort werden die unverzehrten Reste von Tierkörpern, also Häute, Innereien und Knochen, zu Tierleim verarbeitet, welcher die Grundsubstanz der *HOEWI*-Blöcke bildet. Jene sind deshalb über ihre Erscheinung als abstrakte Skulptur hinaus ein Beitrag zum bildnerischen Thema Tierdarstellung. Letztlich hatte diese Phase unserer Arbeit einen enormen Laborcharakter. Wir wollten eigentlich zu allen unseren skulptur-theoretischen Fragestellungen die passenden Experimente bereitstellen."[17]

Diesen theoretischen Diskurs der vergangenen zehn Jahre, den Wolfgang Winter und Berthold Hörbelt – unabhängig von den Bedingtheiten des (Kunst-)Zeitgeistes – entwickelt und fortgeführt haben, konnten sie 2001 im Museum für Sepulkralkultur in Kassel als raumgreifende Installation auf andere Weise als zuvor praktisch umsetzen. Anlässlich der Ausstellung *Salto Mortale* inszenierten sie *Tombstones in the Desert* [→ S. 68, 186] im Zwischengeschoss des Museums. Sie haben die Arbeit selbst so beschrieben: „Der Italo-Western: Einsame Friedhöfe in der Wüste, der Wind hat Sand über die Grabstellen geweht, Banditen graben nach versteckten Dollars – am Ende das Duell! (...) Für die Ausstellung *Salto Mortale* nehmen wir unsere Arbeit mit Tierleim wieder auf."[18]

In der Tat hatten Winter und Hörbelt mit dem ‚Rohmaterial' des Granulats eine Sandwüste entstehen lassen, in der Grabsteine und ähnliche einschlägige Utensilien aus dem Fundus des Museums verstreut auftauchten, gepaart mit den von ihnen in den letzten Jahren aus *HOEWI 301* hergestellten Objekten und Skulpturen. So konterkarierten die existie-

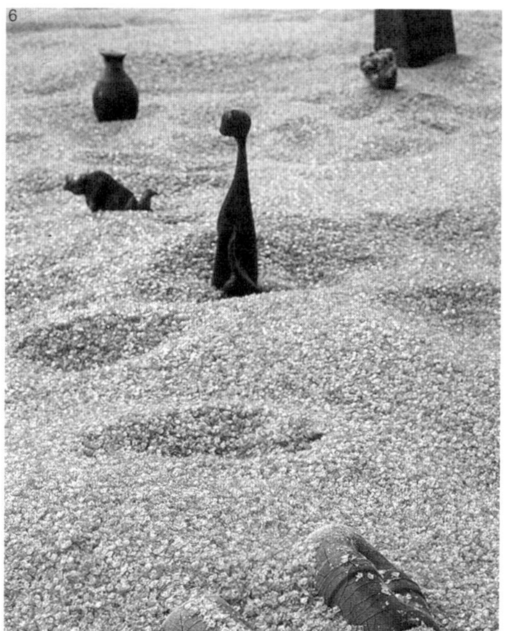

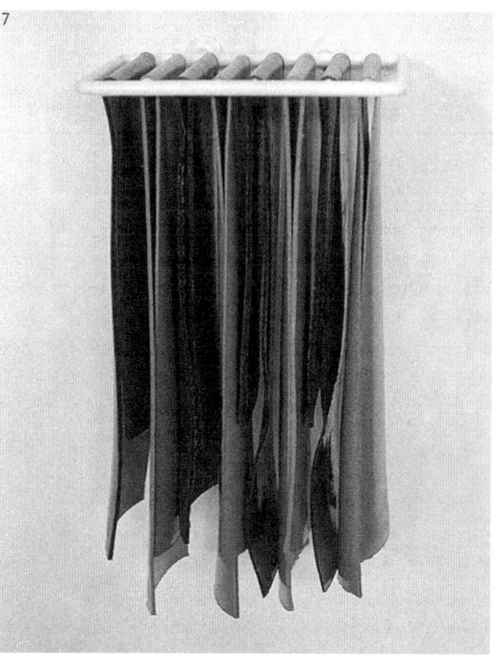

6  Winter / Hörbelt: *Tombstones in the Desert,* 2001 / *Tombstones in the Desert,* 2001

7  Winter / Hörbelt: *Depot,* 1996 / *Repositories,* 1996

renden Exponate des Museums in der Kombination mit den von Winter und Hörbelt hinzugefügten ‚eigenen' Werken sich selbst und das jeweilige Gegenüber. Und über dem ‚Gräberfeld' lag der leichte Geruch der Gelatine, der Assoziationen an Verwesung auslöste!

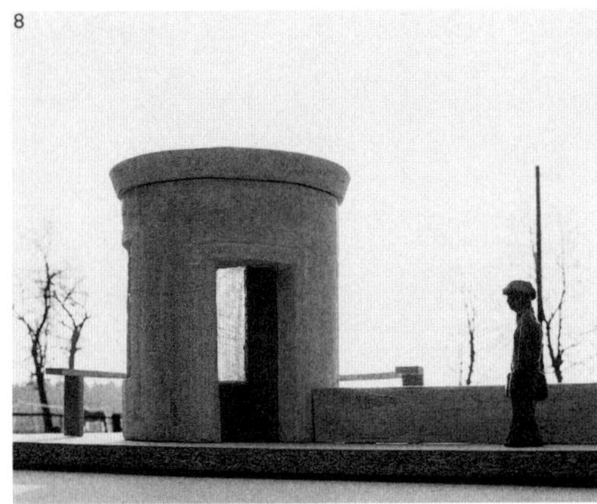

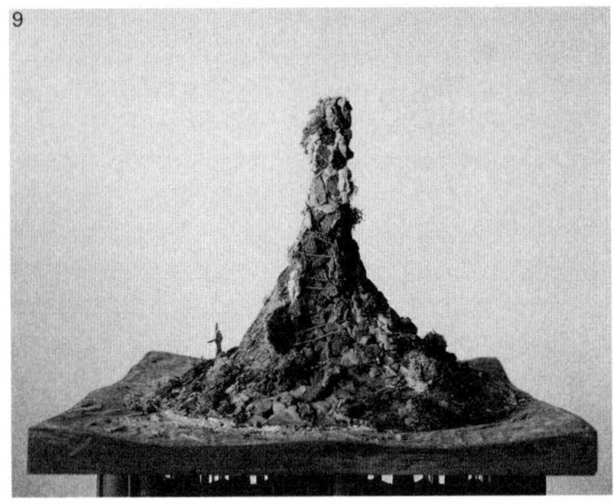

Winter / Hörbelt: *Zwei Entwürfe zur Skulptur Biennale im Münsterland / Two drafts for the Münsterland Sculpture Biennial*
8 Modell *Türmchen an der Woort*, 1999 / Model *Little Tower at the Woort*, 1999
9 Modell *Berg*, 1999 / Model *Mountain*, 1999

Im weiteren Sinne geht es Winter und Hörbelt aber um – wie sie selbst formuliert haben – „die Herausarbeitung eines Skulptur-Begriffes, der weiterführend sein kann. Das Wort Skulptur stammt ja vom lateinischen ‚sculpere', was übersetzt werden kann mit ‚meißeln, schnitzen' (…) oder vielleicht auch bilden. Meißeln und schnitzen sind Tätigkeiten, die aber auch abstrakter zu verstehen sind als Tätigkeiten, die etwas wegnehmen, bis etwas anderes übrig bleibt – im Gegensatz zum Plastiker, der Ton und andere Materialien anträgt, bis etwas entsteht. Das sind eigentlich die Register der Bildhauerei und des Plastizierens. Wir bewegen uns normalerweise innerhalb dieses Rahmens, jedoch immer so, dass das Wegnehmen oder das Hinzufügen als eine Art Organisieren der Massen (im Sinne von plastischen Massen) zu verstehen ist. Manchmal stellen wir auch nur

Bedingungen bereit, damit etwas Bestimmtes stattfinden kann, was mit dem Begriff Skulptur zusammenhängt. Also: Wenn alles an seinem Platz ist, ist die Skulptur fertig. Dies ist der eine Teil von ‚sculpere'. Ein interessanter Aspekt des Wegnehmens ist auch, dass möglicherweise eine Skulptur dadurch entstehen kann, dass etwas weggenommen wird, also gar kein materialer Gegenstand erkennbar wird, sondern nur noch die ‚Wesenhaftigkeit' und Anordnung bereits vorhandener Dinge durch das Entfernen anderer sichtbar gemacht werden kann, die dadurch aber enorme skulpturale Qualitäten bekommen, von ihrer Dienlichkeit her aber beispielsweise nur Telefonhäuschen sind. Dann tritt die raumschaffende Kraft der Dinge zu Tage, und sie werden bedeutsam."[19]

Bedeutsamkeit – allerdings verbunden mit einer für das frühe 21. Jahrhundert ungewöhnlichen Behutsamkeit – kennzeichnet zahlreiche Interventionen von Winter und Hörbelt, die sie in den letzten Jahren vor allem im Außenraum realisiert haben.

Im Rahmen der *Skulptur Biennale im Münsterland* forderten sie für Schloss Nordkirchen einen minimalen Eingriff in die bereits vorhandene historische Bausubstanz.[20] Ein ruinöser Gartenturm aus dem 18. Jahrhundert sollte in Kooperation mit Architekturhistorikern und Denkmalpflegern Zug um Zug in Stand gesetzt werden und so seine ursprüngliche Funktion als Schnittstelle zwischen der barock gestalteten Parkanlage und der ‚freien Natur' des Umlandes wiedererhalten: In funktionaler Hinsicht entstand nichts anderes als eine banal erscheinende Aussichtsplattform, die ikonographisch jedoch einen von den Spaziergängern und Besuchern begehbaren Mikrokosmos eröffnete.

Mit einem ähnlichen Konzept arbeiteten die Künstler auch bei einem Wettbewerb im westfälischen Billerbeck zur Umgestaltung eines Kriegerdenkmals der beiden Weltkriege in eine *Kapelle der Friedfertigkeit* [→ S. 184], einem Mahnmal für die Opfer von Krieg und Gewalt.[21] Auch hier wurde die vorhandene historische Bausubstanz als solche belassen. Lediglich auf einer von den Künstlern gestalteten roten Bodenplatte vor der Kapelle wird seit der Neueinweihung im März 2001 jeden Sonntag Vormittag – auch bei Wind und Wetter – von einem Solisten ein eigens für diesen Anlass komponiertes Musikstück mit dem Titel *wenn nicht du* in Anlehnung an den frühchristlichen gregorianischen Wechselgesang *da pacem Domine* vorgetragen.[22]

Kastenhäuser, Musikstücke, Skulpturen und Plastiken: Wie gehen Materialwahl, Wechsel von klassischer Größe bis zur Rauminstallation und die

unterschiedlichen Einsatzorte im Innen- und Außenraum mit dem theoretischen Diskurs über Chancen und Perspektiven von Bildhauerei heute eigentlich zusammen? Wolfgang Winter und Berthold Hörbelt haben diese Frage selbst ganz unprätentiös beantwortet: „Wir erkannten dann irgendwann die Problematik, dass das Material *HOEWI 301* sehr große Unwägbarkeiten bereithielt, die von uns kaum zu bändigen waren. Zur gleichen Zeit bemerkten wir eine haptische Ähnlichkeit von *HOEWI 301* zum Kunststoff der Plastikflaschen und Kisten. Wir wollten dann Kunststoffe mit *HOEWI 301* kombinieren und besorgten uns einige Getränkekisten, die wir dann im Atelier mit einer Haut aus *HOEWI 301* umgaben: sozusagen eine umschlossene Hohlform mit einem skelettartigen Innenleben. Wir machten dann überaus komplizierte *HOEWI 301*-Abgüsse von Getränkekisten, die wir zuvor in Ton modelliert hatten. Danach stapelten wir die künstlichen Getränkekisten übereinander. Dann machten wir es uns etwas einfacher (sic!) und stapelten echte Kisten. Ja, und wie es dann weiterging, also den Rest der Geschichte, den kennt man."[23]

Bei genauerer Betrachtung der einzelnen Werkgruppen von Winter und Hörbelt lässt sich eine Stringenz entdecken, ein konzeptueller roter Faden, der offensichtlich darauf abzielt, Kunst und im Besonderen Skulptur als Medium, Disziplin und Methode zu hinterfragen. Das umfangreiche Werk der vorwiegend für ihre Installationen im öffentlichen Raum bekannten Künstler kreist um die Frage nach der Autonomie von Kunst. Allerdings geht es offensichtlich nicht darum, die künstlerische Produktpalette zu erweitern. So zeigt sich in der Arbeit *Same Same* (50 Portraits) [→ S. 166] „eine berechtigte Kritik an der gängigen Praxis innerhalb eines Künstlerlebens traditionellen Zuschnitts, immer wieder die gleichen Kunststücke zu variieren und merkantil verwertbar zu machen. An Hand der durch die *Same Same*-Methode inflationär variierbaren Kopf-Skulpturen wird dies bewusst ins Absurde übersteigert und offenbart sich so als kunstimmanente Kritik. Und die eigene Erfindung *Same Same* wird dann später durch die Verwendung von Flaschentransportkisten wiederum in Frage gestellt."[24]

Wichtiger aber erscheint nach mehr als zehnjähriger künstlerischer Kooperation von Wolfgang Winter und Berthold Hörbelt, dass sie bei ihren unterschiedlichen Einsatzorten nicht von sich, von ihrer Kunst ausgehen, sondern immer den konkreten Ort, die spezielle Situation, die Bedingtheiten des spezifischen Kontextes zum Anlaß nehmen, um daraufhin ihre Interventionen zu entwickeln, die dann eben raumgreifend oder beiläufig, ‚laut' oder ‚leise' sein können. Darüber hinaus arbeiten Winter und Hörbelt – ganz im Gegensatz zu ihren ‚Vorgängern' der achtziger Jahre – eben nicht nur ortsspezifisch, sondern auch und vor allem publikumsspezifisch: Erst der Betrachter und seine aktive Rezeption ‚vollendet' das Werk.

Die beiden Künstler antworteten vor einigen Jahren ebenso ironisch wie ernsthaft auf die Frage nach der Funktion und Motivation ‚ihrer' Kunst: „Warum spielt ein Saxophonist gerne Saxophon? Hört etwa Charlie Watts mitten im Lied mit dem Trommeln auf und fragt in die Stille des Raumes, was das ganze Musikmachen eigentlich soll? Warum sein Schlagzeug aus Trommeln besteht? Die Vision einer Funktion der Kunst ist ein Traum, den wahrscheinlich alle Künstler immer geträumt haben, dass zum Beispiel einer einen Nagel nimmt und ein Bild an die Wand bringt, weiter weg geht und glücklich ist, dass es genau dieses Bild gibt, weil die ganze Welt darin ist." [25]


1. Wolfgang Winter, zit. nach: „Ein Fax-Dialog mit Florian Matzner, Januar 1999", in: *Wolfgang Winter / Berthold Hörbelt*, hrsg. von Florian Matzner, Reihe Cantz: Ostfildern-Ruit 1999, S. 19.

2. *Skulptur. Projekte in Münster 1997*, hrsg. von Klaus Bußmann, Kasper König, Florian Matzner, Kat. Westfälisches Landesmuseum, Verlag Gerd Hatje: Ostfildern-Ruit 1997, S. 456 - 461.

3. *48. Biennale d'Arte di Venezia*, Bd. 2: *Aperto*, Marsilio Editori: Venedig 1999, S. 156 - 159.

4. Vgl. Raimar Stange: „Eine Kiste ist eine Kiste. Interview mit Wolfgang Winter und Berthold Hörbelt", in: *Magazin ZZ, zwischen zeit und raum*, Wolfsburg 5 - 12 / 2000, S. 44 - 53.

5. „Wir vergleichen die Kartenhäuser mit asiatischen Pagoden, die jederzeit – nach der buddhistischen Lehre, wenn mit Geist abgefüllt – ab und an einem anderen Orte wieder aufgebaut werden können …" (Wolfgang Winter / Berthold Hörbelt: Brief an den Autor vom 29. Juli 2001).

6. Wolfgang Ulrich: „Stapelware als Festarchitektur", in: *Wolfgang Winter / Berthold Hörbelt* (vgl. Anm. 1), S. 59.

7. Amnon Barzel: „Von Mineralwasserkisten zu Lichtmaschinen", in: *Wolfgang Winter / Berthold Hörbelt* (vgl. Anm. 1), S. 85 - 92.

8. Raimar Stange: „‚Kisten aus Kisten'. Fünf Gedanken zu einer ästhetischen Strategie von Wolfgang Winter und Berthold Hörbelt", in: Wolfgang Winter / Berthold Hörbelt: *Recent Works*, Kat. Räume für Junge Kunst e.V., Wolfsburg 2000, S. 6.

9. Zum Selbstportrait mit dem Titel *Spermini* „Kleine Spermien" von 1997 vgl.: *Maurizio Cattelan*, hrsg. von Francesco Bonami, Nancy Spector, Barbara Vanderlinden, Phaidon: London 2000, S. 102 - 105.

10. Vgl. Martin Hentschel: „Einleitung", in: Wolfgang Winter / Berthold Hörbelt: *Same Same 1993 - 94*, Kat. Galerie Langenkamp, Düsseldorf 1994, S. 2.

11. Vgl. Martin Hentschel (vgl. Anm. 10), S. 2 - 3.

12. Wolfgang Winter und Berthold Hörbelt: Brief an den Autor vom 15. April 2002.

13. Florian Matzner: „,Jeder Mensch …' – meinte einmal Horkheimer", in: Kat. Hector-Kunstpreis der Kunsthalle Mannheim 2000, S. 13.

14. Wolfgang Winter und Berthold Hörbelt, in: *Salto Mortale*, hrsg. von Florian Matzner, Kat. Museum für Sepukralkultur Kassel, Quantum Books: Ostfildern, S. 96 - 98.

15. (vgl. Anm. 12).

16. Vgl. *Richard Serra*, hrsg. von Ernst-Gerhard Güse, Stuttgart 1987, S. 1 - 35.

17. Wolfgang Winter, zit. nach: *Wolfgang Winter und Berthold Hörbelt*, hrsg. von Florian Matzner (vgl. Anm. 1), S. 19.

18. Wolfgang Winter und Berthold Hörbelt, zit. nach: *Salto Mortale* (vgl. Anm. 14), S. 90 - 93.

19. Wolfgang Winter, zit. nach: *Wolfgang Winter und Berthold Hörbelt*, hrsg. von Florian Matzner (vgl. Anm. 1), S. 39, 41.

20. *Skulptur Biennale im Münsterland*, hrsg. vom Kreis Coesfeld, Laumann Verlag: Dülmen 1999, S. 172 - 177.

21. Wolfgang Winter und Berthold Hörbelt: *Kapelle der Friedfertigkeit*, Münster 2001; *Salto Mortale* (vgl. Anm. 14), S. 94.

22. Das Musikstück wurde im Auftrag von Wolfgang Winter und Berthold Hörbelt von dem Kölner Komponisten Friedrich Jaecker realisiert.

23. (vgl. Anm. 12).

24. (vgl. Anm. 12).

25. Wolfgang Winter und Berthold Hörbelt, zit. nach: Florian Matzner: „Künstlerumfrage: Was ist die Funktion der zeitgenössischen Kunst?", in: *Basisarbeit*, hrsg. von Olaf Metzel, Akademie der Bildenden Künste, München 1999, S. 190.

<u>"BECAUSE THE WHOLE WIDE WORLD IS IN THERE …"</u>   ABOUT *SAME SAME, HOEWI 301* AND OTHER THINGS   <u>FLORIAN MATZNER</u>

"At the end of the day the crate of mineral water is something like a 20th century amphora, probably the 21st century as well. And having moved on from 'traditional' materials such as stone, fat etc., the classic materials of sculpture, then in our view the sculptural 'crate of water' lends itself and is easily good enough as material. We never had a concept for working this way, it just developed in the studio (…). This is an experiment, an attempt to seriously question modern art's strivings for autonomy."[1] This was how in 1999 Wolfgang Winter and Berthold Hörbelt described the concept and ideas behind their now famous crate-houses, which first went on show to an international public in 1997 at the *Skulptur. Projekte in Münster* ("Sculpture projects in Münster") exhibition[2] and at latest in the summer of 1999, at the Venice *Biennale d'Arte* with the cratehouse *Casa bianca per una Nazione sconosciuta* [→ pp. 104-108, 176] achieved their 'breakthrough'.[3]

Cratehouses, whether used as cinemas, recreation rooms or bus stops can now be found all over the world. These are crate-houses with definite public functions. There are likewise large-scale autonomous pieces of sculpture that temporarily occupy places and spaces, positions and locations in cities as so-called 'flying buildings' that within a short space of time have been readily accepted by the general public.[4] Winter and Hörbelt's crate-houses are temporary pieces of architecture that can be erected at a different location at any time, just like an Asian temple pagoda.[5] If a crate-house appears somewhere, then another disappears elsewhere: even the material used hints at this change. The crates for transporting water that they use are the result of recycling by industry. Ready-mades become the stuff of works of art, i.e., simple stackable water crates become art. As Wolfgang Ulrich remarks: "The parties and events that take place in and around crate-houses are such a success because they don't create an alternative world to most people's everyday world, but use and alter a piece of this world to create something special – stackable goods as festive architecture".[6] Other critics talk of the crates for mineral water bottles as "light machines",[7] or they refer to those crate-houses built of crates for transporting water as the "cathedral(s) of the 21st century".[8]

Since 1992 Wolfgang Winter and Berthold Hörbelt, who met as art students in Kassel have been working together in two different areas that they refer to as *Same Same* and *HOEWI 301* [→ p. 166]. *Same Same* is a method invented by the artists for transforming already existing articles into sculpture, so-called 'prototypes'. *HOEWI 301* is the name given to a material they developed based on gelatin, or bone glue and which has thermoplastic characteristics. It is suitable for use in the production of their second, different set of works.

A view seldom seen: just like a portrait gallery in days gone by, 50 busts are lined up in an exhibition room on simple bases made of untreated chipboard. The inspiration for this decoration is a bust the viewer may feel somehow stems from the post-war period and which nowadays seems to adorn the foyer of every municipal hall, cast mostly in high quality bronze: mayors, patrons, presidents and sports personalities have all had themselves preserved here for posterity. They are presented as unique individuals. Yet with *Same Same* Winter and Hörbelt have fundamentally changed the standardized portrait of the 50 variations on one and the same theme. They poured liquid plaster into a supple mold of the head so that during the drying process they could subsequently alter the 'original'.

This element of chance causes the resulting product to be so fundamentally and permanently varied that the 50 busts of one and the same person portrayed actually yields 50 new, different persons. Each of the 50 new busts could then be used as a prototype for *Same Same*, thus generating yet another family of busts: fat and slender ones, beautiful and ugly, friendly and grumpy, sad and happy. Several years later the Italian artist Maurizio Cattelan presented a comparable piece of work. Whilst they were drying he altered latex molds of his own face so much that in his self portraits he seemed to be crying, or laughing, or, or, or …?[9]

At the same time *Same Same* is also an experiment that focuses on the relationship between figuration and abstraction, tradition and innovation, and it is, so to speak, an attempt to probe the current meaning and perspective of classical sculpture.[10] The way the 50 *Same Same*-heads [→ p. 166] are presented may bring to mind Andy Warhol's endless Pop art series, but whereas the American Pop artist copied things he found in the mass media, with Winter and Hörbelt the original itself is a quotation, a reproduction, that they take further, transform and change. Faced with the 50 portraits, which when cast and treated look like primitive humans, the observer feels as if he is confronted with his own image. He thinks he can recognize himself or others and is taking a small journey in time into his own self!

For the *Same Same* series of Madonnas [→ p. 166] in resin Winter and Hörbelt used a plain bronze Madonna sculpture from the fifties. Using a process involving rubber molding, the figure of adoration that we know from churches, shrines, and chapels was distorted such as to no longer be recognizable. Moreover, it was given the arm of the crucified Christ. A deformed yet unique figure emerges from the anonymous, mass-produced ideal. In *Same Same* the head portrayed is no longer recognizable as a type, while in the transformation of a Madonna figure the exact opposite is the case: a unique, individual image counters the typified ideal. The statue immediately turns into a woman, whose gestures no longer signify blessing, but rejection, waving or a cry for help.

In 1993's *Tischfußball* ("Table Football") [→ p. 166] stereotype and individual, anonymity as opposed to personality are played off against each other in an absolutely cynical way: 22 tiny figures, all different, are forced to comply with the game's rules; with steel rods drilled through them, and no faces or arms they are indeed a sorry sight. Yet the game doesn't work: there are no handles for turning the figures and there is no ground beneath their feet: just like soldiers on a battlefield they await the battle order that will free them from their solidified state – yet nothing happens. The spontaneous happiness of the game has become a sad infinity.[11]

Wolfgang Winter and Berthold Hörbelt continued the process of serialization, of variation and multiplication with minimal changes for the first time in 1993, using a material they had invented. Whereas in the *Same Same* works the final product could be given an individual touch by the artist during drying, in *Trupp* [→ p. 166] they used a material they call *HOEWI 301* for the first time. The name comes from Hoe as in Hoerbelt and Wi as in Winter, and 301 is a series number, like Mercedes 300.[12]

For *Trupp* a simple empty bottle served as the prototype, mutating into a collection of people. But Winter and Hörbelt did not use normal artistic materials such as wood, bronze, or plaster, but rather the *HOEWI 301* mass they had invented, whose characteristics causes it to go its own way during drying or solidifying; it thus itself decides on its final shape. This element of chance, this small residual production risk changes the end results so fundamentally and permanently that each figure is different from the one next to it. As an indefinable mass they all appear the same and interchangeable and the philosopher Max Horkheimer's all too honest statement springs directly to mind: "Every person has to put up with the contradiction of seeing himself as the centre of the universe whilst knowing quite well that he is superfluous."[13]

What's behind *HOEWI 301*? "In 1992, we conducted a series of experiments to create the material. At the time the studio resembled more a lab than a studio, we mixed together various organic substances and food stuffs and tested them for their suitability for molding. What we refer to as *HOEWI 301* is a thermoplastic material we invented ourselves consisting of products gained from the treatment of remains of animal bodies and a few other ingredients. Later we created both sculptured figures and amorphous shapes that, for example, were hung over a coat hangar like a towel or molded into blocks. The basis of *HOEWI 301*, skin glue or bone glue, which is gained from animal cadavers, has the characteristic of deforming after molding – during the drying process. Bone glue like hair and skin glue, substances which are gained from the remains of living creatures were used earlier on in art, for example as adhesives or canvas varnish."[14] To continue: "We were repeatedly faced with the question of how to get away from a subjective way of molding, in other words how we could produce something that would ultimately determine its own shape, i.e. doing away as much as possible with that eyewash of the so-called artistic "helping hand". And so we conducted a series of experiments aimed at inventing a material that after molding or solidifying determined its own ultimate shape by reducing in size, just as if you leave a piece of fruit lying around. At some point juice trickles from an apple and it shrivels up to a hard basic shell, which has a different shape from a fresh juicy apple bursting with liquid (…). Well anyway we produced a significant number of works, the first production run was hit by mildew, others exploded because the mixture was too 'strong', and others rotted because the pro-

teins produced a reaction that was not exactly balanced. The stench was indescribable. Whilst we were boiling up *HOEWI* the smell in the studio was like that in a sty full of pigs with intestinal problems."[15]

Yet the result justified the extreme working conditions, certainly unfit for humans, under which Wolfgang Winter and Berthold Hörbelt produced their works in the studio: molded sculptures in various sizes and colours hang like towels over hangers fixed to the wall [→ S. 166]. The weight of the material and its thermoplastic behavior whilst drying cause the monochrome surfaces to distort to such an extent that they really do hang in the way completely different materials do – cloth, linen or similar materials. As early as the 1960s the American sculptor Richard Serra experimented with precisely this aspect; by molding or throwing lead he was trying to give the 'hard' material a 'soft' form.[16]

The dishcloth-like shapes molded from coloured *HOEWI 301* that subsequently dry on a steel frame resemble fountains, flowers or stools. At first sight as objects they seem to have a function, they remain 'pure', 'autonomous' sculptures, something that they consciously do not adhere to. Over the past few years Winter and Hörbelt's works have acquired an additional meaning, quite unintended by the artists, that has, so to speak, 'outclassed' the banal reality of their material aesthetics. Following the food scandals surrounding BSE and FaM disease the sculptures, molded as they are out of the remains of animals, have a remarkable background and a unique impact. As icons there is an unprecedented meaning in the choice of material, since 'dead' animals become 'living' works of art: "The analysis of material for *HOEWI 301* follows the path of foodstuffs and the treatment of remains as far back as the abattoir. There, those parts of the animals not consumed, i.e. the skin, inners and bones are made into gelatin, which forms the basis of the *HOEWI* blocks. As such further to being abstract culture they are a contribution to the theme of depicting animals in pictures. Towards the end there was very much the character of a laboratory to this phase of our work. We wanted to carry out suitable experiments for all our questions about the theory of sculpture."[17]

In 2001, in their installation for the Museum für Sepulkralkultur in Kassel Wolfgang Winter and Berthold Hörbelt were able to put into practice their theoretical considerations developed in the prior decade – in fact, here they took it one step further than before, quite independent of the artistic zeitgeist of the day. On the occasion of the *Salto* 

*Mortale* exhibition they staged *Tombstones in the Desert* in the museum's mezzanine floor [→ pp. 68, 186]. They described the work in their own words: "The spaghetti western – Lonely Desert Cemeteries, the wind has blown sand over the tombstones, bandits are digging for hidden dollars – at the end there's a duel! (…) For the *Salto Mortale* exhibition we're going to start working with gelatin again."[18]

And in fact using granules as their 'raw material' Winter and Hörbelt created a desert in which tombstones and other pertinent objects from the museum's collection were scattered around, together with the objects and sculptures that they have made out of *HOEWI 301* over the past few years. In this way the museum's existing exhibits, combined with Winter and Hörbelt's 'own' works contrasted both themselves and the work positioned opposite. And there was a slight whiff of gelatin over the 'cemetery', causing associations with decay!

In a further sense Winter and Hörbelt are concerned with, to quote them, "elaborating a notion of sculpture that continues the process. The word sculpture comes from the Latin 'sculpere', which can be translated as chiseling or carving (…) or perhaps forming as well. Chiseling and carving are activities that are considered more abstract than activities that get rid of something until something is left over – as opposed to the sculptor, who applies clay and other materials, until something is created. That is really the field of sculpture. We normally move within these parameters, but such that taking away or adding is considered a sort of organizing of the masses (the malleable masses). Sometimes we just create conditions so that something particular can happen in connection with the term sculpture. So: If everything is in place, then the sculpture is ready. That is the one side to 'sculpere'. An interesting aspect of taking away is that a sculpture can possibly be created by having something taken away, so that no material object is immediately recognizable, just the 'intrinsic being' and order of existing things become visible through the removal of other things, thereby gaining tremendous architectural qualities but from a practical point of view are really just, say, telephone boxes. That's when their power to create space emerges, and they become significant."[19]

Significance – even if in conjunction with a sense of care unusual for the beginning of the

21st century – is what characterizes several of Winter and Hörbelt's undertakings, which in the past few years have been staged outside.

As part of the *Skulptur Biennale in the Münsterland* region of Germany they required a slight change be made to the historical substance of Nordkirchen Castle.[20] The plan, in cooperation with architectural historians and curators of monuments, to gradually restore a ruined 18th century garden tower, thereby giving it back its original function as an interface between the baroque park and the surrounding 'wild nature': From a practical point of view what was created was nothing more than a seemingly banal viewing platform but which iconographically opened up a microcosm for anyone out for a stroll or for visitors – one they could physically enter.

The artists used a similar concept for a competition in Billerbeck, Westphalia to transform a war memorial to the two world wars into a "Chapel of Peacefulness" *(Kapelle der Friedfertigkeit)* [→ p. 184], a memorial to the victims of war and violence. Here again the original fabric of the building was left alone. Quite simply a piece of music, entitled "if not you" *(wenn nicht du)* and composed after the early Christian Gregorian chant *da pacem Domine* specially for the inauguration in March 2001 is performed by a solo artist every Sunday. This is held, whatever the weather on red slabs, designed by the artists in front of the chapel.[22]

Crate-houses, pieces of music and sculptures: how do the choice of material, the change from classic scale to interior installations and the various locations both indoors and outdoors actually fit in with today's discourse on the chances and perspectives of sculpture? Wolfgang Winter and Berthold Hörbelt answered the question themselves very modestly: "At some point we recognized the problem that as a material *HOEWI 301* was very unpredictable and that this was something we could scarcely control. At the same time we noticed that from a tactile point of view *HOEWI 301* was very similar to the plastic used for bottles and crates. We then wanted to combine plastic with *HOEWI 301*, so got a few crates of drinks which in the studio we surrounded with a film of *HOEWI 301*: an enclosed hollow shape with skeletal interior life so to speak. We then made extremely complicated *HOEWI 301* molds of drinks crates that we had previously modeled in clay. We then stacked the artificial drinks crates

on top of each other and made life a bit easier for ourselves (sic!) by stacking real drinks crates. And then, well you know the rest of the story."[23]

A closer look at Winter and Hörbelt's groups of works reveals a rigorous conceptual red thread running through them all, clearly aimed at questioning art, and in particular sculpture as a medium, a discipline, and method. The extensive work of the artists, best known for their installations in public places, revolves around the question of the autonomy of art. But it is clearly not a question of extending their artistic product range. As such *Same Same* (50 portraits) [→ p. 166] shows "justified criticism of the common-place practice in the life of a traditional artist of for ever varying the same pieces of art and making them marketable. On the basis of the *Same Same* method of inflationary variable head sculptures, this is consciously pushed into the realms of the absurd and shows itself to be a critique of art from within. And their own invention, *Same Same* is then later questioned itself by the use of crates for transporting bottles."[24]

But after ten years working together, what seems more important in the œuvre of Wolfgang Winter and Berthold Hörbelt is that they take as their basis not themselves, their art, but always take their cue from the site-specific or situation-specific or contextual conditions, proceeding to then develop their interventions which can then be either central or peripheral, 'loud' or 'quiet'. Furthermore, as opposed to their 'predecessors' in the eighties Winter and Hörbelt are not just defined by location, they are above all defined by their audience: It is only when an observer actively accepts a piece of work that it is 'completed'.

A few years ago the two artists answered a question about the function and the motivation of 'their' art with just as much sarcasm as seriousness: "Why does a saxophone player like playing the saxophone? Do you ever see Charlie Watts stop drumming in the middle of a song and ask the stunned audience what this music is all about? Why his drum-kit is made of drums? The idea that art has a function is a dream, that all artists have probably always dreamt, that for example someone takes a nail and hangs up a picture on the wall, carries on and is happy that it is this picture, because the whole wild world is in there."[25]

1. Wolfgang Winter, quoted from: "A dialogue by fax with Florian Matzner, January 1999", in: *Wolfgang Winter und Berthold Hörbelt*, ed. by Florian Matzner, Reihe Cantz: Ostfildern-Ruit, 1999, p. 19.

2. *Skulptur. Projekte in Münster*, 1997, hrsg. von Klaus Bußmann, Kasper König, Florian Matzner, cat. Westfälisches Landesmuseum, Verlag Gerd Hatje: Ostfildern-Ruit, pp. 456 - 461.

3. *48. Biennale d'Arte di Venezia*, Vol. 2: *Aperto*, Marsilio Editori: Venice, 1999, pp. 156 -159.

4. Cf. Raimar Stange: "Eine Kiste ist eine Kiste," interview with Wolfgang Winter and Berthold Hörbelt, in: *Magazin ZZ, zwischen zeit und raum*, Wolfsburg 5 -12 / 2000, pp. 44 - 53.

5. "We compare the crate houses to Asian pagodas which, according to Buddhist teaching can be assembled and dismounted at any place provided they are filled with spirit …" (Wolfgang Winter / Berthold Hörbelt: letter to the author, July 29, 2001).

6. Wolfgang Ulrich: "Stapelware als Festarchitektur," in: *Wolfgang Winter und Berthold Hörbelt* (see note 1), p. 59.

7. Amnon Barzel: "Von Mineralwasserkisten zu Lichtmaschinen," in: *Wolfgang Winter und Berthold Hörbelt* (see note 1), pp. 85 - 92.

8. Raimar Stange: "'Kisten aus Kisten'. Fünf Gedanken zu einer ästhetischen Strategie von Wolfgang Winter und Berthold Hörbelt," in: Wolfgang Winter and Berthold Hörbelt: *Recent Works*, cat. Räume für Junge Kunst e.V., Wolfsburg, 2000, p. 6.

9. Cf. *Maurizio Cattelan*, ed. by Francesco Bonami, Nancy Spector, Barbara Vanderlinden, Phaidon: London, 2000, pp. 102 -105.

10. Cf. Martin Hentschel: "Einleitung," in: Wolfgang Winter und Berthold Hörbelt: *Same Same 1993 - 94*, Cat. Galerie Langenkamp, Düsseldorf, 1994, p. 2.

11. Cf. Martin Hentschel (see note 10).

12. Wolfgang Winter and Berthold Hörbelt: letter to the author April 15, 2002.

13. Florian Matzner, quoted from "'Jeder Mensch'… – meinte einmal Horkheimer", in: Cat. Hector Kunstpreis, Kunsthalle Mannheim, Mannheim, 2000, p. 13.

14. Wolfgang Winter and Berthold Hörbelt, in: *Salto Mortale*, cat. Museum für Sepulkralkultur Kassel, ed. by Florian Matzner, Quantum Books: Ostfildern, pp. 96 - 98.

15. (See note 12).

16. Cf. *Richard Serra*, ed. by E.-G. Güse, Stuttgart, 1987, pp. 1 - 35.

17. Wolfgang Winter, quoted from: *Wolfgang Winter und Berthold Hörbelt*, ed. by Florian Matzner (see note 1), p. 19.

18. Wolfgang Winter and Berthold Hörbelt: *Salto Mortale* (see note 14), pp. 90 - 93.

19. Wolfgang Winter, in *Wolfgang Winter and Berthold Hörbelt*, ed. by Florian Matzner (see note 1), pp. 39, 41.

20. *Skulptur Biennale im Münsterland*, ed. by Kreis Coesfeld, Laumann Verlag: Dülmen, 1999, pp. 172 -177.

21. Wolfgang Winter and Berthold Hörbelt: *Kapelle der Friedfertigkeit*, Münster, 2000; *Salto Mortale* (see note 14), pp. 94 - 96.

22. The music was commissioned by Wolfgang Winter and Berthold Hörbelt and written by Cologne-based composer Friedrich Jaecker.

23. (See note 12).

24. (See note 12).

25. Wolfgang Winter and Berthold Hörbelt, quoted from: Florian Matzner: "Künstlerumfrage: Was ist die Funktion der zeitgenössischen Kunst?" in: *Basisarbeit*, ed. by Olaf Metzel, Akademie der Bildenden Künste, Munich, 1999, p. 190.

## GELSENKIRCHENER BAROCK
### MARIANNE BROUWER

Allgemein macht es sich die Kunstgeschichte leicht mit Duchamp. Immer wieder wird der gleiche Satz glücklich entrüstet breitgetreten, der etwa so lautet: Als Duchamp zum ersten Mal ein Urinal in einer Kunstumgebung ausstellte, hat er damit dem autonomen Kunstwerk endgültig das Auratische genommen. Man versuche einmal zusammenzuzählen, wie oft der gleiche Satz fast wortwörtlich in Artikeln und Büchern vorkommt. Ich habe es versucht – es ist ungeheuerlich. Mir erschien eher immer das Gegenteil offensichtlich: wie seltsam die Dinge bei Duchamp aus ihrer vorfabrizierten, seriellen Geschwätzigkeit heraus, sexuell aufgeladen, einzeln in Erscheinung treten. Das Pissoir, ein blendend hygienischer Apparat, wird von Duchamp gleichsam dazu verdammt, als ekelerregendes *Yoni* für immer auf seinen *Lingam* zu warten. Der Flaschenständer sieht aus wie ein aggressives Krinolinengestell für mechanische Frauenbeine. Und erst die handgekurbelte Schokoladenreibe! Das sind visuelle Anagramme, von denen man sich fragen kann, ob sie nicht mit verfeinerter Rachsucht konstruiert worden sind. Meiner Meinung nach hat Duchamp weniger die Kunst enttabuisiert, als dass er die Massenware in die Kunst eingeführt und ihr ein viel eindringlicheres, neues Tabu auferlegt hat.

Zu der Gleichung von Sex und Ware gehört aber noch ein Drittes, durch das die Ware erst zur Ikone werden konnte: die Arbeit, die endlose, elende Drecksarbeit an der Massenproduktion. Dieses Dritte macht sie erst zu einer grundsätzlich hieratischen Gleichung, wie sie zuerst von Emile Zola gefasst und von Georges Bataille in unbeschreiblich schöner Tragik begriffen wurde. Heutzutage sind die Arbeitermassen im Westen wesentlich besser dran. Man macht Urlaub und hat ein Auto sowie zumeist auch eine Eigentumswohnung. Man kauft sich seine eigene Massenware und ist als Konsument selbstbewusst. Dem Alltag des neuen Kleinbürgers entnehmen Winter und Hörbelt, wie so viele Künstler, ihre Objekte, denen sie aber kein Elend oder Schrecken mehr anhaften lassen und denen man auch nichts vom hochherzigen Sarkasmus Duchamps nachweisen kann. Im Gegenteil. Bei Winter und Hörbelt bekommen die auch einfachsten Dinge eine

leise Verklärung, ein inniges Leuchten, einer Verzauberung gleich.

Das alles kam wunderbar zum Tragen während der Ausstellung *Lustwarande / Pleasure Garden* in der niederländischen Stadt Tilburg (August-Oktober 2000). Es war für Winter und Hörbelt die erste Außenskulptur für einen Park. Der Park selber, der etwas außerhalb der Stadt liegt und den Namen *De Oude Warande* („Der alte Lustgarten") trägt, war ursprünglich als Barockwald geplant, mit sternenförmiger Hauptanlage und Seitenalleen, die nach streng geometrischen Mustern angeordnet waren. Um 1712 wurde er von dem Prinzen Wilhelm von Hessen-Kassel angelegt, dem späteren Fürsten Wilhelm VIII., Stifter der Kasseler Gemäldegalerie, der damals Militärkommandant der Stadt Breda war. Der Park wurde nie ganz fertig – es waren vermutlich auch noch keine Statuen dafür vorgesehen. Im Laufe der Zeit wurde er teilweise als Nutzwald verwendet. Viele Pfade der früheren Anlage verschwanden, und aus dem barocken Wald wurde nach und nach ein englischer Park. Die Ausstellung hatte zum Ziel, das räumliche und inhaltliche Protokoll der barocken Anlage wiederherzustellen: ihre formale Symmetrie, Blickpunkte, aber auch die dazugehörige Asymmetrie von Grotesken, Feuerwerk, und erotischen Schlupfwinkeln. Die Künstler wurden gebeten, sich zu dieser Situation zeitgemäße „Barockstatuen" auszudenken. Es waren außer Winter und Hörbelt unter anderem auch Louise Bourgeois, Franz West, Michelangelo Pistoletto, Ojars Peterson, Ann Veronica Janssens, Maria Thereza Alves, Cai Guo Qiang und Bertrand Lavier eingeladen. Nun ist der Park heutzutage bei weitem kein aristokratischer Vergnügungspark mehr. Er wird intensiv und sehr demokratisch von allen möglichen Bevölkerungsgruppen benutzt, am häufigsten von Radlern und von Hunden mit ihren Herrchen und Frauchen. Die jugendlichen Schnorrer haben ihren eigenen Sammelplatz, die Rentner ihre Bank und die Gayszene ihre Gebüsche, und dann gibt es natürlich die üblichen Spaziergänger, die Pärchen und die Familien am Wochenende. Da ist wirklich ein modernes Publikum im weitesten Sinne vorhanden.

Winter und Hörbelt hatten sich von Anfang an besonders auf diese Kombination von altem *Hi* und neuem *Lo* gefreut. Als ersten Arbeitsvorschlag hatten sie sich einen schmalen Pfad ausgedacht der, leuchtend rot, in den Wald hineinführen und in einer Lichtung enden sollte. Es wäre ein wahrhaftiger Hänsel-und-Gretel-Pfad geworden, wenn es sich Winter und Hörbelt nicht anders überlegt hätten. Ihre ersten Assoziationen haben sie dann in einen

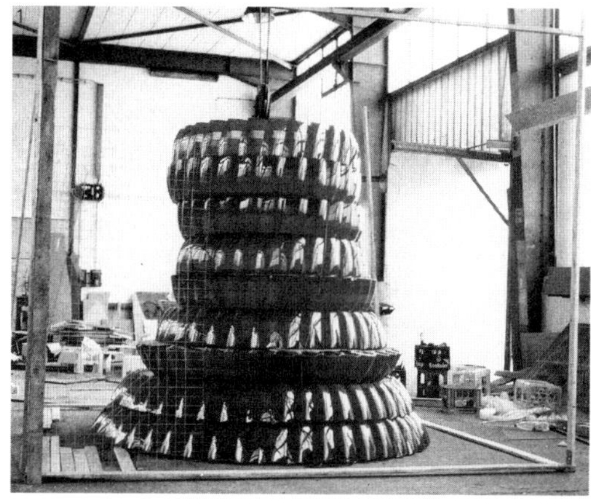

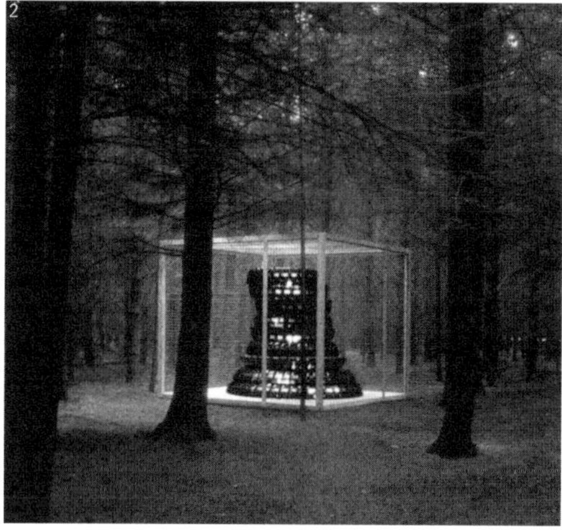

1 / 2  Winter / Hörbelt: *Gelsenkirchener Barock – oder Gretel wird gehänselt,* 2000 / *Gelsenkirchen Baroque – or Gretel Gets Hansled,* 2000

zweiten Vorschlag gefasst, der weit skulpturaler und auch dramatischer war. Zuerst schufen sie der Skulptur einen Platz in einem dichten Nadelwald. Es wurde aber keine offene Lichtung herausgehauen, sondern Winter, der früher einmal neben dem Studium als Waldarbeiter gearbeitet hatte und sich mit dergleichen auskennt, lichtete nur die unteren dürren Äste der Tannen. Die oberen grünen Zweige wurden belassen. Es entstand dadurch ein düster gewölbter, kathedralhafter Raum, in den ein schräg gebrochenes, fast braunes Licht hineinfiel. In diesem Raum wurde die Skulptur aufgebaut. Als sie fertig war, erschien da, ihr Leuchten vom Waldesrand kaum sichtbar, zwischen den dichten Tannen eine tiefrot aufleuchtende Säule. Sie stand asymmetrisch zu den Hauptalleen, weitab in der Lichtung, wo kaum das Tageslicht den dunklen Wald durchdrang und wo tiefe Stille herrschte. Die Säule, von innen hohl, von außen breit und üppig geschwungen und etwa zweieinhalb Meter hoch, war aus gestapelten VW-Autorückleuchten aufgebaut. Die Rückleuchten waren alle neu und alle gleich. Statt eines Postaments gaben ihr die Künstler einen geräumigen viereckigen Fußboden aus schlichten Holzbrettern. Das Ganze wurde dann von einem großen vierkantigen Drahtkäfig eingefasst. Aus dem Inneren der Säule strahlte eine kräftige Lampe die Autorückleuchten an, so dass diese feurig zu glühen anfingen und das billige Plastik mit einem Mal wie schwerer facettierter Kristall aussah. Neben die eigentliche Arbeit stellten Winter und Hörbelt zuletzt eine Bank aus Holzleisten für die Zuschauer. Zuerst hatten die Künstler die Arbeit *The Red Pile* („Der rote Haufen") genannt. Aber während sie sich nach und nach auf dem Bauplatz entwickelte und sich die Teile immer klarer zu einem Ganzen fügten, kam ihnen der Name doch zu beiläufig vor. So wurde die Arbeit umgetauft zu *Gelsenkirchener Barock oder Gretel wird gehänselt* [→ S. 86, 182]. Gelsenkirchener Barock, lernte ich da, ist die Bezeichnung für die Plüschmöbel und Sitzgarnituren der guten Stuben der Ruhrgebietsarbeiter. Das sind die schweren, geschwungenen, mit dunkelrotem oder grünem Velours überzogenen Sofas und Voltairesessel, die den Möbeln des späten Viktorianischen Bürgertums entlehnt sind, die ihrerseits bereits Barockimitationen waren. So wie früher der großbürgerliche Geschmack es dem Adel gleichtun wollte, so machte der Arbeiter es dem Bürger nach. Nach diesem Modell bewirbt sich heute die Global Economy um ihn.

Es haben Winter und Hörbelt in den Titel und in die Arbeit vieles zusammenfließen lassen. Man kann aber nicht behaupten, dass das *objet trouvé* darin eine Hauptrolle im Sinne Duchamps spiele. Eher würde man Roland Barthes' *Mythologies*, oder mehr noch das den *Mythologies* vorausgegangene *Le Profane et le Sacré* („Das Heilige und das Profane"), das Hauptwerk des Religionshistorikers und Schriftstellers Mircea Eliade, darauf anwenden können. Eliade, der Barthes' Professor war und zu den Surrealisten Verbindungen hatte, hat als Erster die uralten Themen der großen Mythen als Tiefenstrukturen in der alltäglichen modernen Kultur erkannt. Barthes hat dieses Thema dann in seinen schönen Aufsätzen (darunter den weltberühmten über den Citroen DS) weitergeführt. Mit diesen Schriften wurde zum ersten

Mal der Massenkultur ein Denkmal gesetzt. Es kommt mir vor, dass auch Winter und Hörbelts Arbeiten im Allgemeinen und *Gelsenkirchener Barock…* ganz im Besonderen in diesem Sinne aufzufassen sind. Denn wie eine Mischung aus Heiligem und Profanem stellt *Gelsenkirchener Barock…* sich dar. Ihre ikonografischen Anspielungen sind mannigfaltig, und sie rufen unterschwellig, fast beiläufig, vielfältige Assoziationen hervor: Ikea Billigdesign, Grimms Märchen, gute Stube, Buddha Altar, Hurenviertel und Andachtsbild. Dazu gesellt sich ein wichtiger formaler Aspekt. Denn wenngleich eine Kombination von Statue, Installation und ‚objet trouvé', so ist *Gelsenkirchener Barock…* doch nicht eigentlich Skulptur im herkömmlichen Sinne. Sie ist nicht Abbild, nicht Darstellung, sondern Hülle. Alle Teile, sogar die Säule selbst, sind Träger oder Behälter, deren klassische Funktion es wäre, die Skulptur zu ermöglichen, ihren Kontext zu bilden. Diese Skulptur aber gibt es nicht. Die paradoxale, aus materiellen Hinweisen und Leerstellen aufgebaute Semantik der Abwesenheit lässt *Gelsenkirchener Barock…* als einen ‚zero degree' der Skulptur erscheinen. Die Hinweise sind zugleich ikonografische Indizes von Abwesendem. Sie lassen einen anderen Kontext aufscheinen, eine zusätzliche Semantik: die der religiösen Statue. Man könnte sagen, dass diese erstmals des üblichen Inhalts, ihrer herkömmlichen Figuration entleert werden musste, um als verwandeltes Bild neu erkannt werden zu können. Dieses Vorgehen ist charakteristisch für das Umdenken in der europäischen Skulptur der achtziger und neunziger Jahre. Es wäre grundsätzlich falsch, daraus ausschließlich eine Art postmoderne Ironie herzuleiten. Nicht von ungefähr ist dieses Umdenken in der Kunst durch die erste Generation von europäischen Künstlern bewirkt, die im Zeitalter des Farbfernsehers groß geworden ist. Vielleicht ist seit Duchamp der echte Zauber der Kunst, dass diese sich den Glauben an sich selbst bewahren konnte, ohne der herkömmlichen Form bedürftig zu sein. Das heißt, dass die elektrische Erleuchtung der biblischen nicht unbedingt nachstehen muss.

*Gelsenkirchener Barock…* steht im Œuvre von Winter und Hörbelt in Zusammenhang mit einer Arbeit aus dem Jahr 1996: den *Madonnen* [→ S. 166], einer Werkgruppe von unterschiedlichen transparenten Polyesterabzügen einer einzigen Madonnenfigur. Dieses Original wiederum war eine Art Prototyp der vielen massenproduzierten Heiligenfiguren, die in den fünfziger Jahren in jedem einfachen katholischen Haushalt zu finden waren. Wer nicht als Kind damit aufgewachsen ist, dem ist schwer zu er-

klären, wie wundersam diese abscheulichen Figuren auf die Gemeinheit des Lebens einzuwirken vermochten – vor allem die mattgläsernen Madonnen, die man von innen elektrisch anleuchten konnte: sowie man den Stecker in die Steckdose steckte, vollzog sich schon die Erlösung aus der Angst vor der Dunkelheit. Vielleicht haben sich Winter und Hörbelt an diese elektrisch gespeisten Statuen bei der Erschaffung des *Gelsenkirchener Barock…* erinnert. Somit ist ihnen eine wunderbare Gleichung gelungen, die irgendwo auf der Schneide liegt zwischen Glaube, Aberglaube, Kunst, Kitsch und Technik, die aber den Trost in der Not bewahrt, ohne jemals herablassend zu wirken. Denn das eigentliche Thema des *Gelsenkirchener Barock…*, ihr buchstäblicher Inhalt, ist das Licht. Und zwar in seiner ursprünglichen devotionalen Form: das Leuchten. Dazu kamen an Ort und Stelle die Stille des Waldes und der düstere, fast sakrale Ort. Aus der Statue wurde eine Andachtsstätte. Bei allem scheinbar fröhlichem Stildurcheinander haben es Winter und Hörbelt verstanden, die Frage nach dem Ursprung der Skulptur und der Bedeutung von Kunst in den billigen, sogar geschmacklosen Dingen des Alltags aufzufinden. Die Arbeit wurde im Laufe der Ausstellung zum Publikumsliebling. Es waren aber fast immer zuerst die Kinder, die, sobald sie mit abenteuerlichem Gruseln durch den Wald gelaufen waren und die Arbeit erreicht hatten, die Stimme senkten und anfingen zu flüstern. Die Erwachsenen taten es ihnen dann staunend nach.

## GELSENKIRCHEN BAROQUE
<u>MARIANNE BROUWER</u>

Generally speaking, art historians take the easy way out with Duchamp, flogging to death – with a mixture of pleasure and indignation – the same old sentence time and time again: When he first exhibited a urinal in an art context, Duchamp broke the aura of the autonomous work of art once and for all, freeing it from all its 'sacred' taboos. Just try and count the number of times this same sentence or words to the same effect appear in articles and books – it's uncanny. I for my part have always considered the very reverse be the case: how strange it is that Duchamp's objects can so readily transcend their prefabricated, mass-produced, commonplace character and appear as individual things with a sexual identity over their own. The urinal, that brightly shining piece of hygienic vitreous chinaware, has now been condemned by Duchamp, as it were, to spend the rest of its days as a nauseating *yoni* waiting in vain for its *lingam*. His bottle rack looks like an aggressively spiked crinoline for a pair of mechanical women's legs. And then there's that hand-cranked chocolate grinder! All of them visual anagrams that make us wonder whether they do not in fact stem from, and underscore, a refined lust for revenge. In my opinion, Duchamp has not so much freed art from its taboos as imposed a new and hence much stronger taboo on the anonymous, mass-produced object.

However, the equation of sex and merchandise requires a third quantity in order to make an icon out of the merchandise, namely work, that endless, monotonous, wretched kind of work we associate with the conveyor belts and assembly lines of mass-production. It is this, and only this, which makes the equation essentially hieratic – in the sense conceived by Emile Zola and then consciously interpreted, in an indescribably beautiful tragedy, by Georges Bataille. Nowadays, the working masses of the nineteenth century would be much better off. One can afford a holiday, a car and, in most cases, a home of one's own. One buys one's own mass-produced merchandise and, as a consumer, has all the self-confidence it takes. Like a great many artists of our time, Winter and Hörbelt seek and find their objects in the everyday lives of today's petite bourgeoisie, but these objects have nothing of the misery and pessimism of past epochs, nor anything of the magnanimous sarcasm of a Marcel Duchamp. Quite the contrary. In the works of Winter and Hörbelt, even the simplest things become gently transfigured, enchanted, illuminated, as it were, from within.

All this was particularly – and wonderfully – noticeable at the exhibition *Lustwarande / Pleasure Garden* in the Dutch town of Tilburg (August-October 2000). For Winter and Hörbelt, this was the first time they had been asked to create a site-specific sculpture for a park. The park itself, which is called *De Oude Warande* ("The Old Pleasure Garden") and is located on the outskirts of Tilburg, was originally designed as a wooded baroque park with a central layout of star-shaped avenues and secondary paths arranged in strictly geometrical patterns. It was built in 1712 for Prince William of Hesse-Kassel (later Prince William VIII), the founder of the Kassel Painting Gallery and the then Commander-in-chief of the City of Breda. The park was never quite finished – and very probably no provision was made for statues. As time went by, part of the wooded area of the park was felled and replanted for timber. Many of the footpaths of the original park gradually disappeared and what was once a baroque park became, bit by bit, an English-style landscape garden. The aim of the exhibition was to re-establish the courtly form and content of the original baroque park – its outer symmetry and perspectives, its inner asymmetry, its grotesques, its fireworks, its erotic hideaways. The artists were asked to conceive contemporary "baroque statues" which would relate to this situation. Among the invited artists were, besides Winter and Hörbelt, Louise Bourgeois, Franz West, Michelangelo Pistoletto, Ojars Peterson, Ann Veronica Janssens, Maria Thereza Alves, Cai Guo Qiang and Bertrand Lavier. Now it must be said that the park as it is today is far removed from the aristocratic pleasure garden it once was. It is used intensively and very democratically by people from all walks of life, and most frequently by cyclists and dog owners. Youngsters at a loose end hang out at their own special places, the old age pensioners have their benches, the gays have their shrubberies, and then there are the usual strollers, couples and families at the weekends. It is really a modern public in the broadest conceivable sense.

From the very outset, Winter and Hörbelt had been looking forward to this opportunity of coming to terms with this fascinating combination of the high culture of past epoques and the popular culture of our modern age, of the aristocracy of yesteryear and the democracy of today. Their initial suggestion was a narrow, red-glowing footpath leading into the wood and ending in a clearing. It would have been a veritable Hansel-and-Gretel footpath if Winter and Hörbelt had not had second thoughts. These initial connotations were then incorporated in a second suggestion which was far more sculptural and also more dramatic. Firstly, they had to create a space for the sculpture in the middle of a dense coniferous wood. They did not, however, make an open clearing. Winter, who had once jobbed as a forestry worker, simply lopped off the lower, withered branches of the trees, leaving the upper, green branches untouched. The result was a dark, vaulted, cathedral-like space dimly lit by sloping, broken beams of brownish light. It was in this space that Winter and Hörbelt built their sculpture, a deep red, illuminated column standing in the middle of the dark, dense wood, barely visible from the outside, and arranged asymmetrically in relation to the main avenues of the park. The column, hollow on the inside, broad on the outside, and curving upwards, almost voluptuously, to a height of two and half metres, was made of stacked Volkswagen tail light covers. The tail lights were all new and all identical. A spacious, square base made of plain planks deputized for a pedestal. The entire column was enclosed in a large wire cage. A powerful lamp inside the column illuminated the tail light covers, bringing them to a fiery red glow and making the cheap plastic suddenly look like intricately facetted lead crystal. Winter and Hörbelt also constructed a makeshift wooden bench for the leisure and pleasure of the viewers. The artists first called the work *The Red Pile*, but as it gradually took shape, the name seemed too casual, too by-the-way. And so it was renamed *Gelsenkirchen Baroque – or Gretel Gets Hansled* [→ pp. 86, 182]. Gelsenkirchen Baroque is, I was told, the name given to the plush, overly ornate furniture commonly found in the front rooms of working-class dwellings in the Ruhr – those heavy, dark-red or green velvet upholstered sofas and armchairs and veneered period sideboards vaguely reminiscent of the style of furniture favoured by the late Victorian middle class, that style being, for its part, imitation baroque. While middle-class people copied the taste of the aristocracy, they in turn were emulated by the working class. It is precisely on such identity-oriented patterns of behaviour that our modern global economy bases its branding strategies. Although Winter and Hörbelt have instilled a multitude of meanings into this work and its title, one cannot say that the objet trouvé has a significant part to play in it, significant in a Duchampian sense, that is. On the contrary, what springs to mind more than anything else are Roland Barthes' *Mythologies* and their precedent, *The Sacred and the Profane*, the seminal work of the religious historian and writer Mircea Eliade. Eliade, who was loosely associated with the Surrealists, was the first to recognize that the myths of ancient times are deeply ingrained in the everyday culture of our modern age. Barthes enlarged upon this theme in his wonderful essays (including his world-famous one on the Citroën DS) which erected, for the first time ever, a memorial to mass culture. It seems to me that Winter and Hörbelt's work in general and *Gelsenkirchen Baroque…* in particular must be viewed in the same light. Indeed, even at first glance, *Gelsenkirchen Baroque…* is so obviously a mixture of the sacred and the profane. Its iconographical allusions are manifold and they awaken – subliminally, almost incidentally even – a whole diversity of associations: cheap Ikea design, Grimms' fairytales, front room, Buddhist temple, red light district, devotional picture… There is also an important formal aspect to be considered, for although it is a hybrid formed from different elements – statue, installation and objet trouvé, *Gelsenkirchen Baroque…* is not actually a sculpture in the traditional sense. It is not a depiction or representation but, rather, a frame. All parts, even the column itself, function as carriers or containers. They convey the content of the work, but they do not actually represent it. The iconographical references which they contain together form a context, a semanteme built up from material reference and empty spaces, namely that of religious statue. One might say that it – the statue – must first be rid completely of its usual content and traditional form before it can be recognized anew as a transfigured image. This approach is typical of the process of rethinking which took place in European sculpture during the eighties and nineties. It would be basically wrong, however, to deduce a kind of post-modern irony from this and nothing else. It is no accident that this process of rethinking in art was brought about by the first generation of European artists to have grown up in the age

of colour television. Perhaps the real magic of art – since Duchamp – lies in its ability to continue to have an unshakeable belief in itself without any need to retain its traditional form. And that means, too, that biblical illumination must not necessarily be superior to illumination of the electrical kind.

Within the context of Winter and Hörbelt's œuvre, *Gelsenkirchen Baroque…* relates, though only indirectly, to a series of works dating from 1996, namely the Madonnas [→ p. 166]. These comprise a diversity of transparent polyester castings made from a single madonna. This original, for its part, was a kind of prototype of the many mass-produced statues of saints which could be found in virtually every modest Catholic home during the fifties. Anyone who did not grow up in such an environment will be at pains to understand how miraculously effective these awful statues were in warding off the adversities of daily life – especially those madonnas made of matt glass and illuminated from the inside: no sooner had one inserted the plug into the socket than – lo and behold! – light triumphed over the terror of darkness. Perhaps Winter and Hörbelt had these electric madonnas in mind as they were working on *Gelsenkirchen Baroque…*. Whether that was so or not, Winter and Hörbelt have here performed a wonderful balancing act between belief and superstition, between art, kitsch and technology, but not without regard for man's need for consolation in times of distress, and never in any way being condescending. For the actual content of *Gelsenkirchen Baroque…* is, quite literally, light – light in its orginal, most ancient, devotional form. Added to this was the awe-inspiring atmosphere created by the in-situ silence and darkness of the forest. *Gelsenkirchen Baroque…* was not so much a statue as a place of meditation. Despite its seemingly happy-go-lucky mixture of styles, this work by Winter and Hörbelt uncovered those questions concerning the origin of sculpture and the meaning of art precisely in the cheap, even tasteless objects of everyday life. In the course of the exhibition, the work became the visitors' favourite. And it was always the children who reached it first, panting for breath from their adventurous dash through the dark, foreboding forest and lowering their voices to a hushed and reverent whisper. Astonishingly, the grown-ups did the same.

REALISIERTE PROJEKTE/
REALIZED PROJECTS

42 Flower Power Waiting Room, 2002, Obihiro, Hokkaido, Japan [→ p. 186]

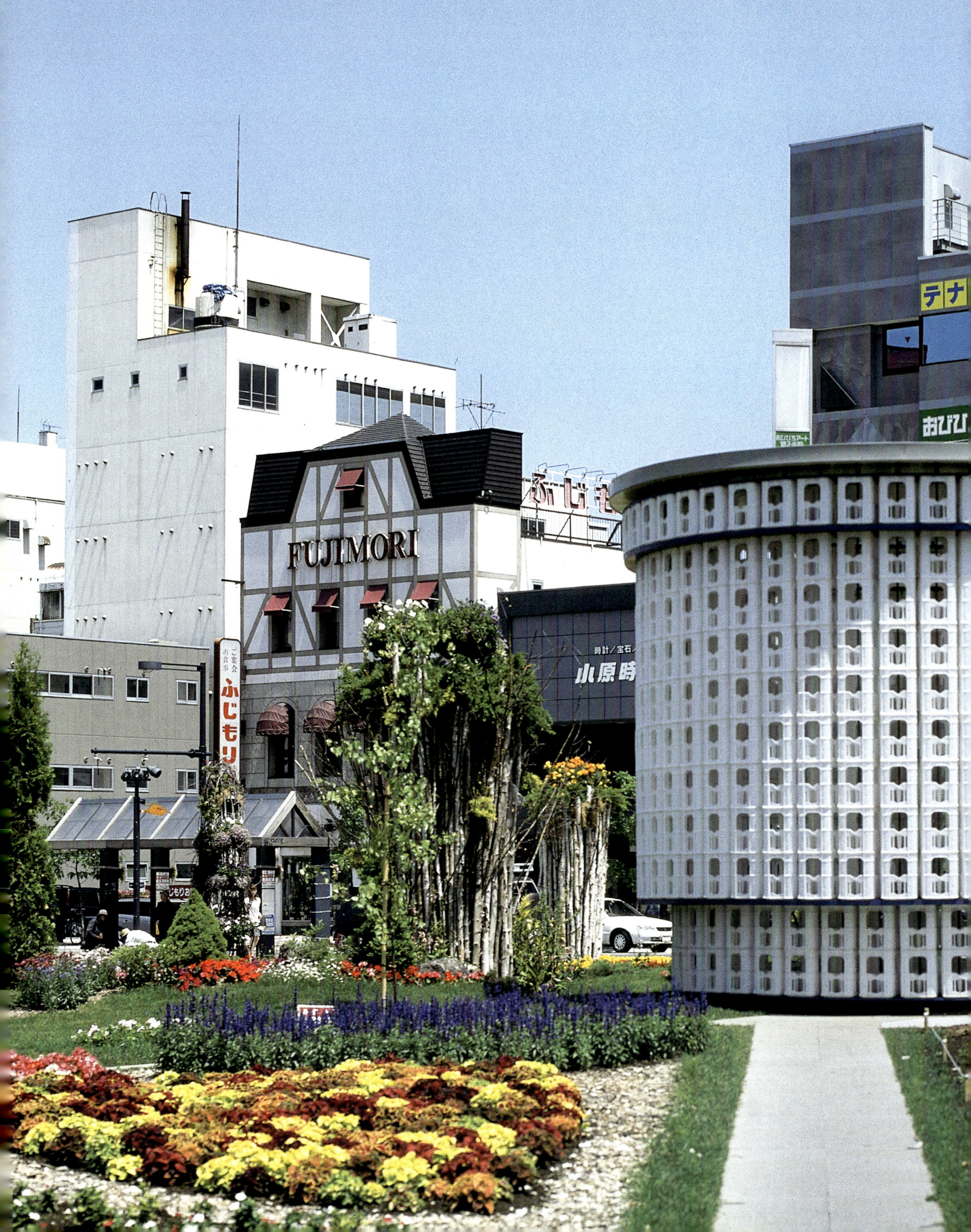

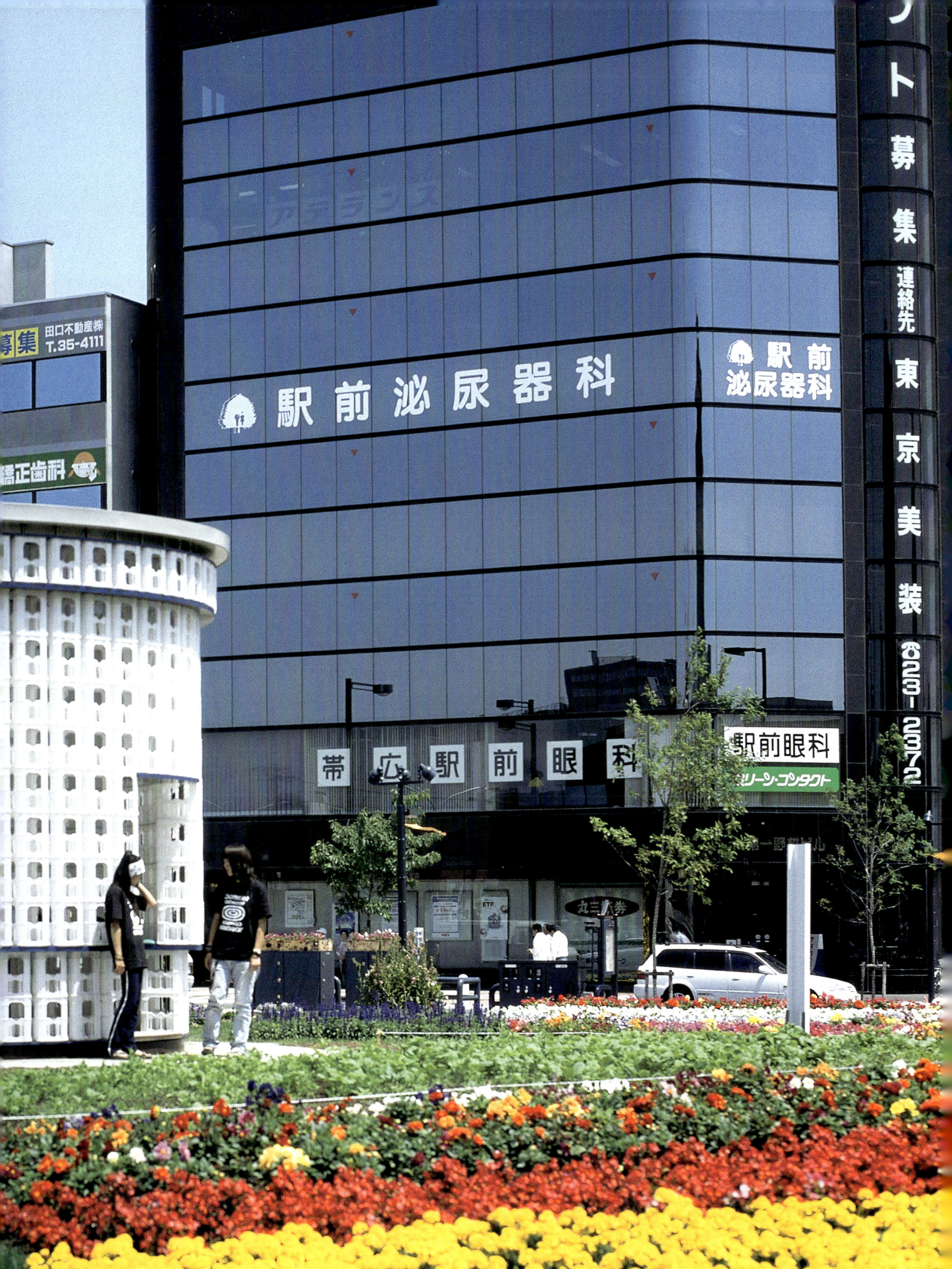
募集
田口不動産㈱
T.35-4111
矯正歯科
駅前泌尿器科
駅前
泌尿器科
帯広駅前眼科
駅前眼科
グリーン・コンタクト
丸三証券
ETF
ト
募
集
連絡先
東
京
美
装
0823-
2372

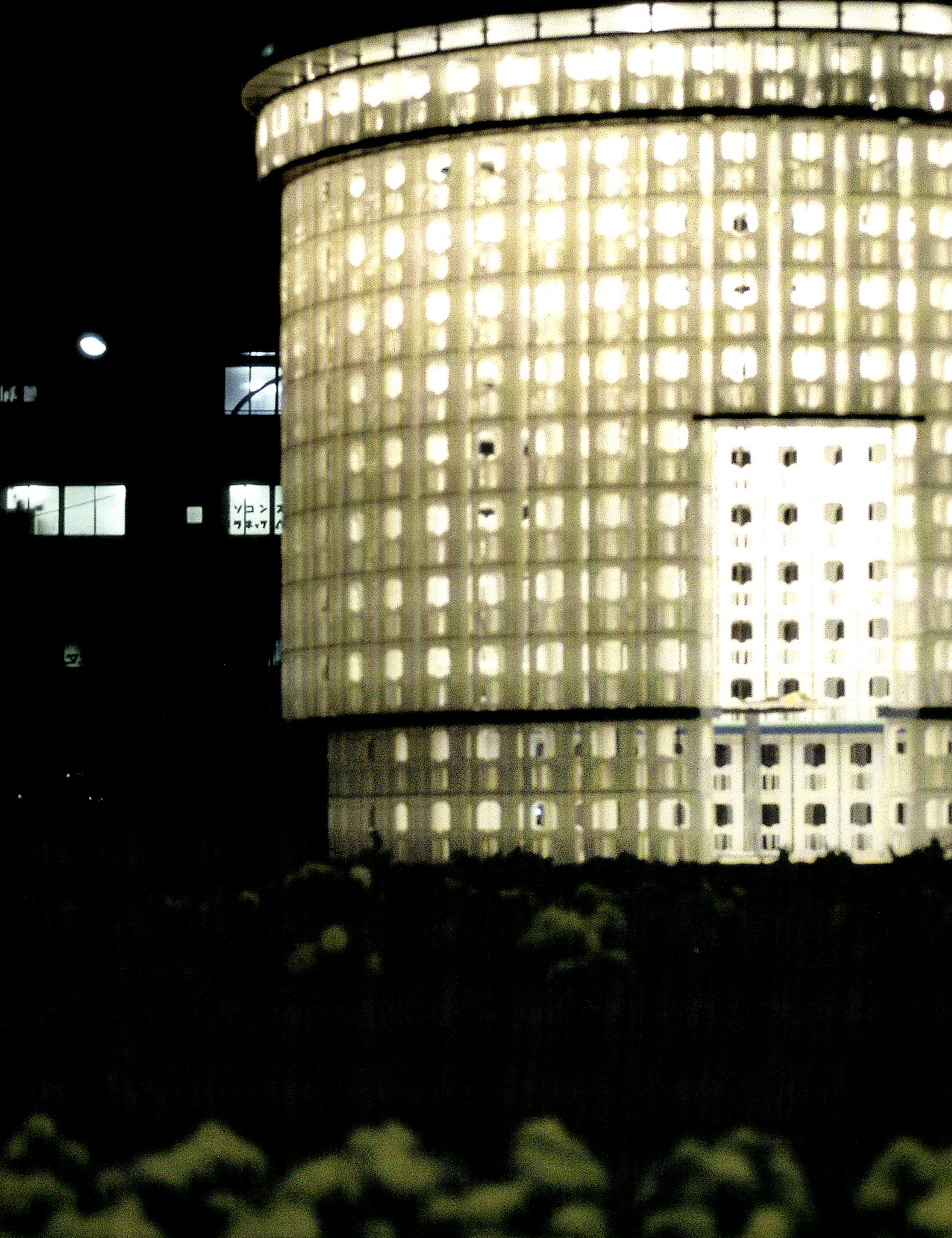

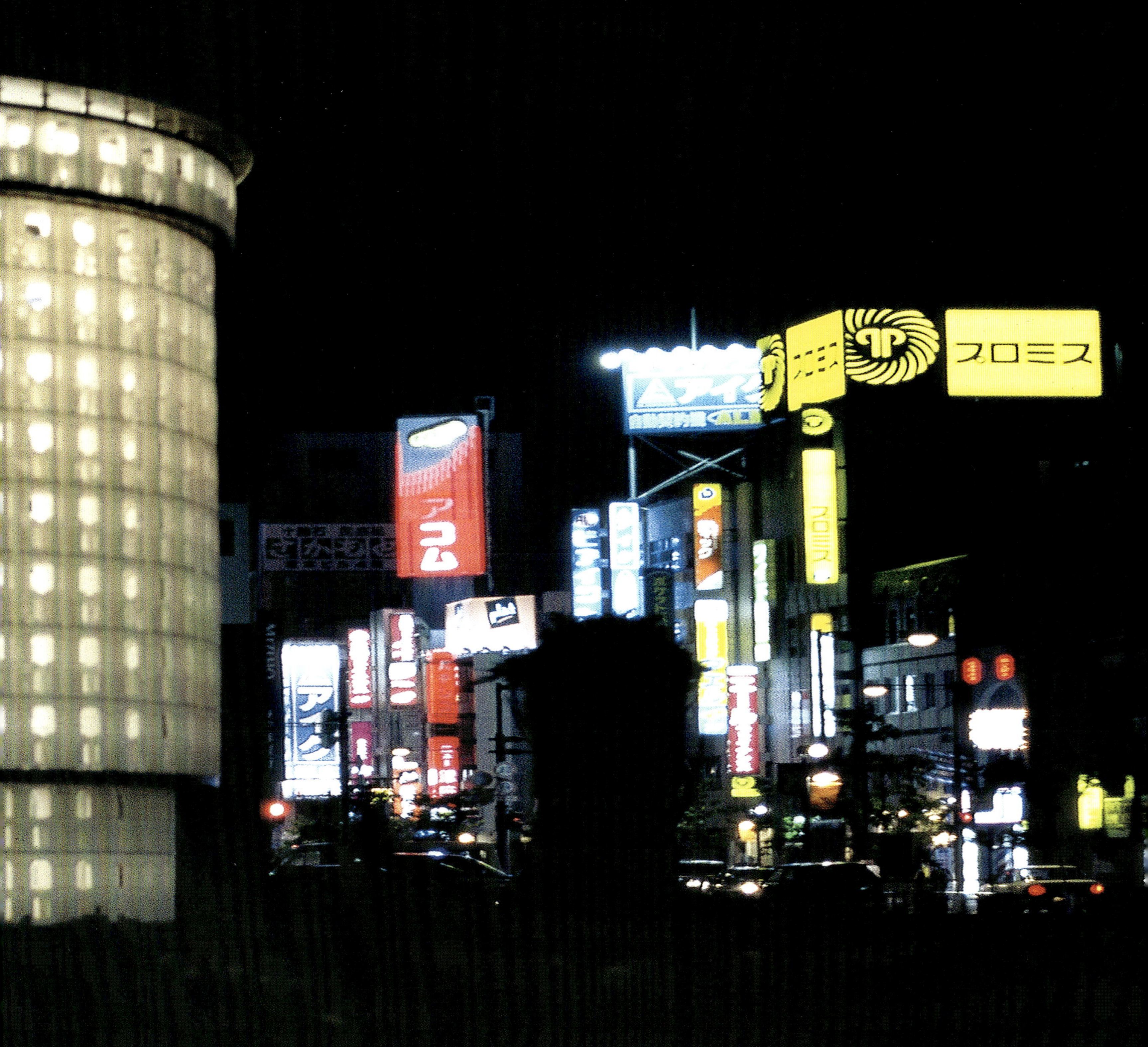

アコム
アイ
自動契約機 むじん君
スミ田
プロミス

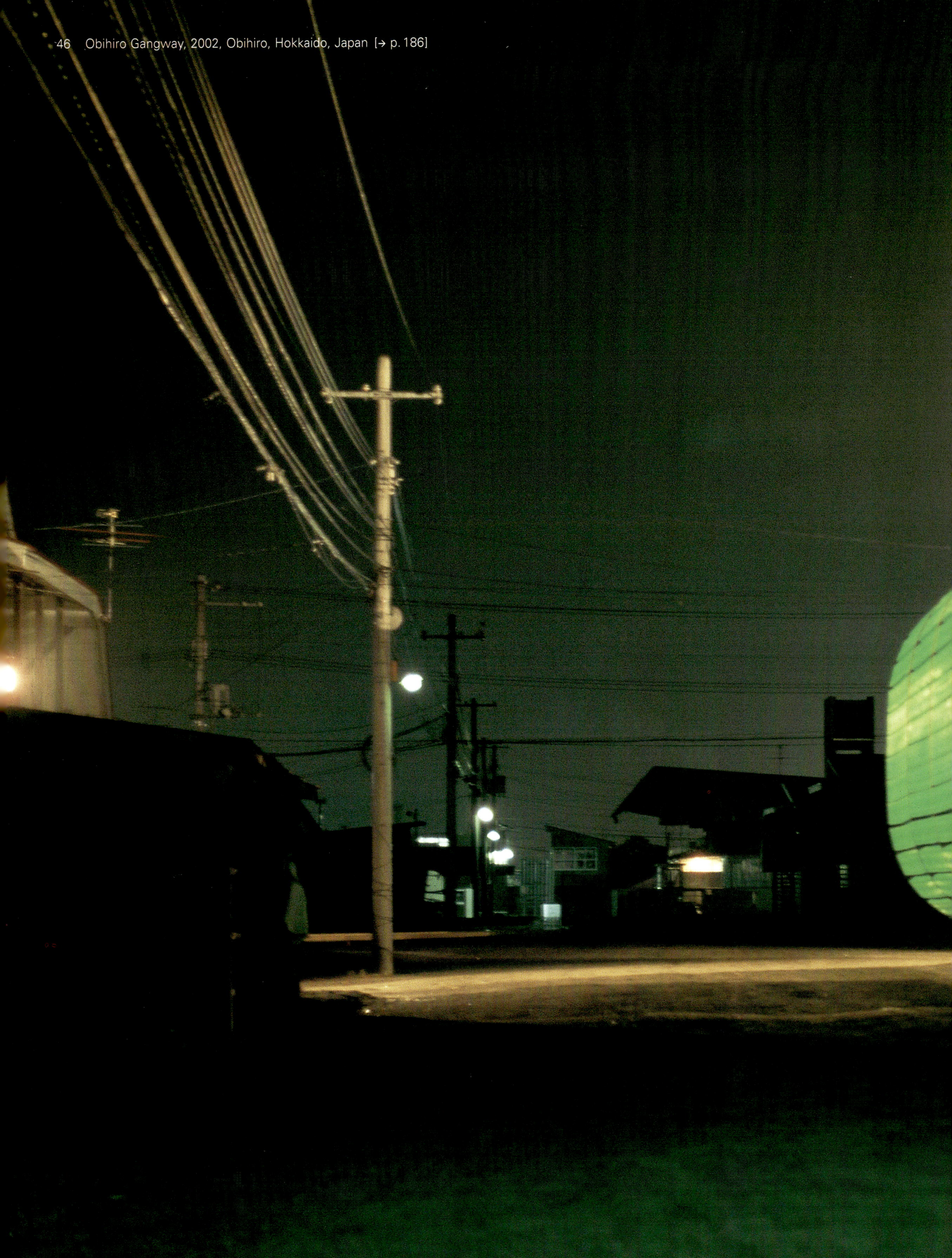

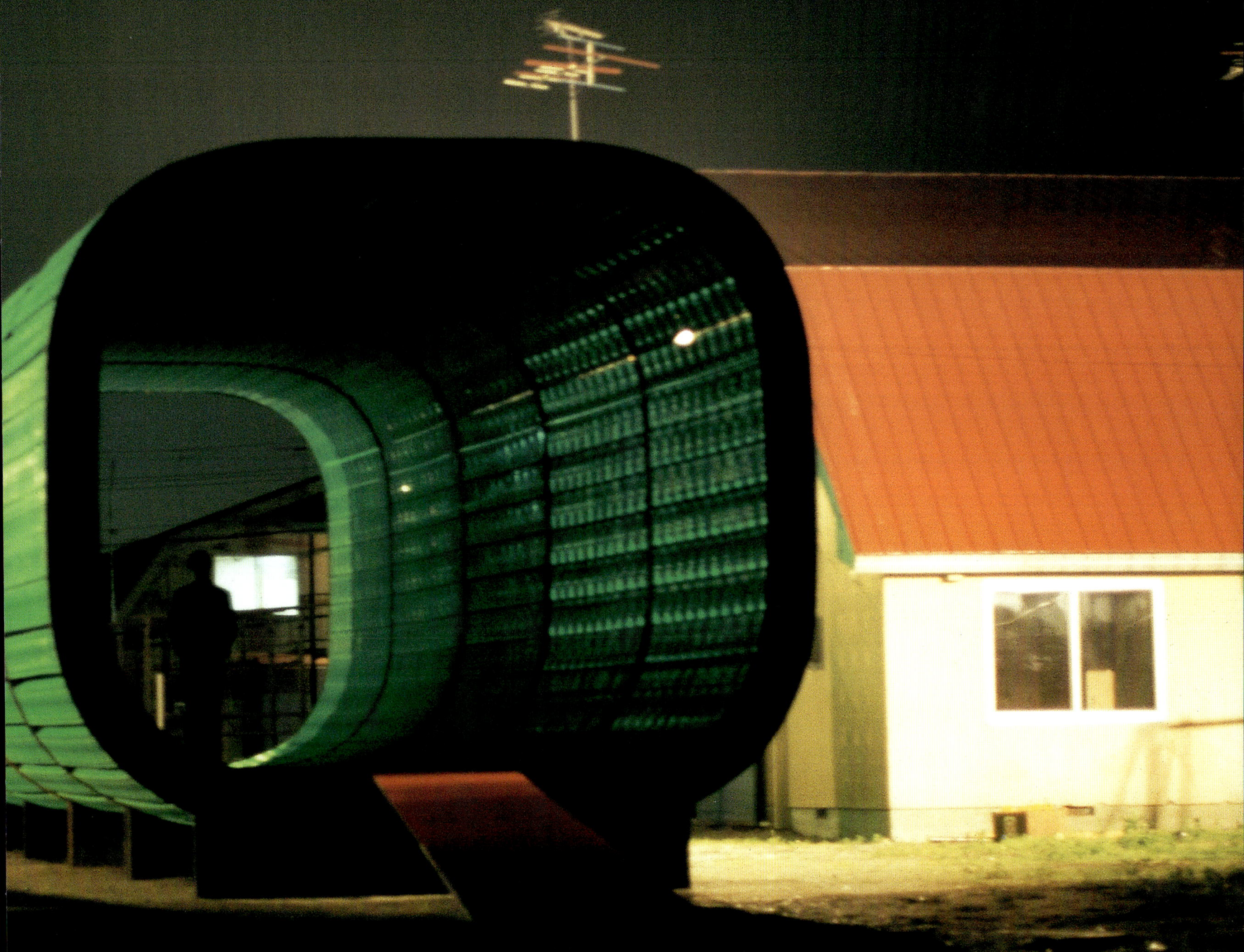

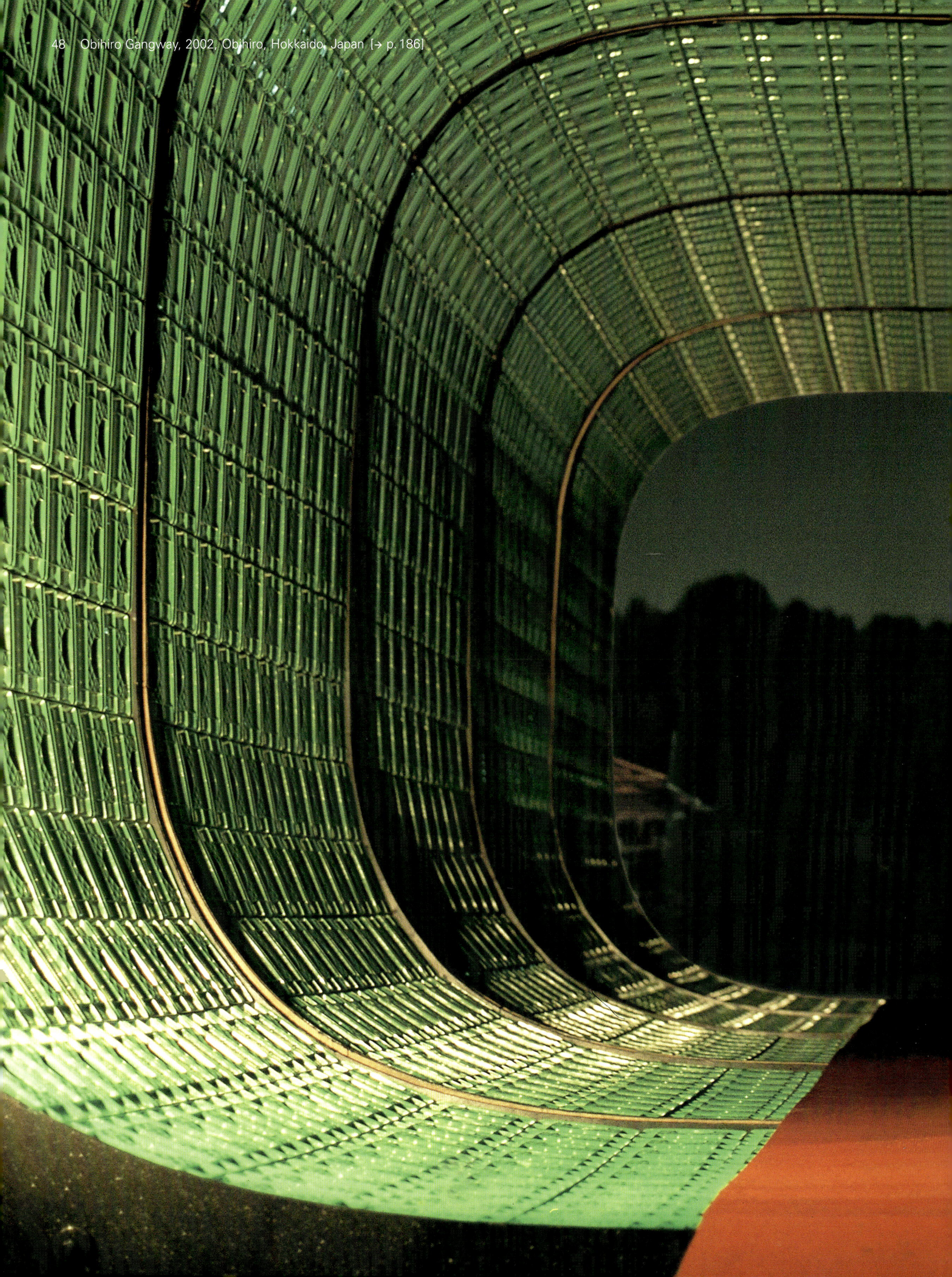

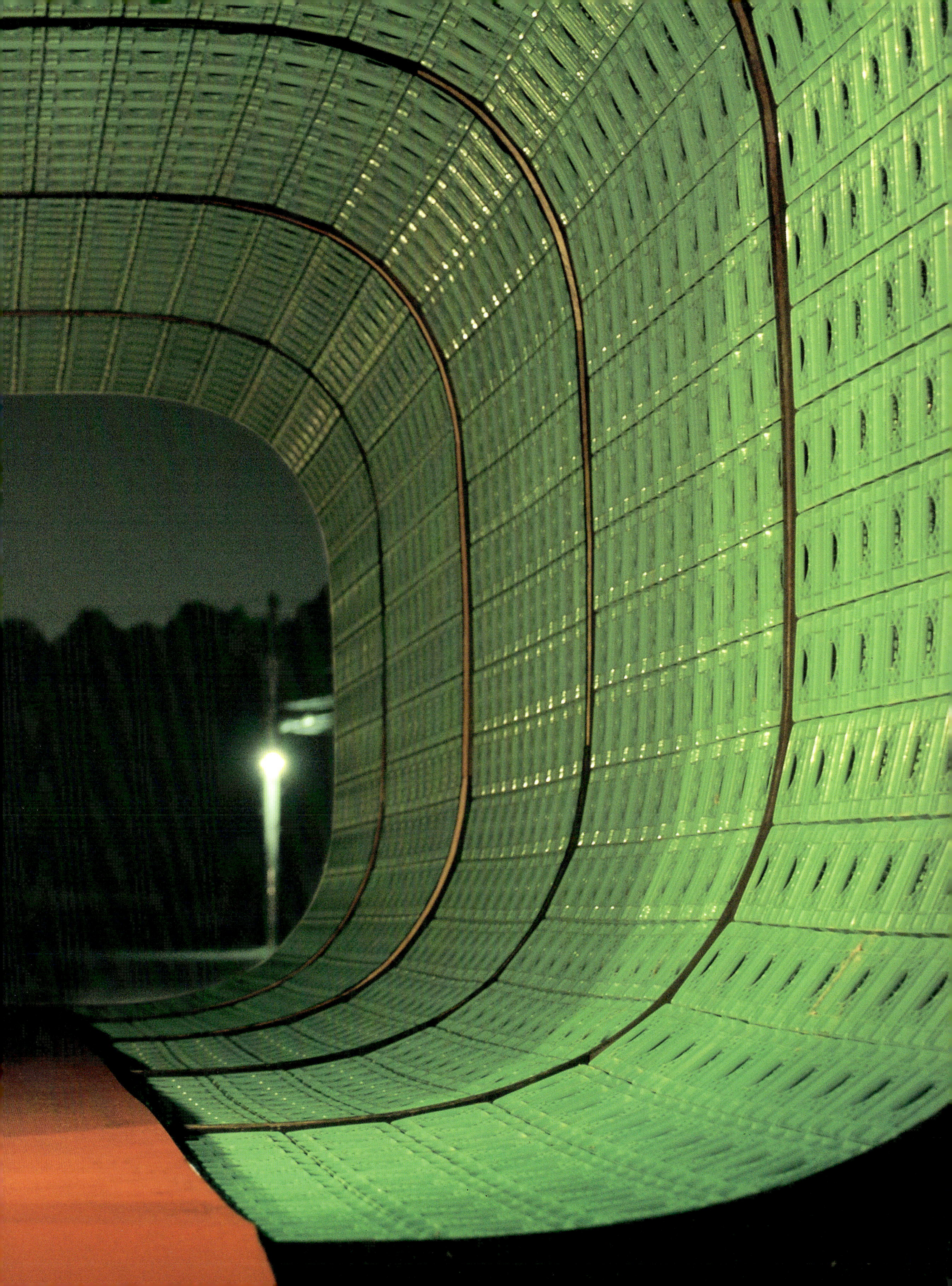

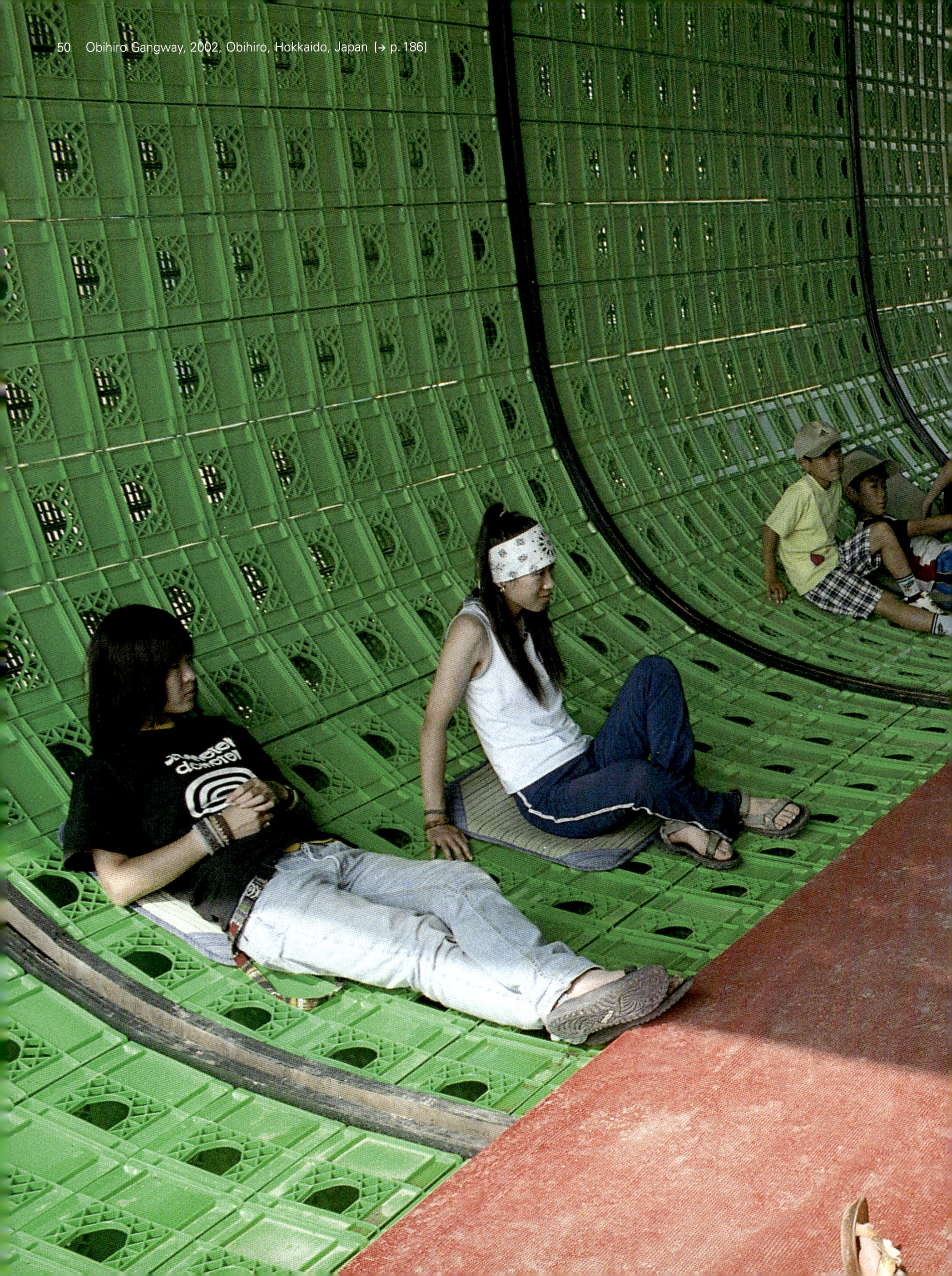

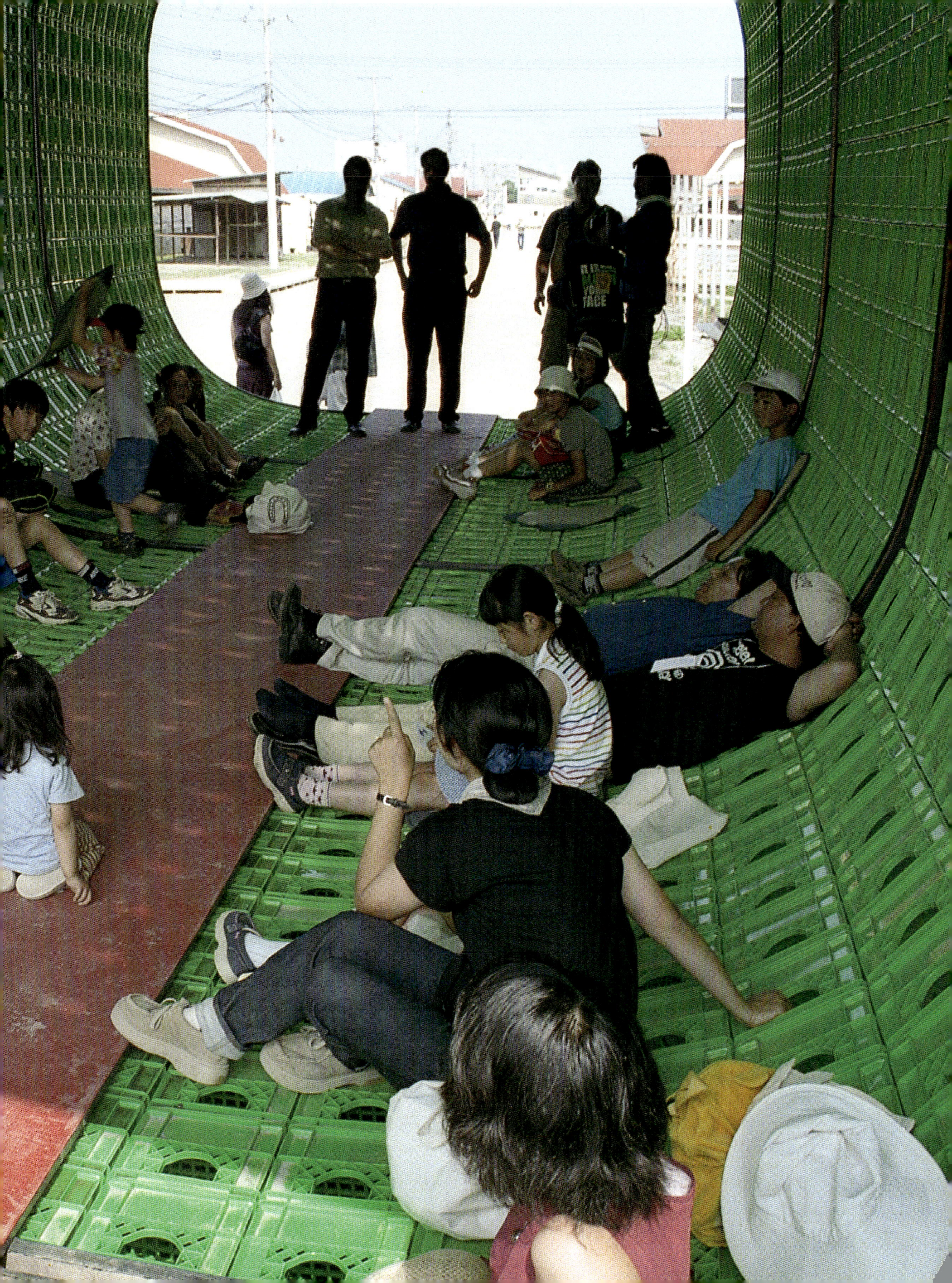

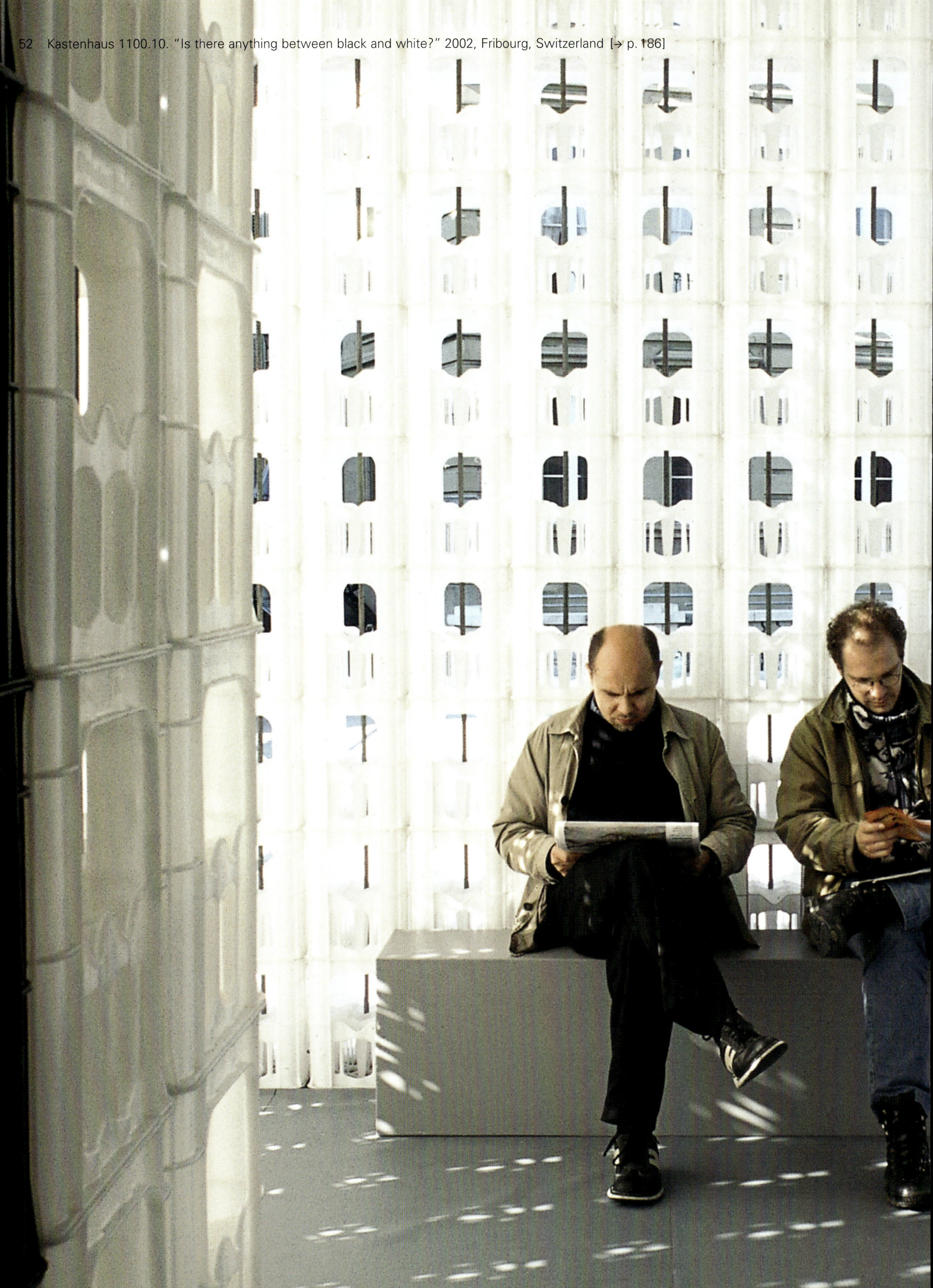

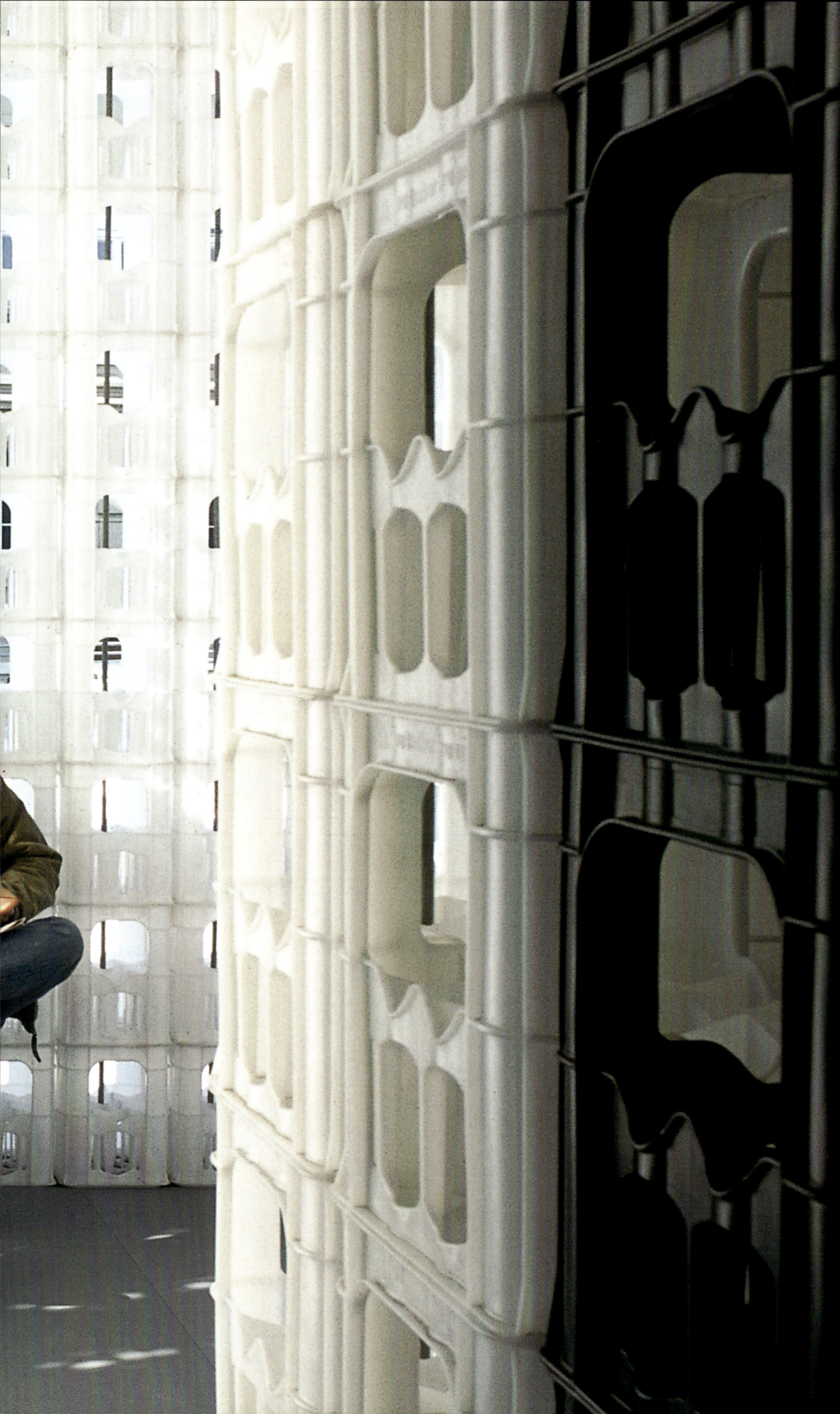

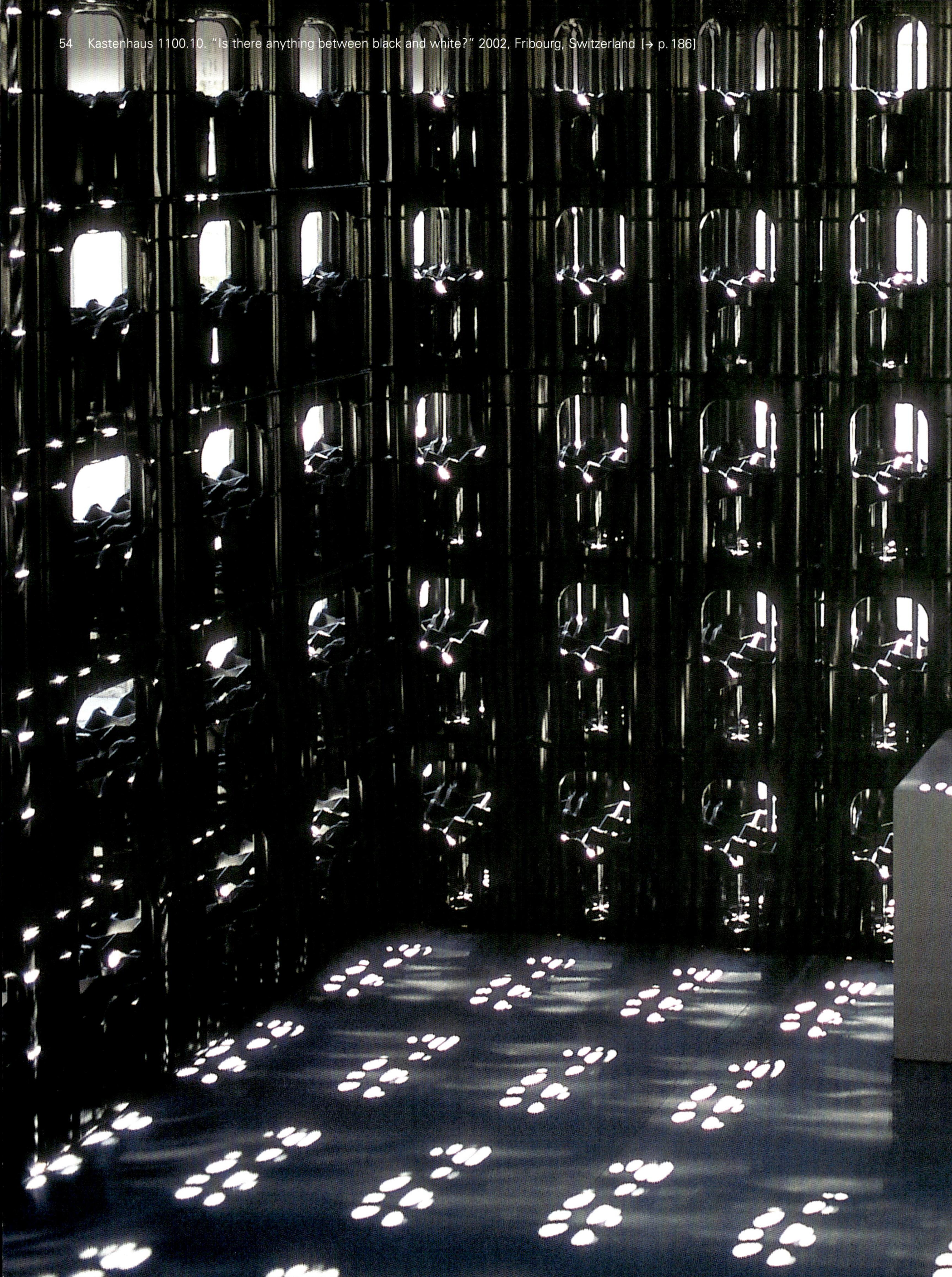

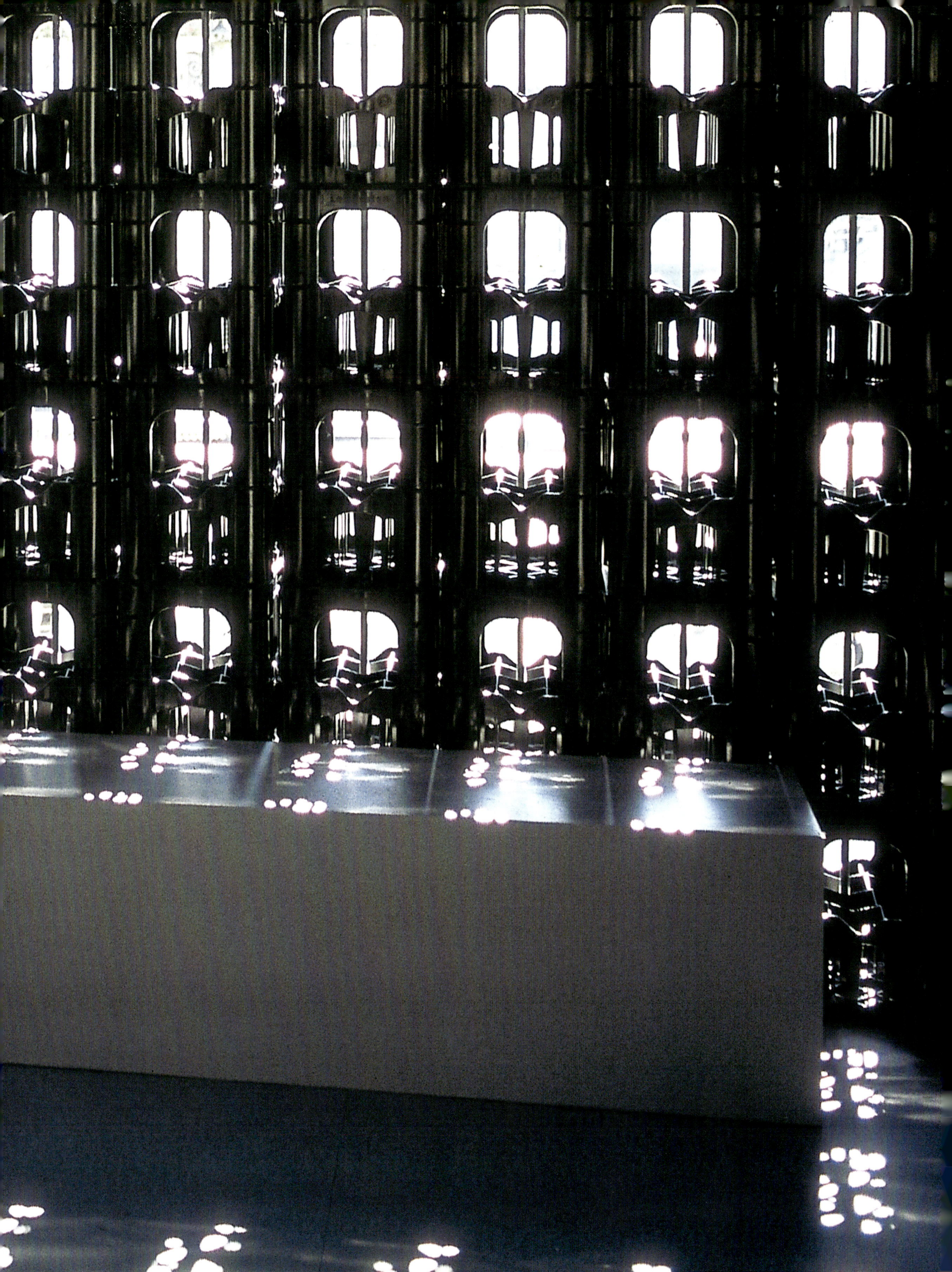

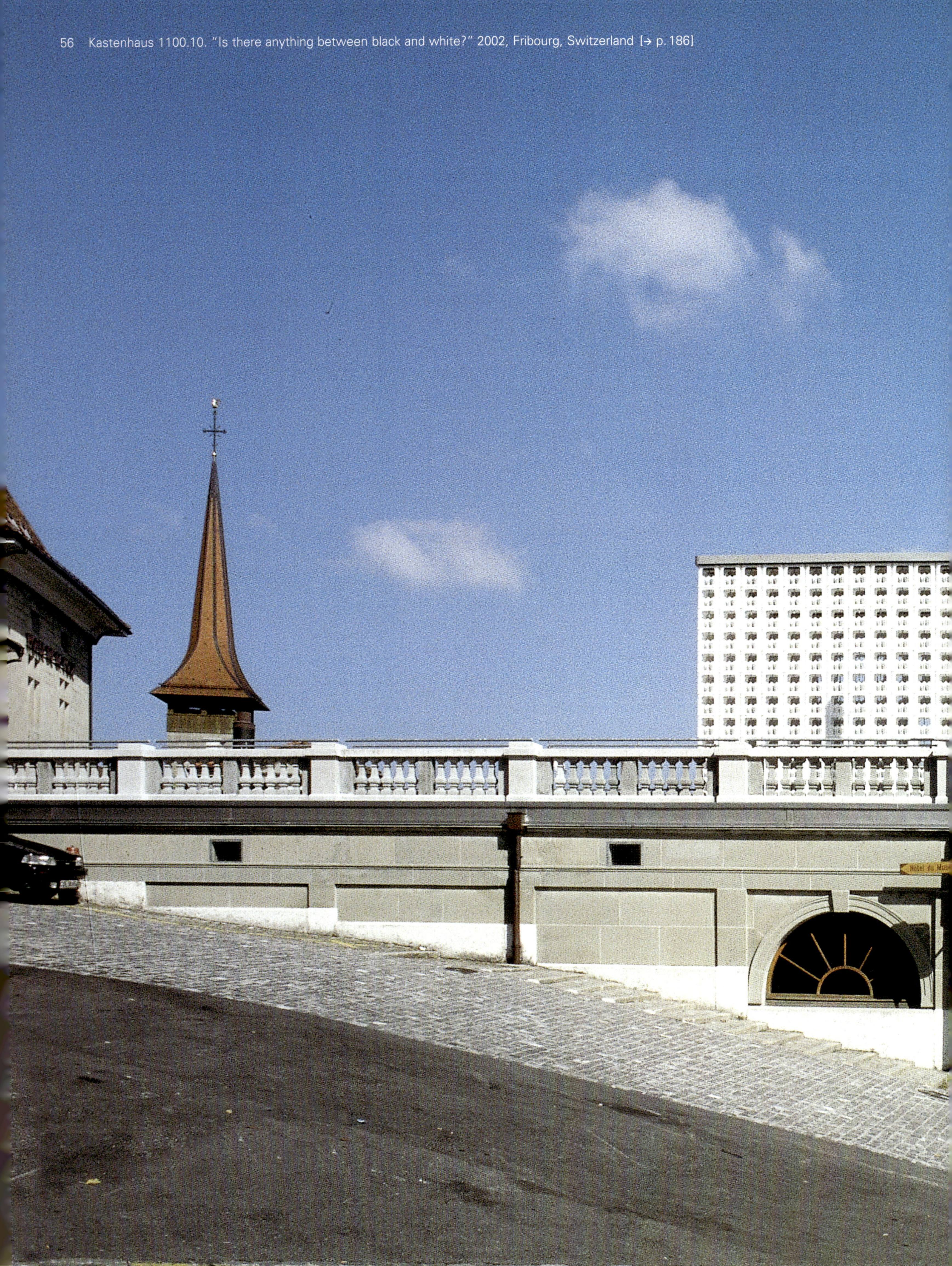

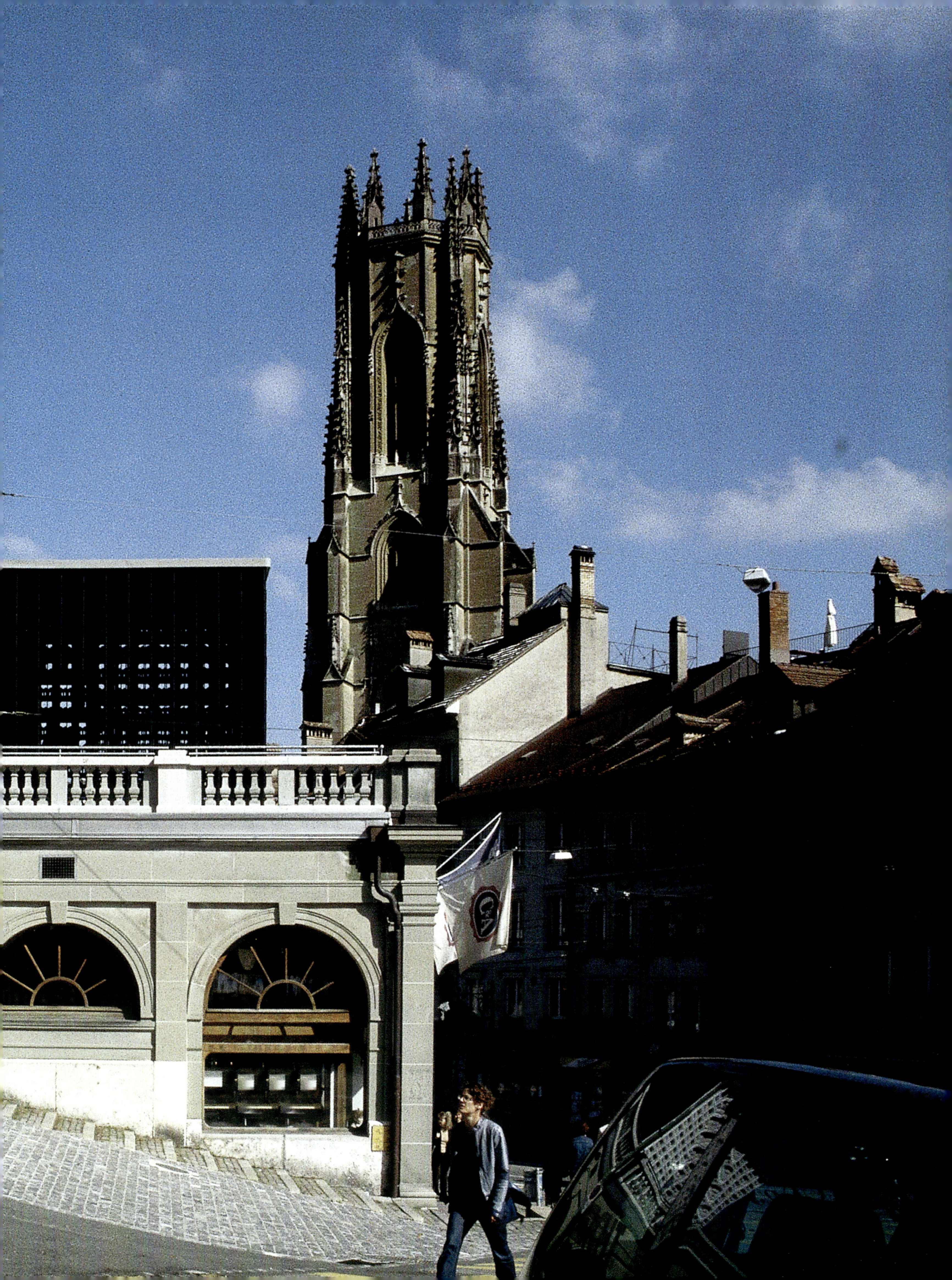

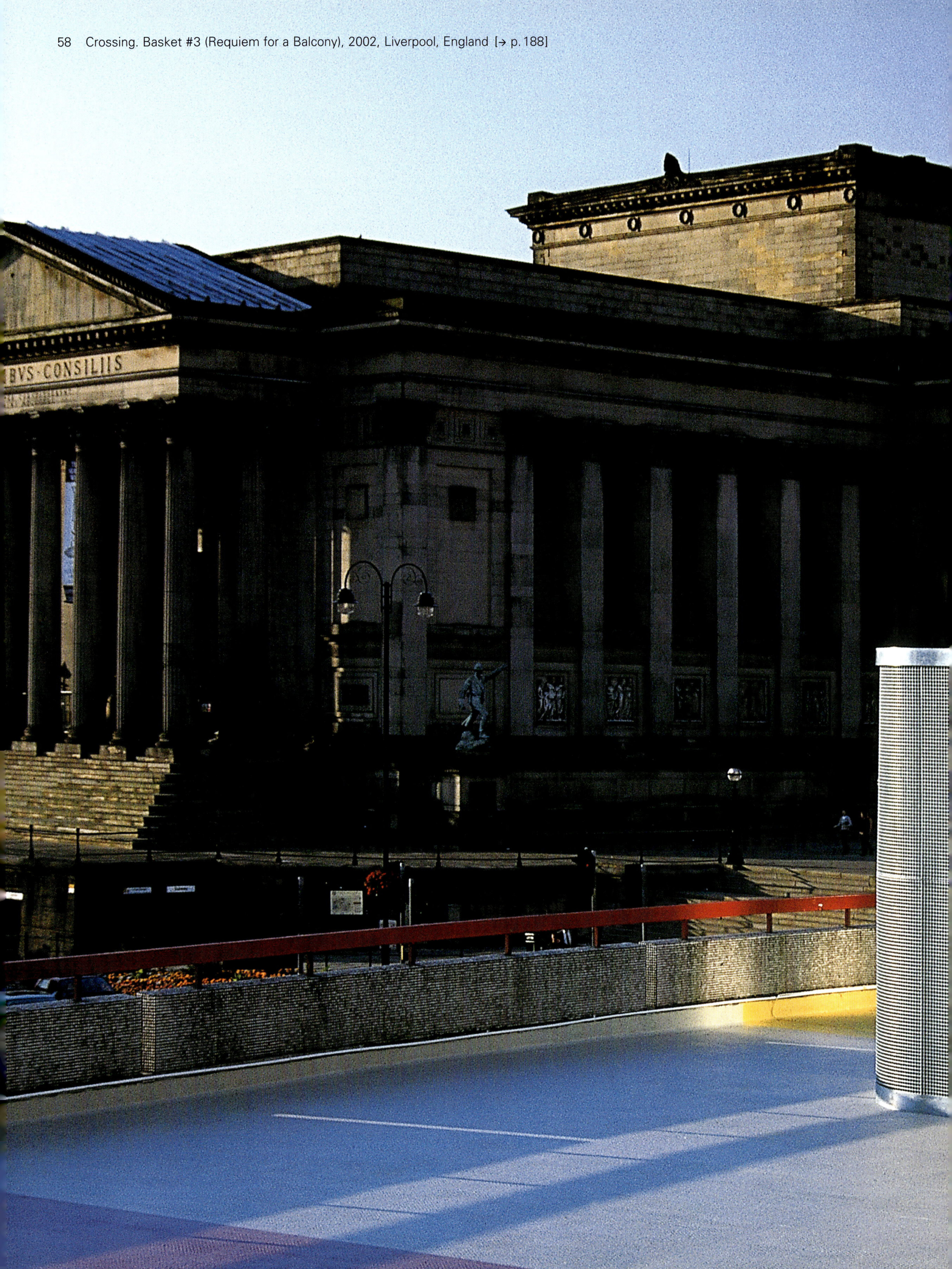

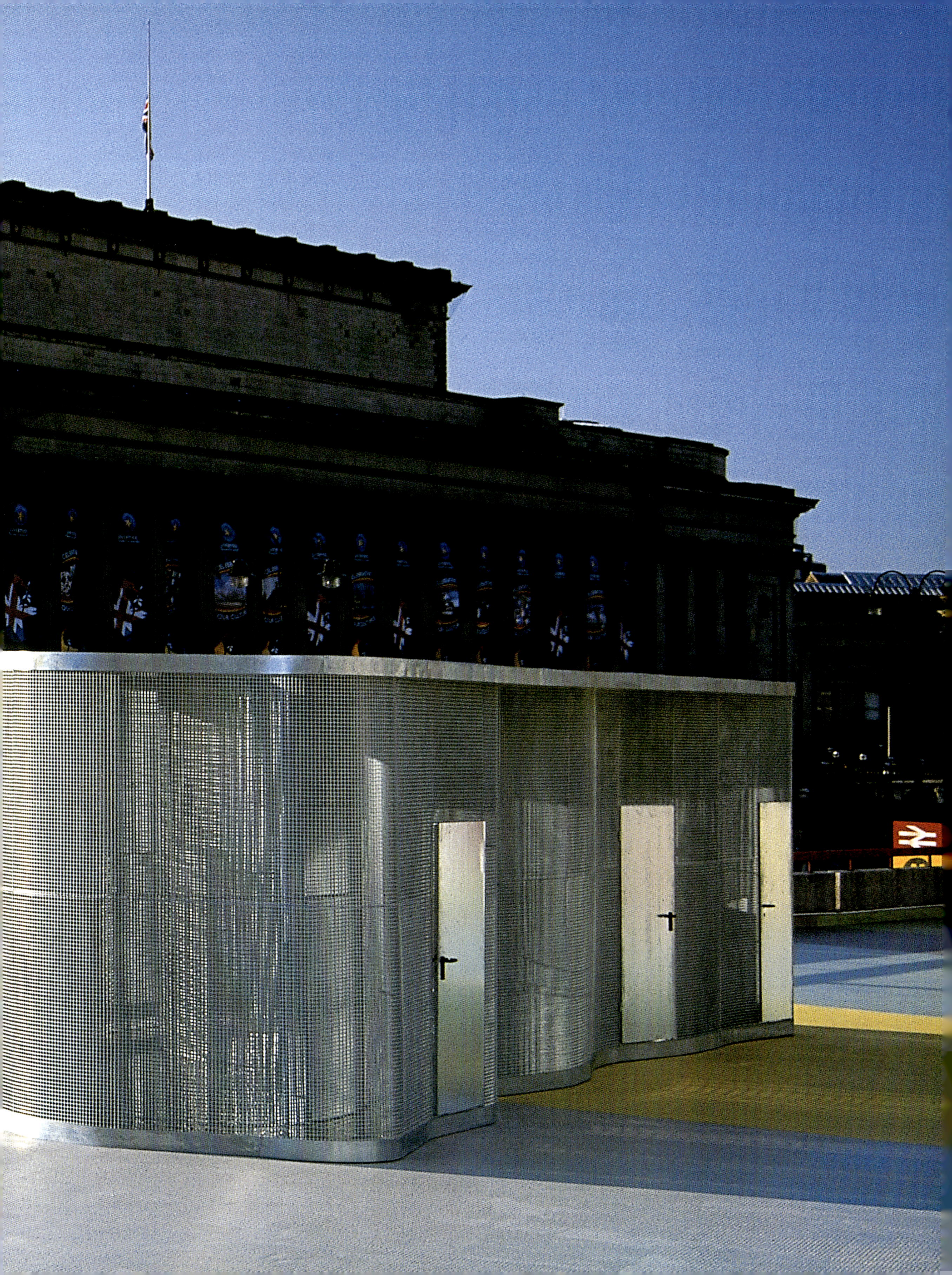

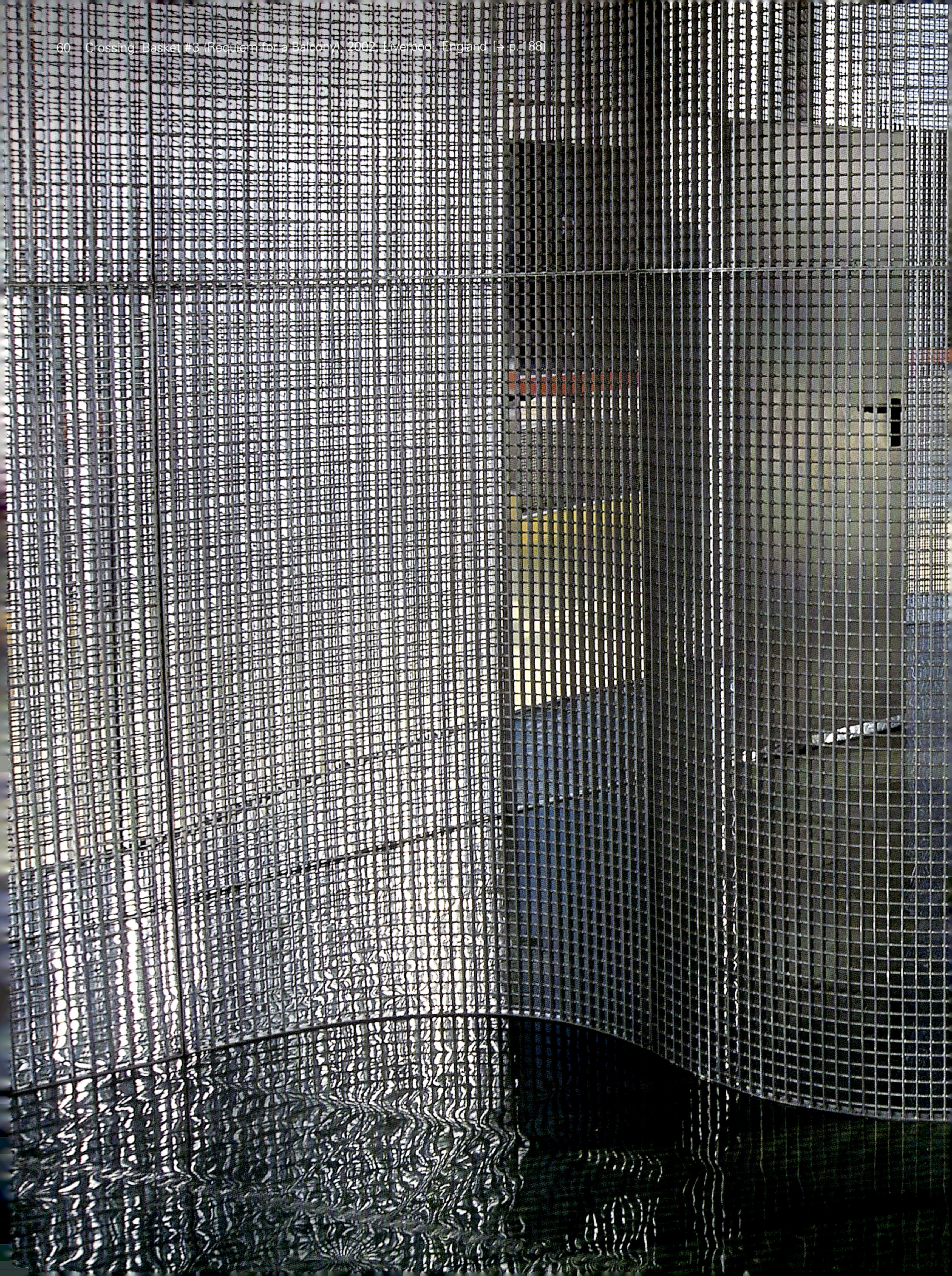
60   Crossing. Basket #3 (Requiem for a Balcony), 2002, Liverpool, England [→ p. 188]

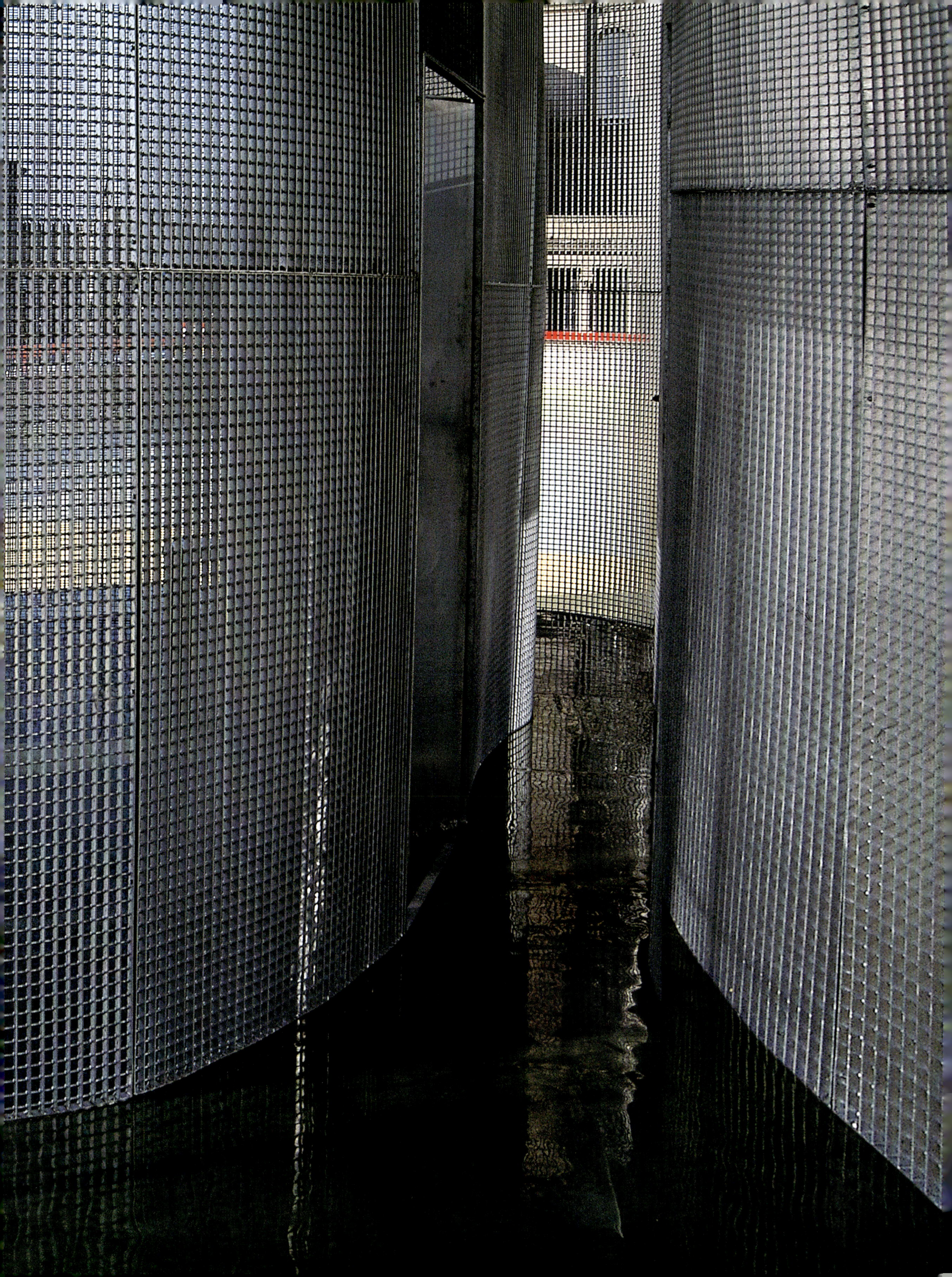

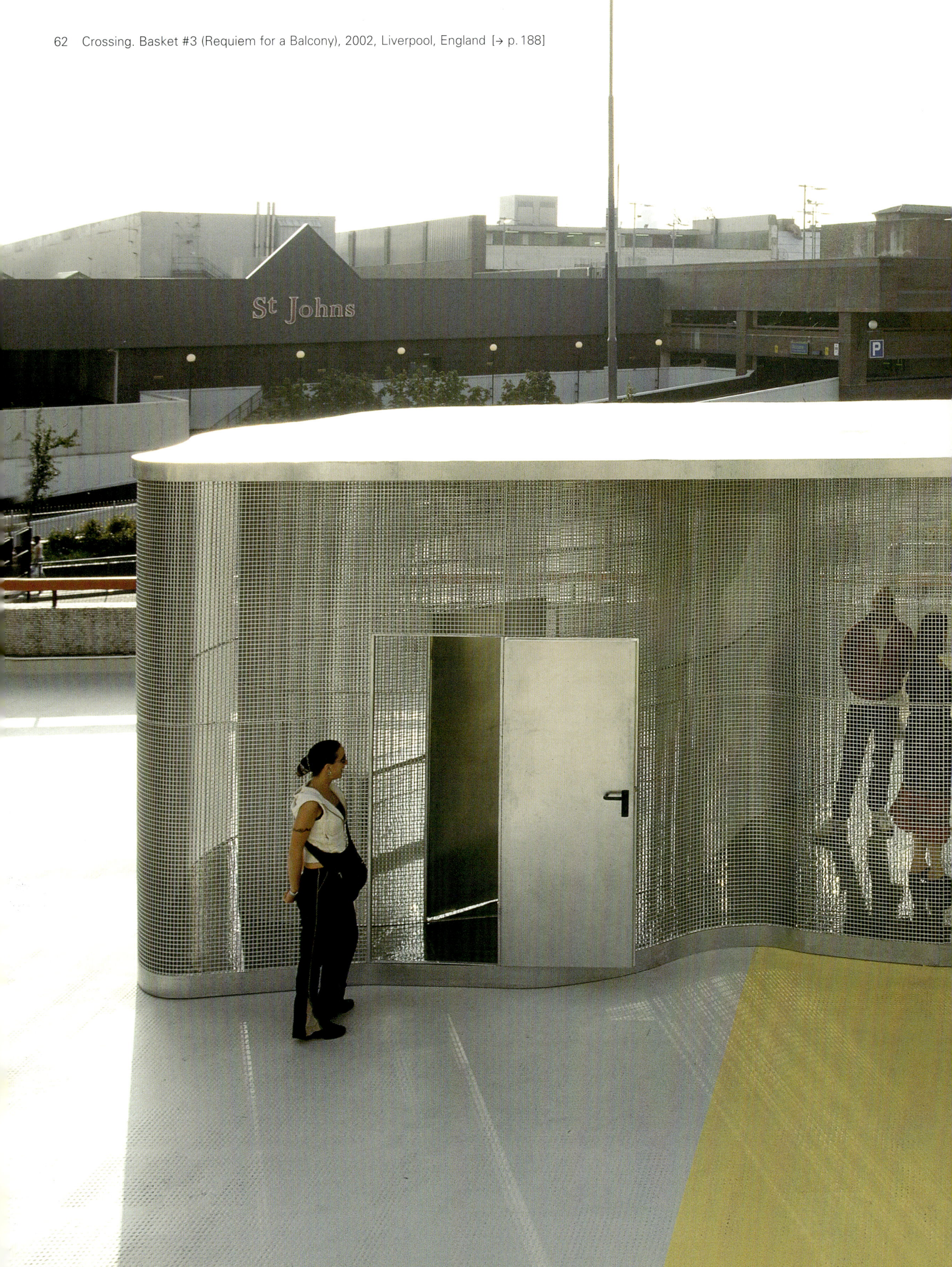

St Johns
P

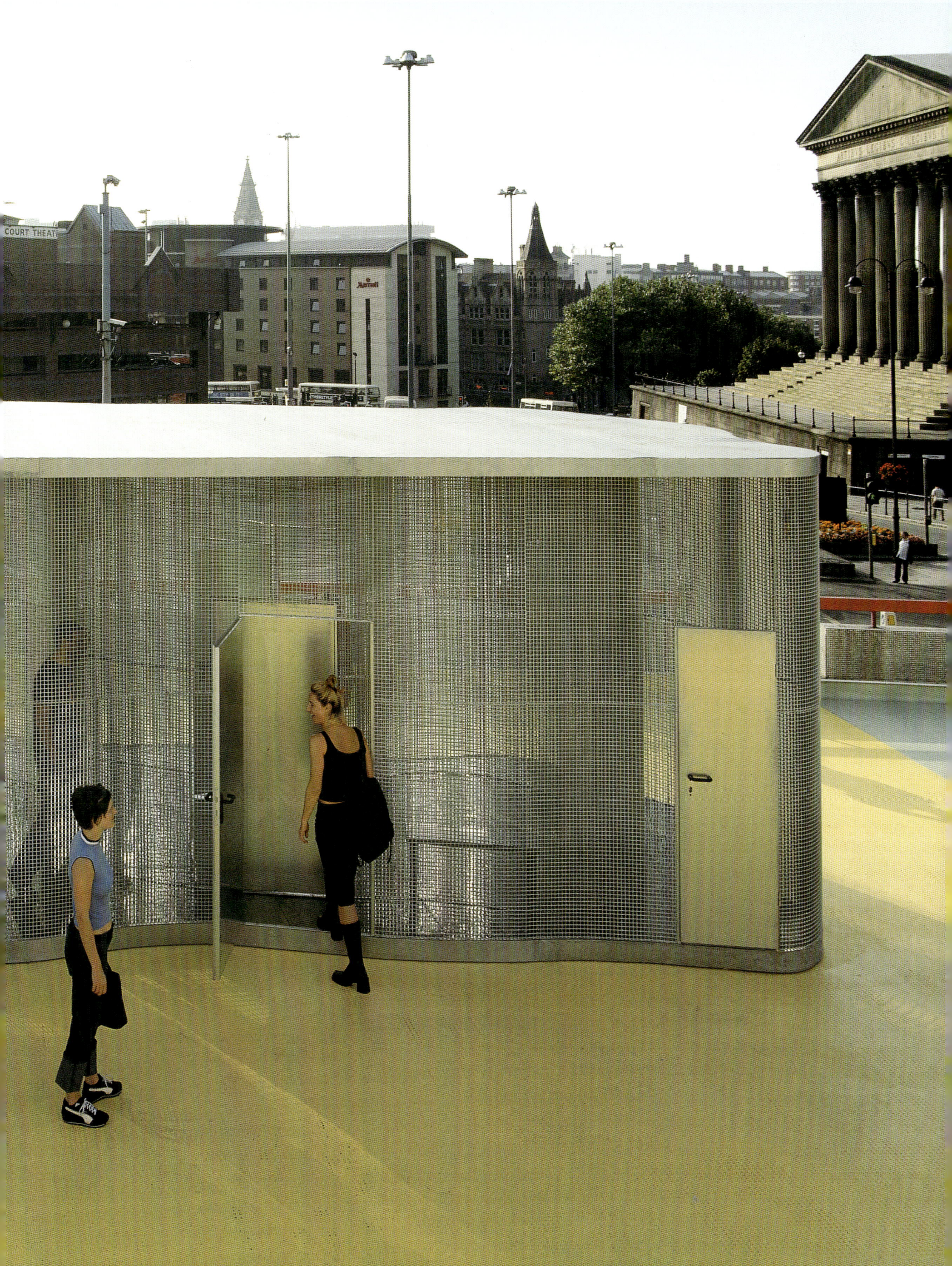

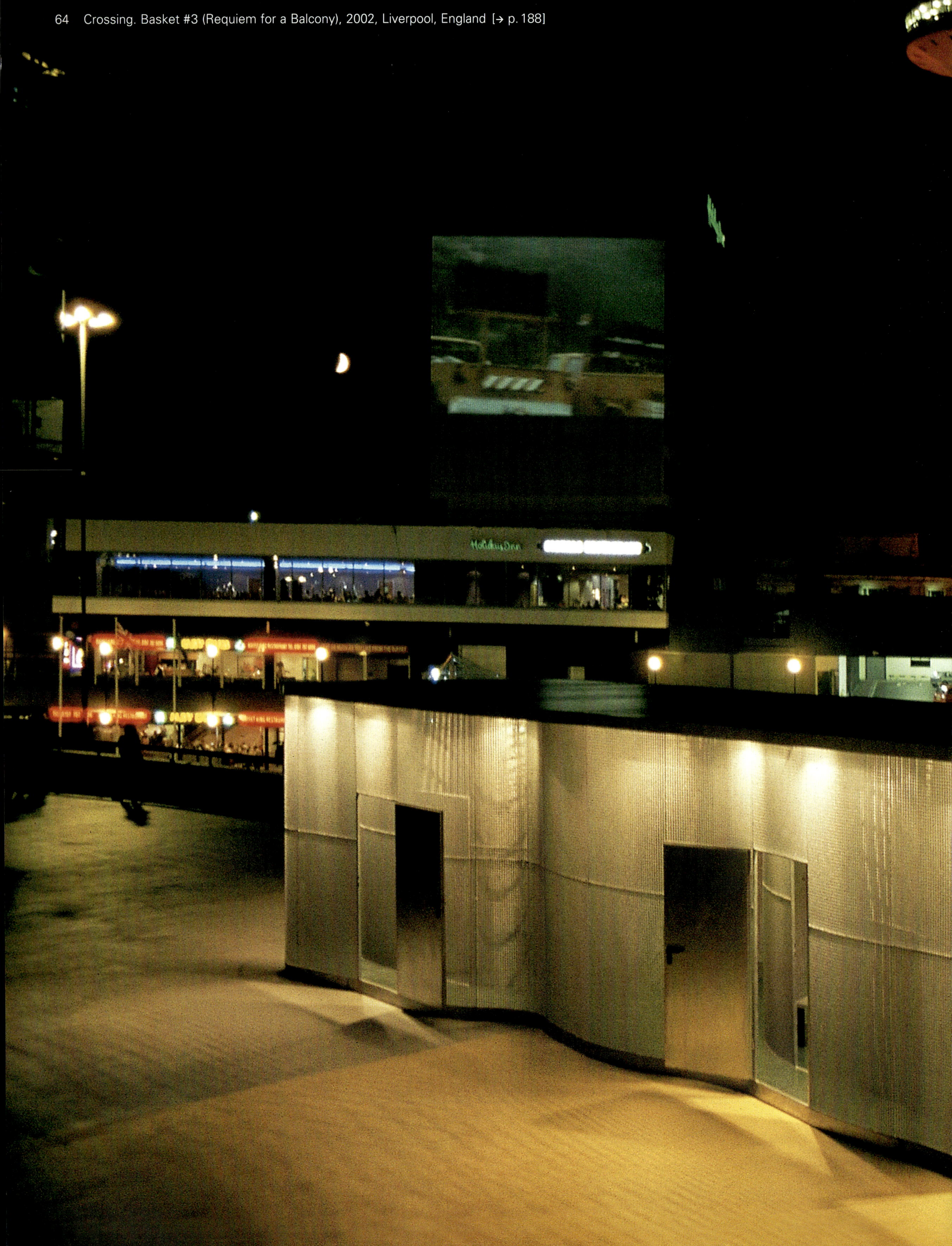

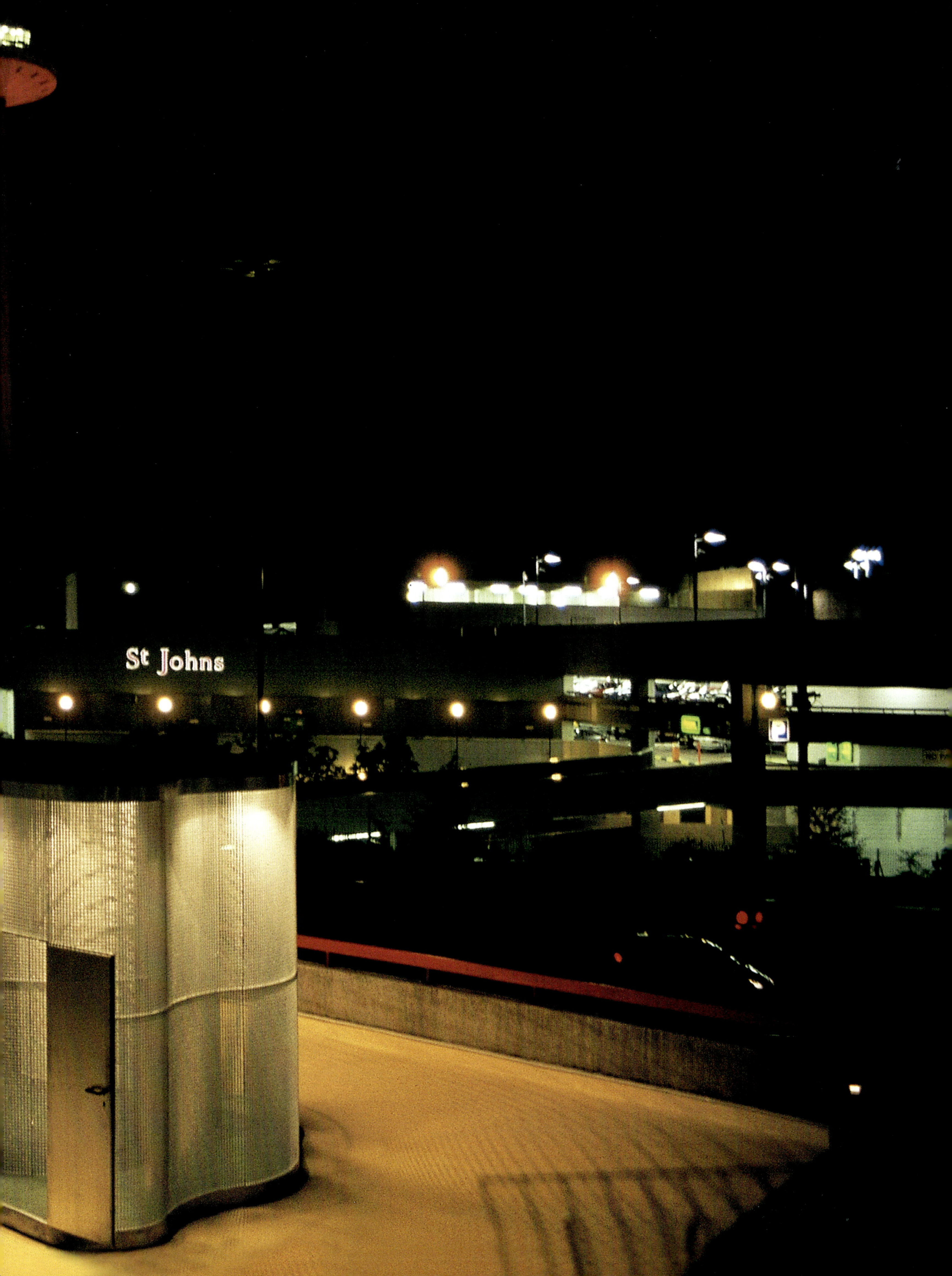
St Johns

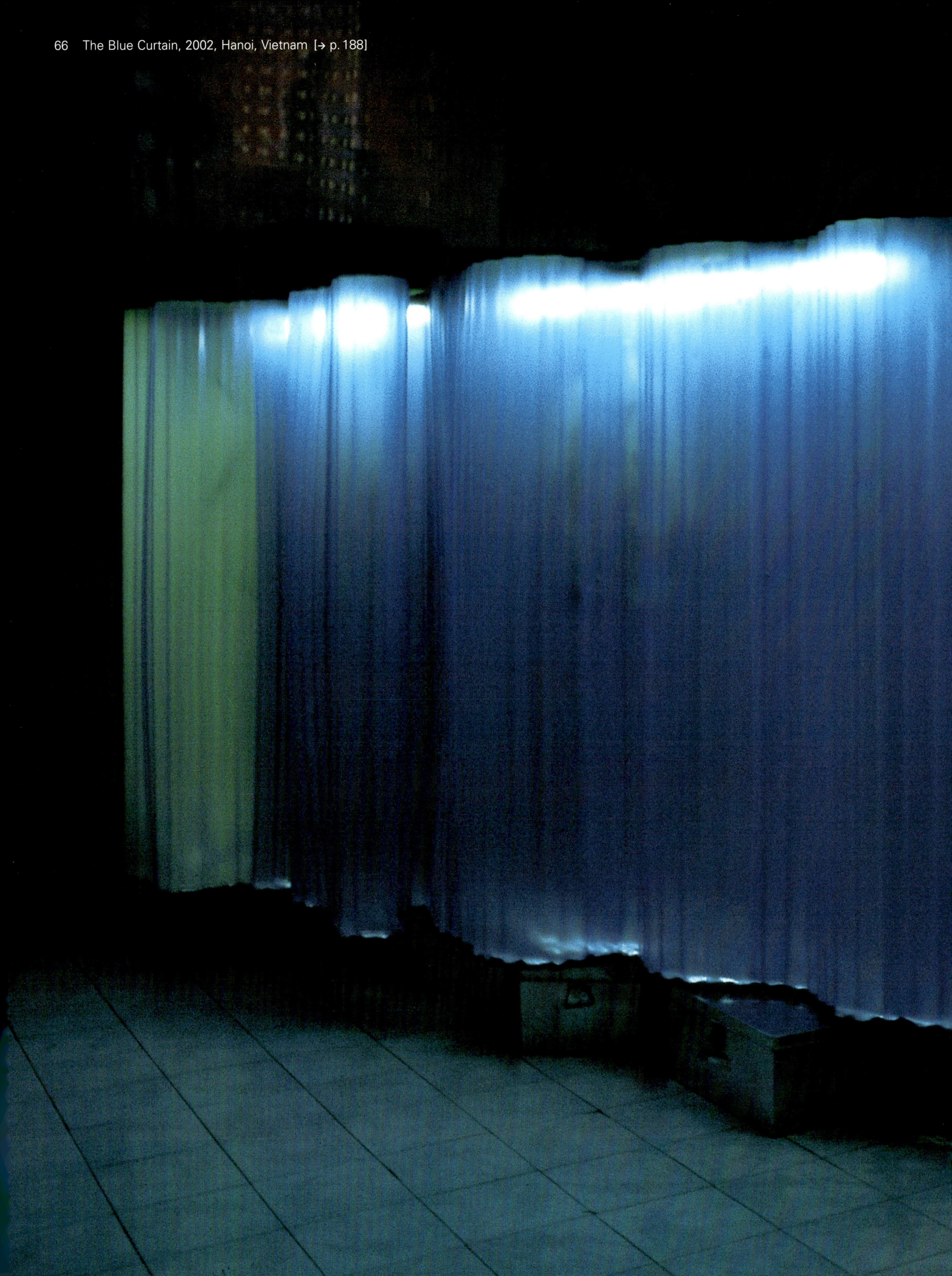

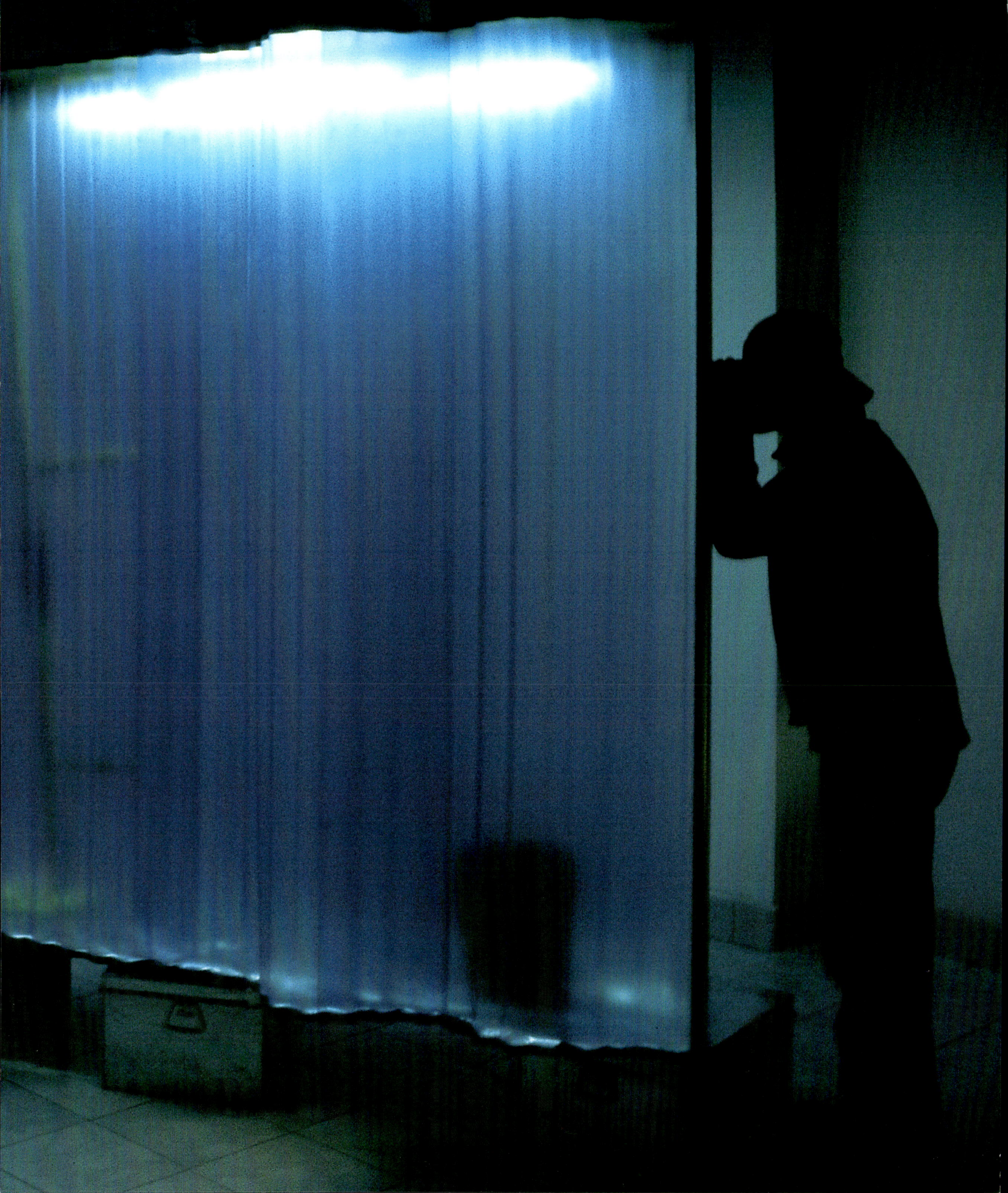

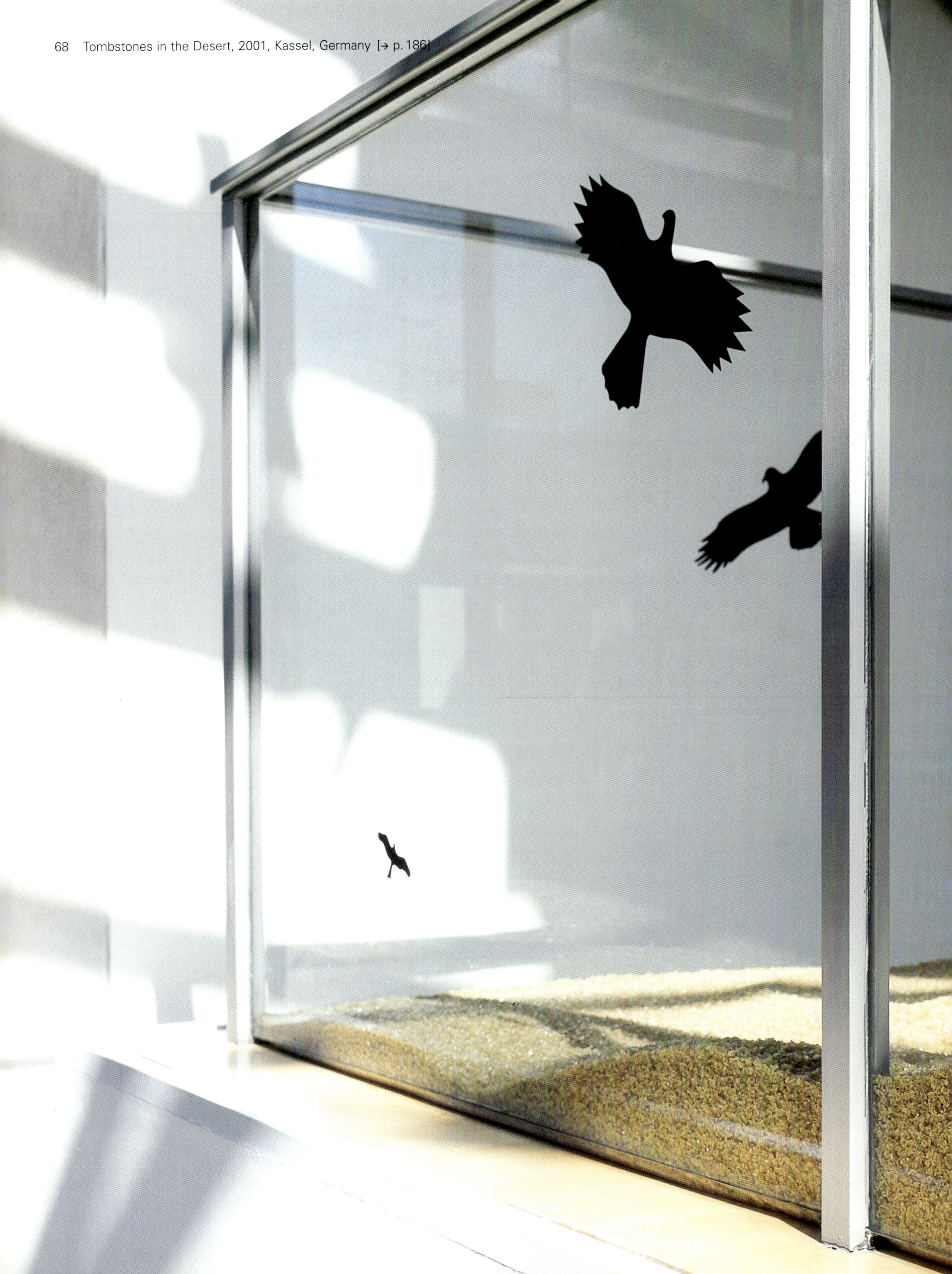

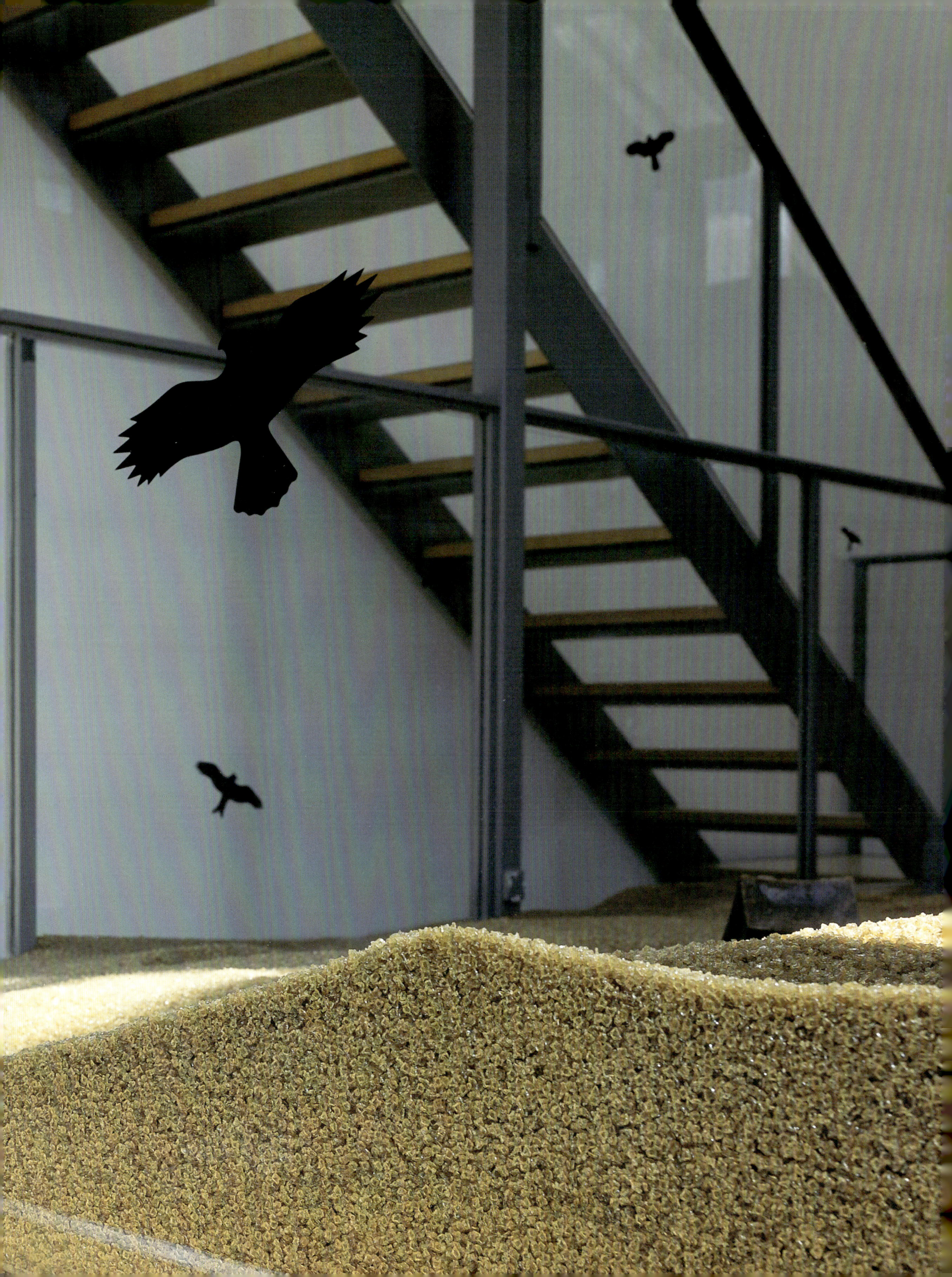

70 Feng Shui Basket – Private Version (Detail), 2001, Frankfurt/M., Germany [→ p. 186]

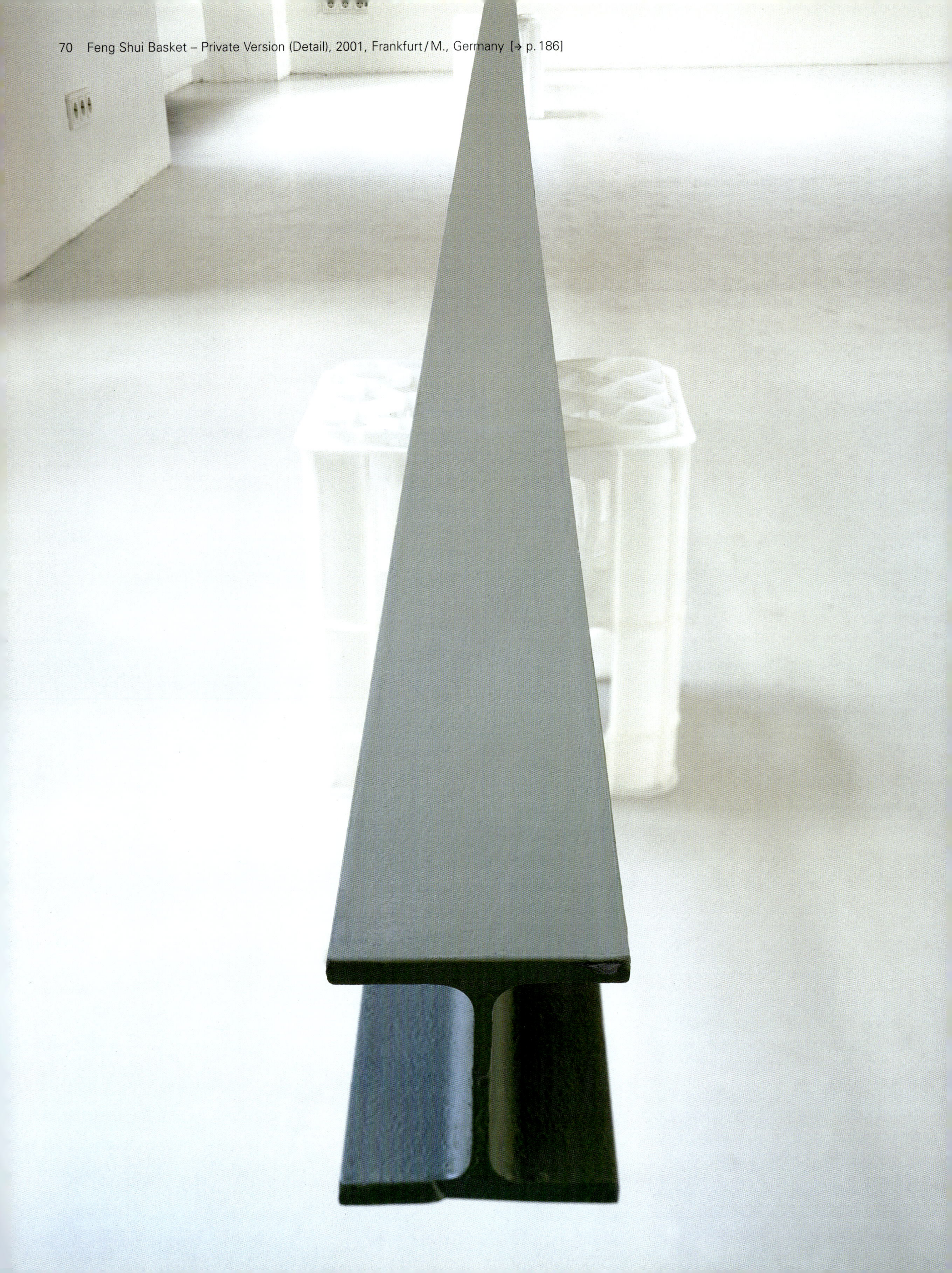

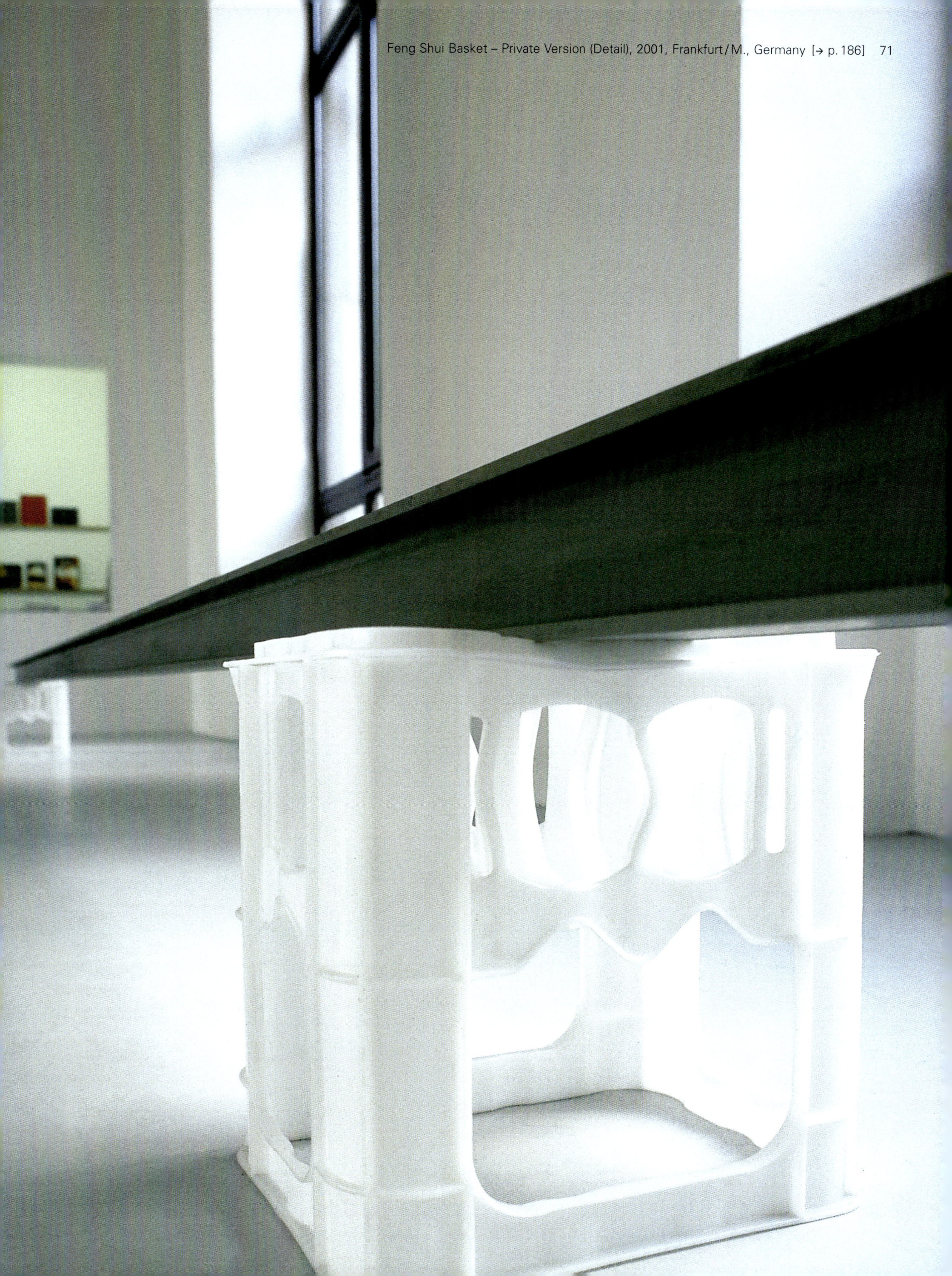

 Feng Shui Basket – Private Version, 2001, Frankfurt/M., Germany [→ p. 186]

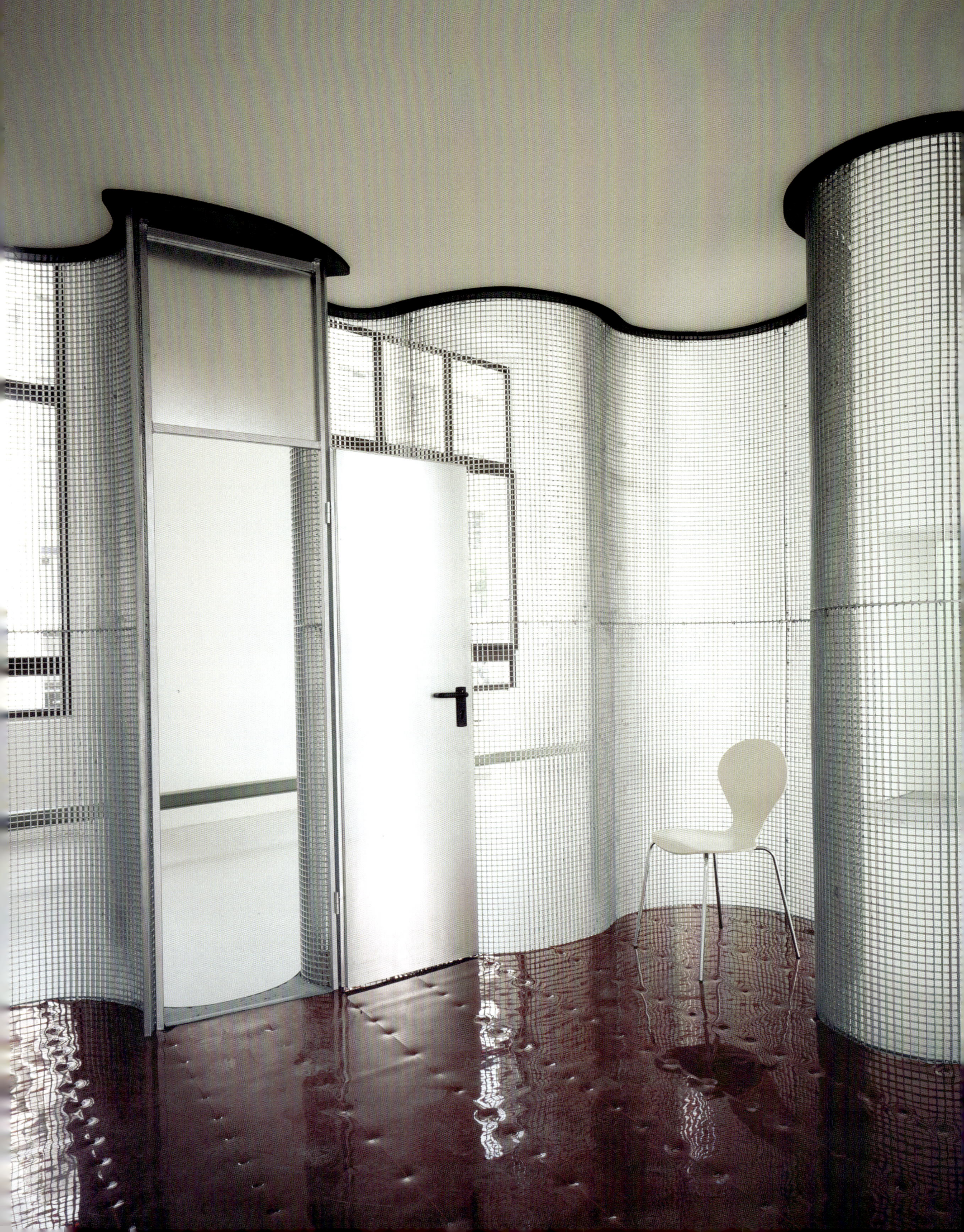

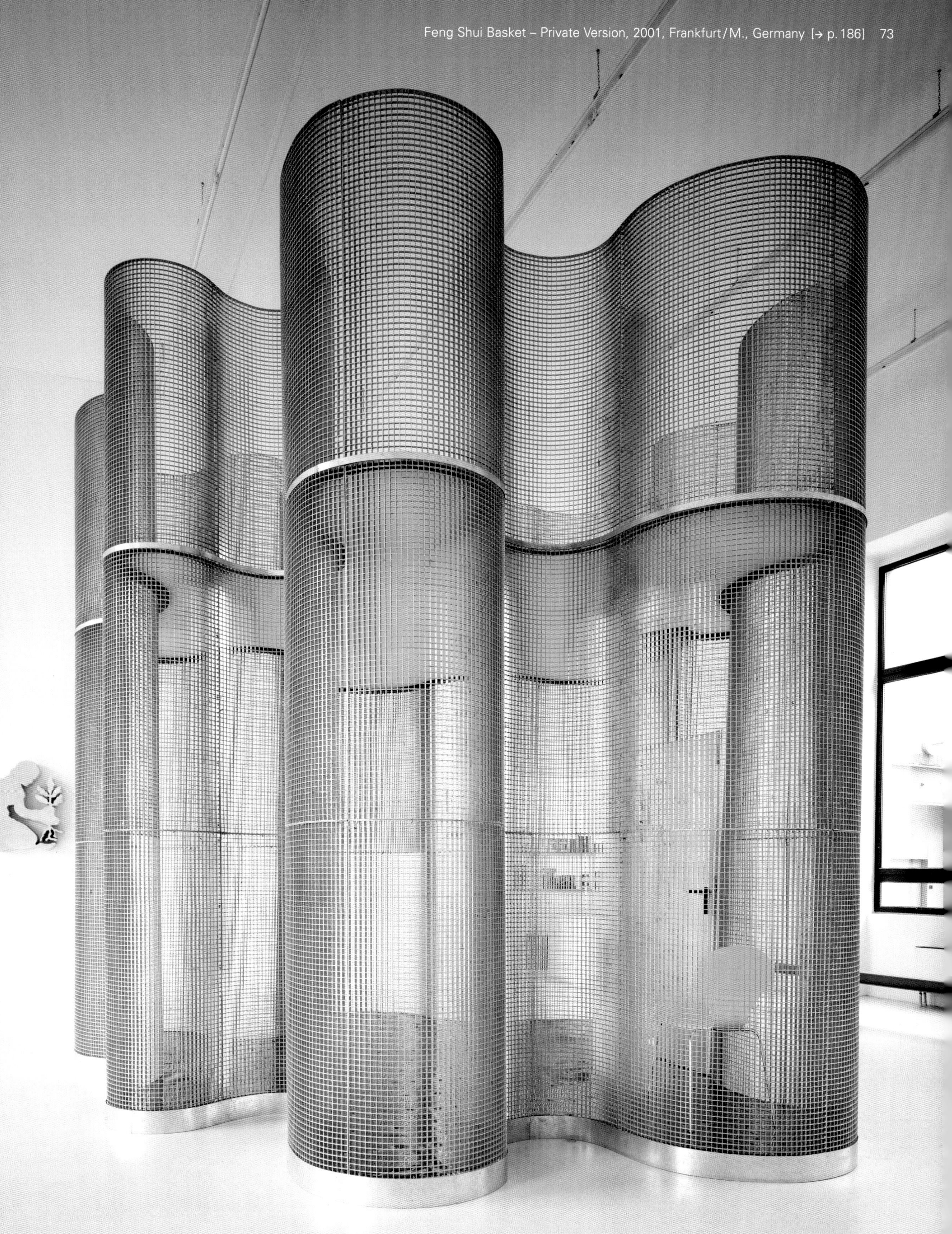

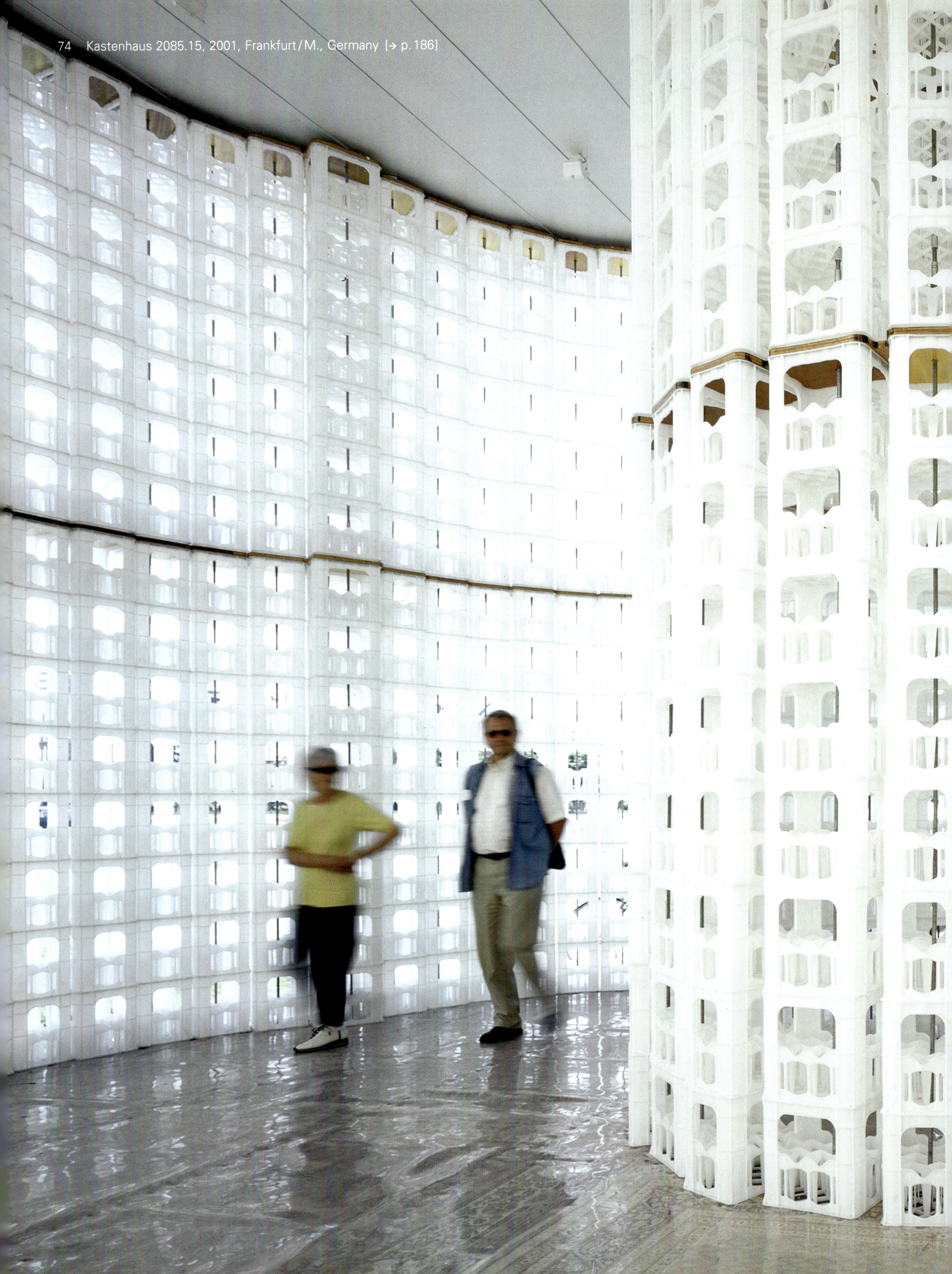

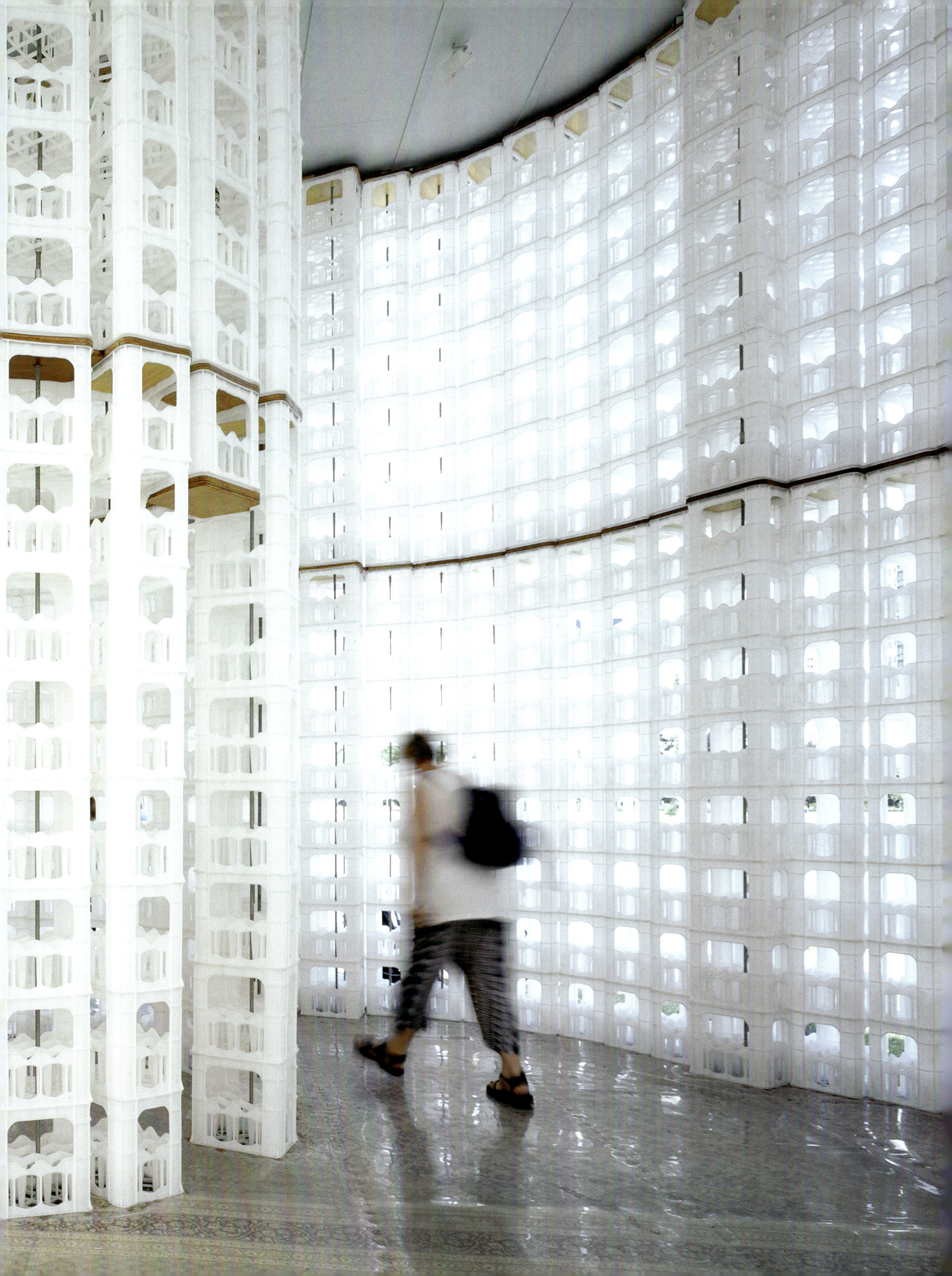

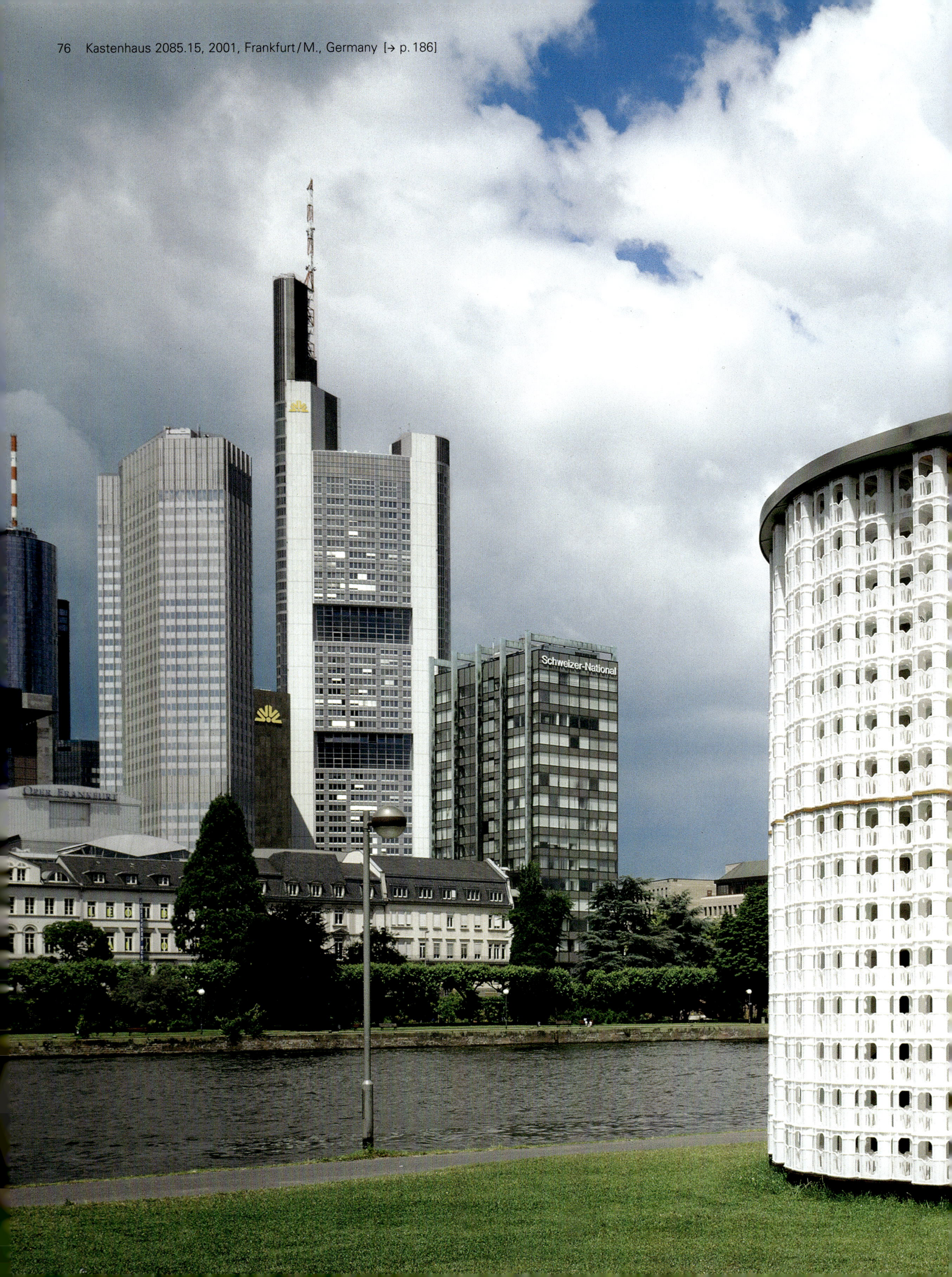
Schweizer-National
OPER FRANKFURT

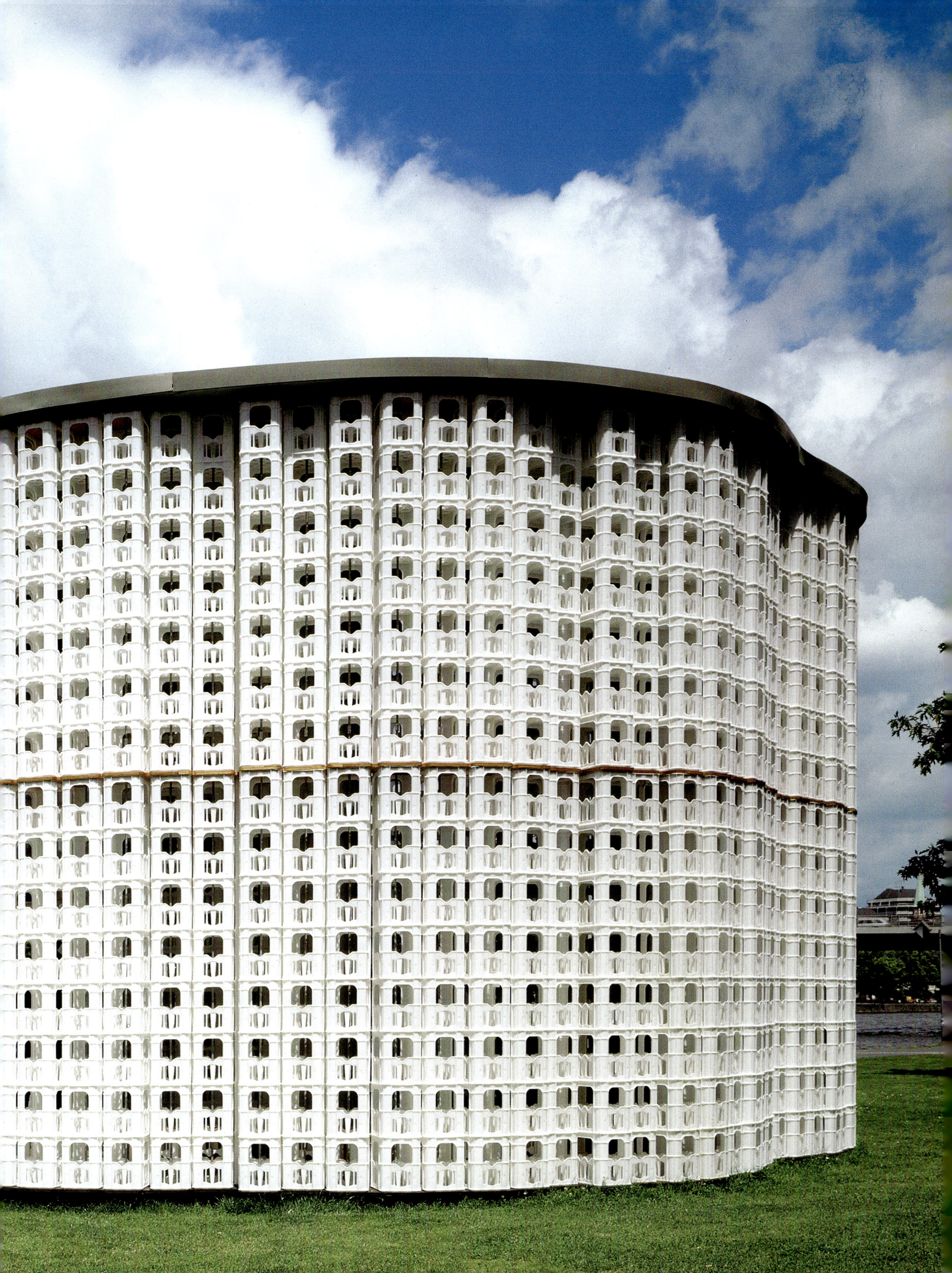

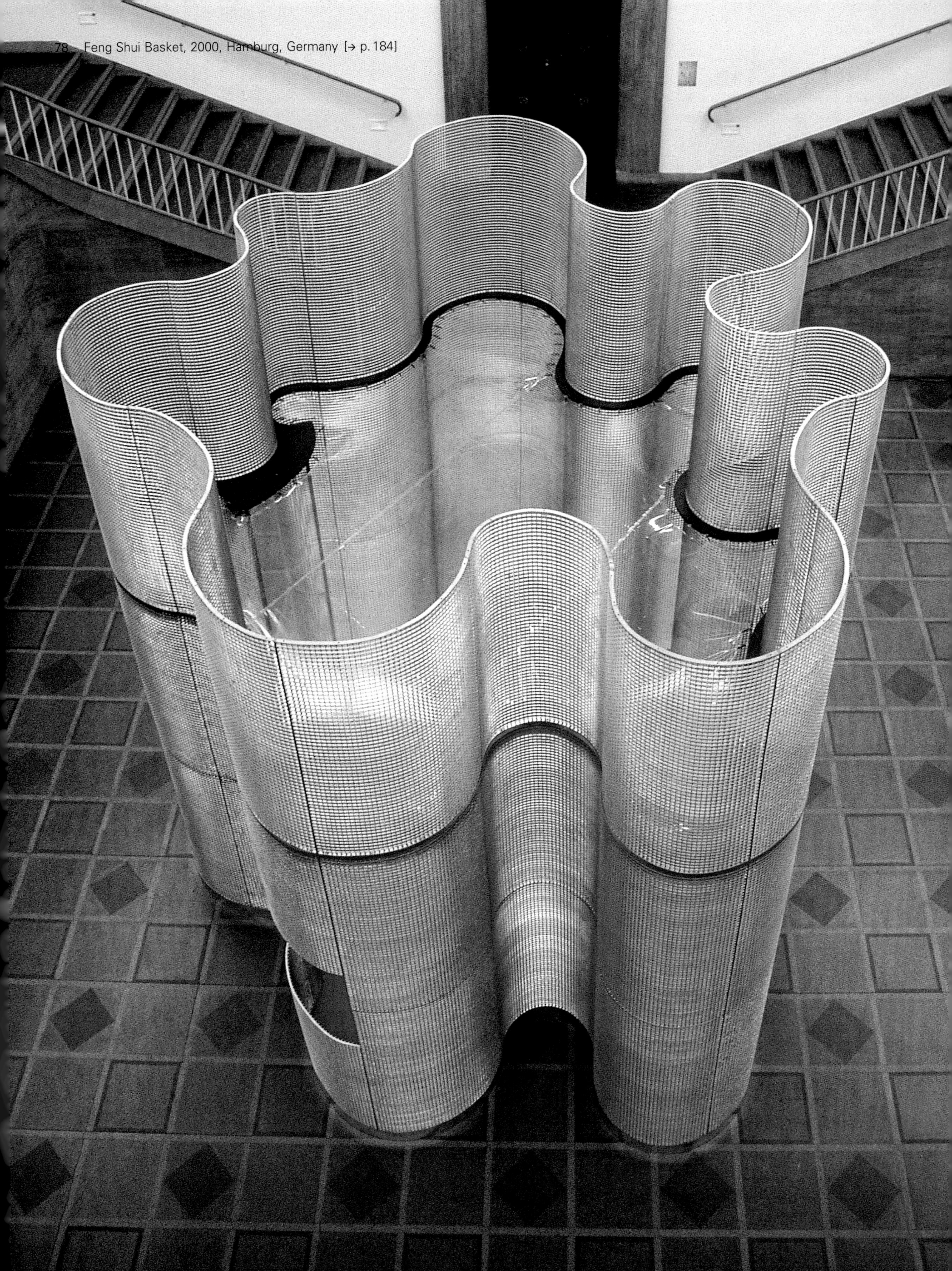

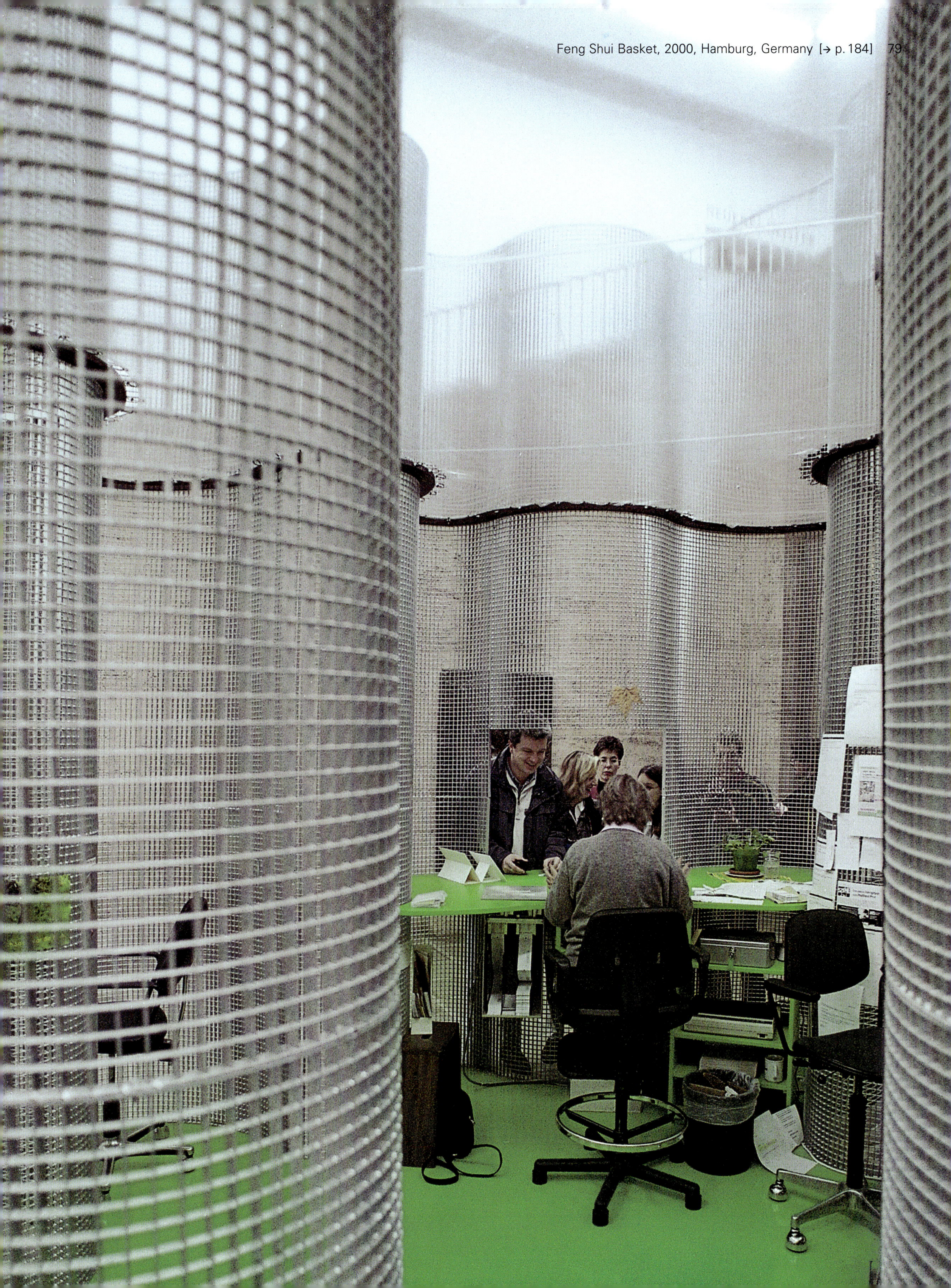

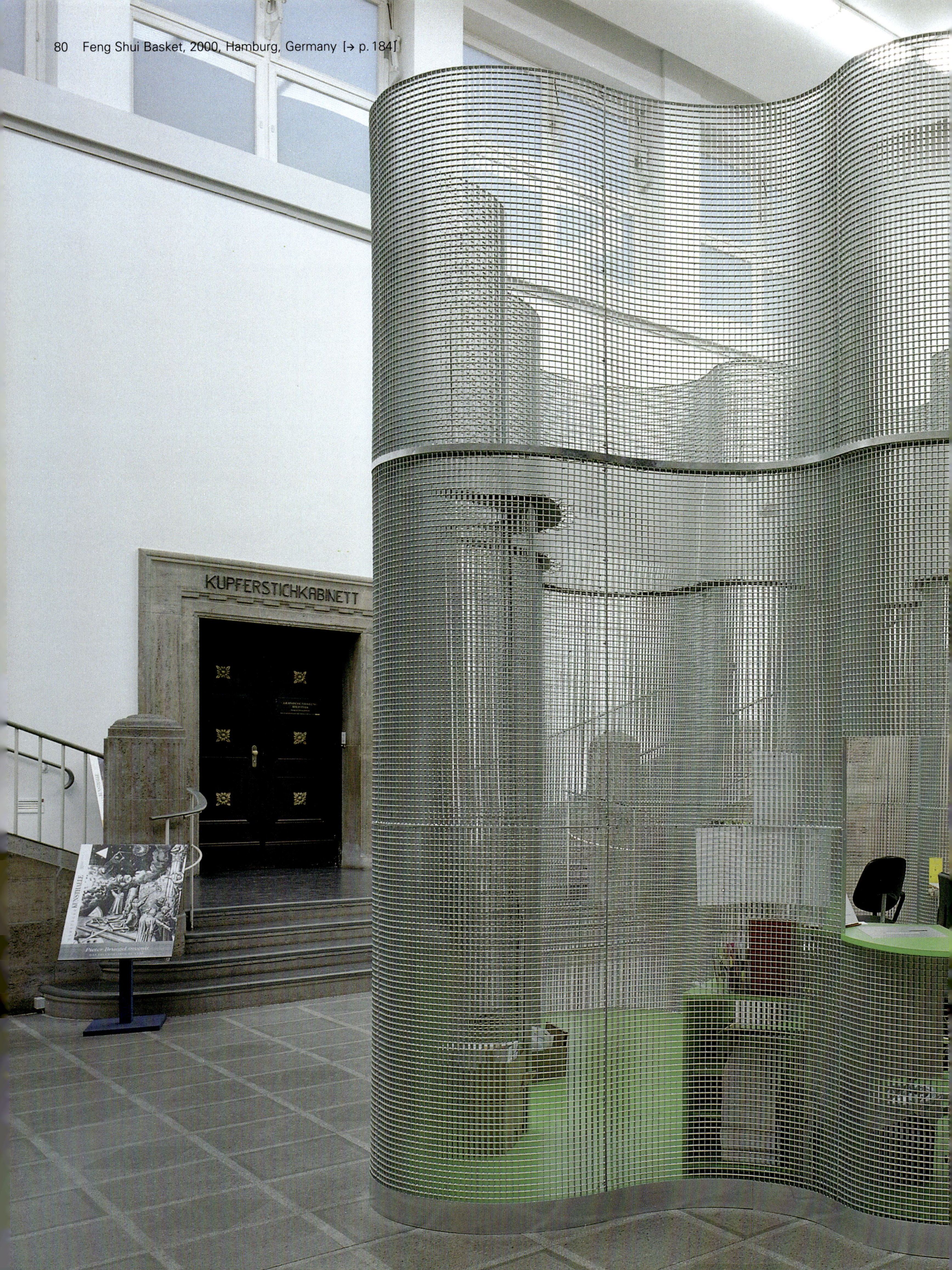
KUPFERSTICHKABINETT

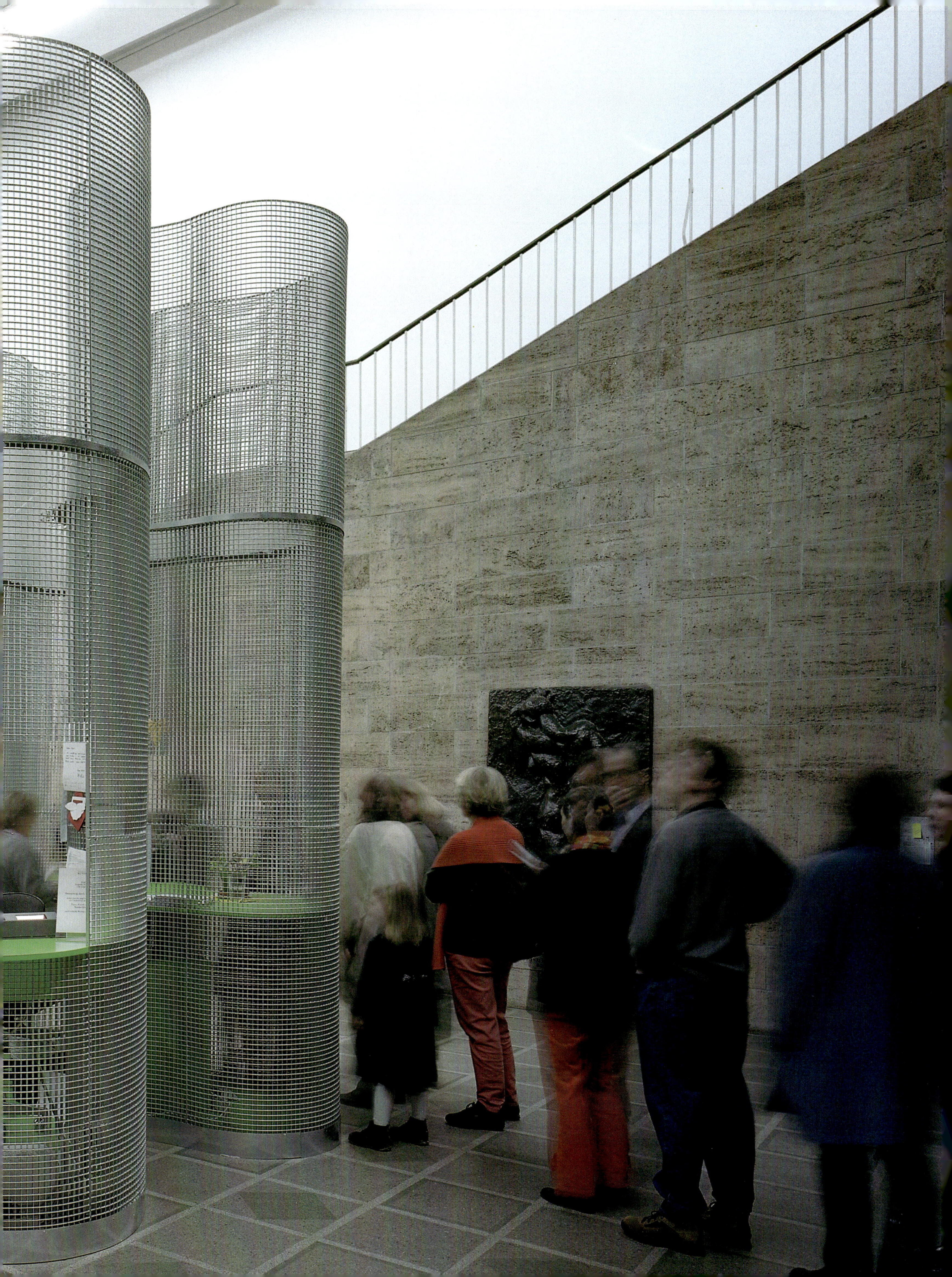

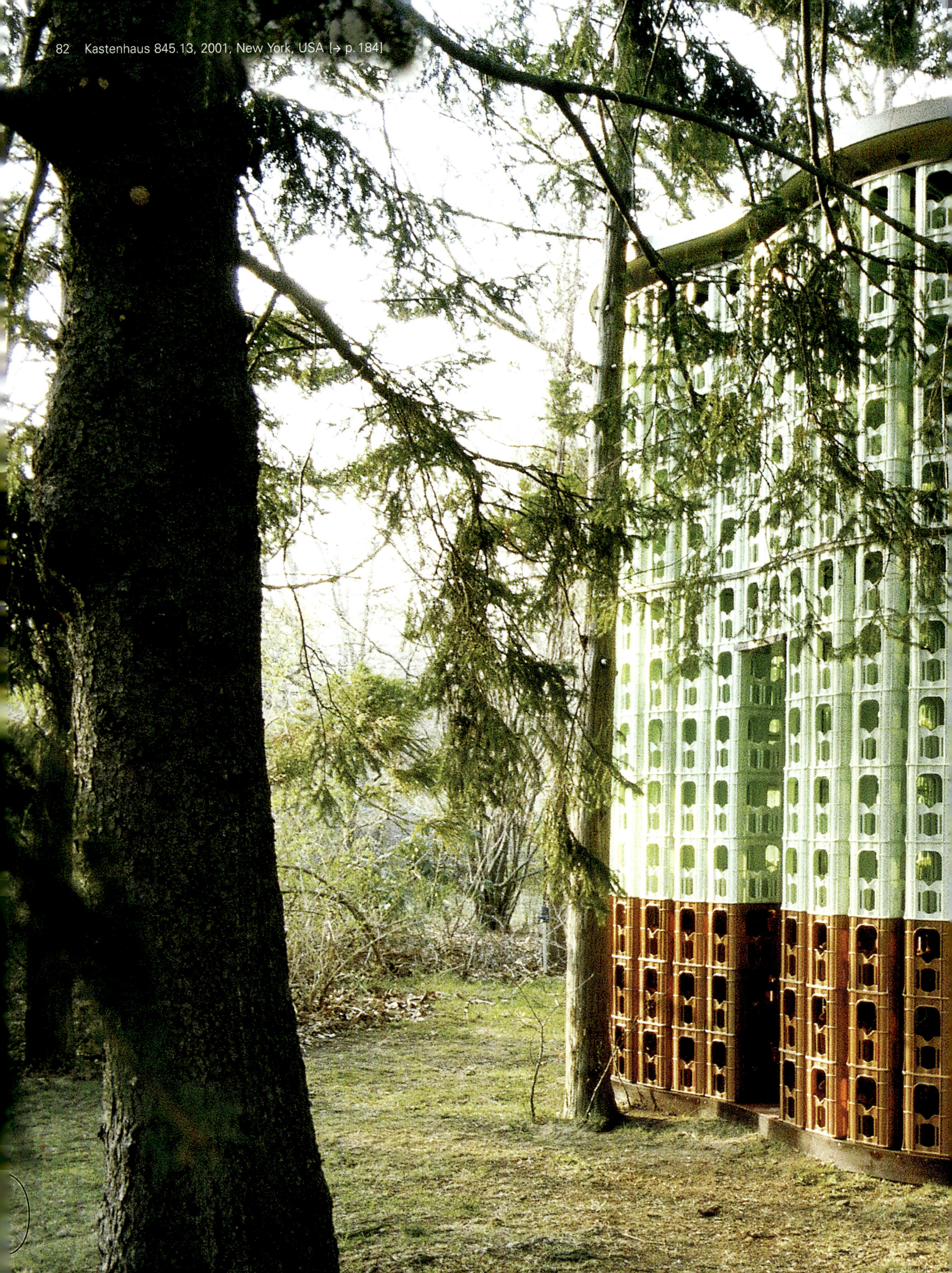

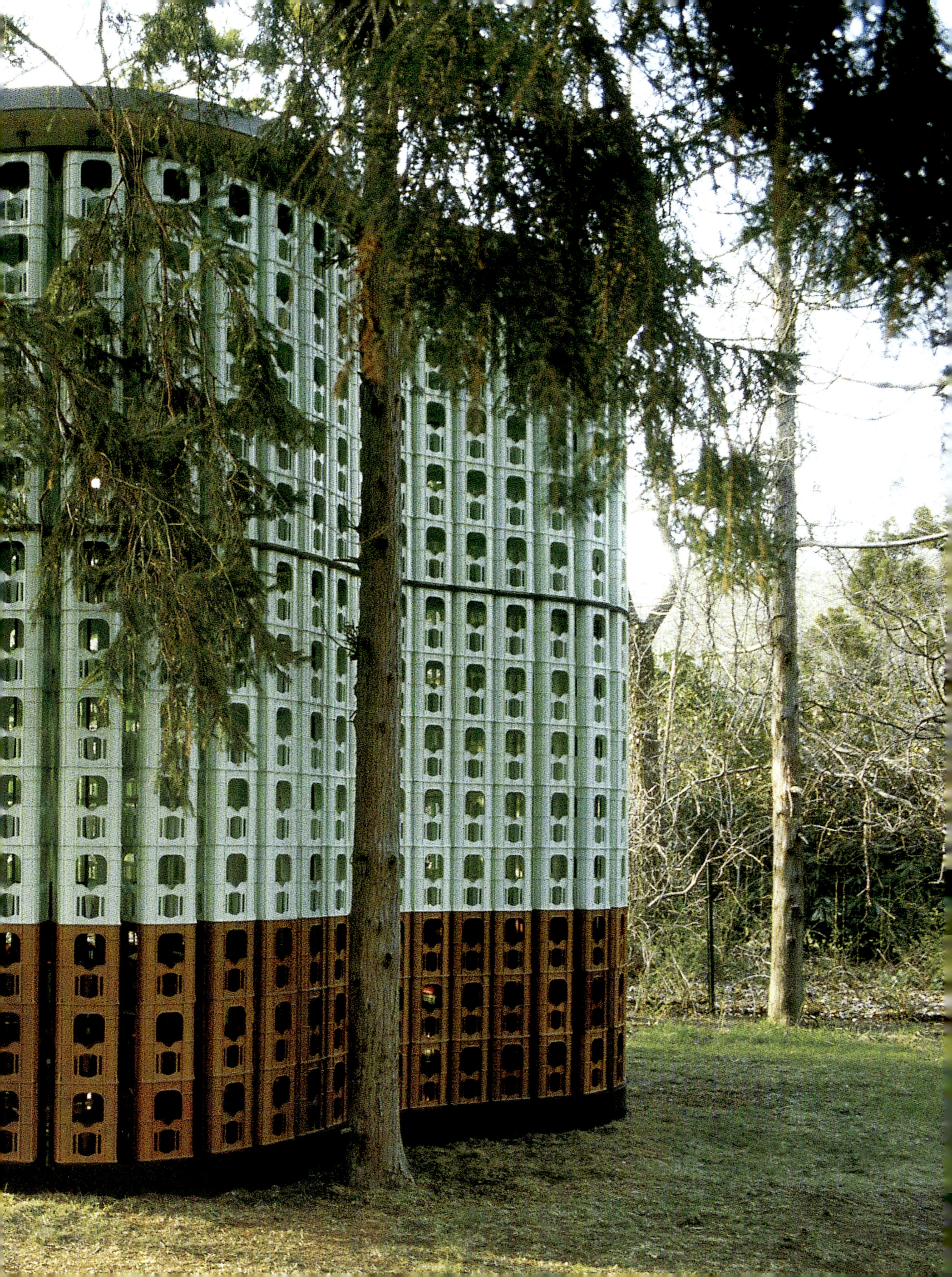

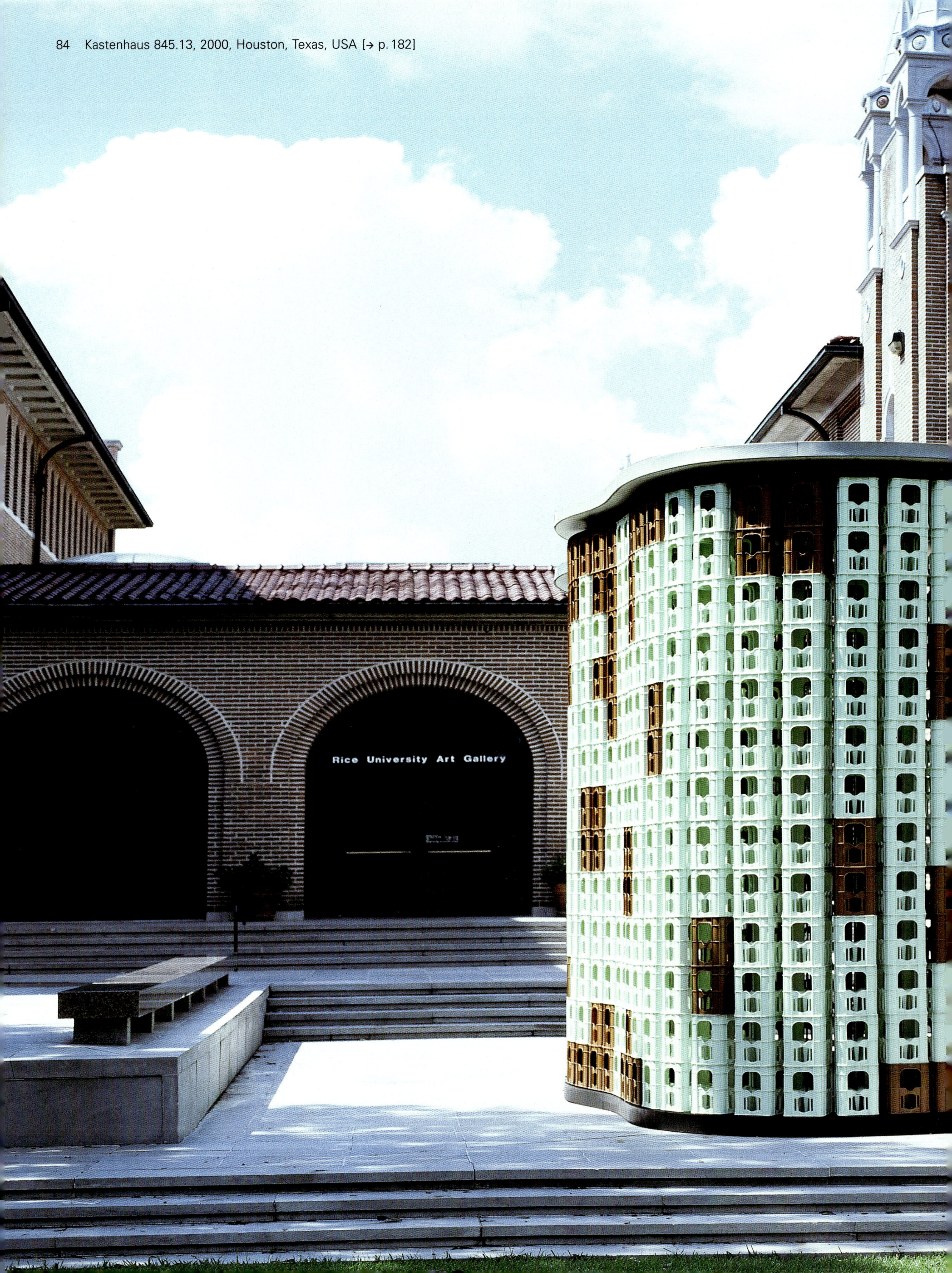
Rice University Art Gallery

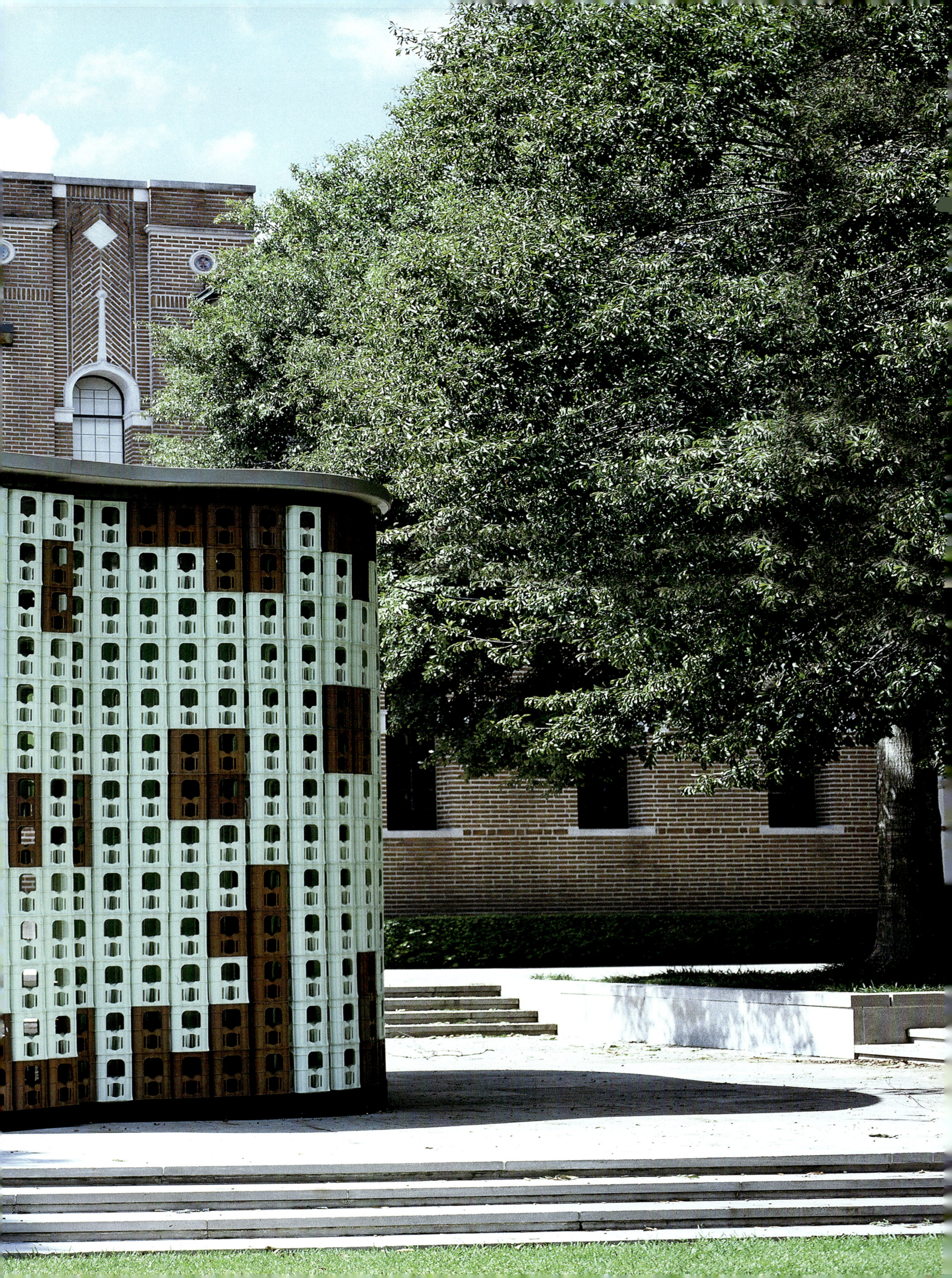

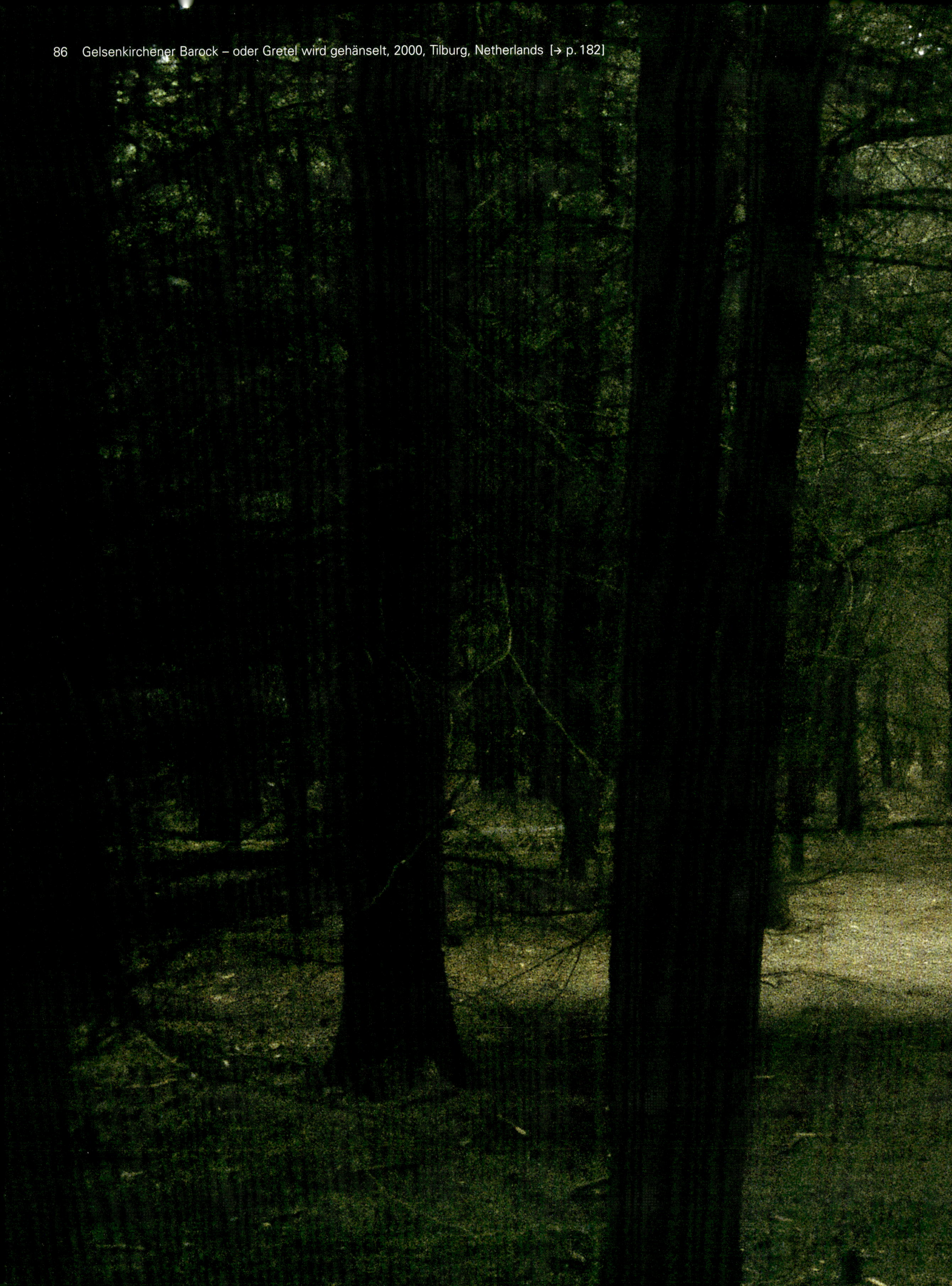

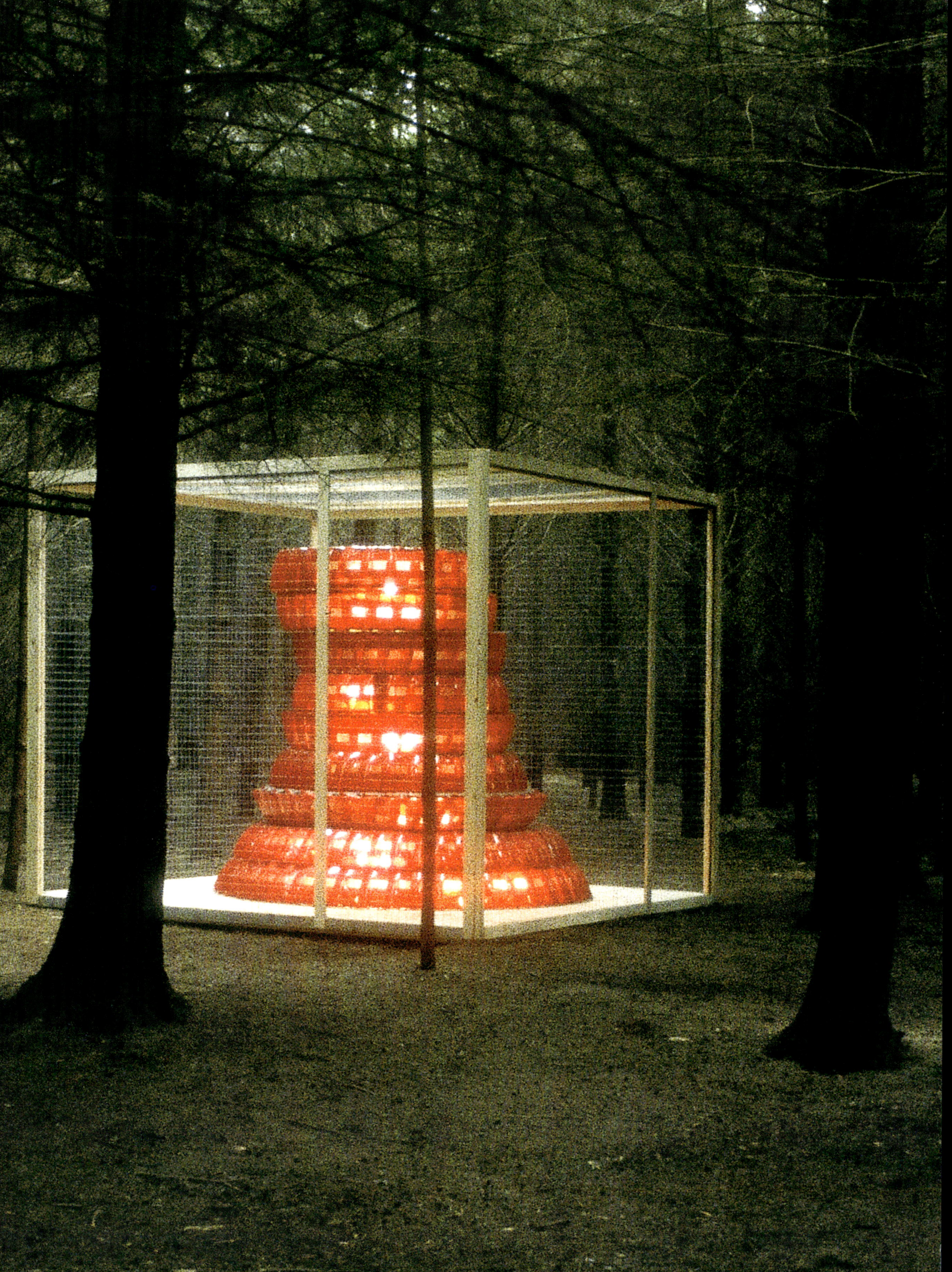

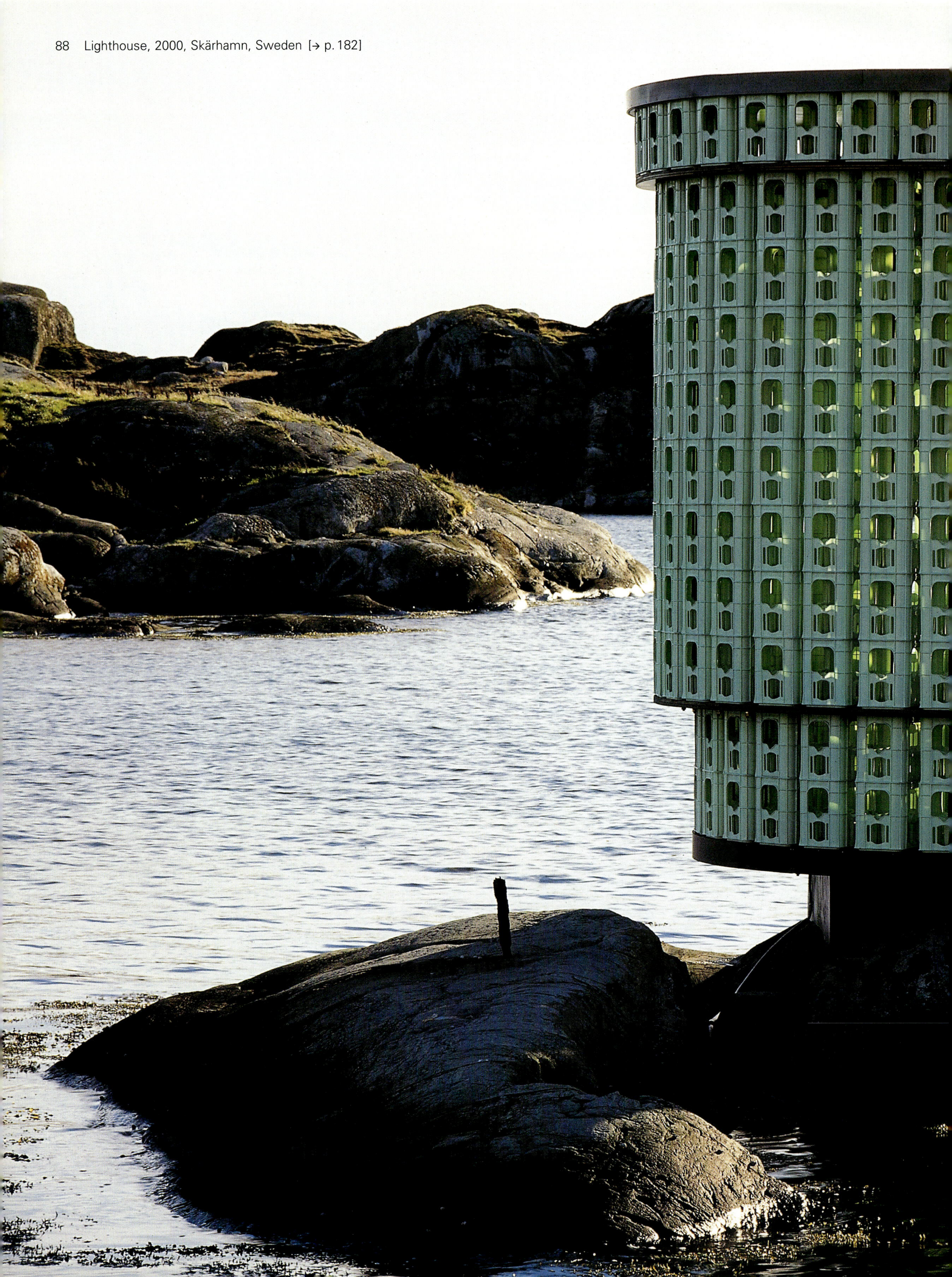

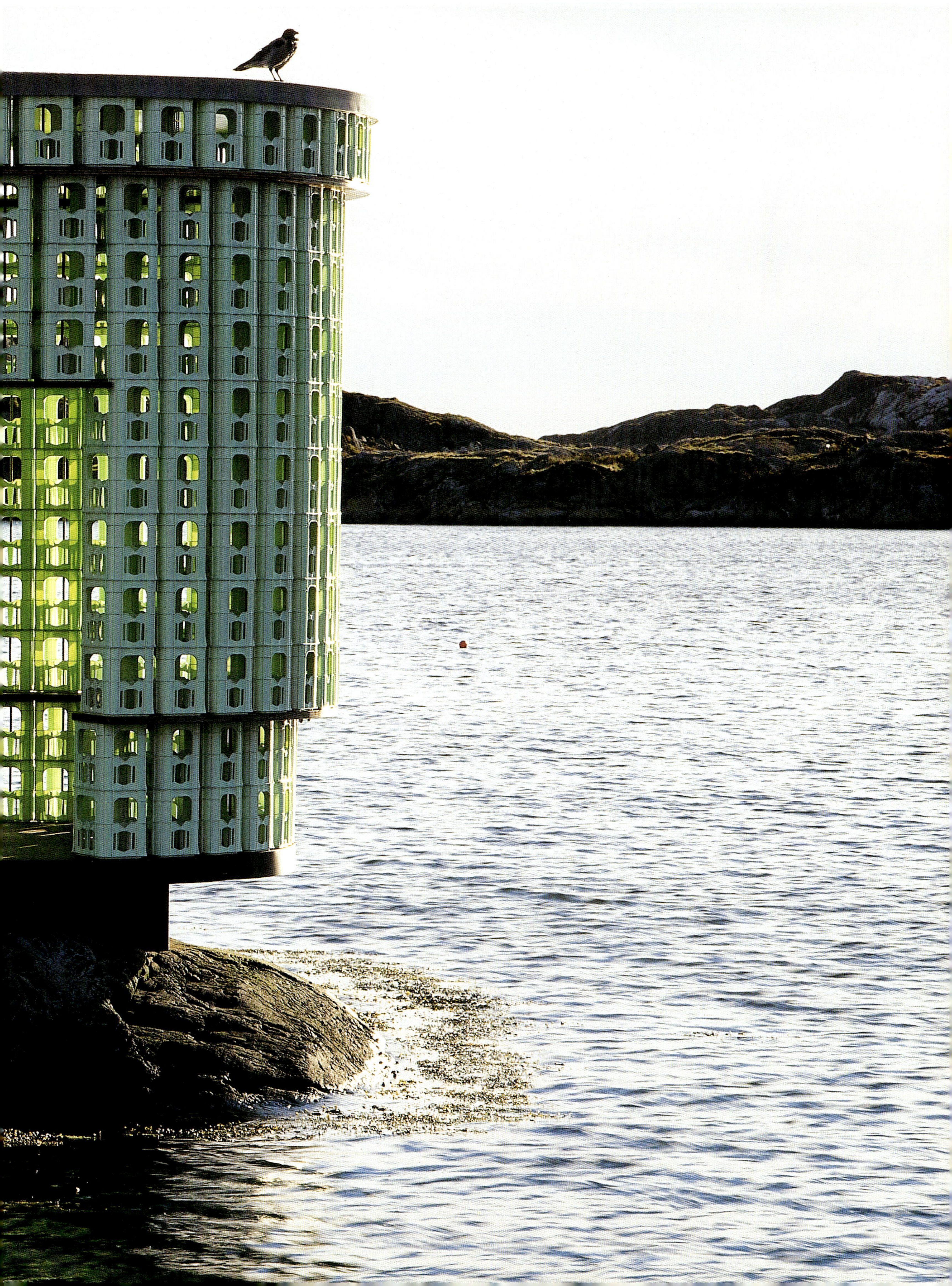

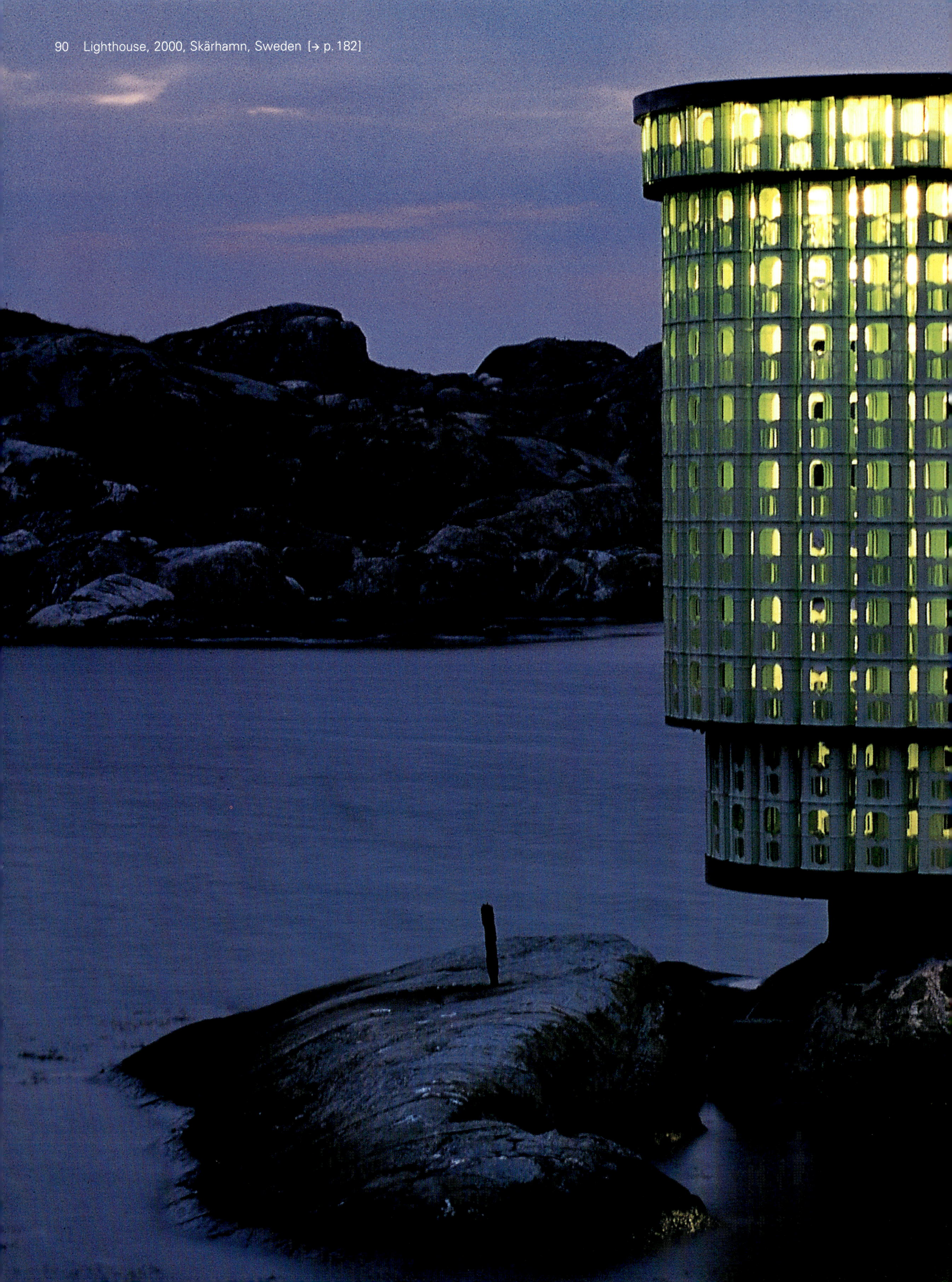

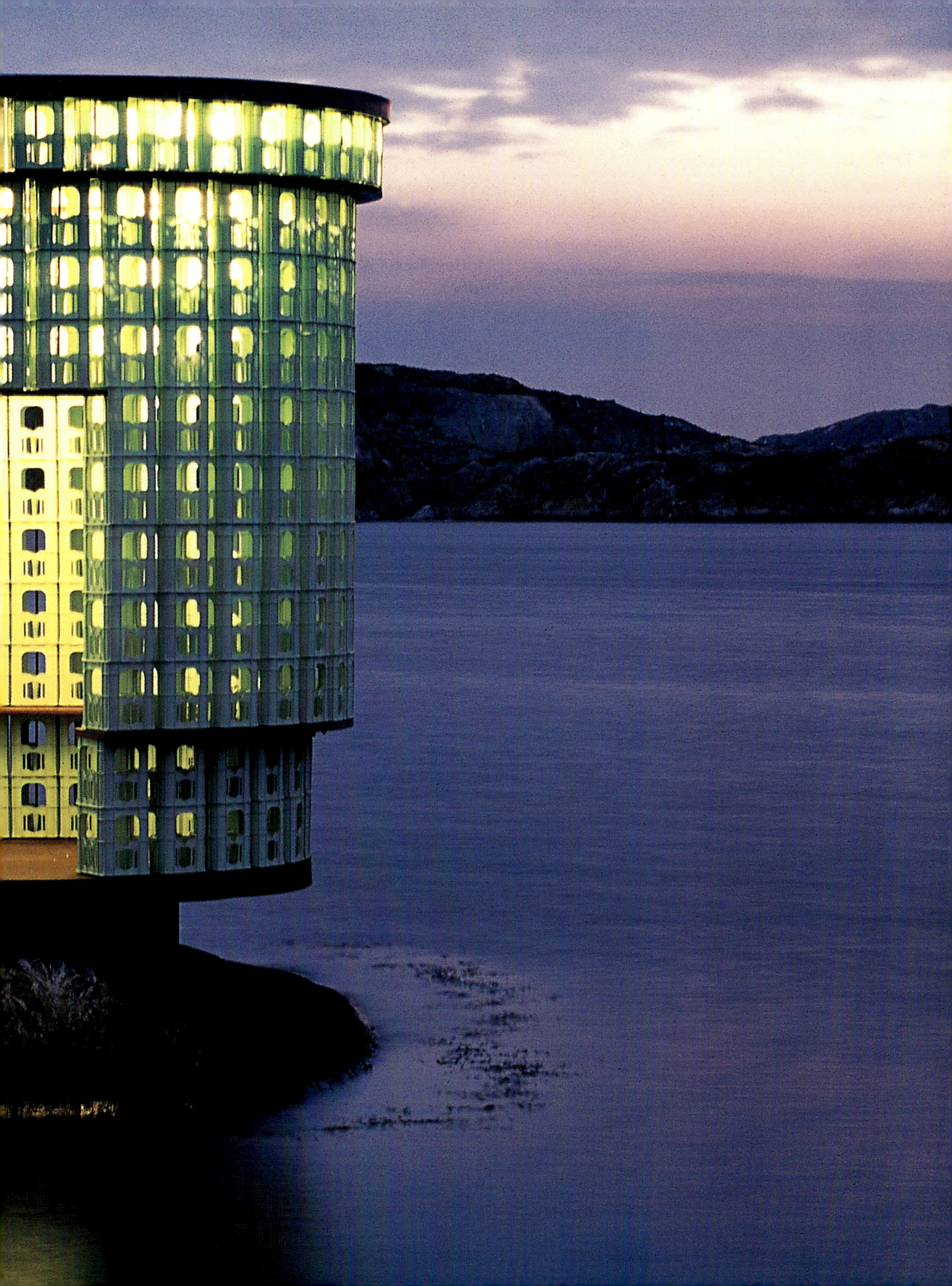

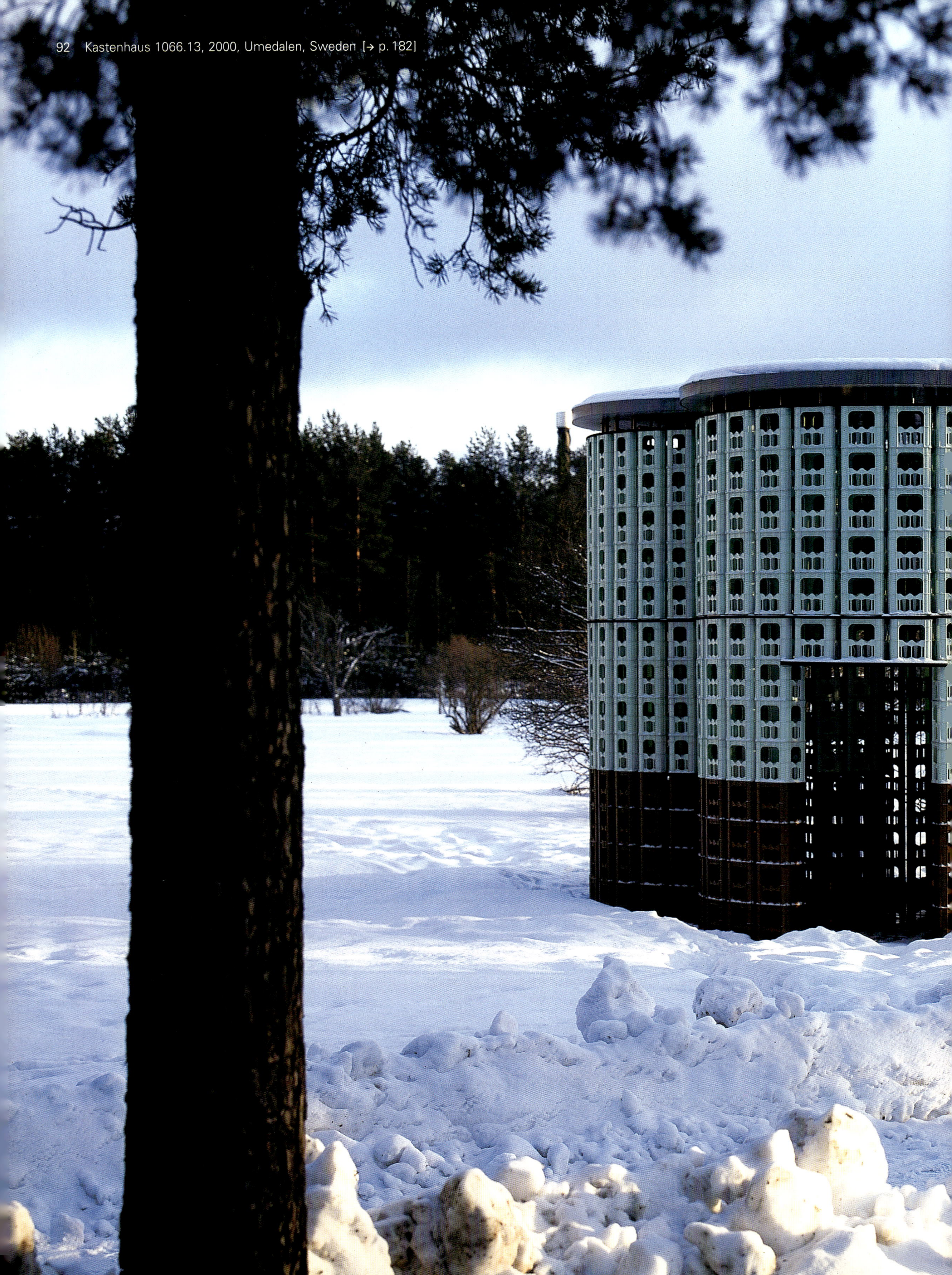

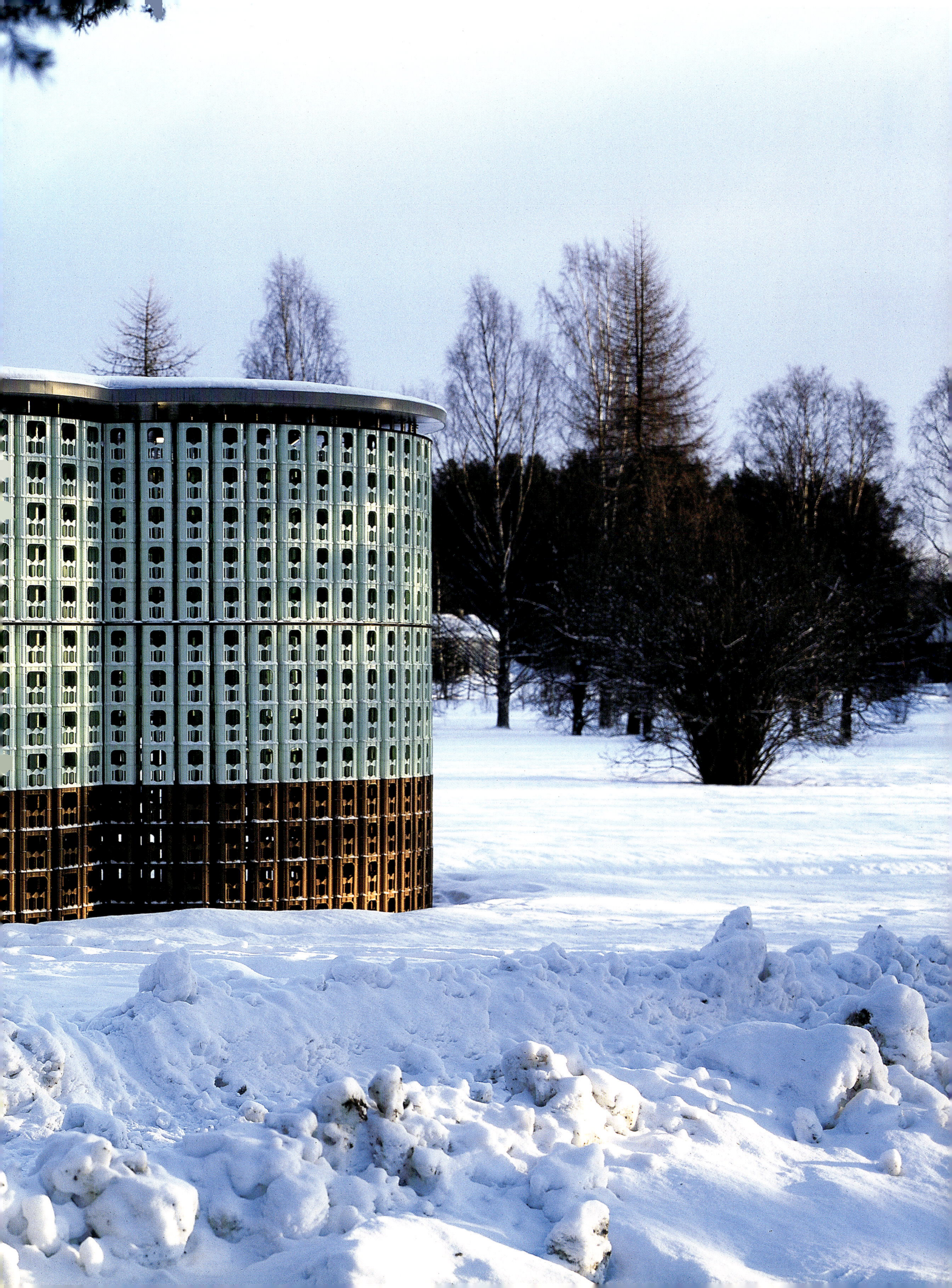

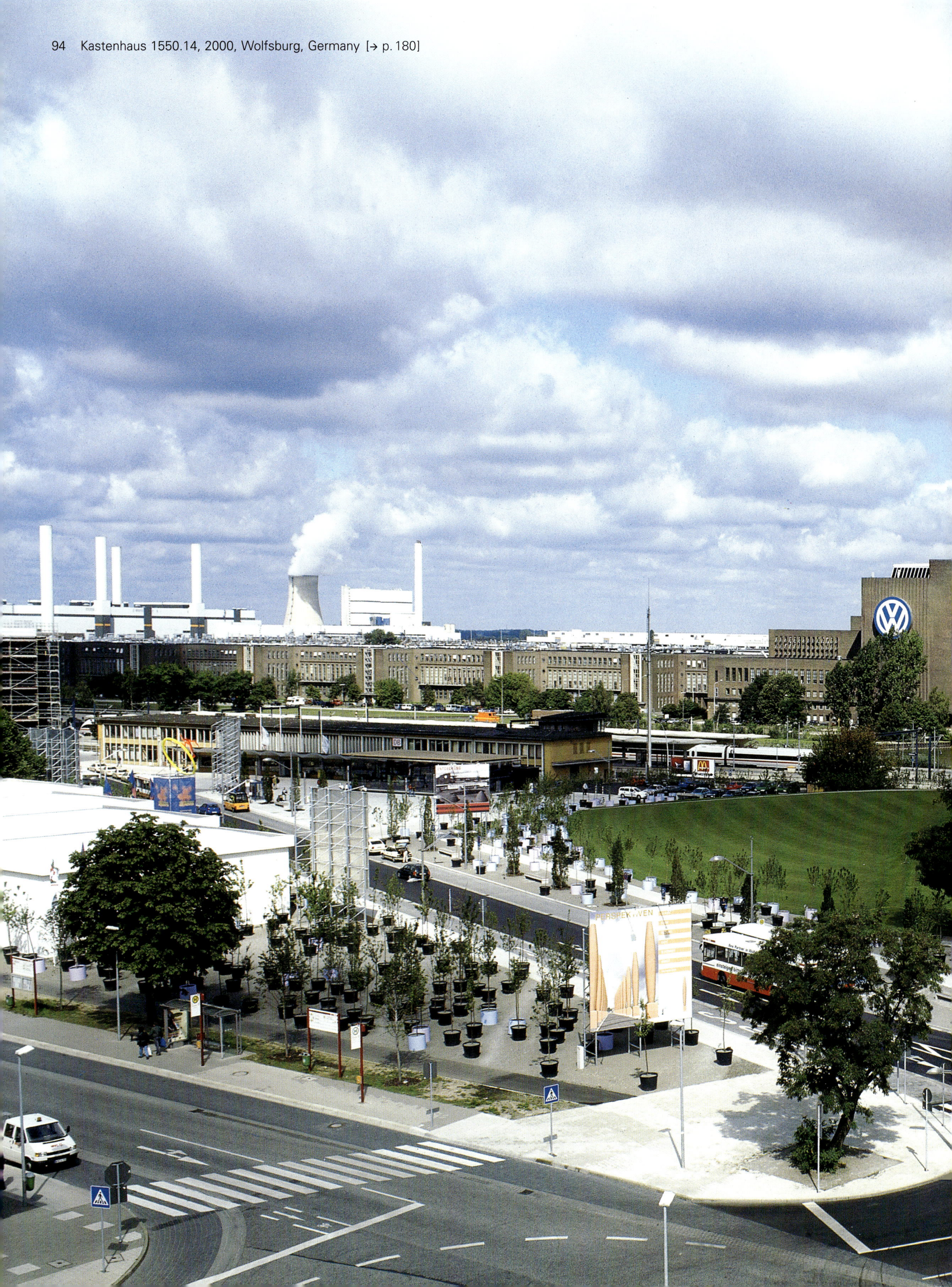

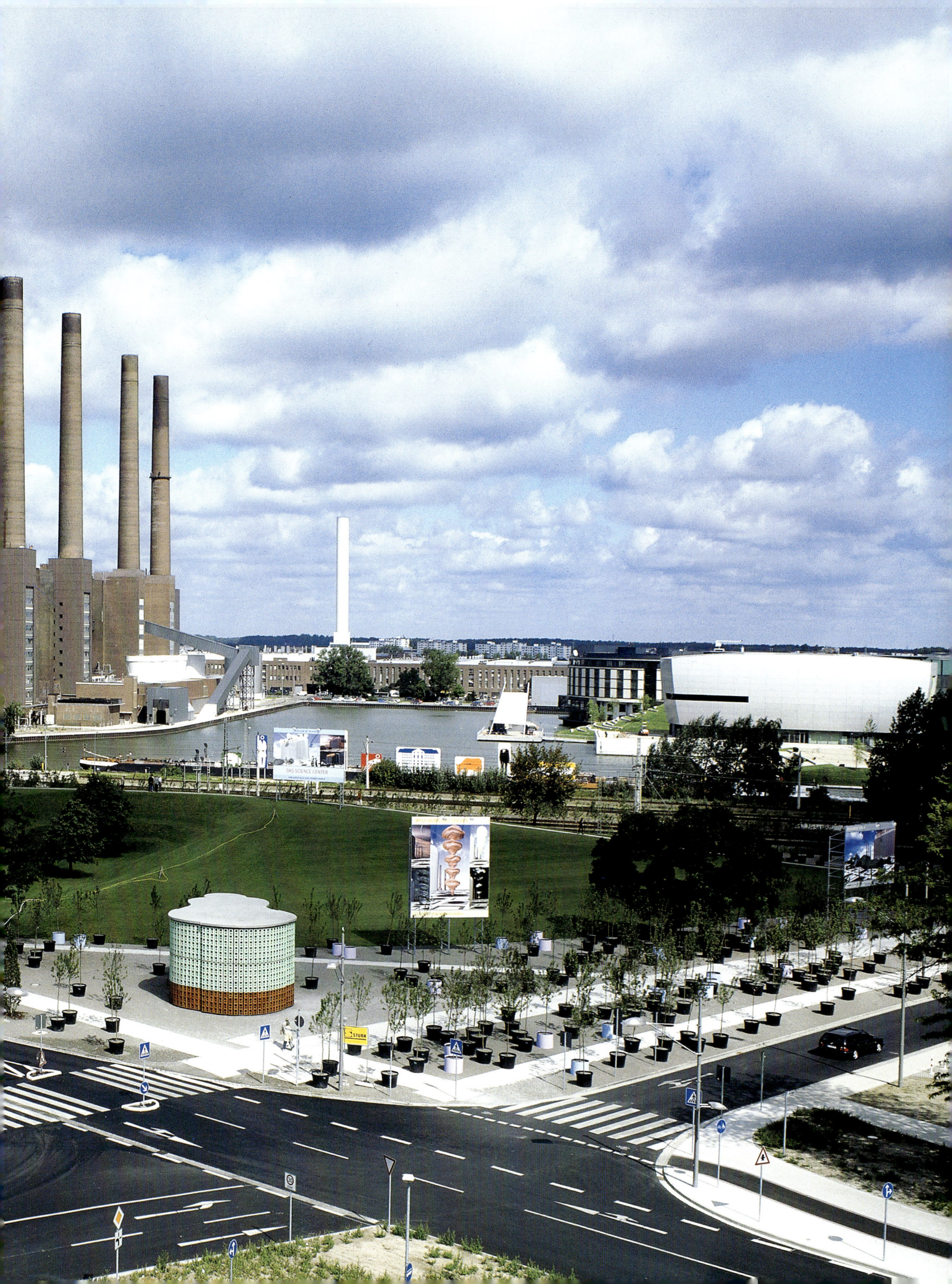

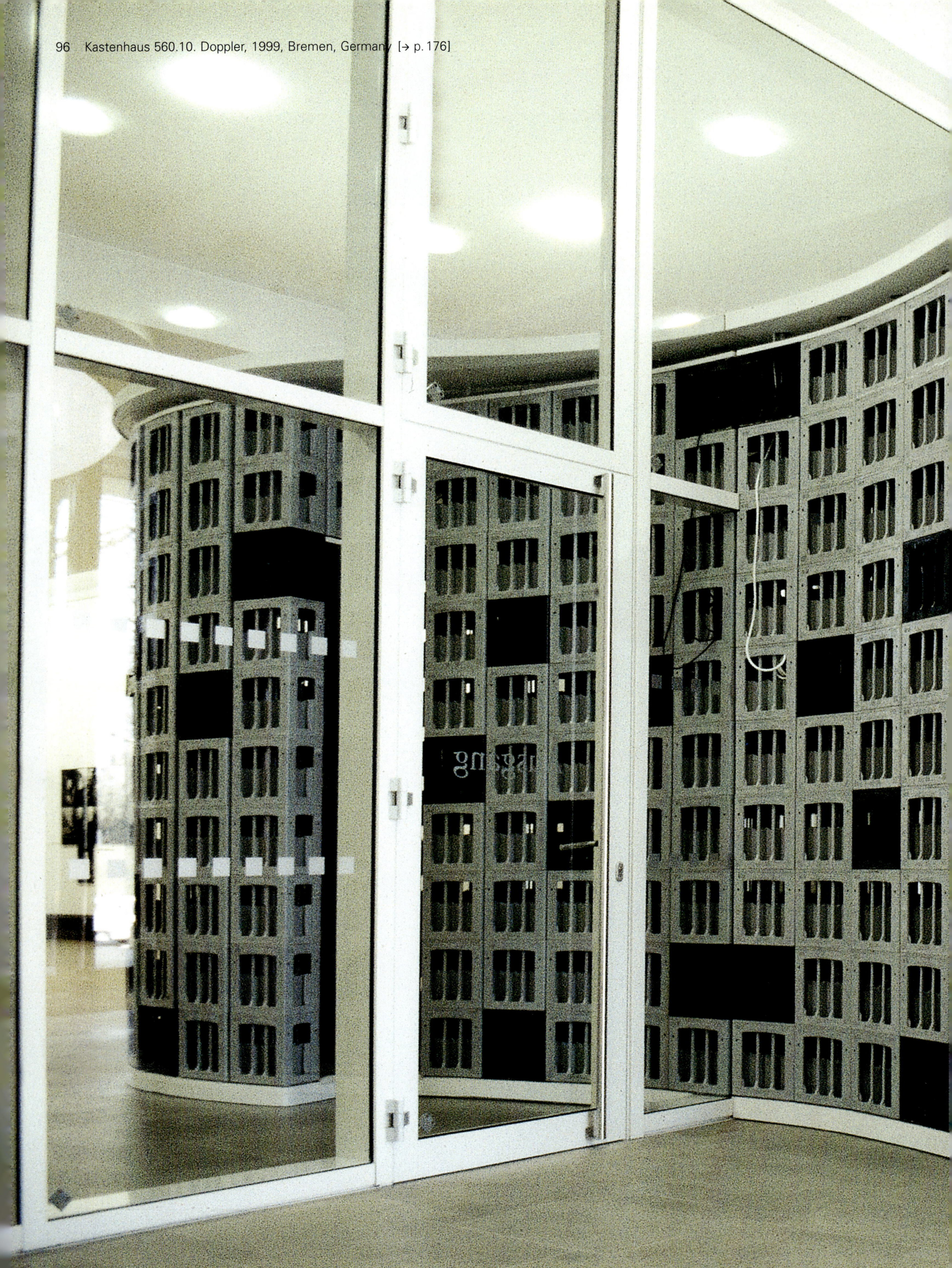

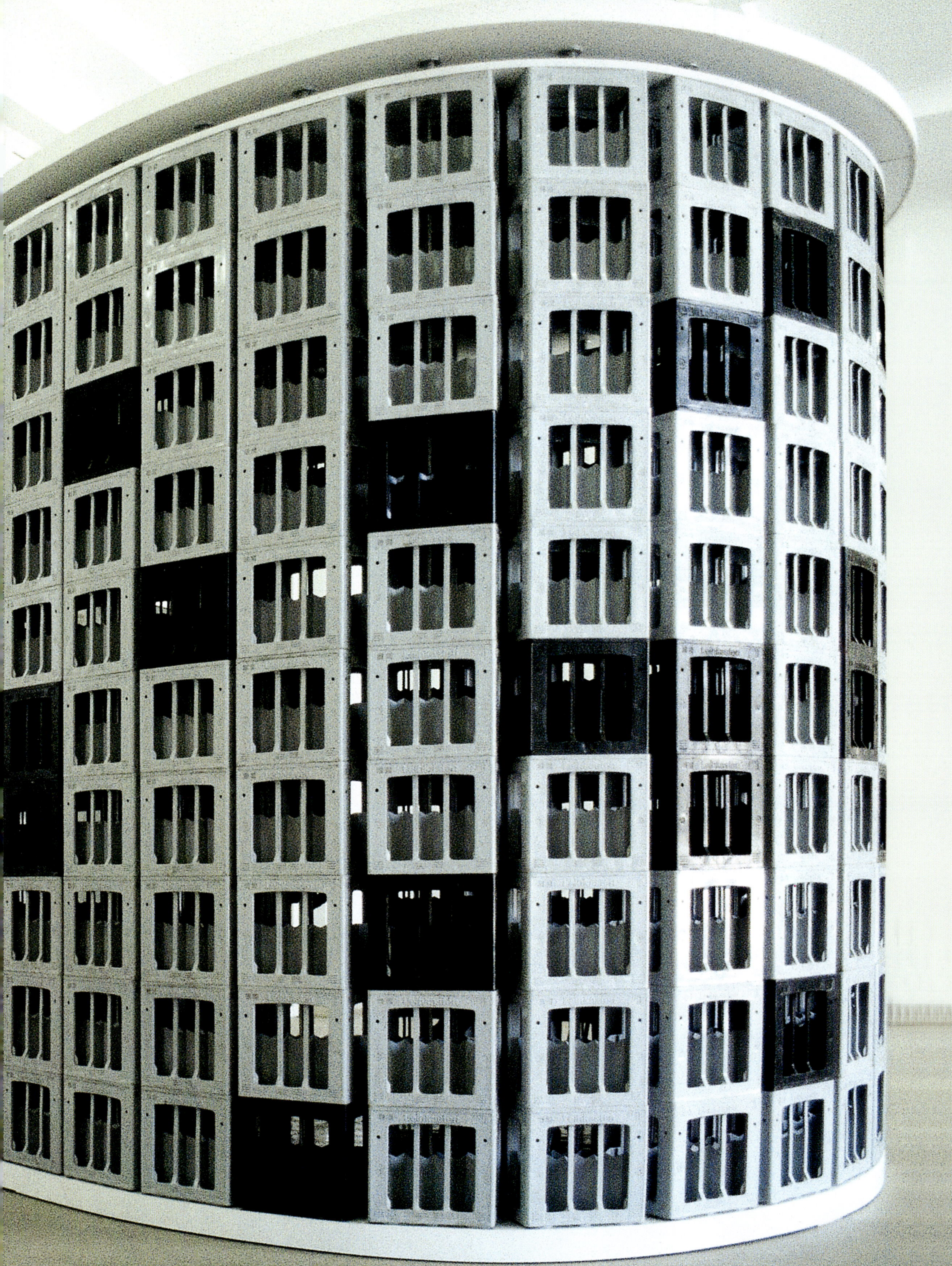

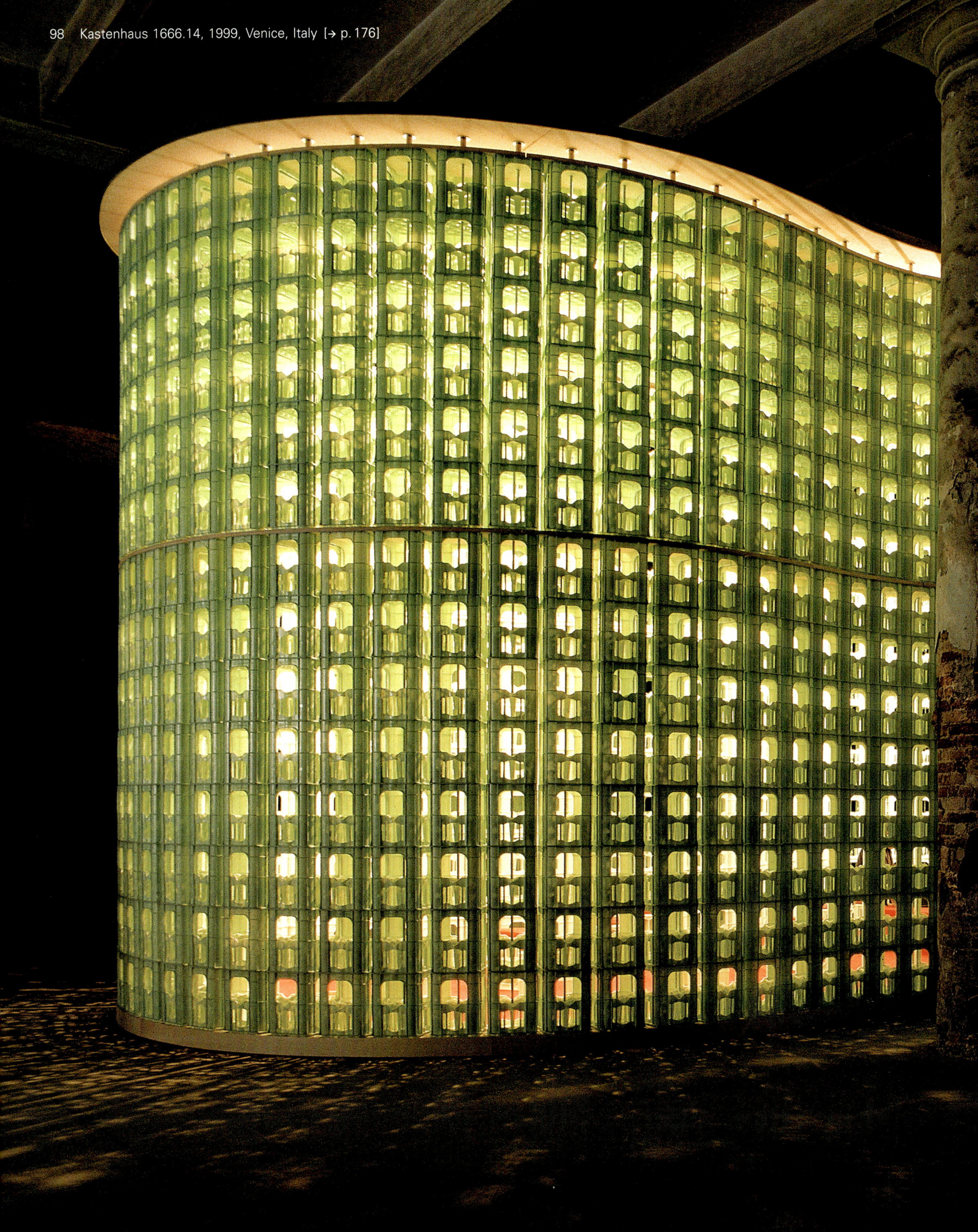

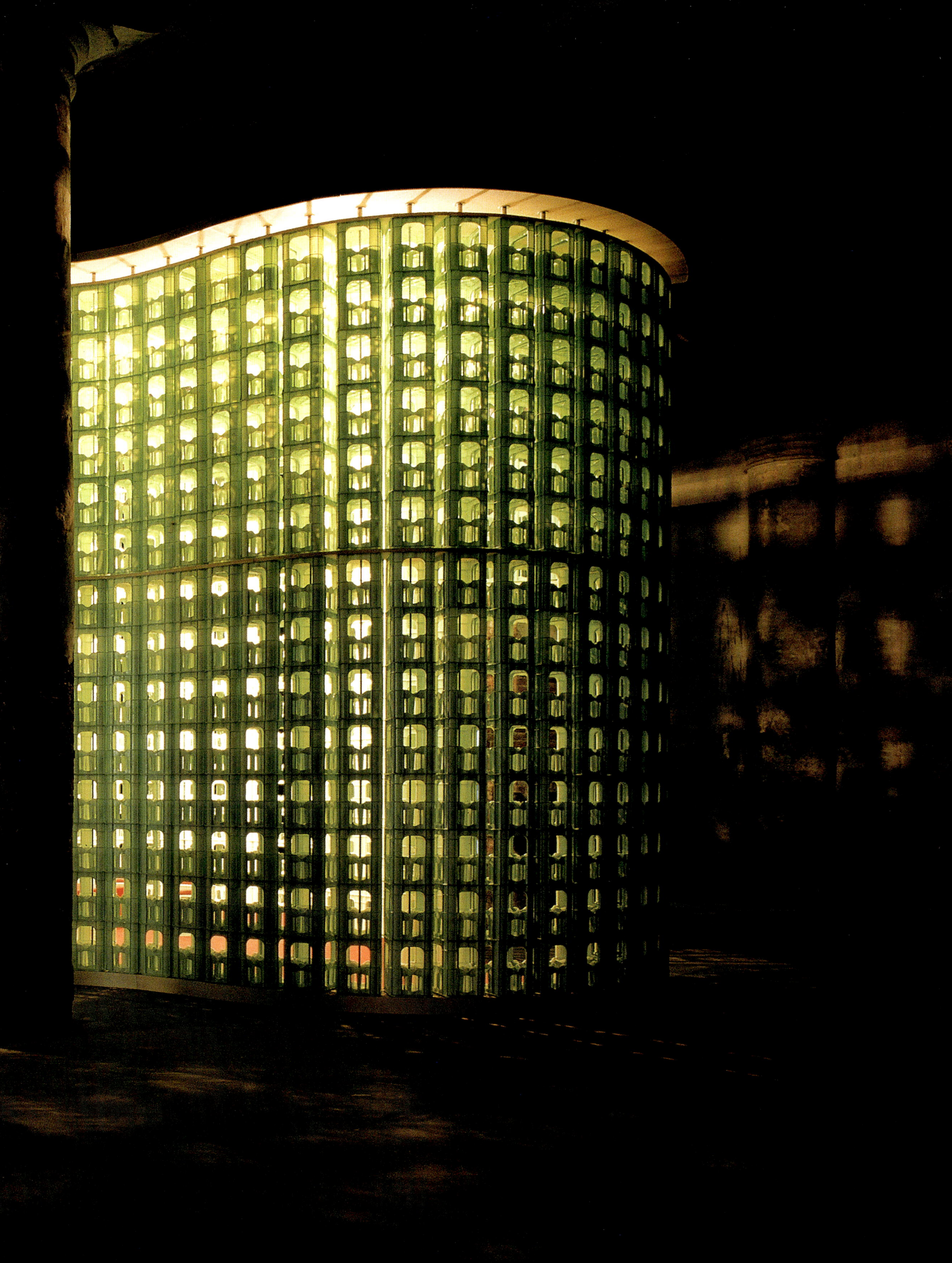

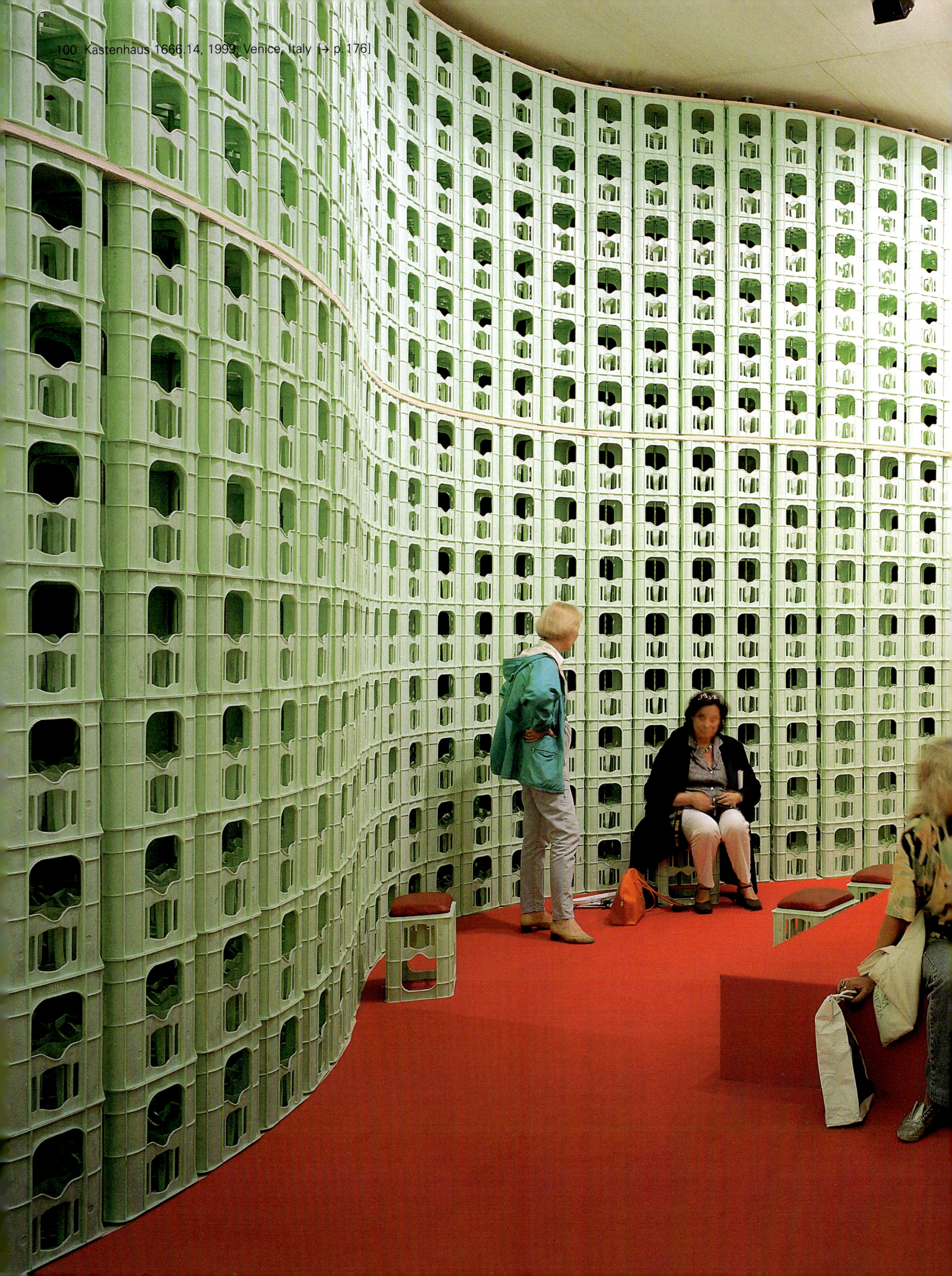

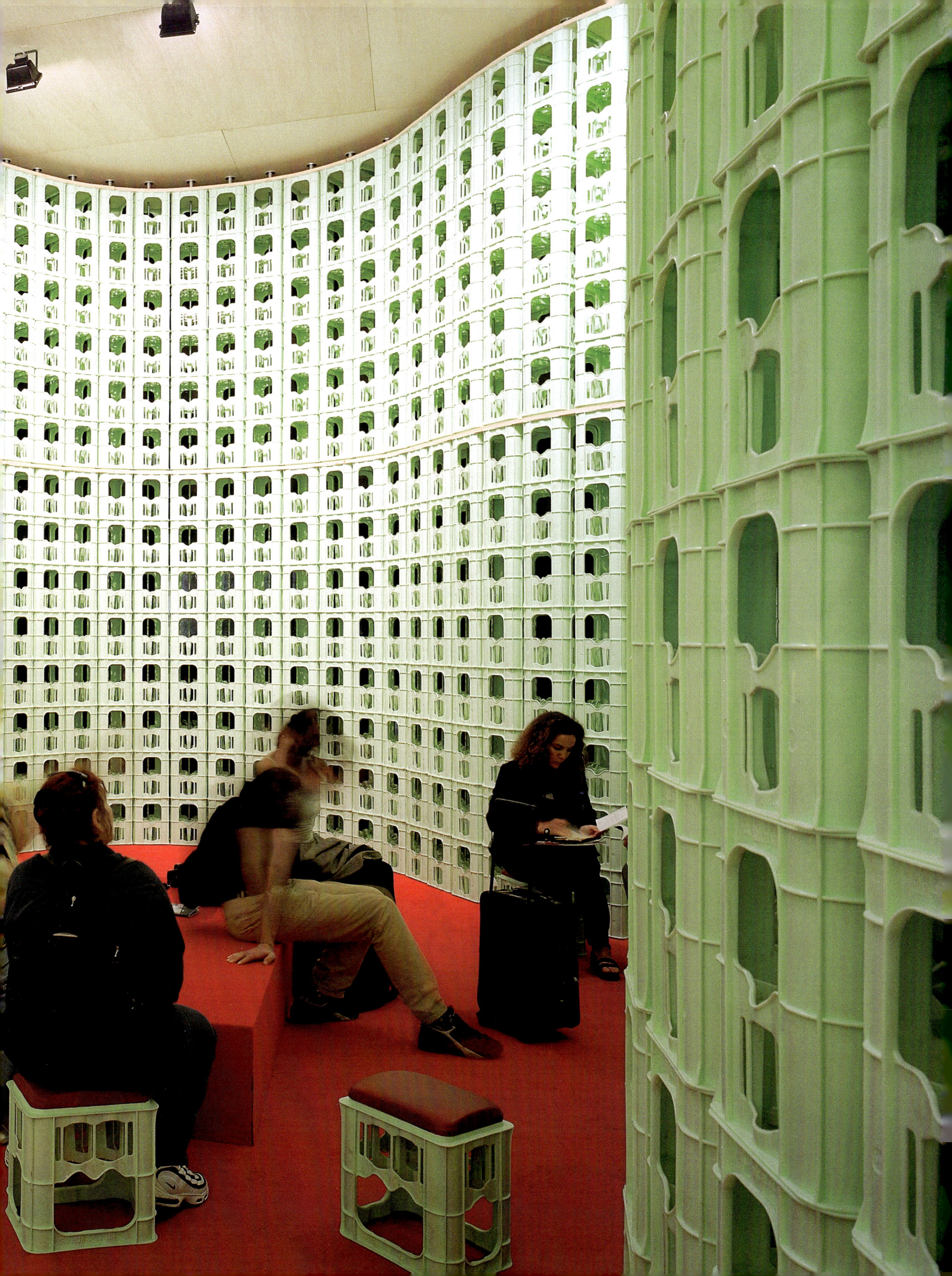

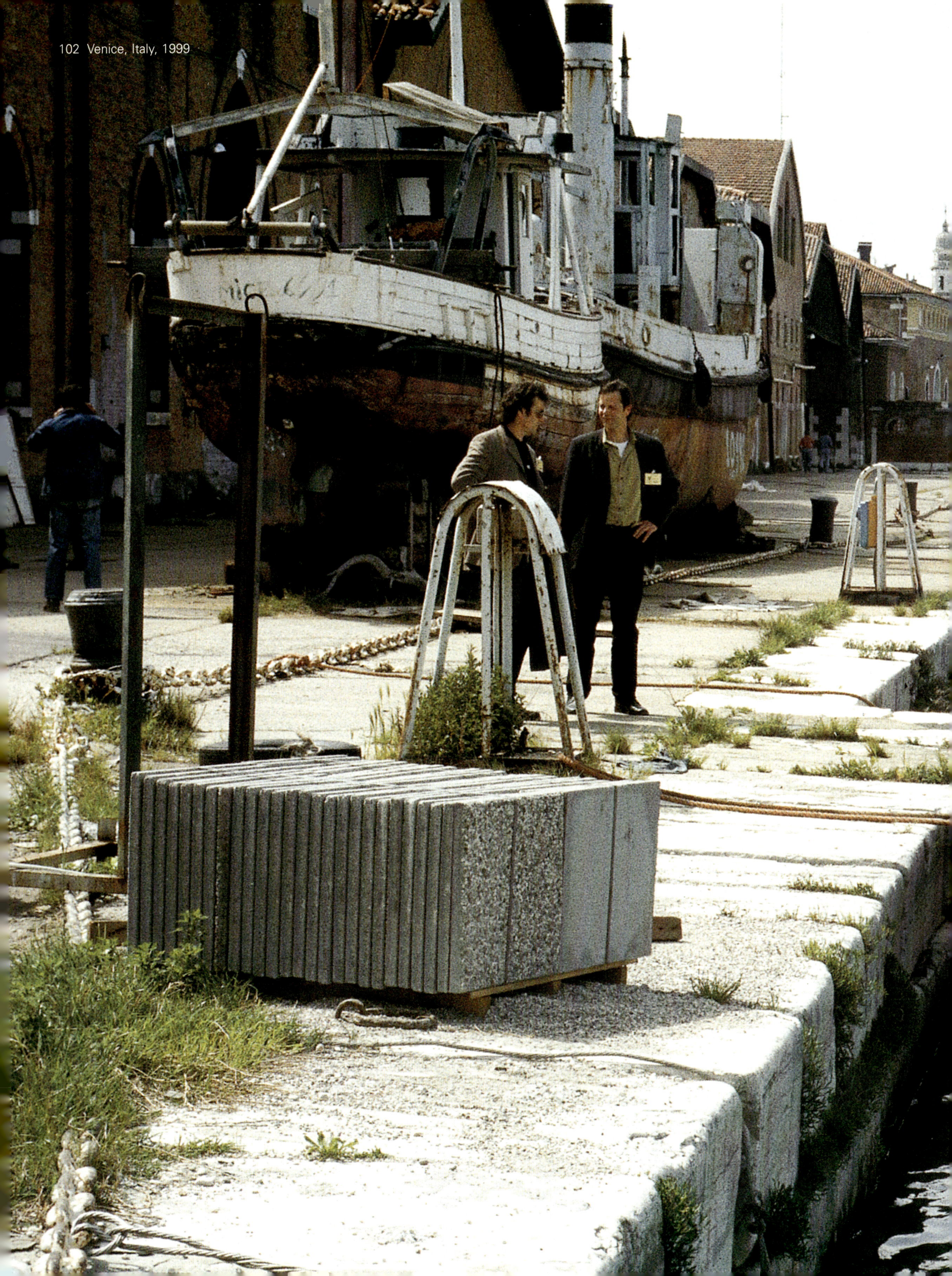

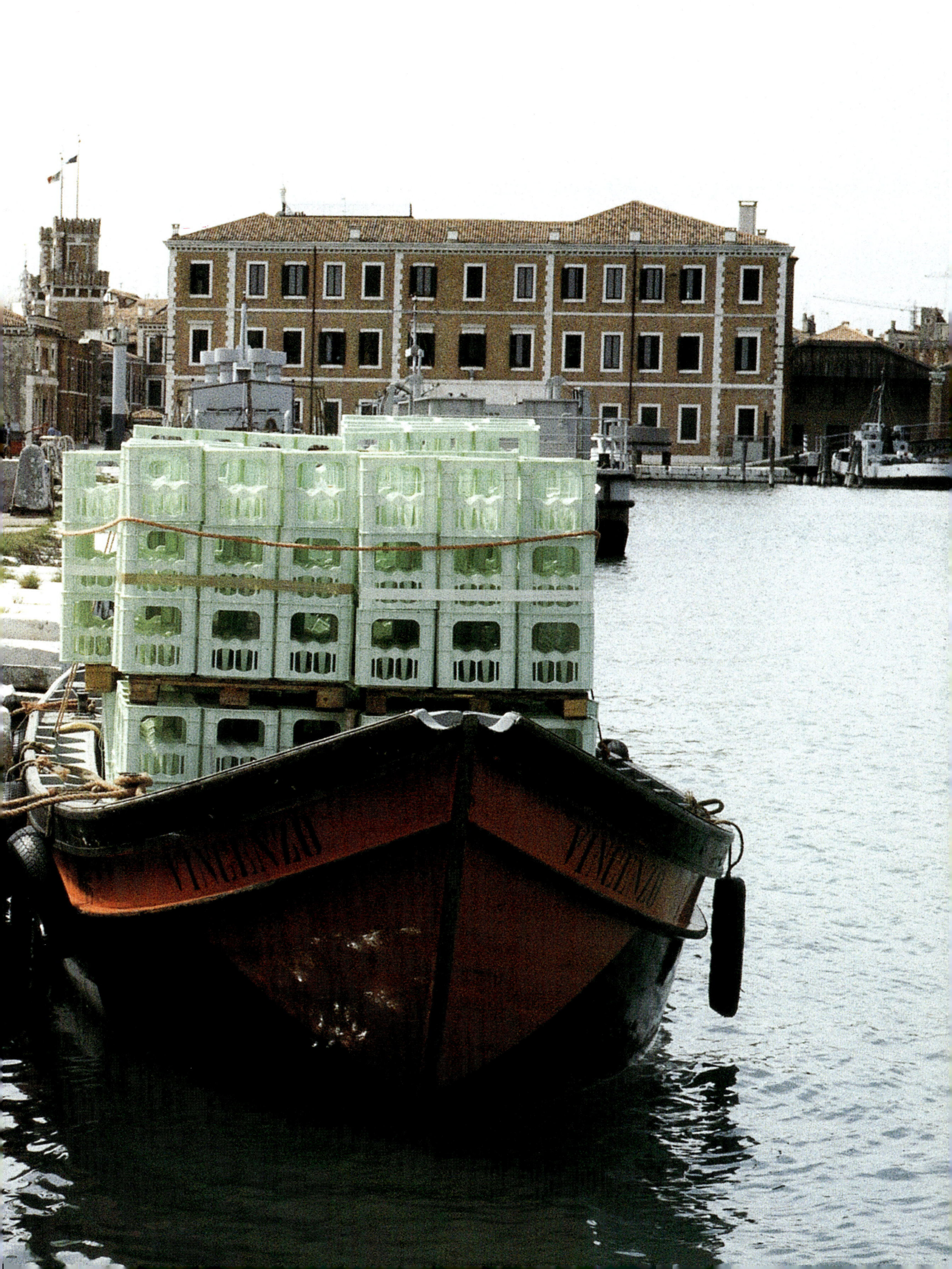
VINCENZO
VINCENZO

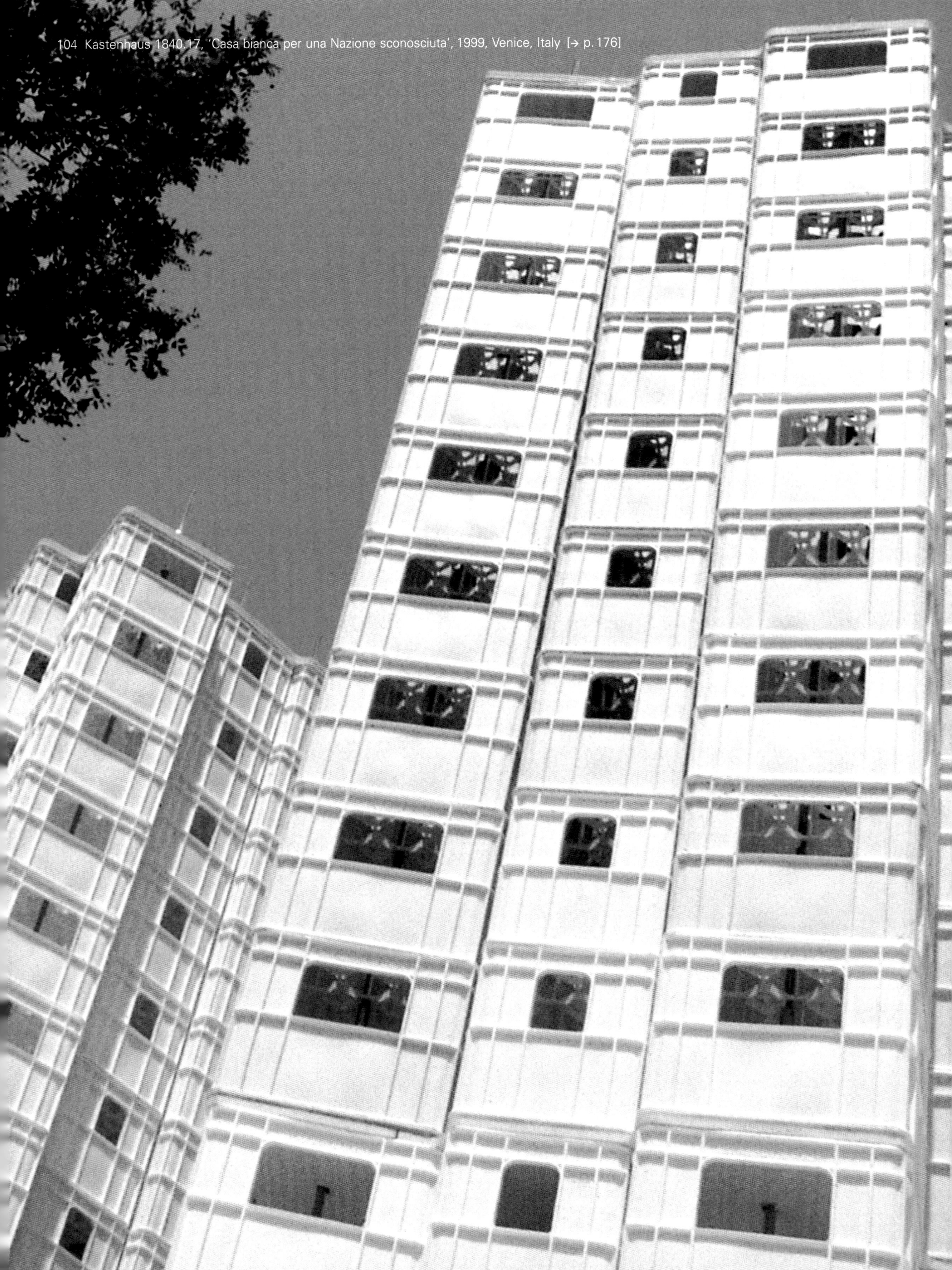

104  Kastenhaus 1840.17, 'Casa bianca per una Nazione sconosciuta', 1999, Venice, Italy  [→ p.176]

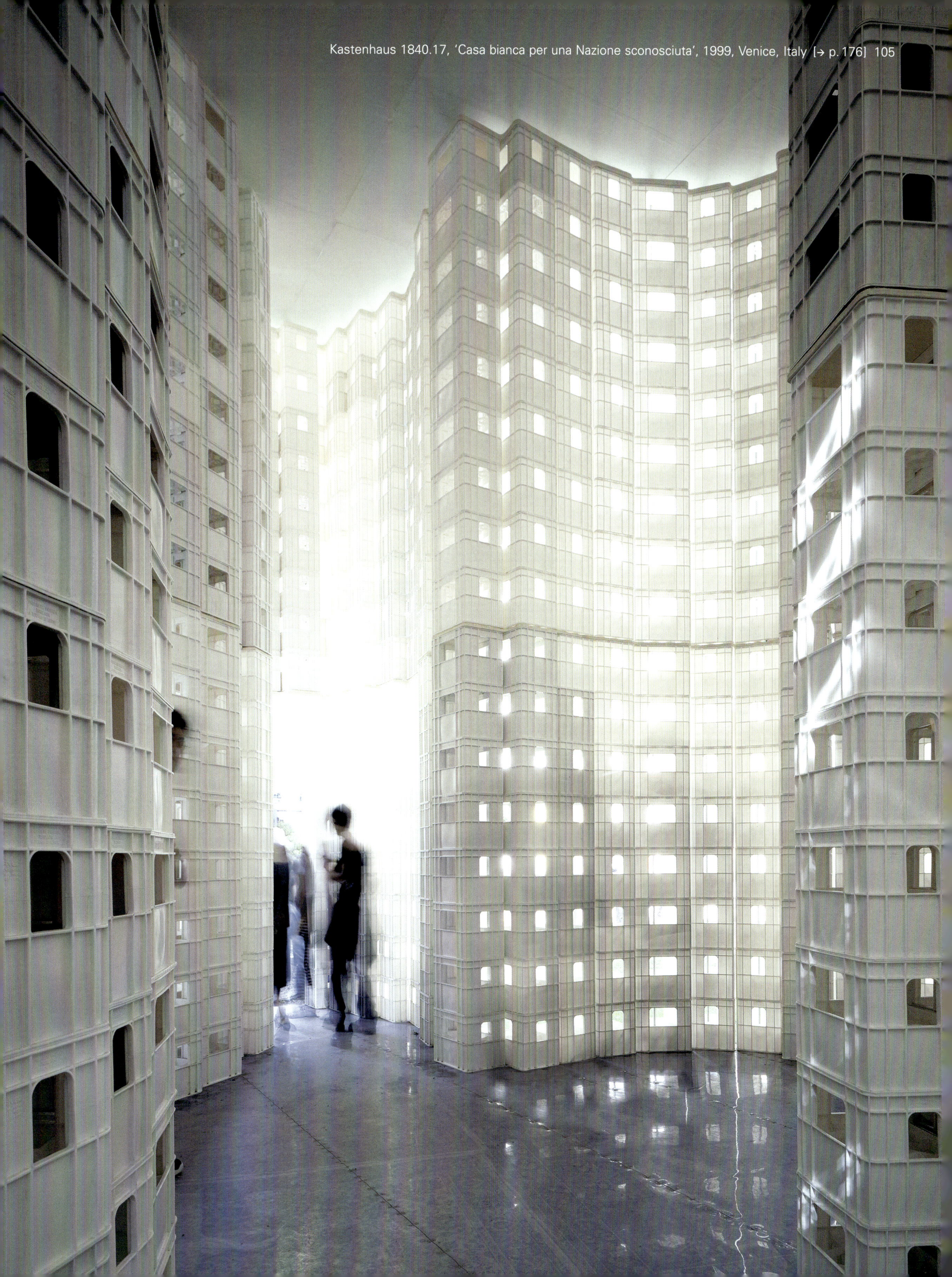

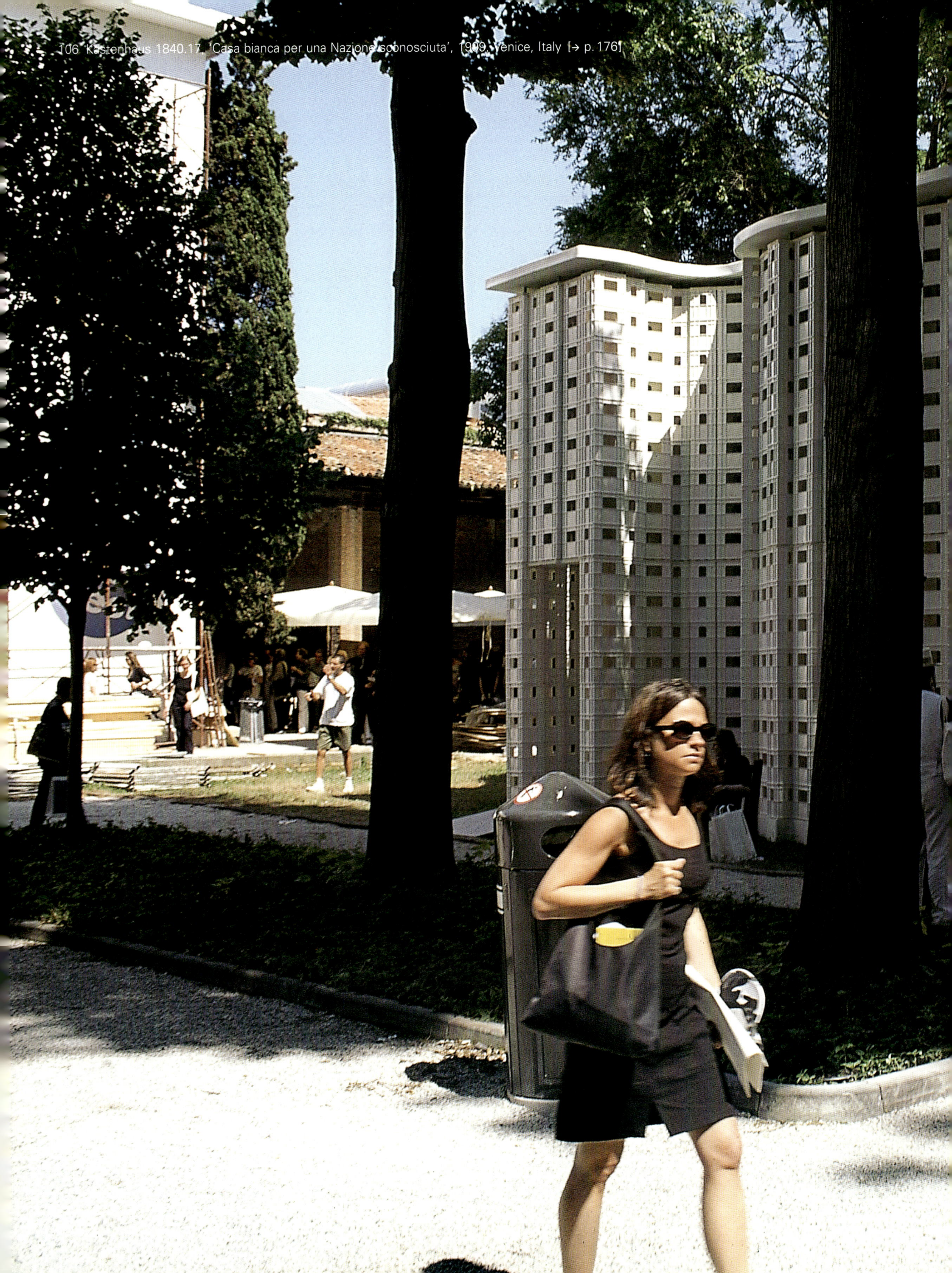

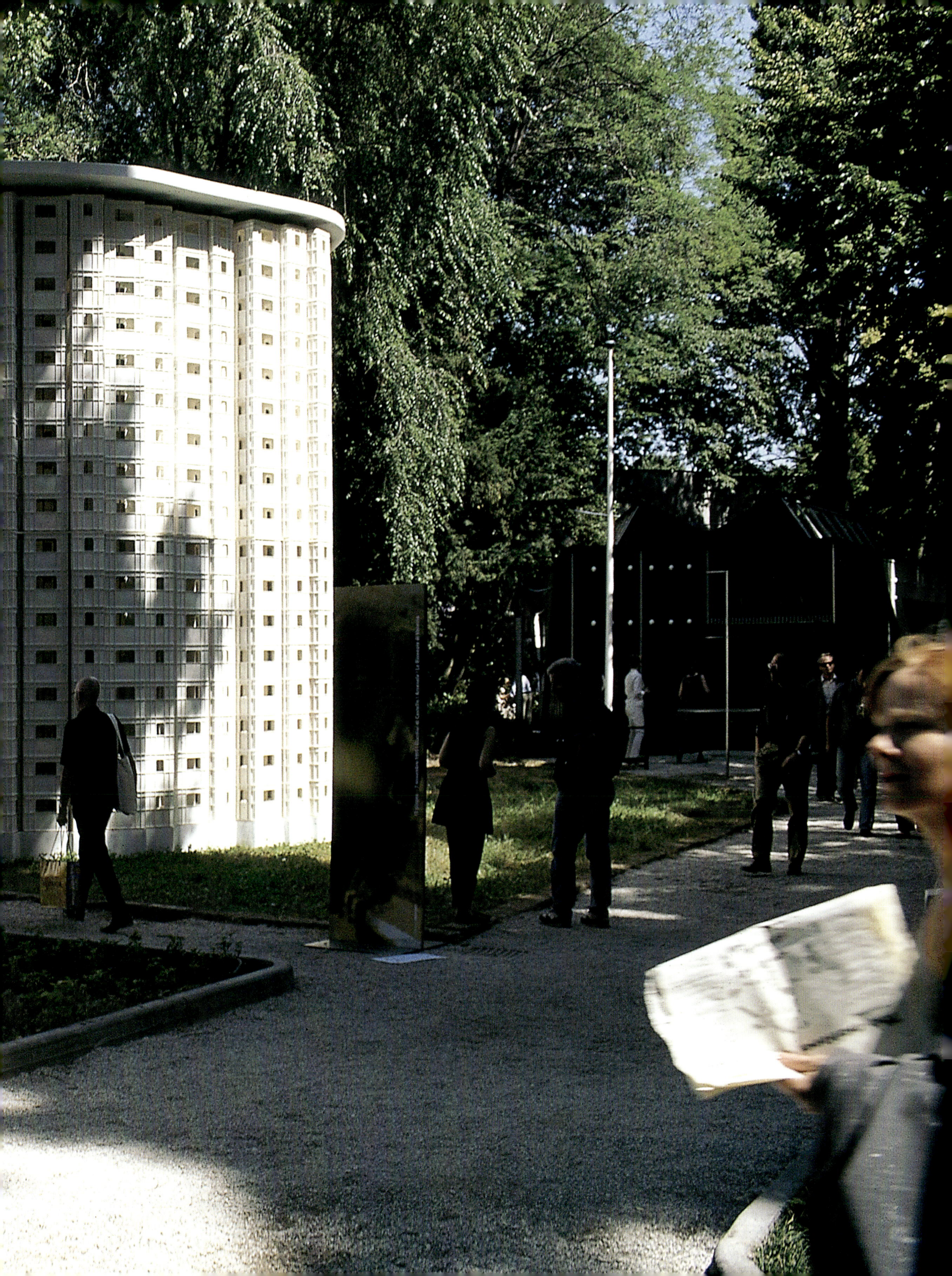

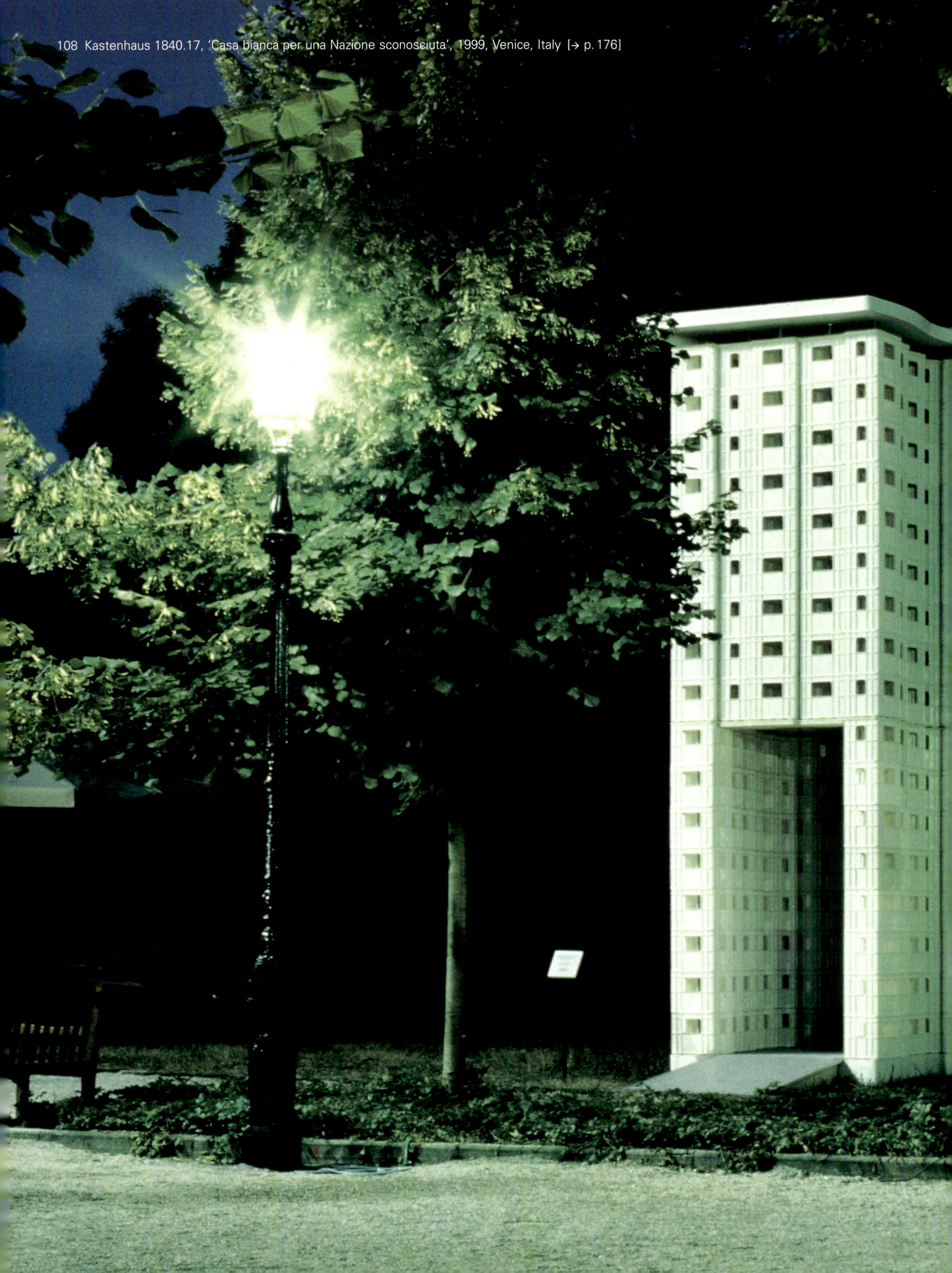

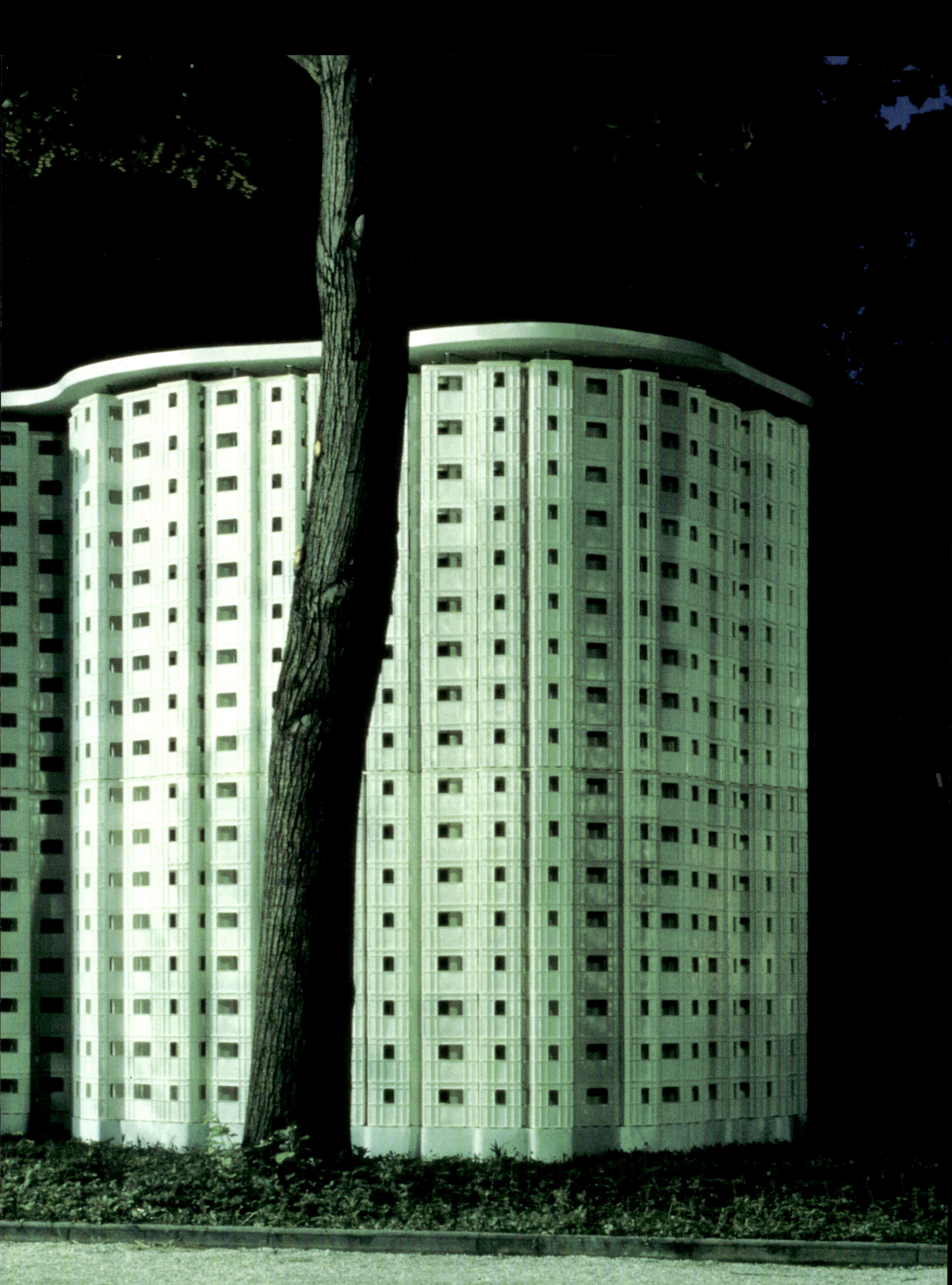

110 Hanoi City Teahouse, 1999, Hanoi, Vietnam [→ p. 178]

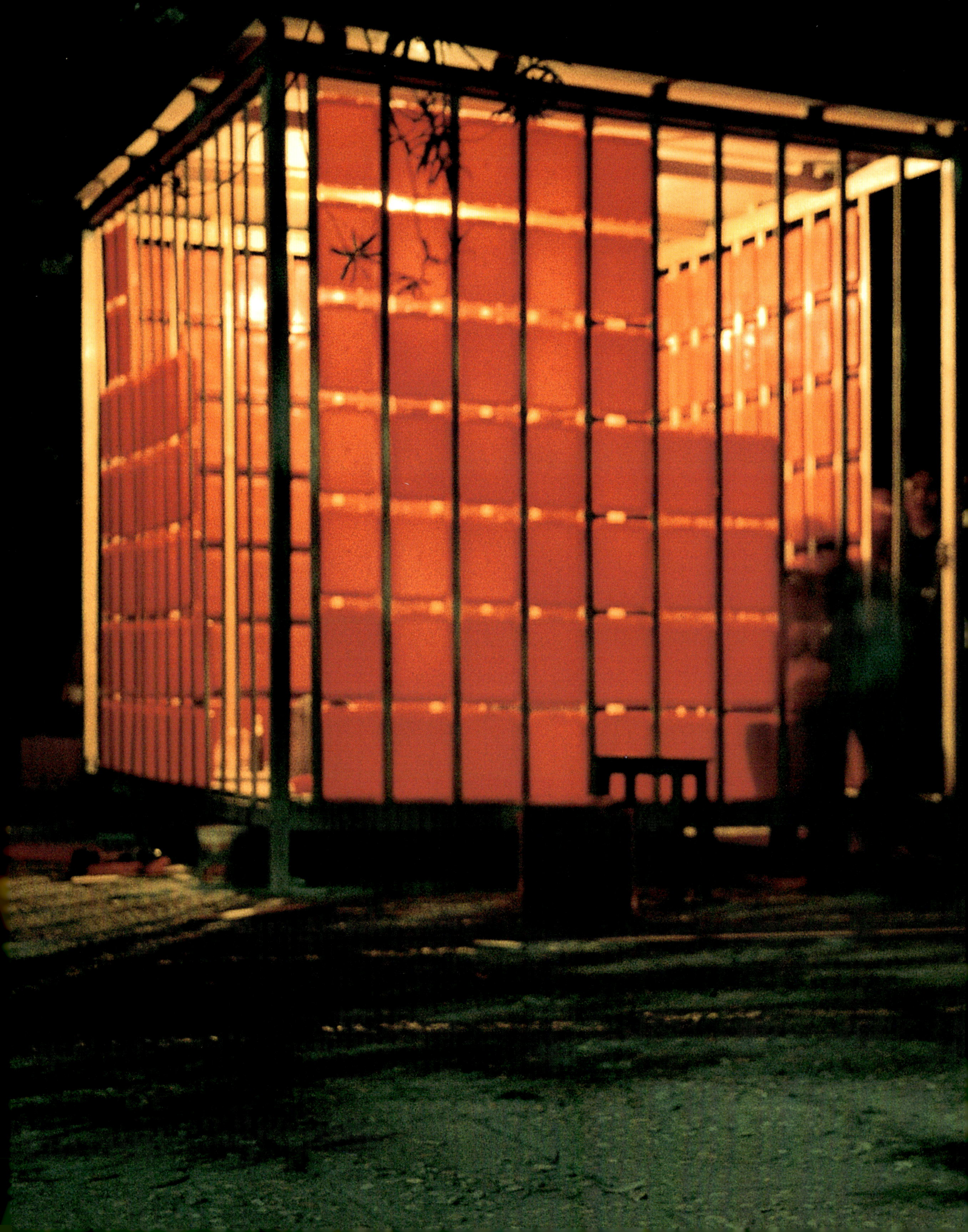

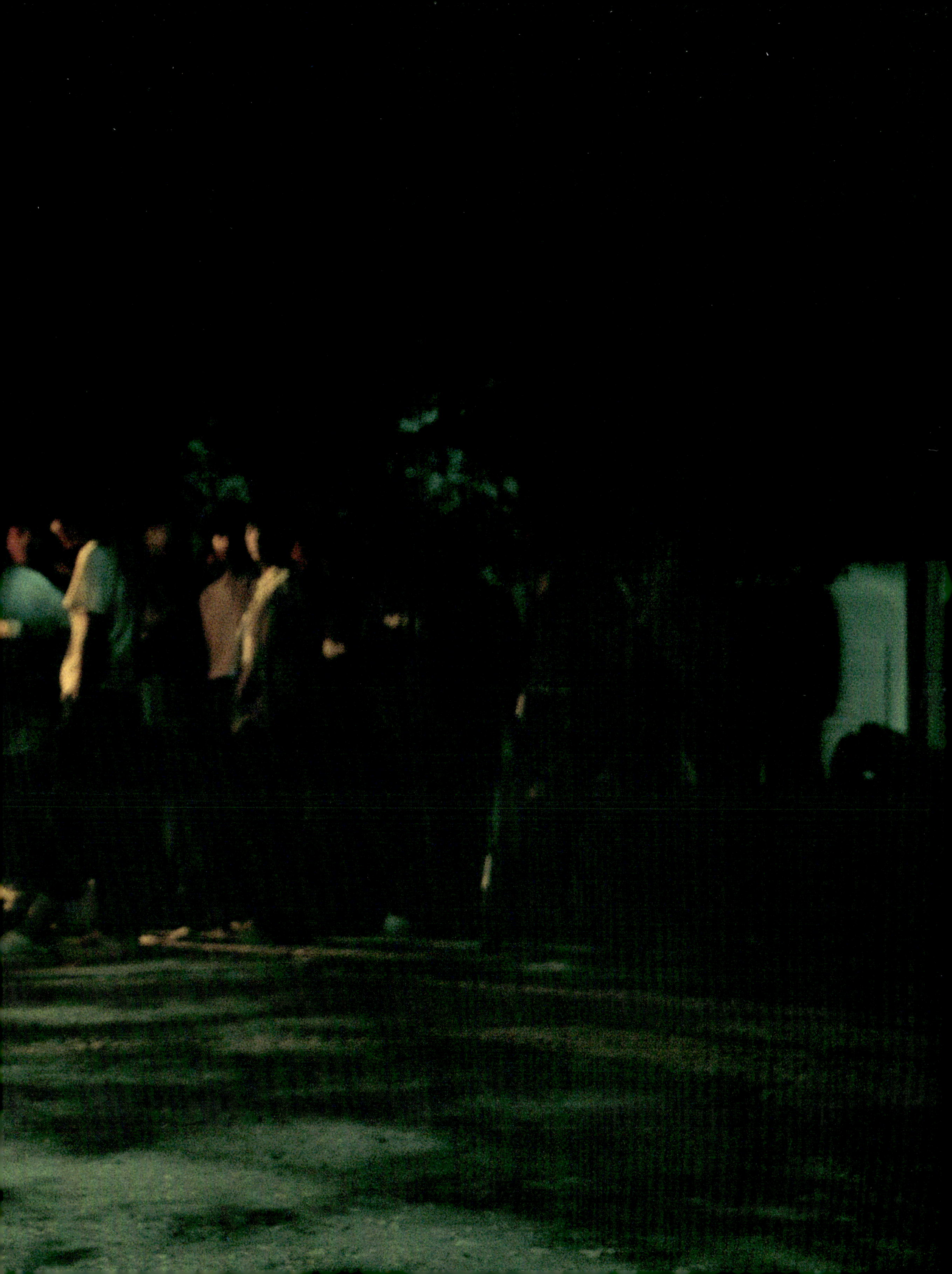

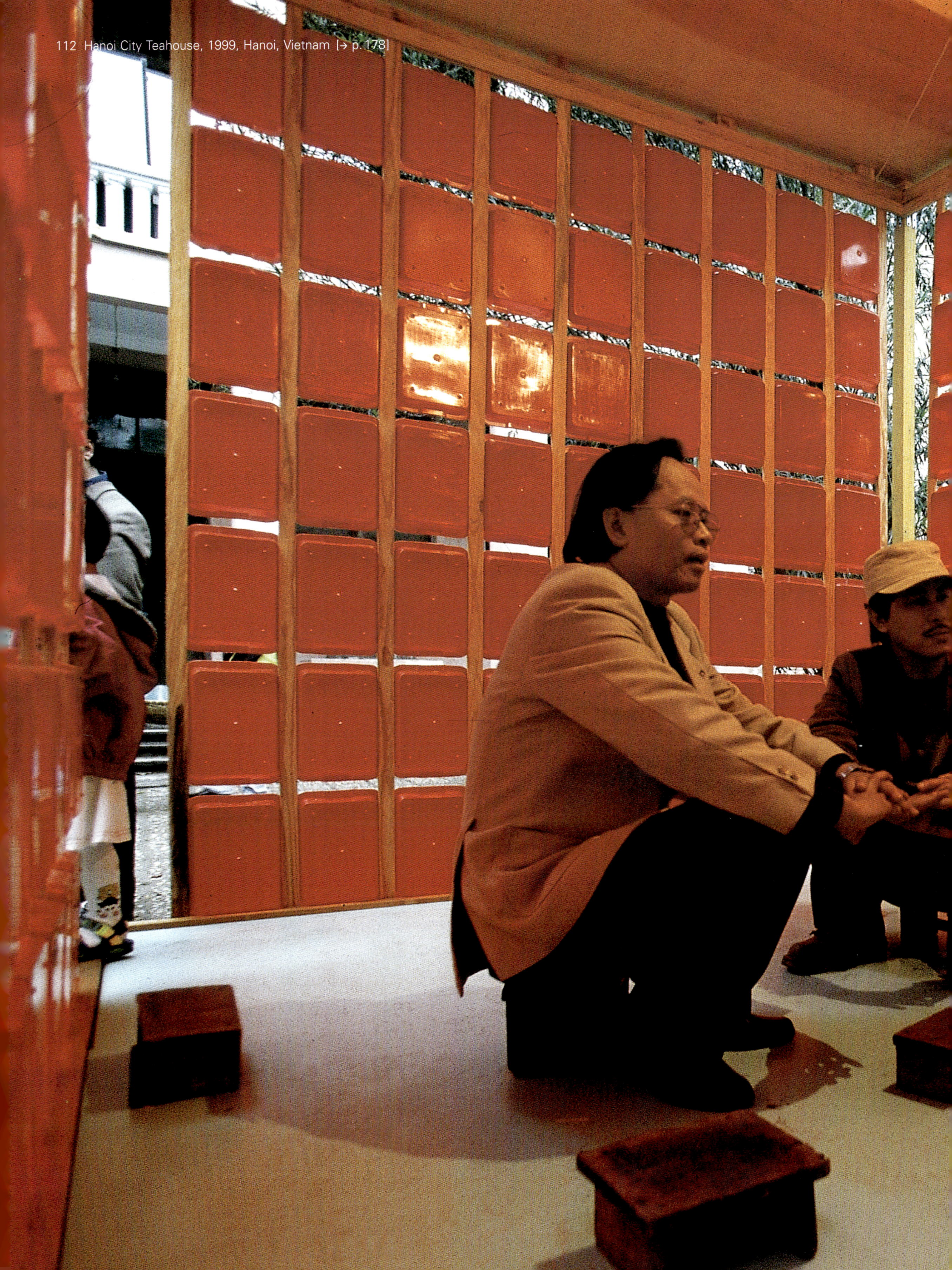

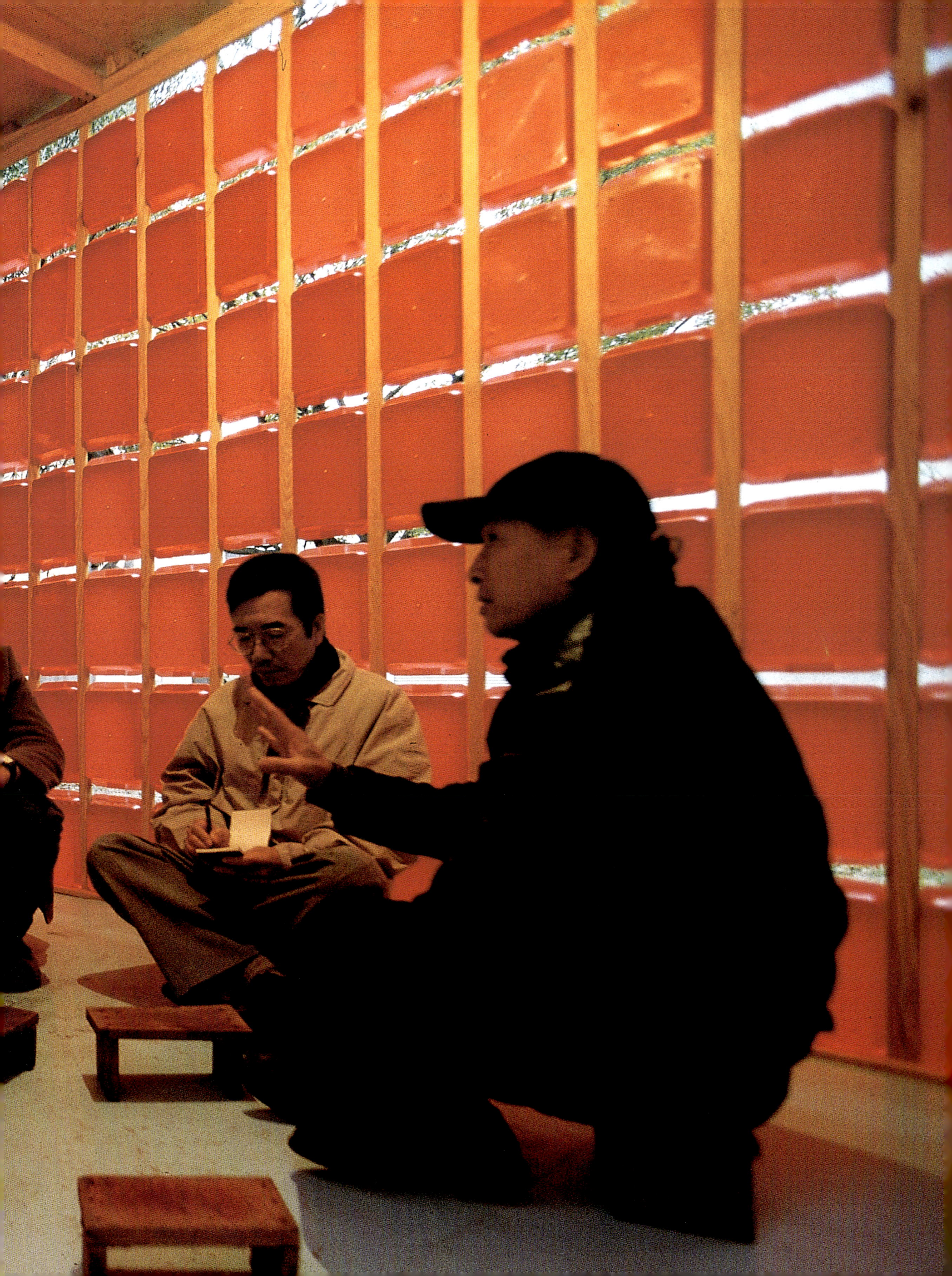

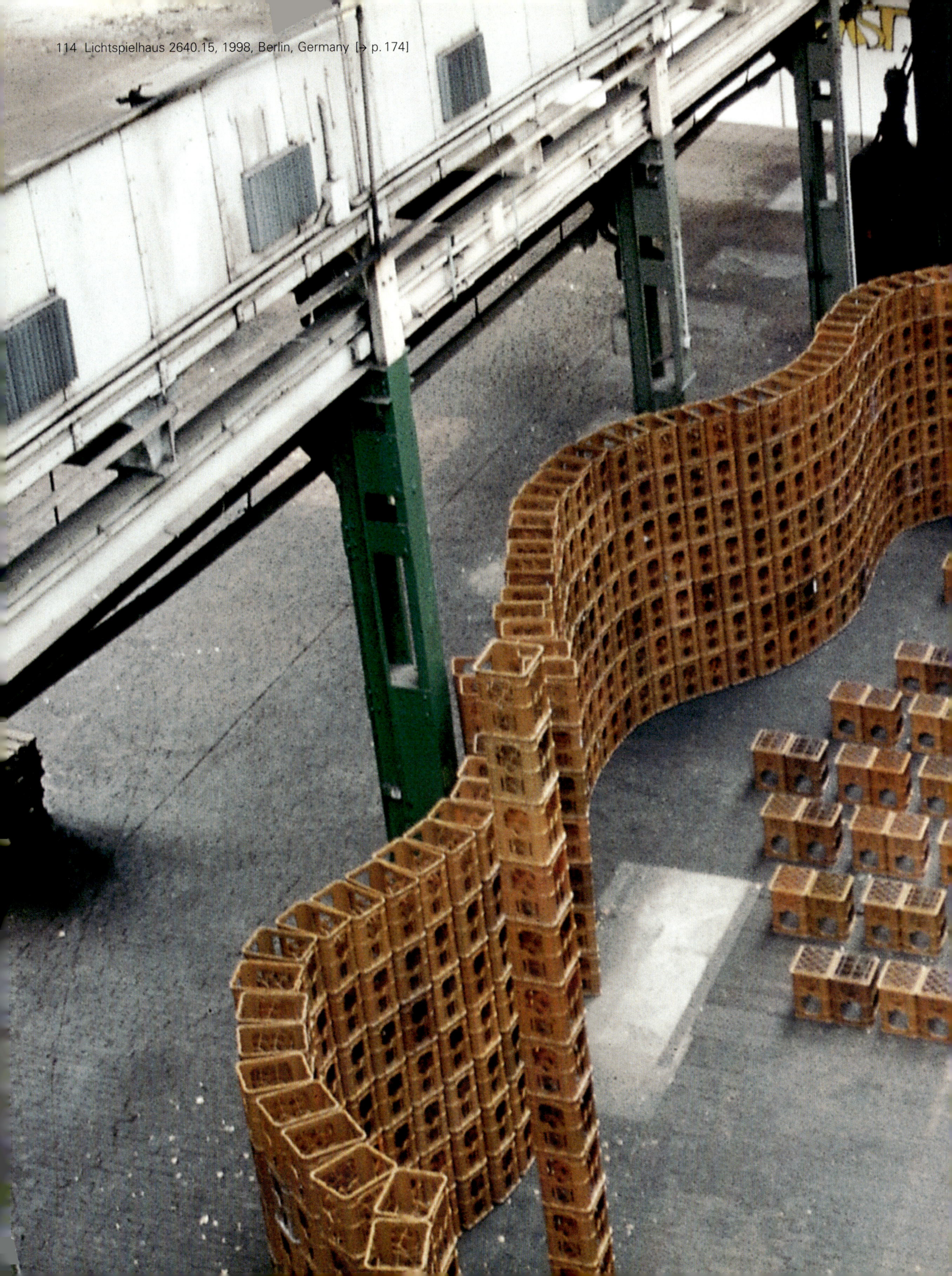

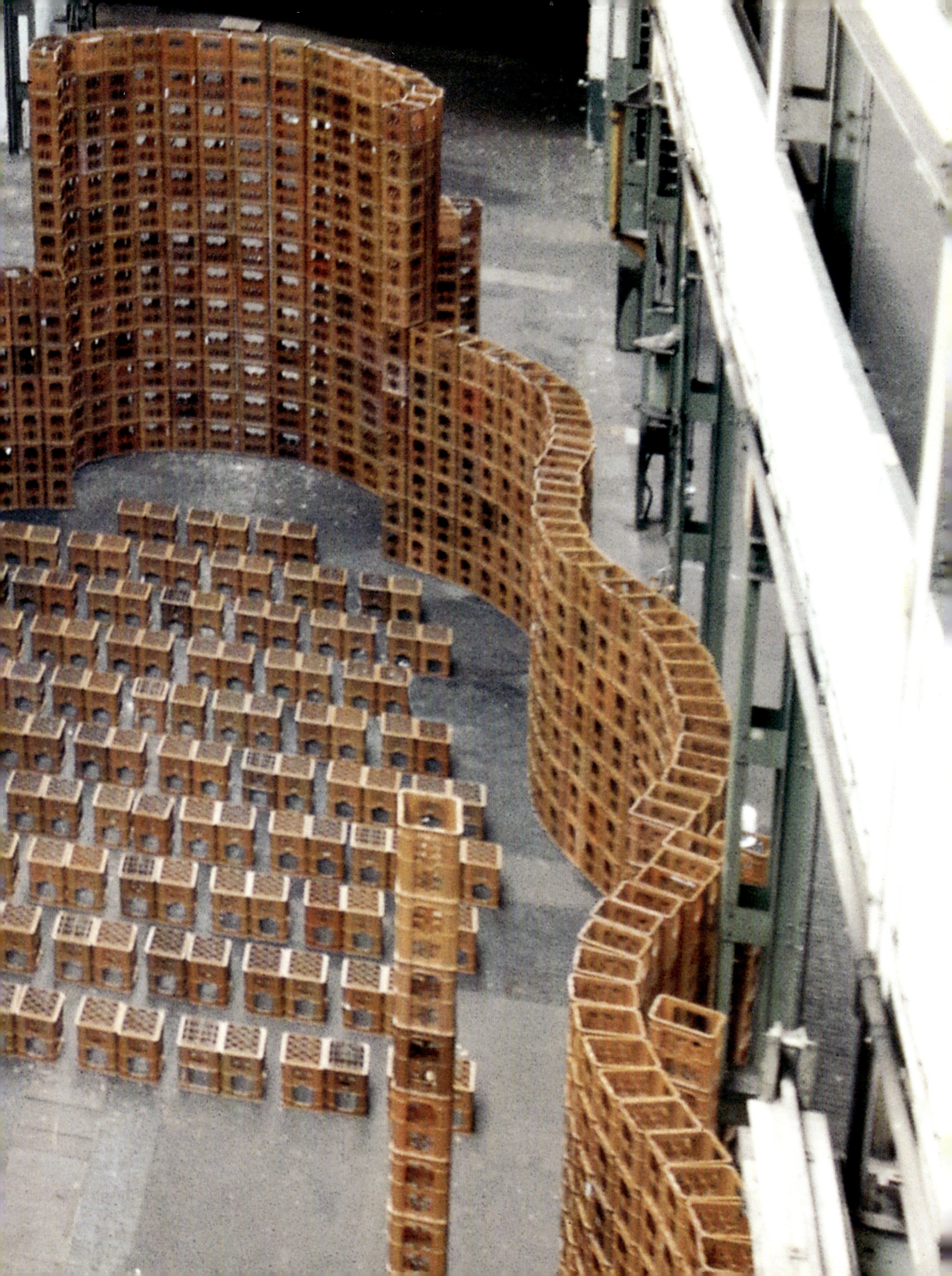

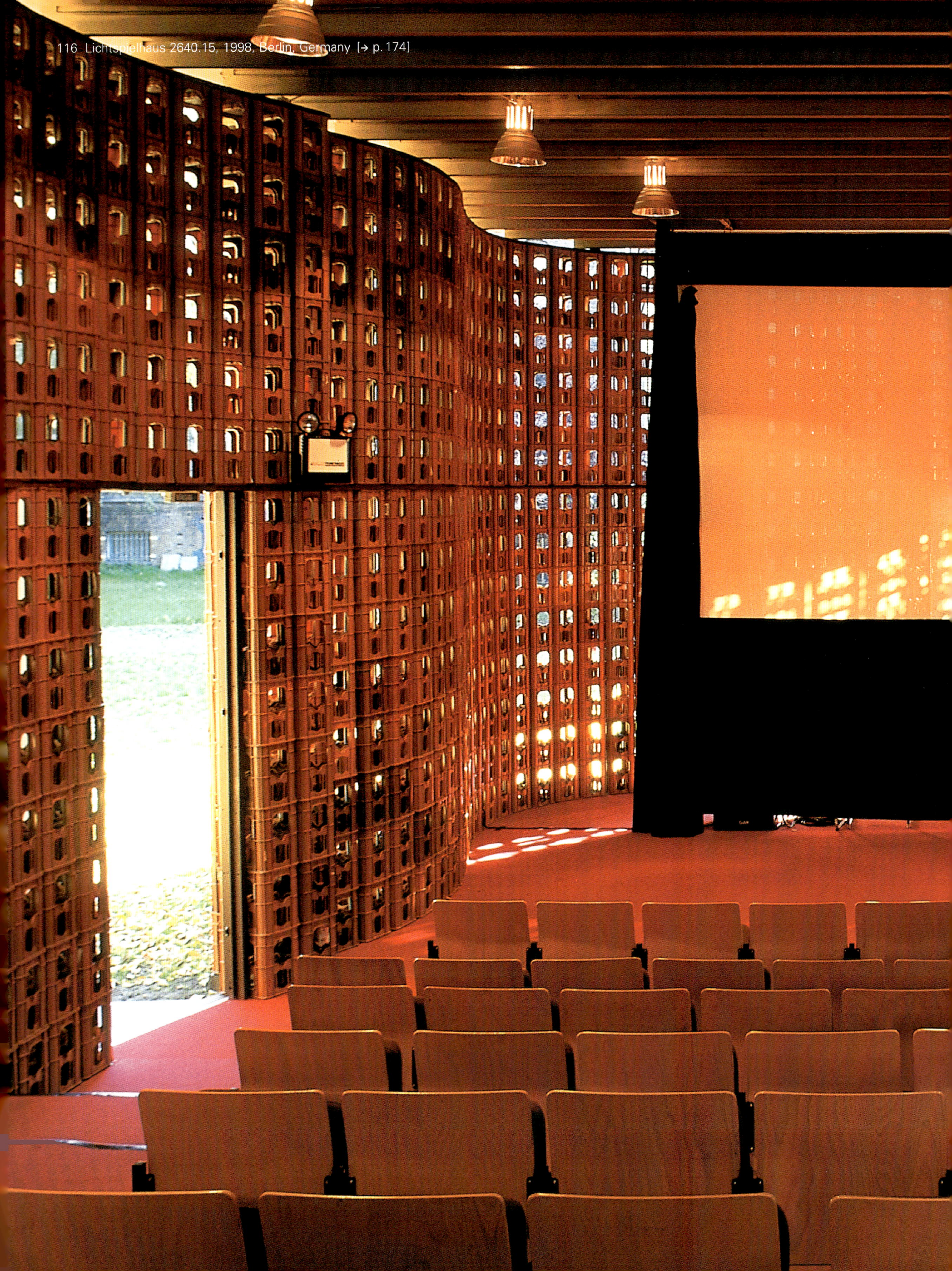

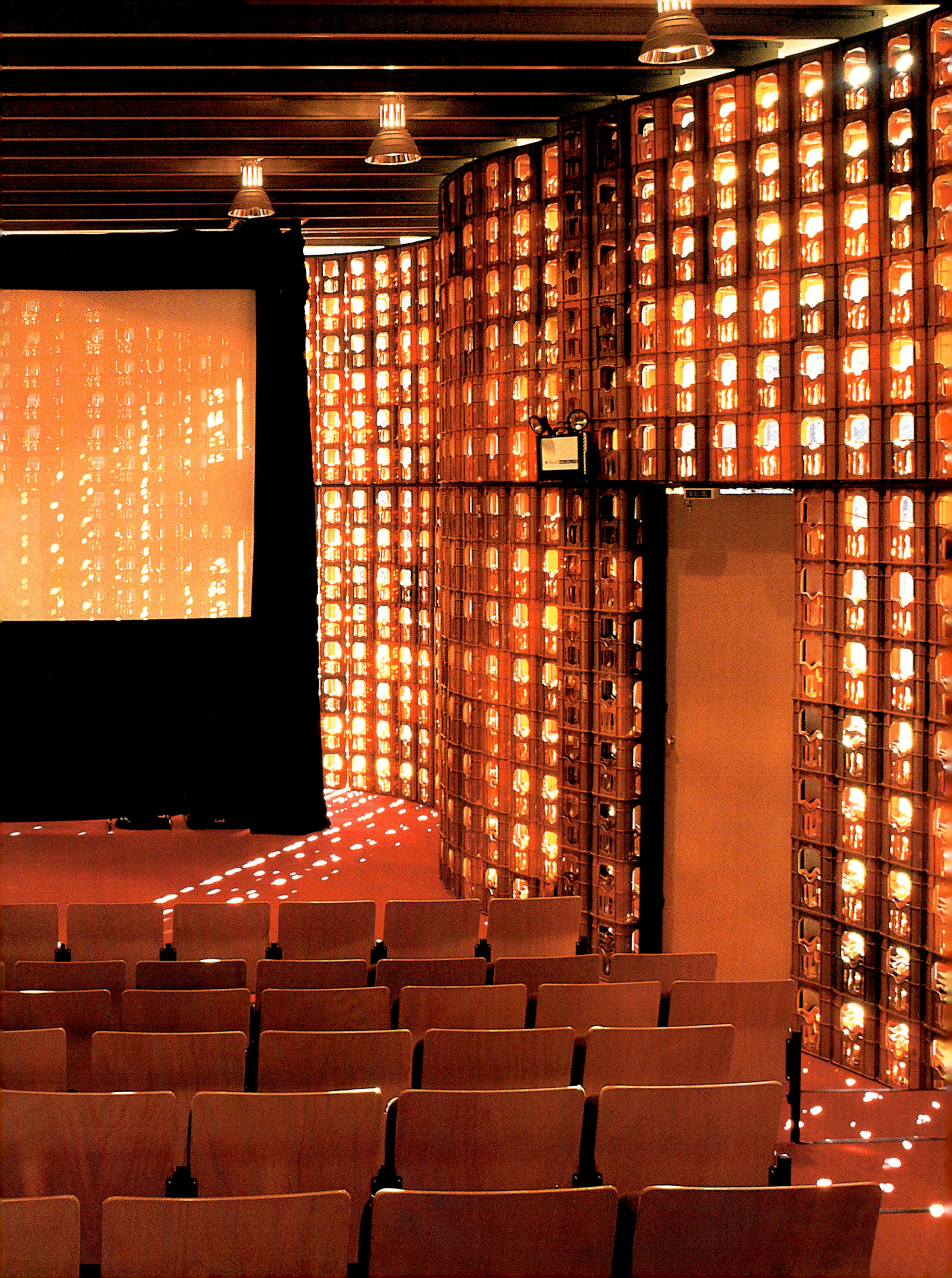

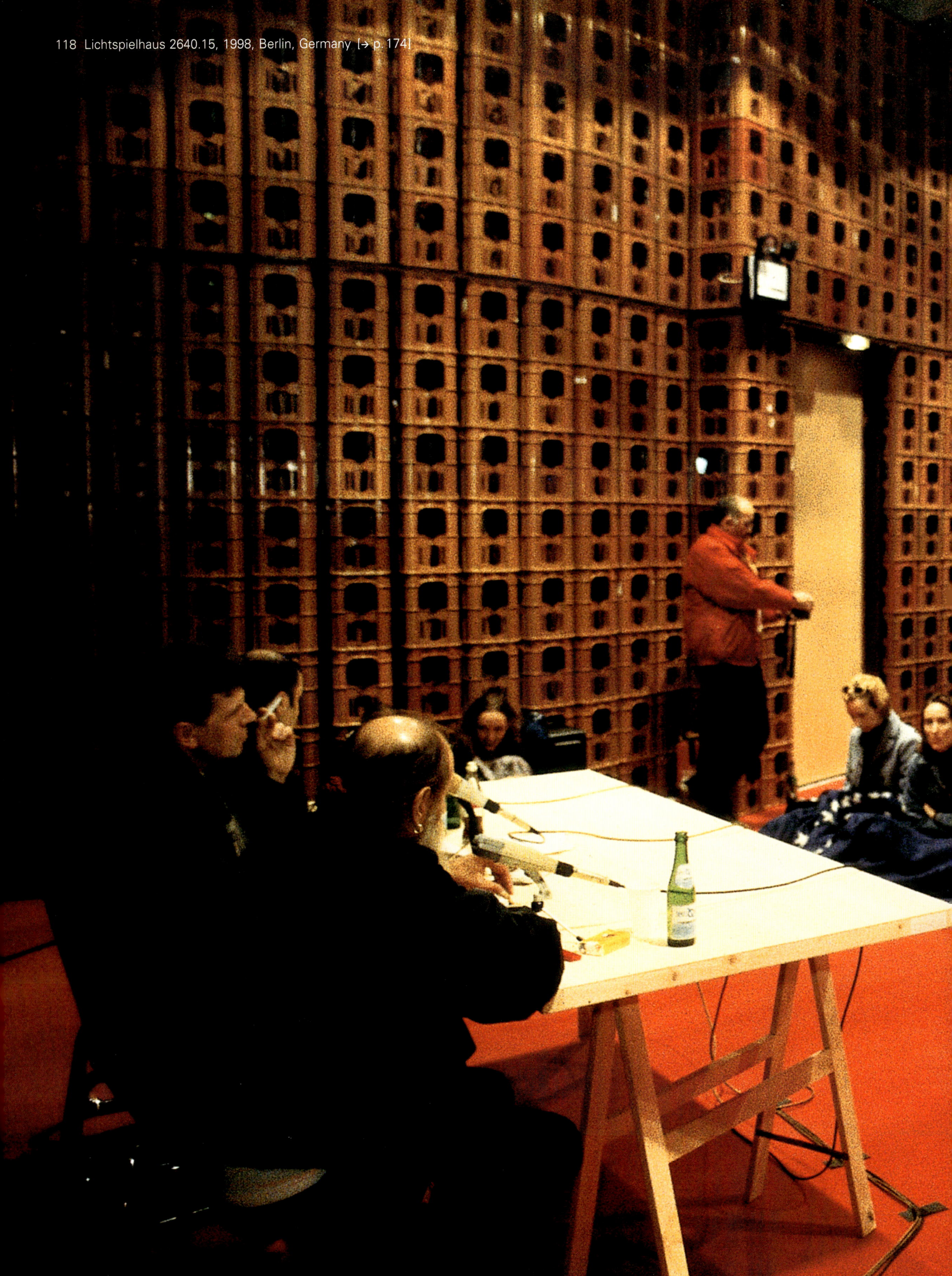

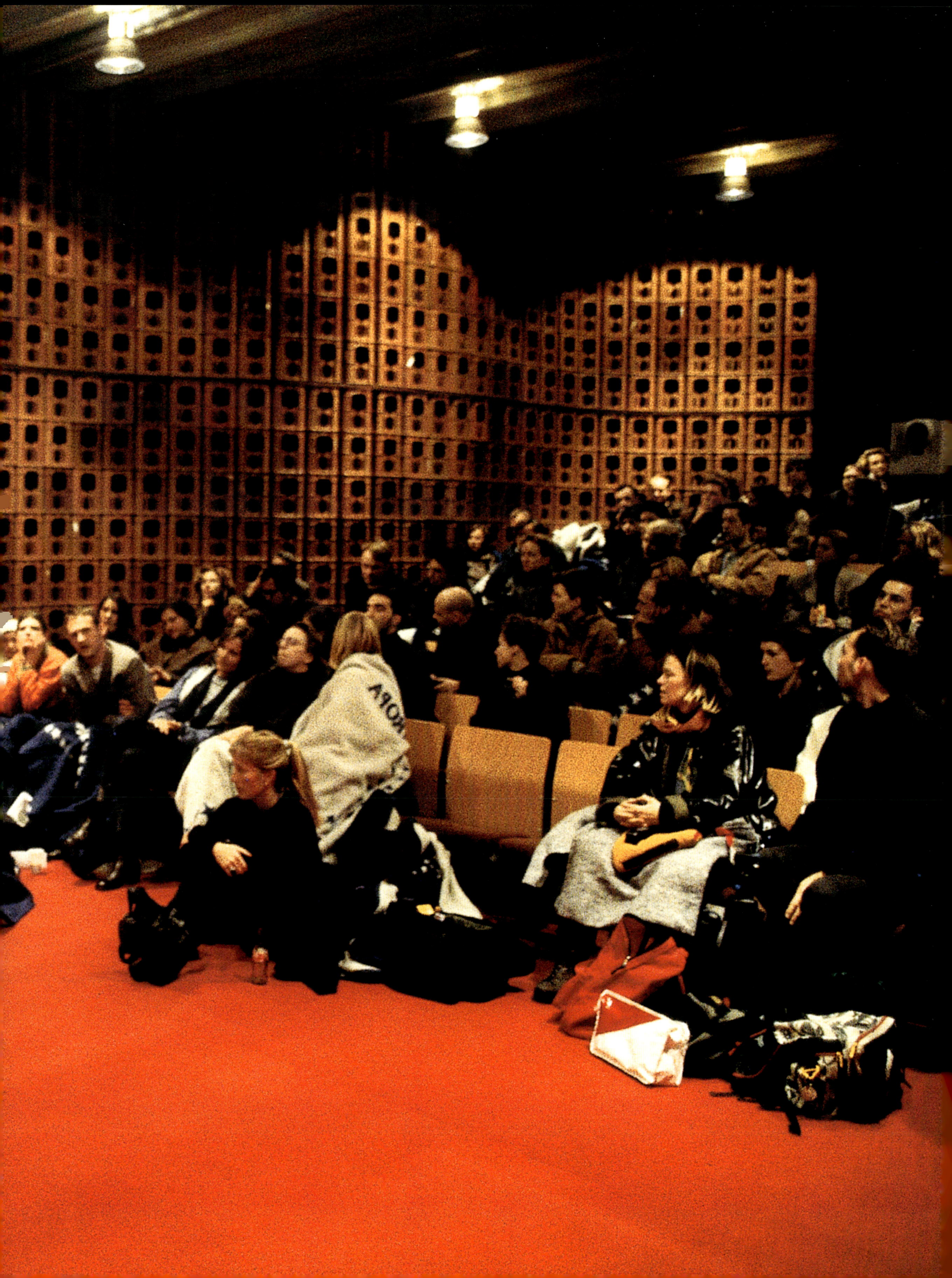

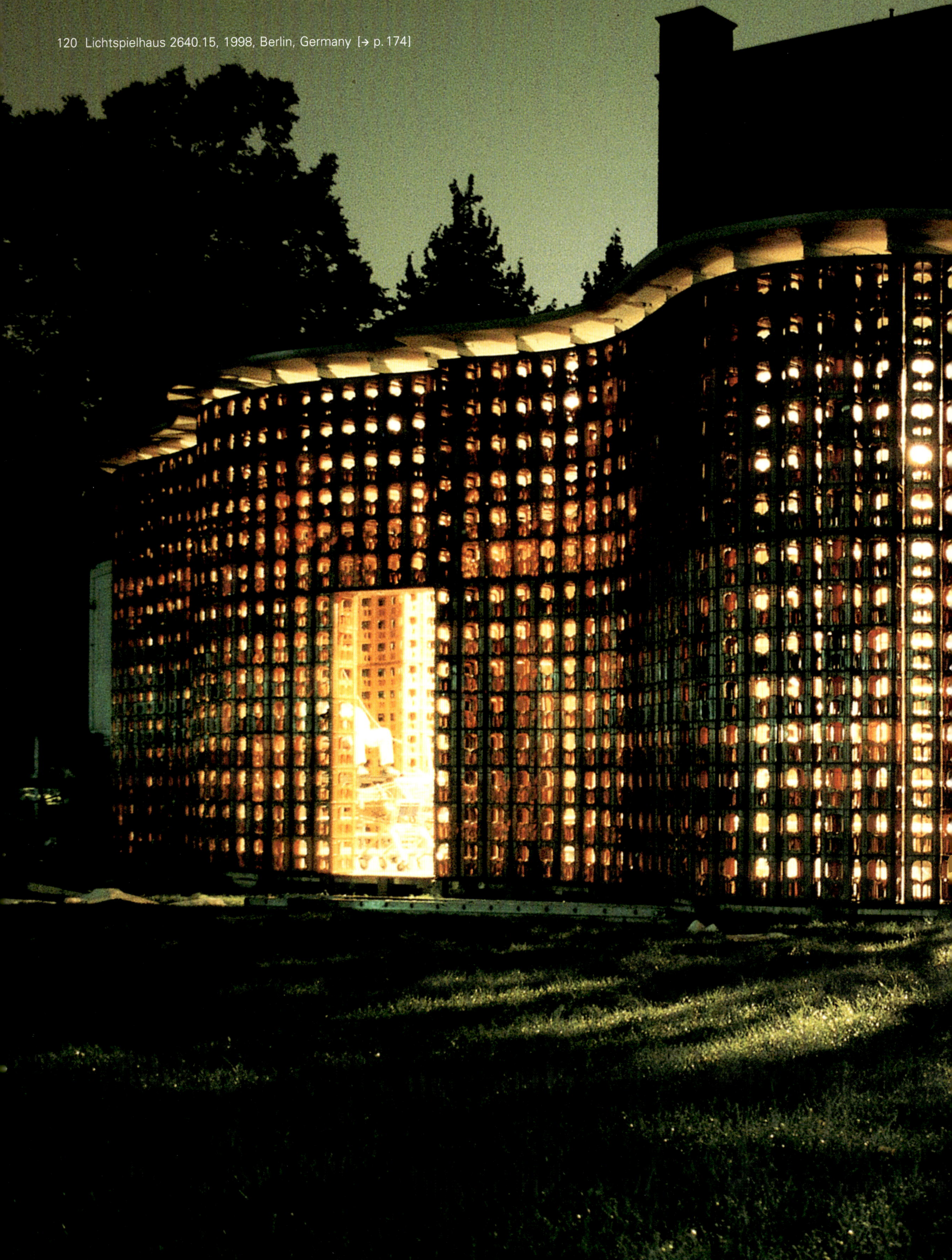

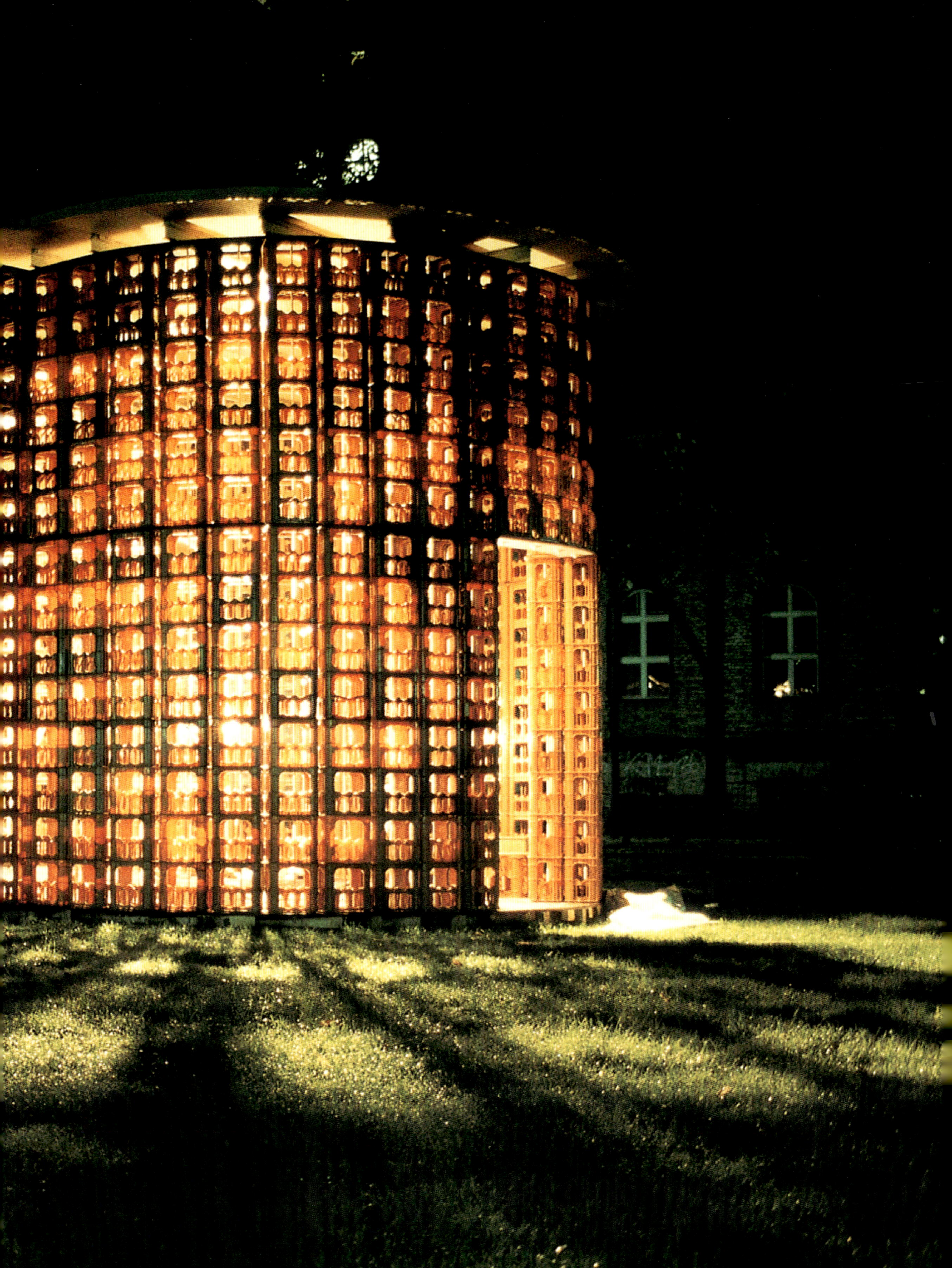

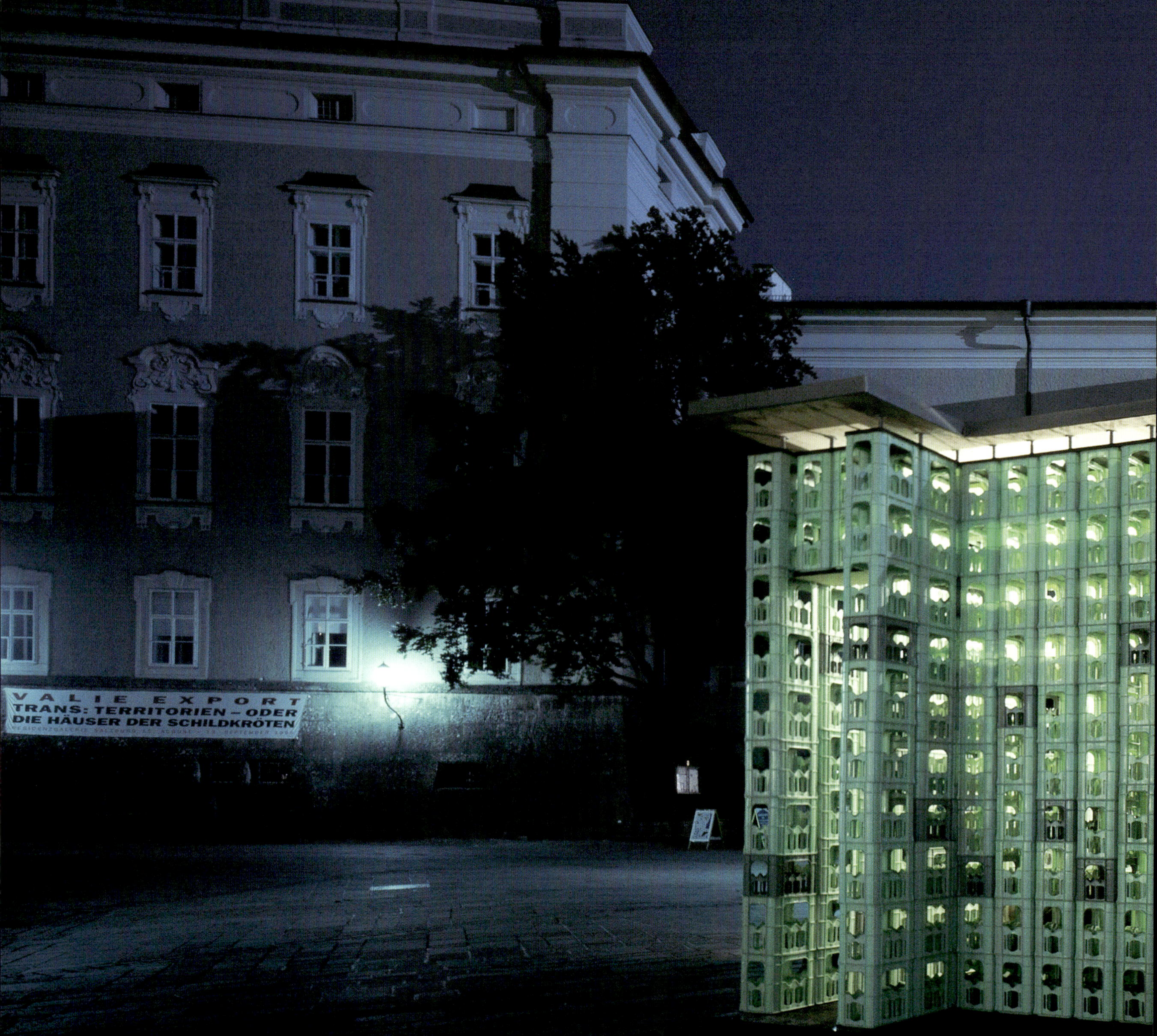
VALIE EXPORT
TRANS: TERRITORIEN – ODER
DIE HÄUSER DER SCHILDKRÖTEN

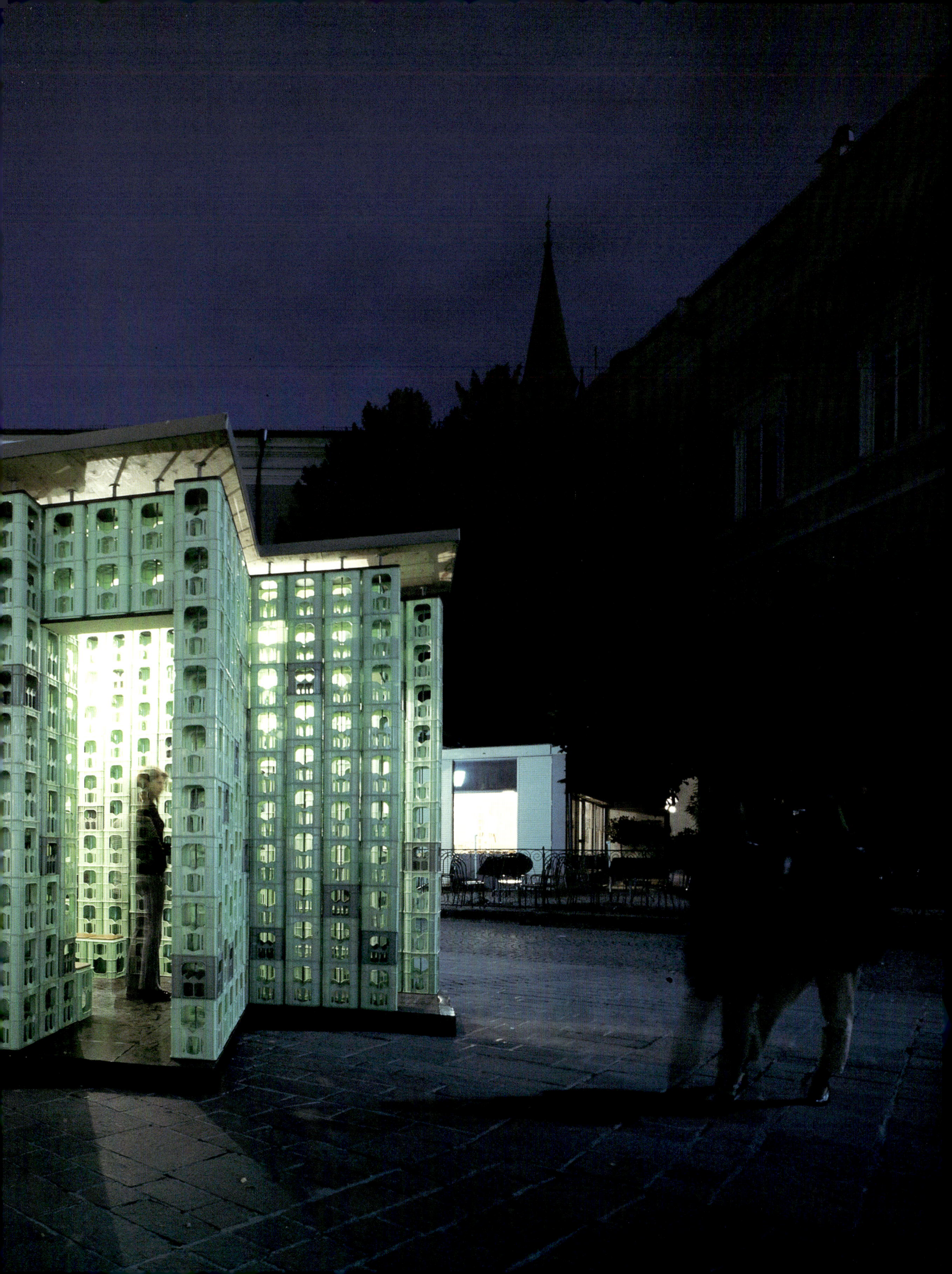

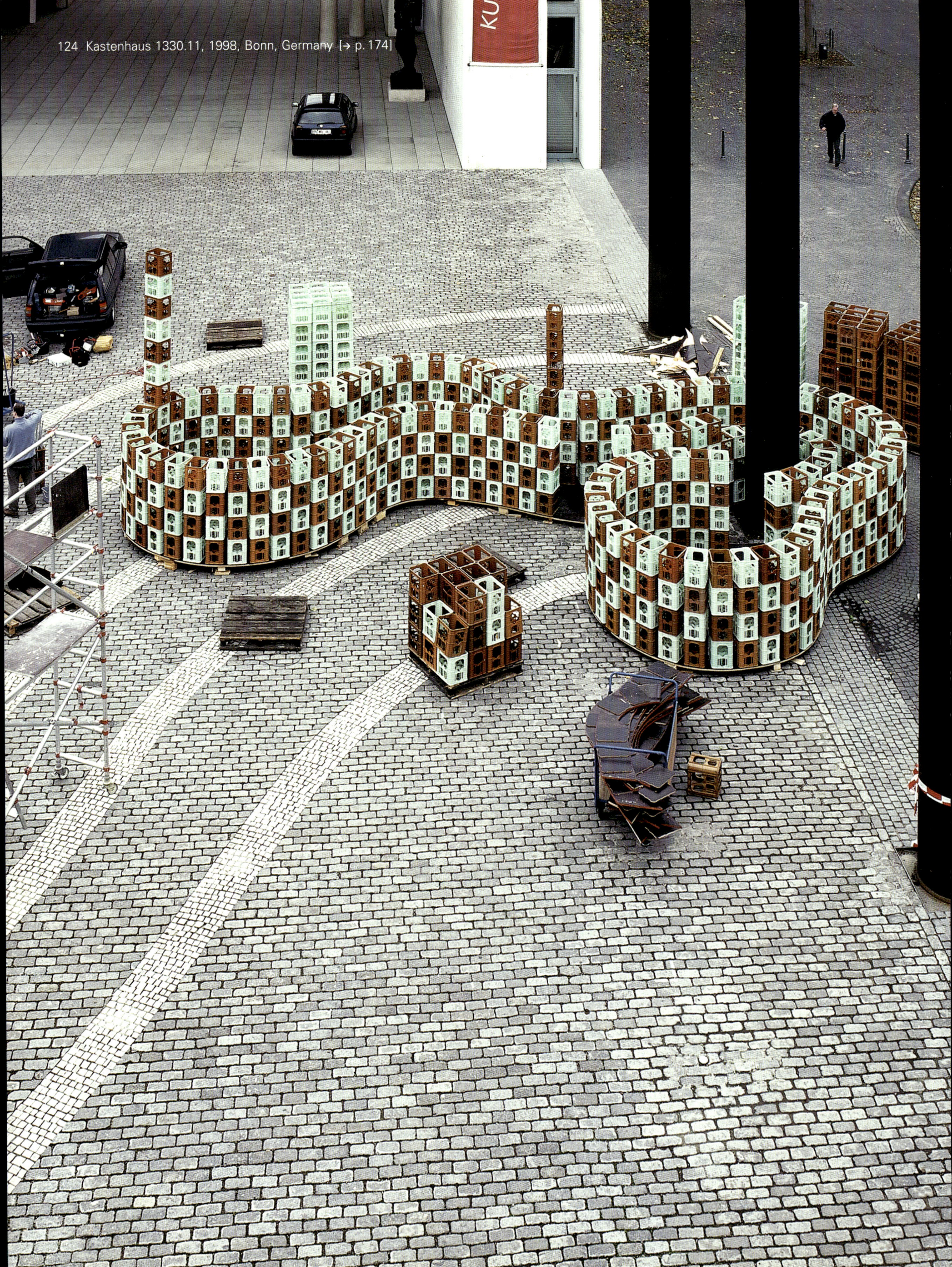
KU

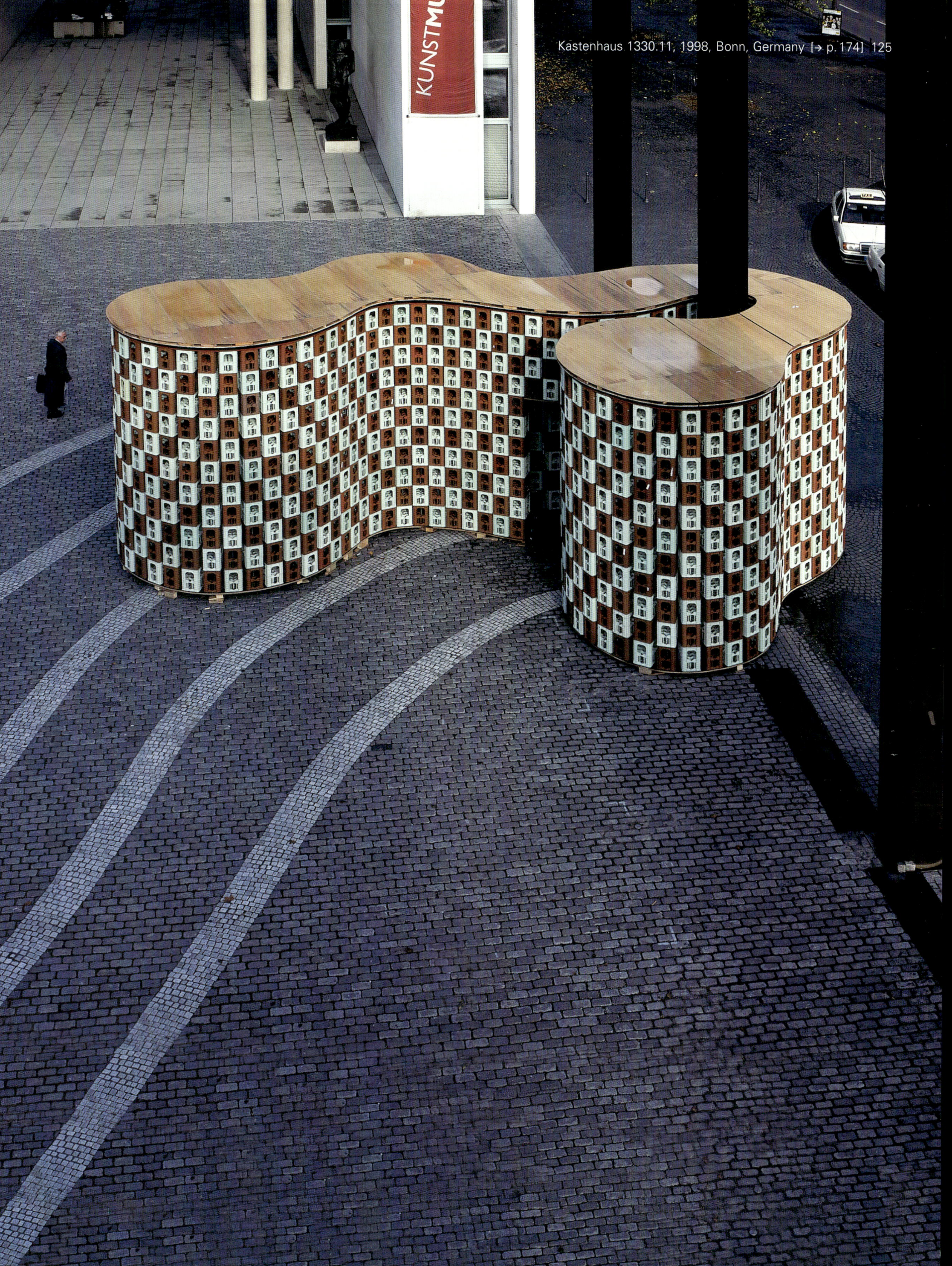

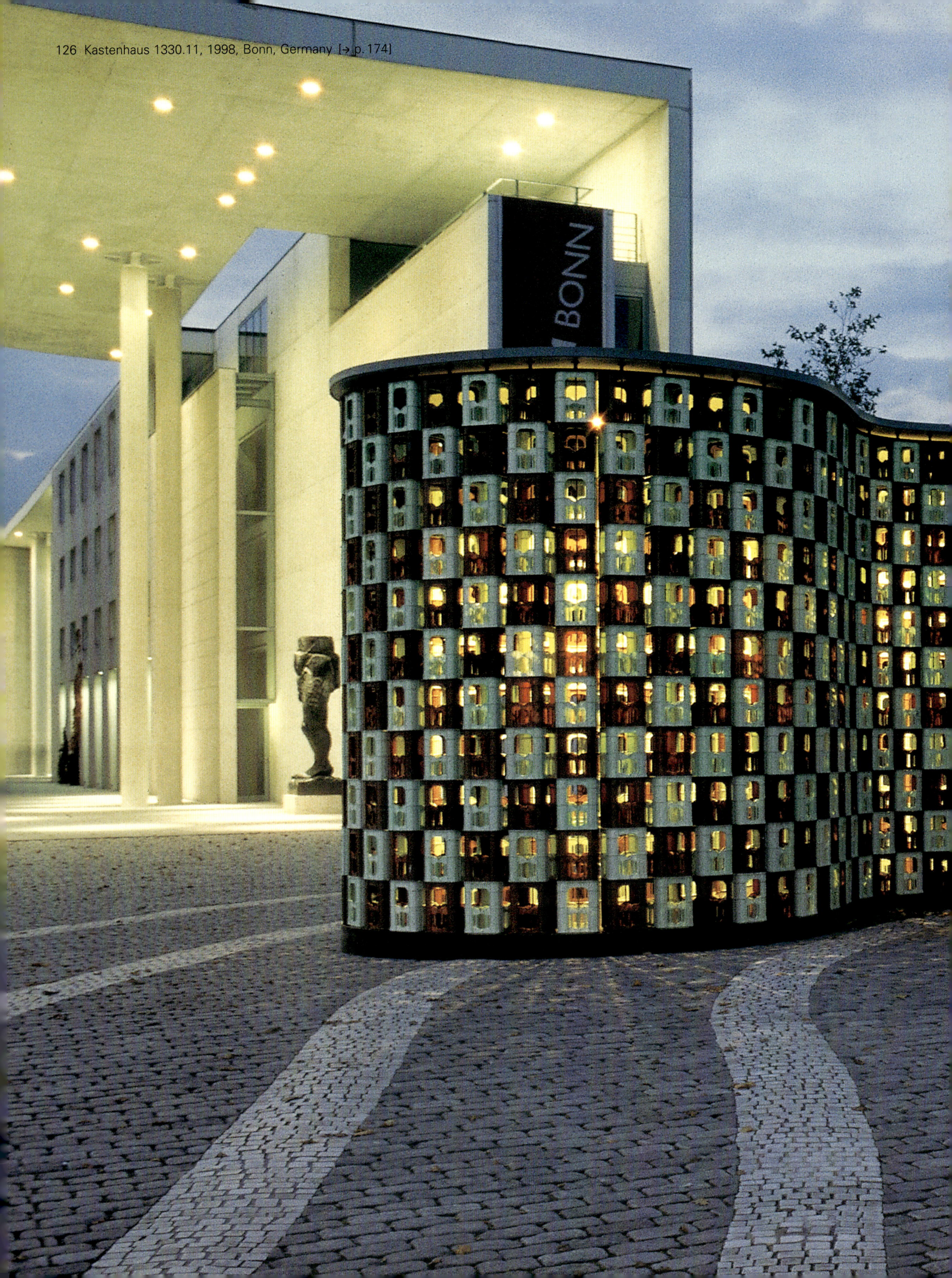

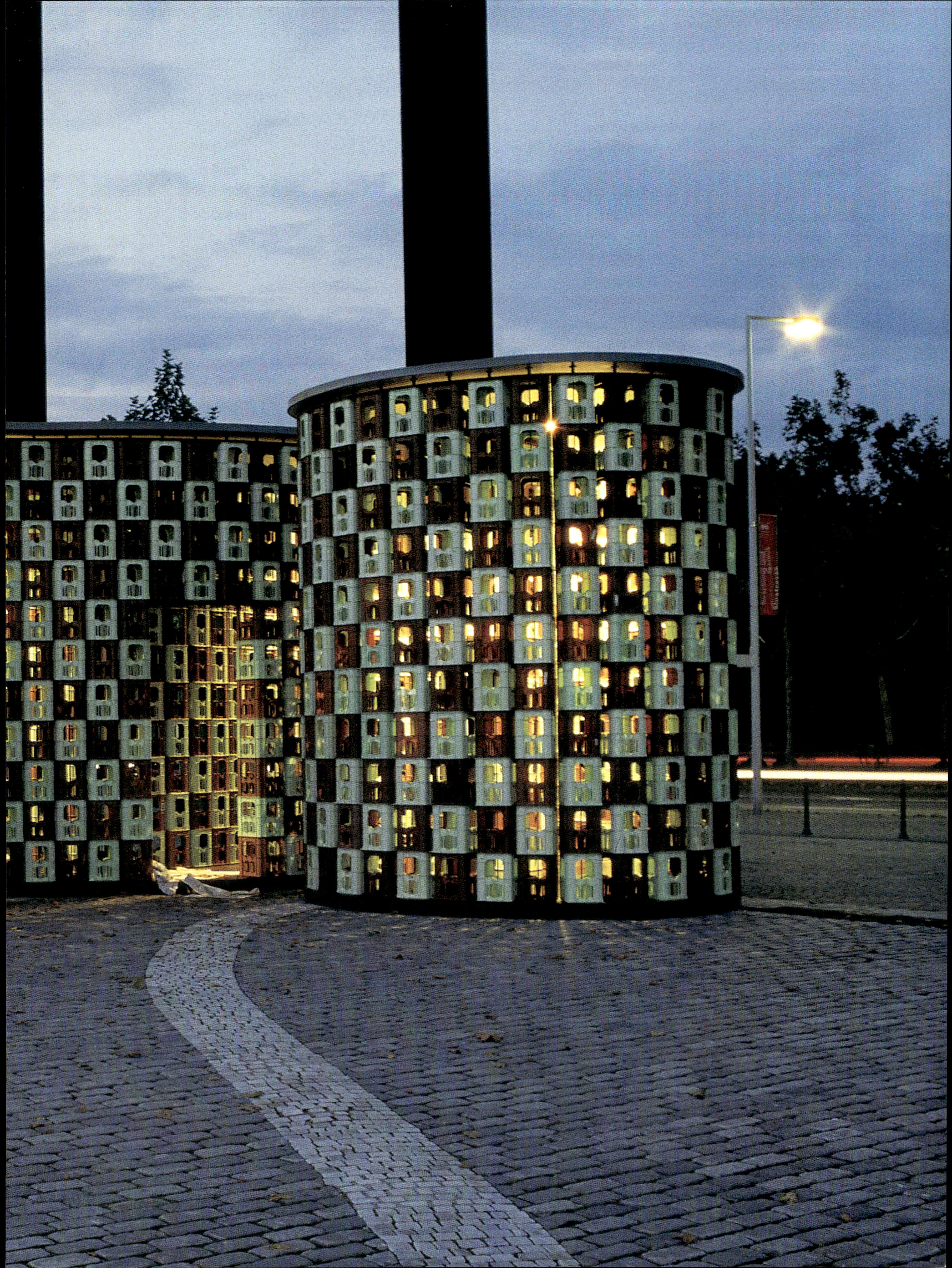

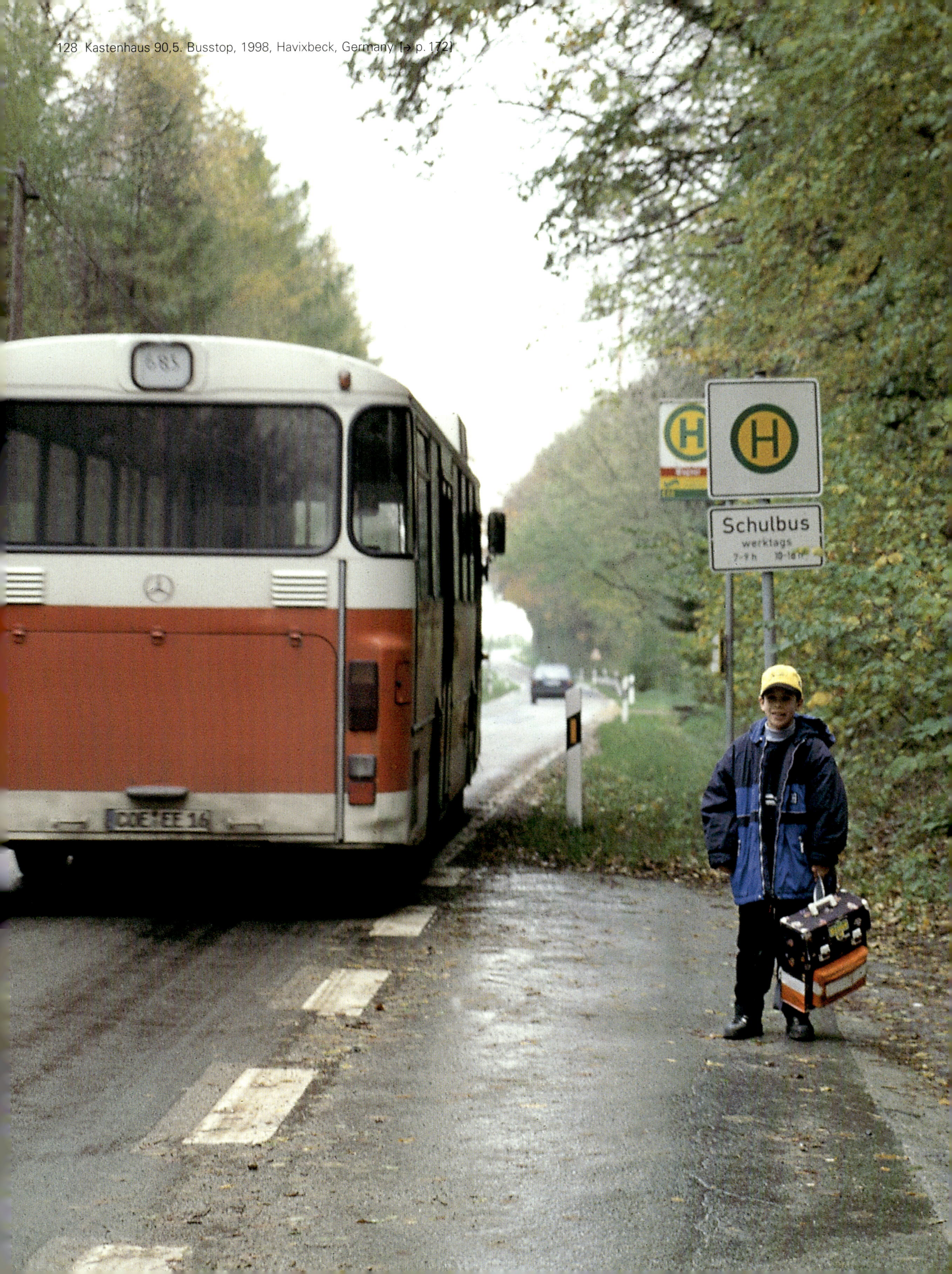

H
H
Schulbus
werktags
7-9 h   10-16 h
COE · EE 16

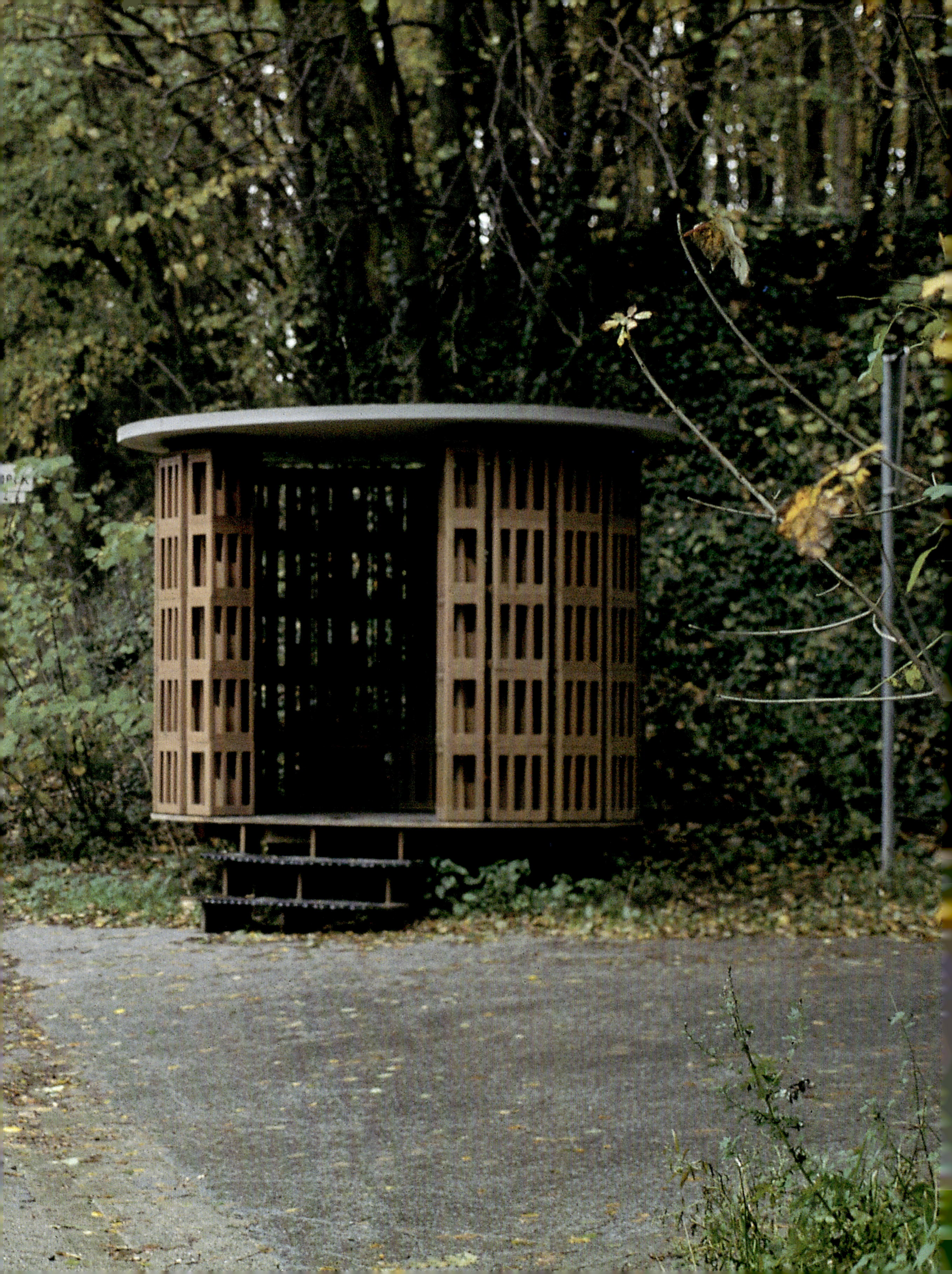

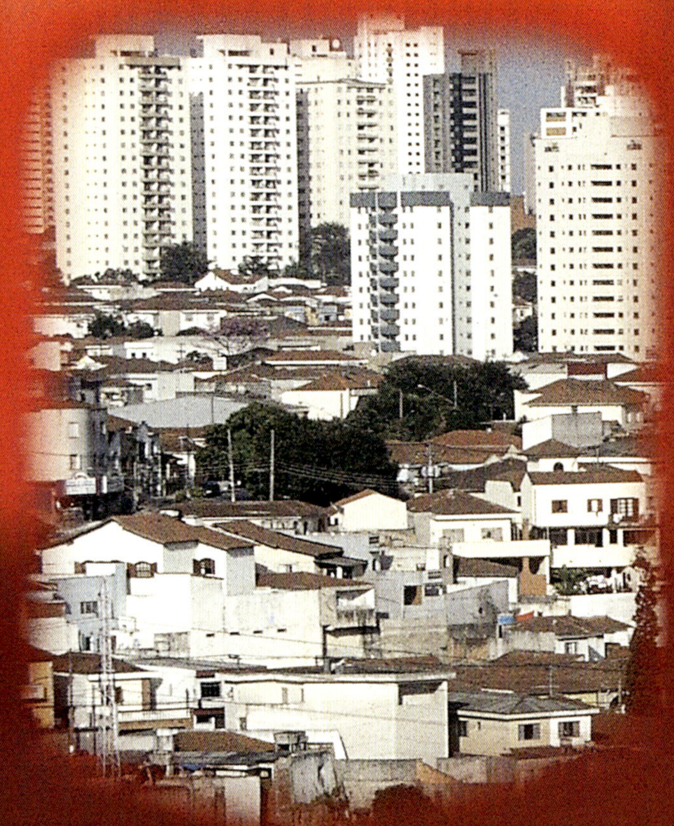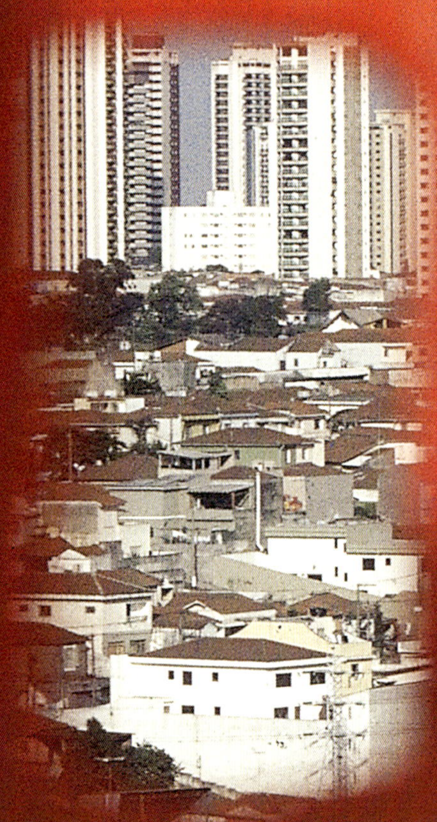

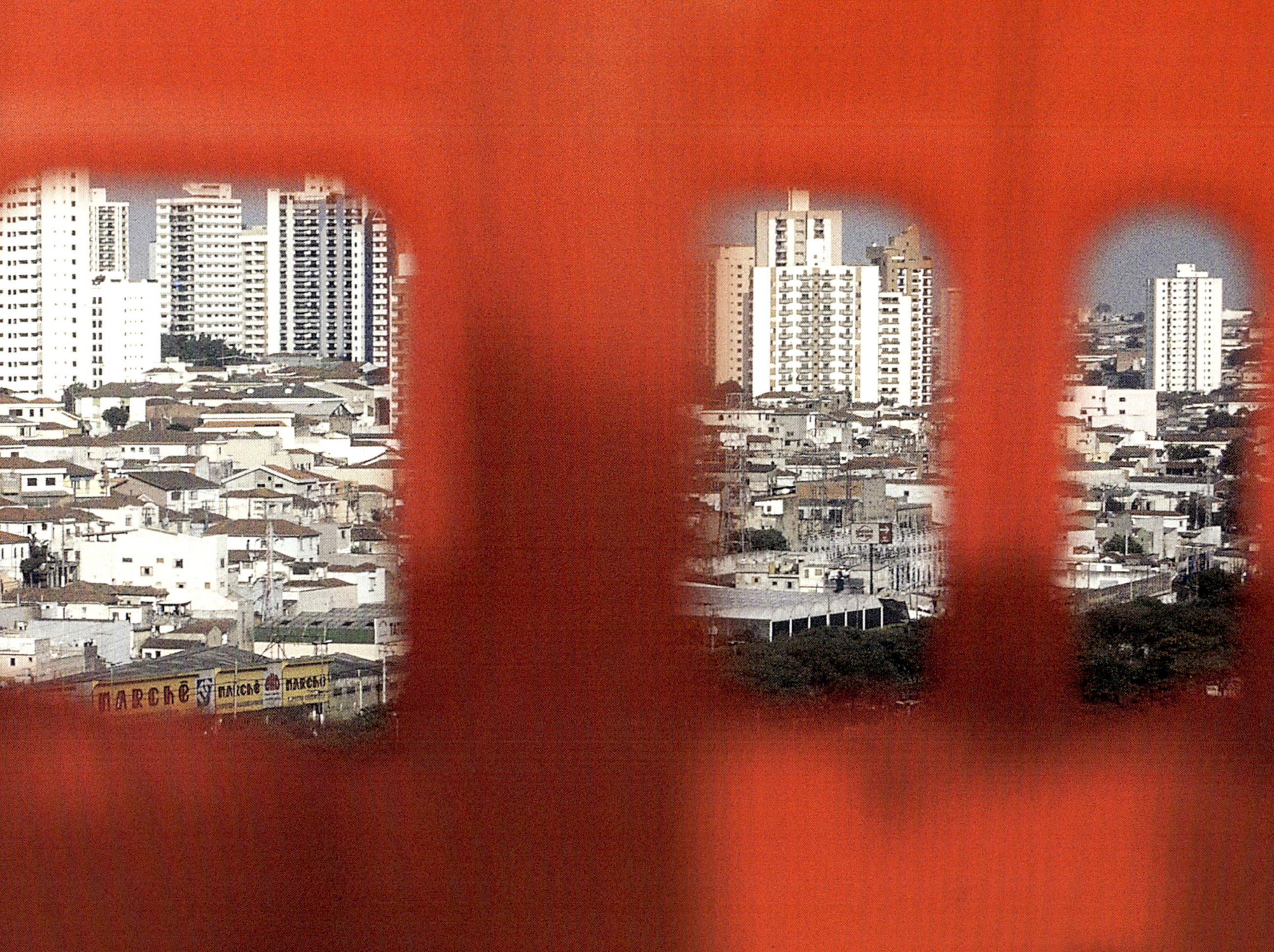

Marché

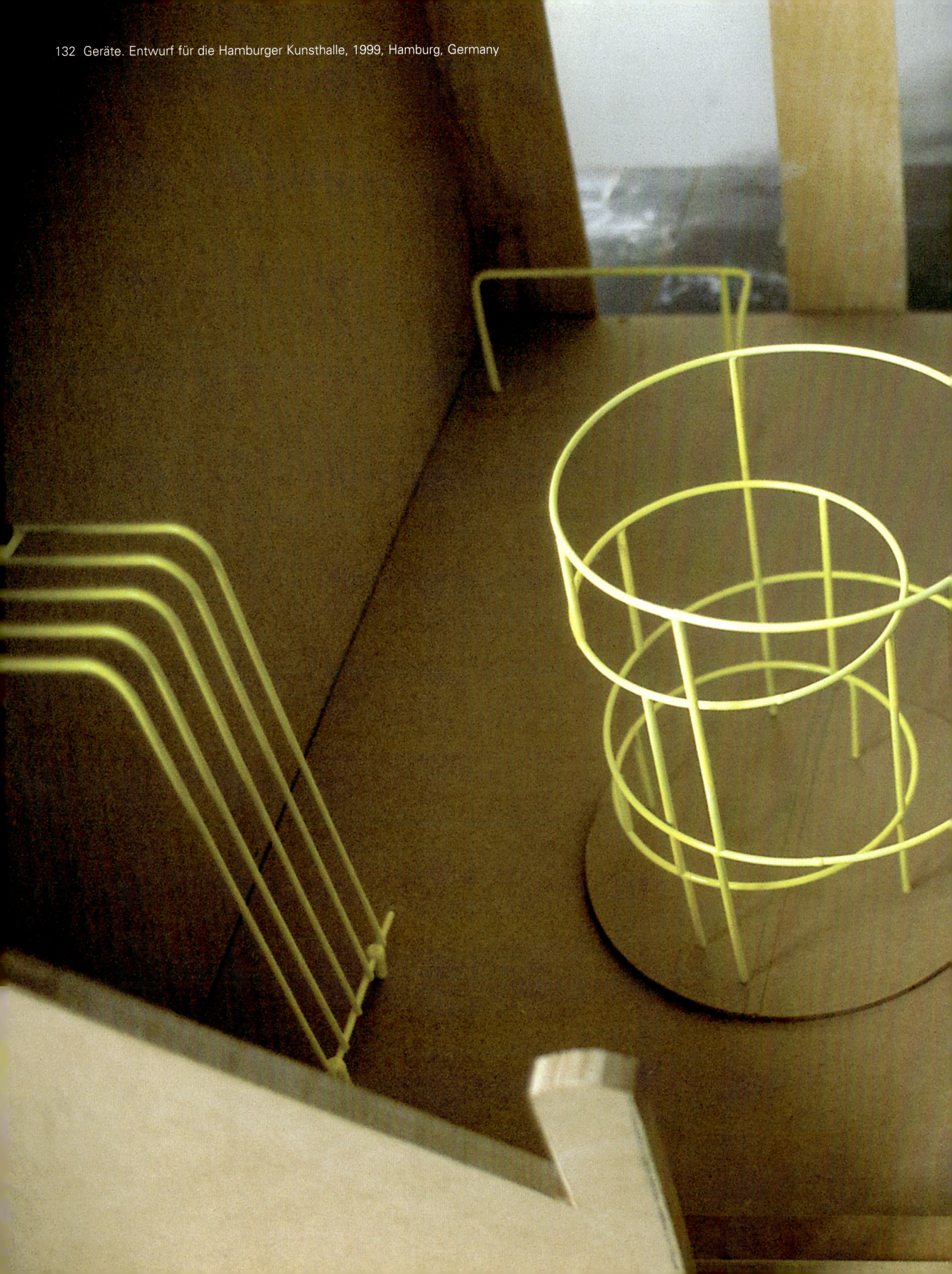

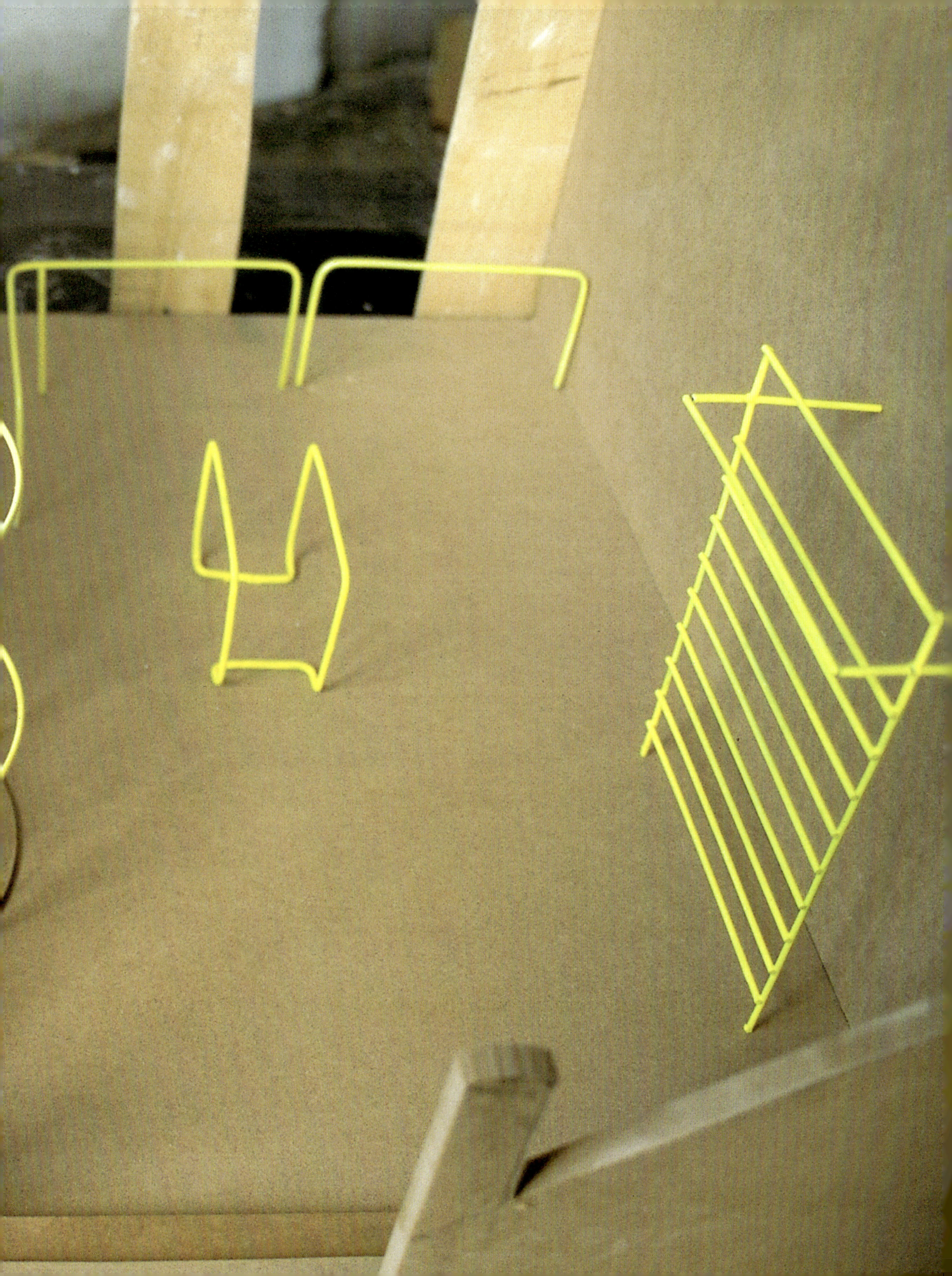

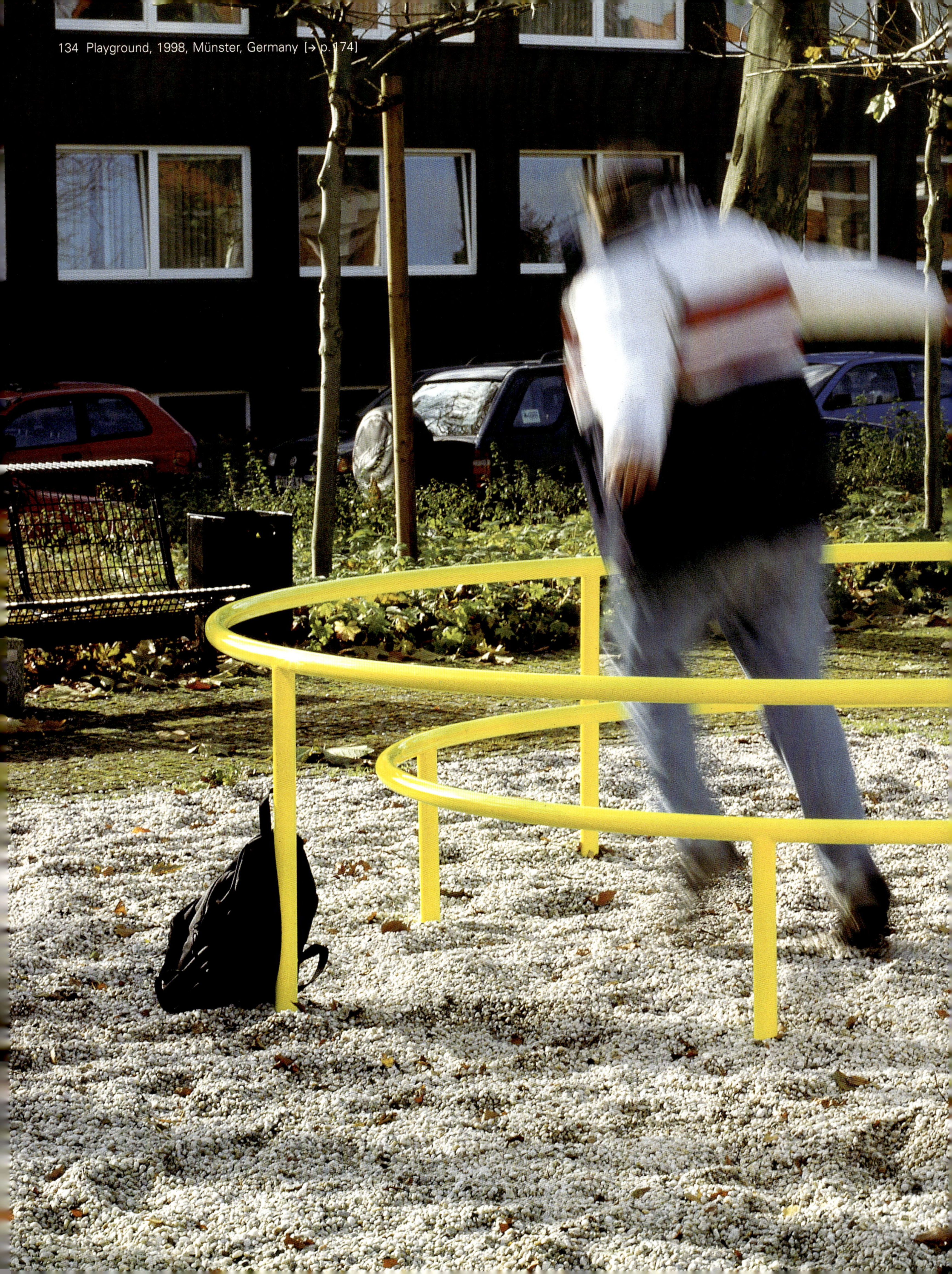


134  Playground, 1998, Münster, Germany [→ p.174]

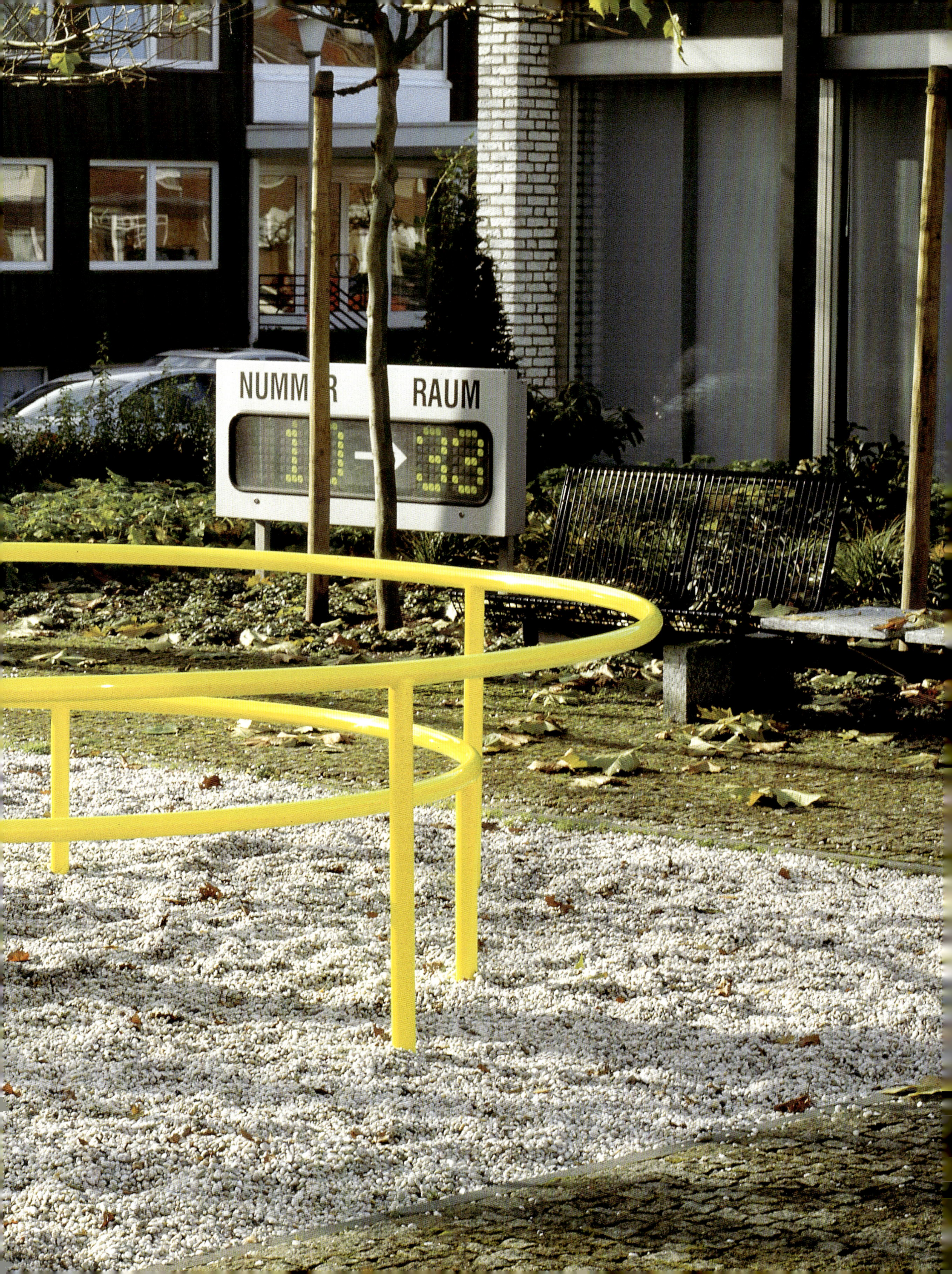

NUMMER
RAUM

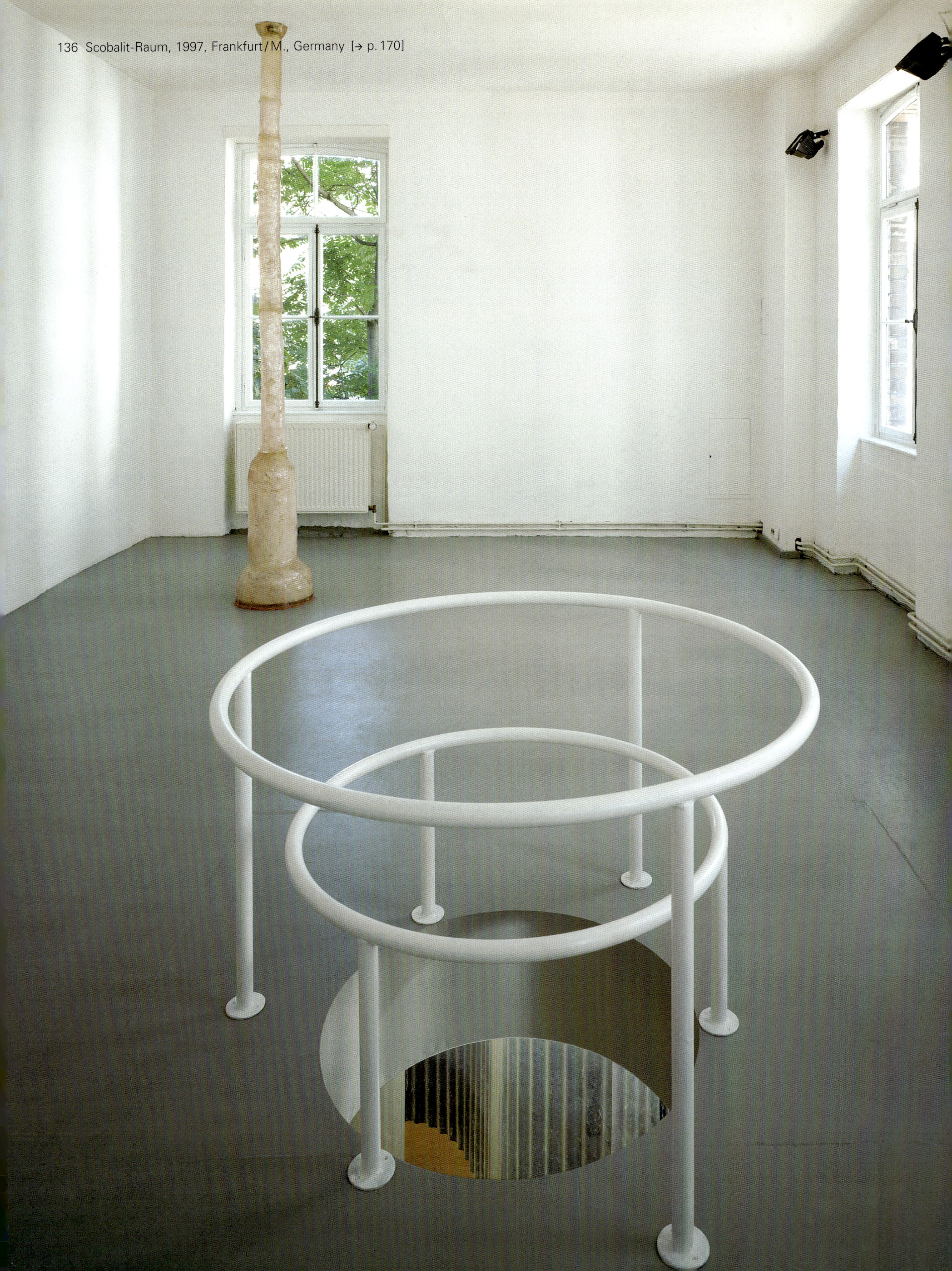

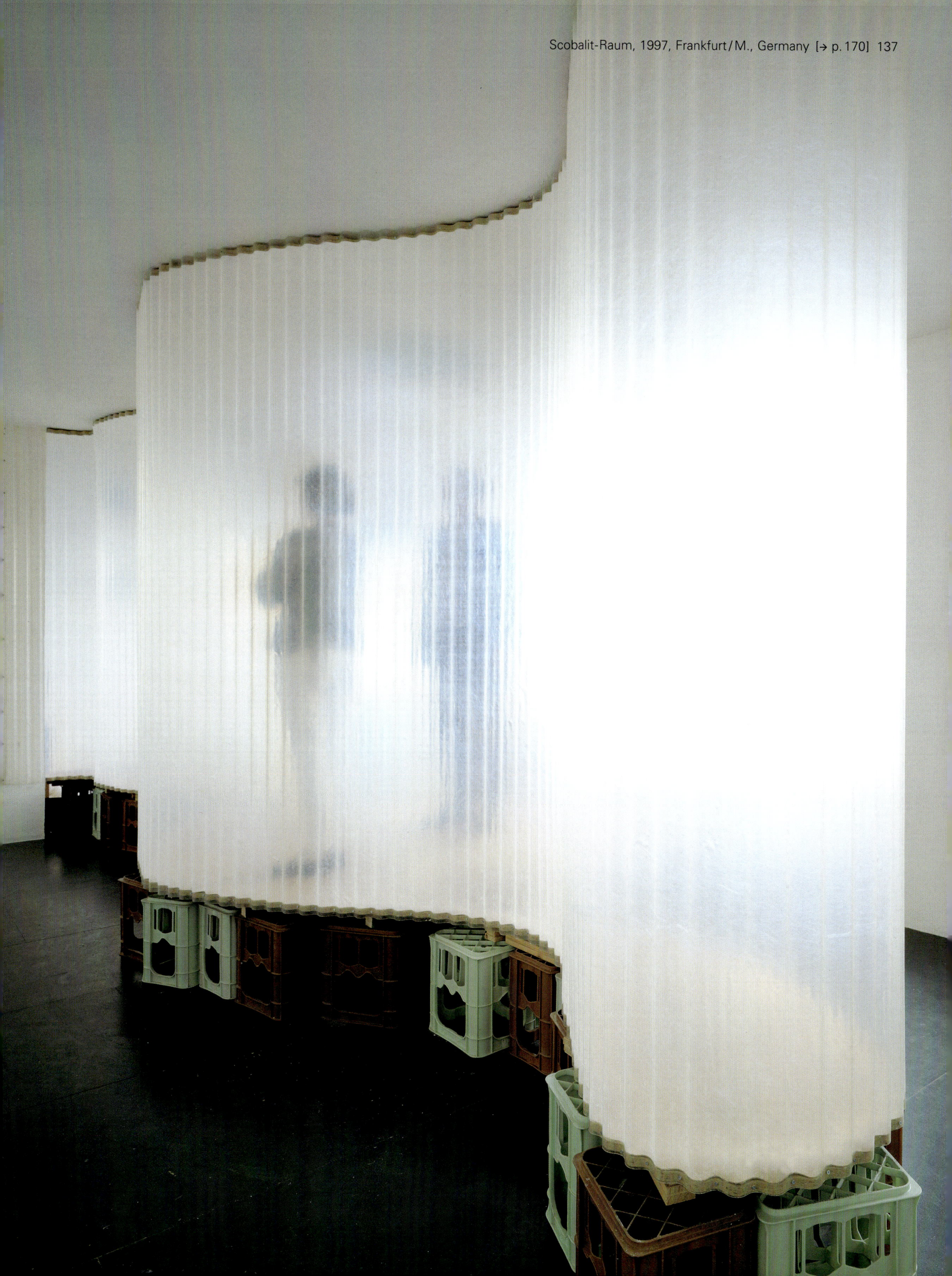

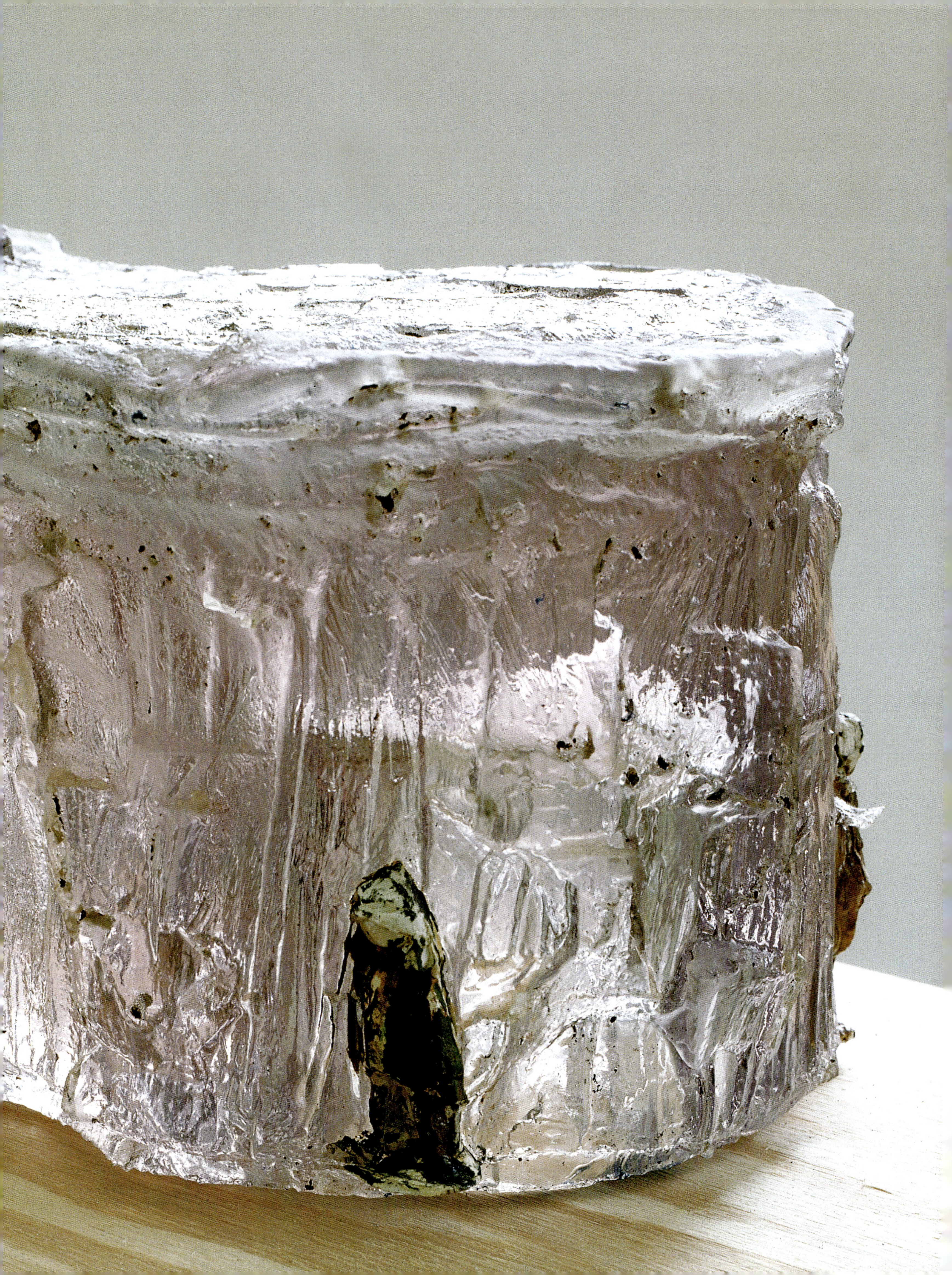

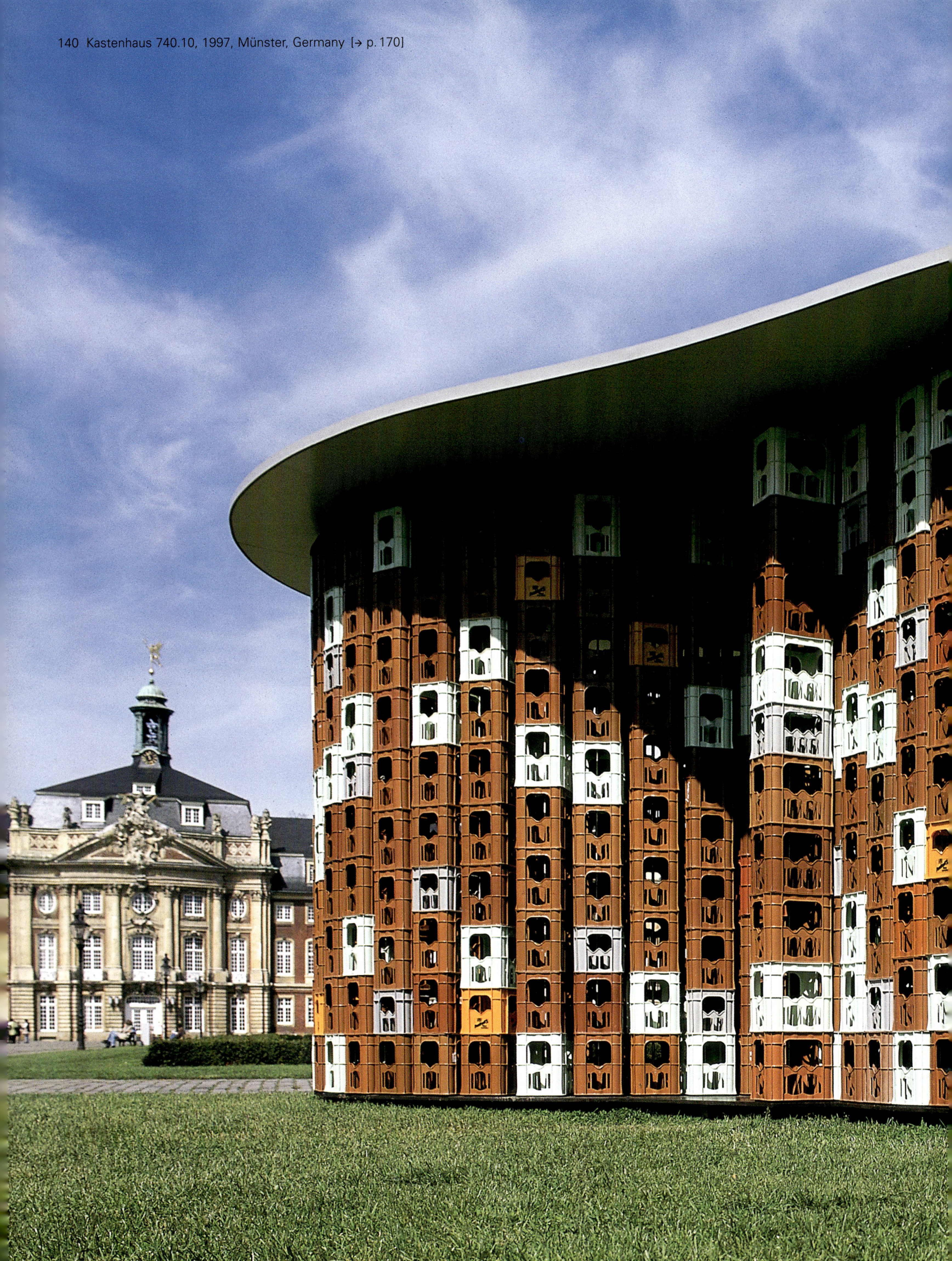

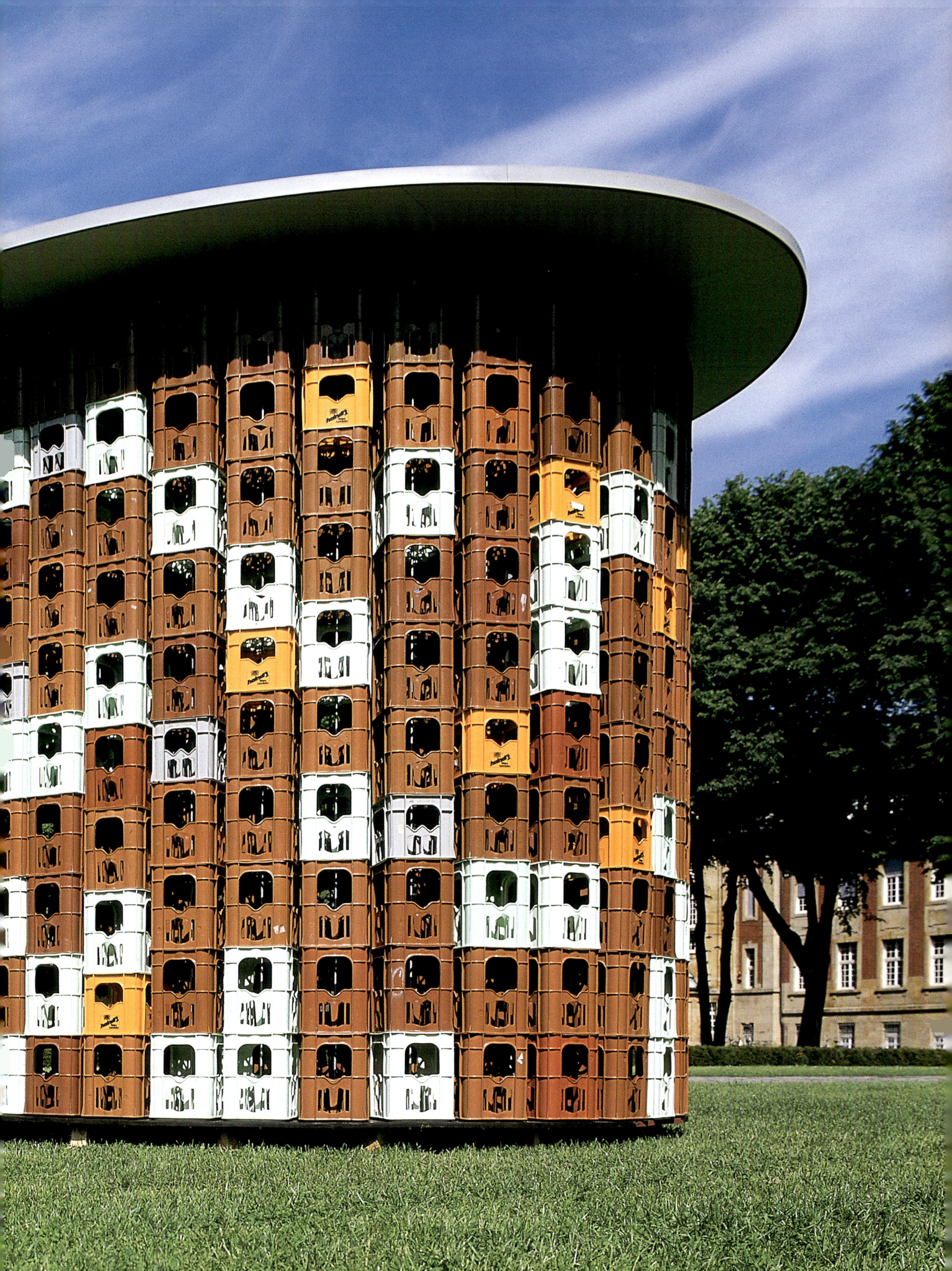

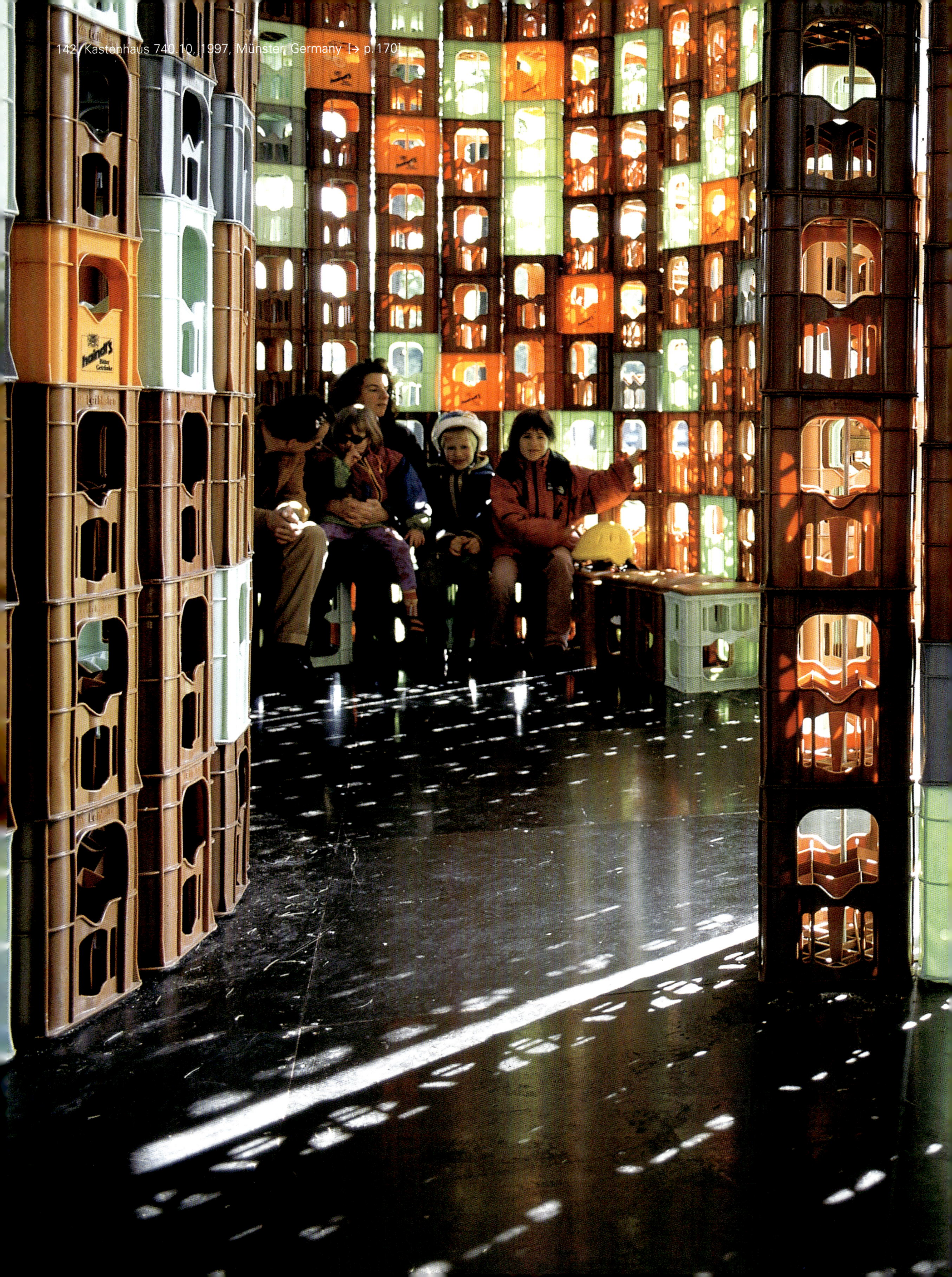

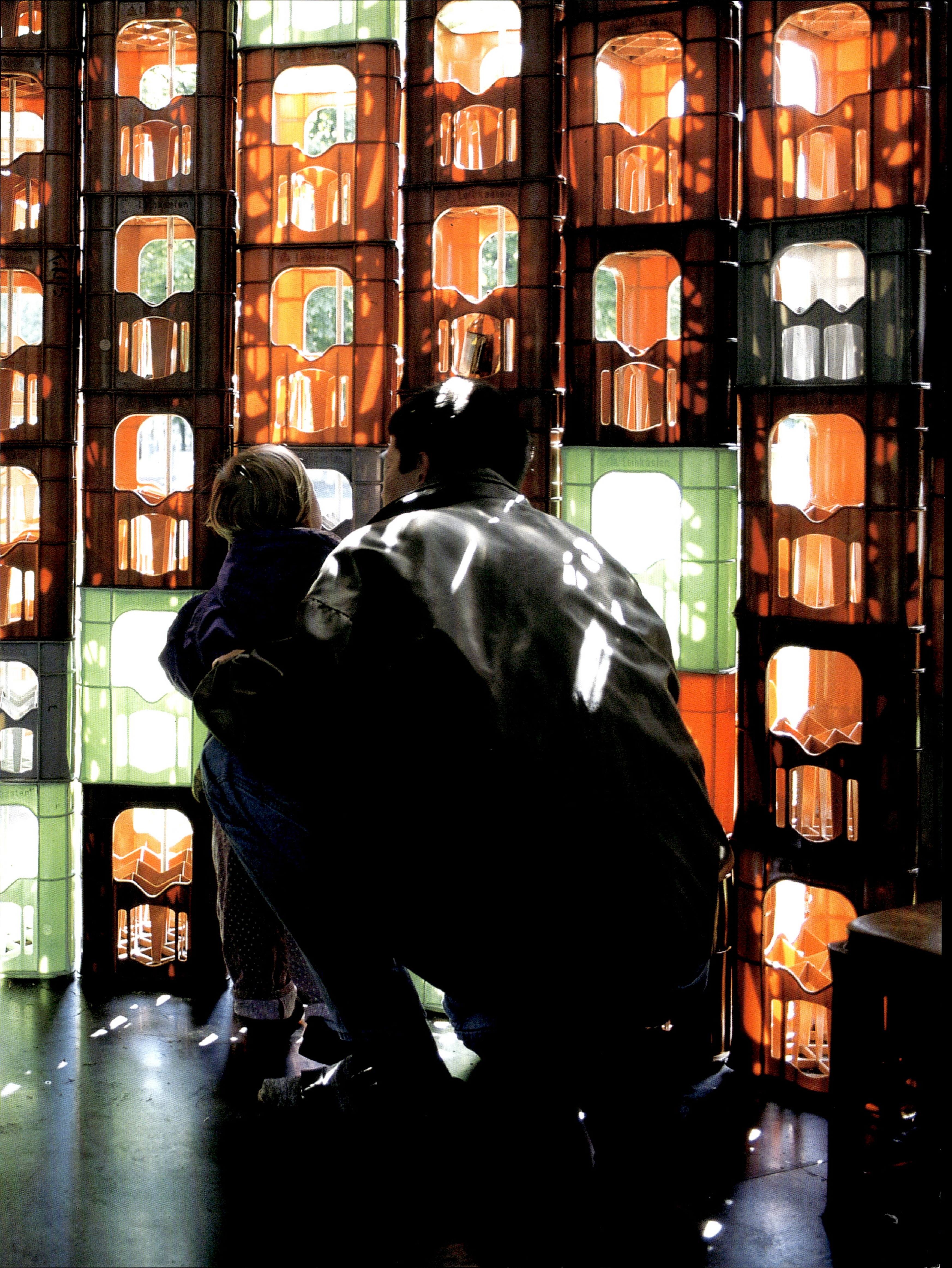

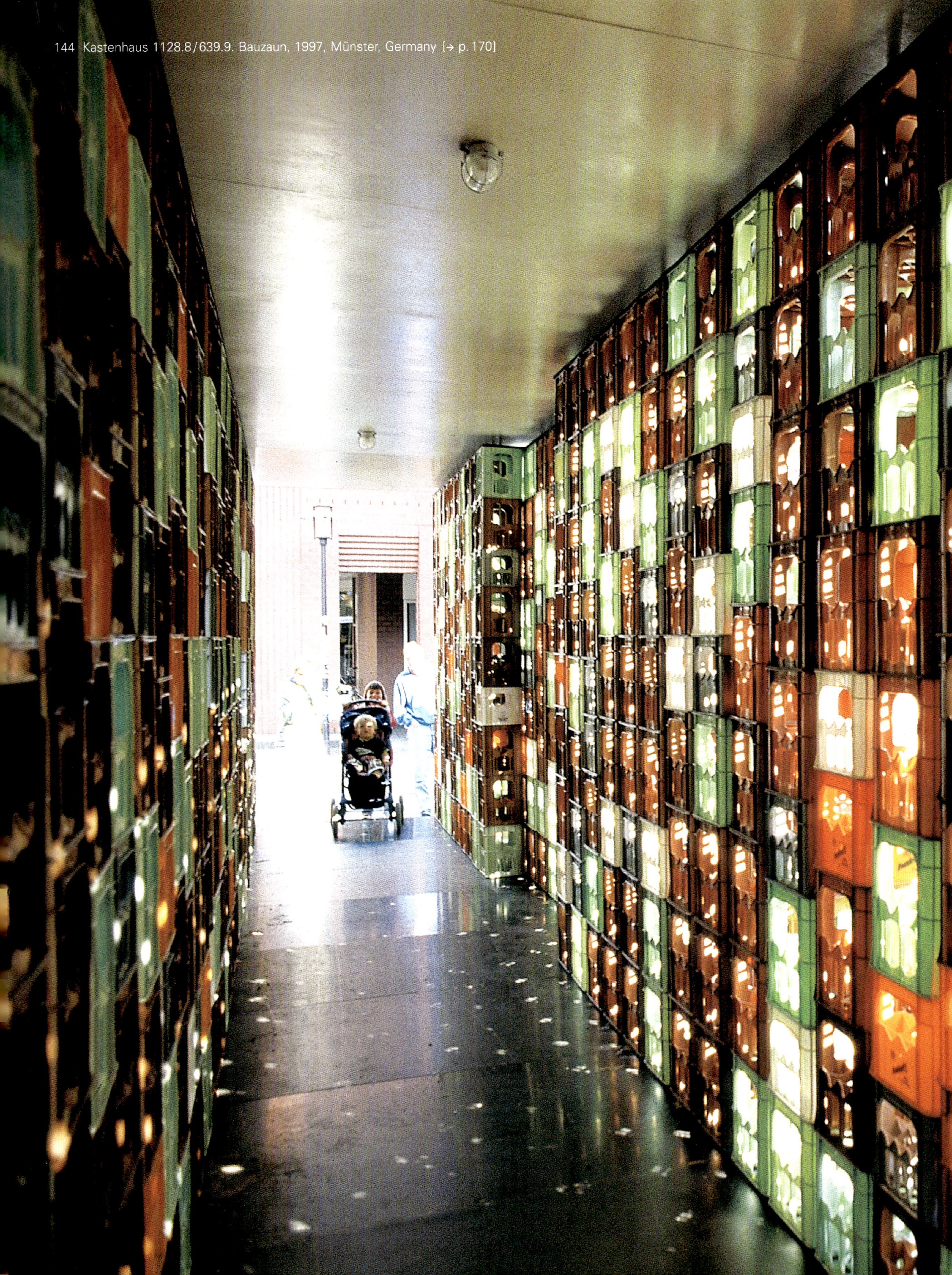

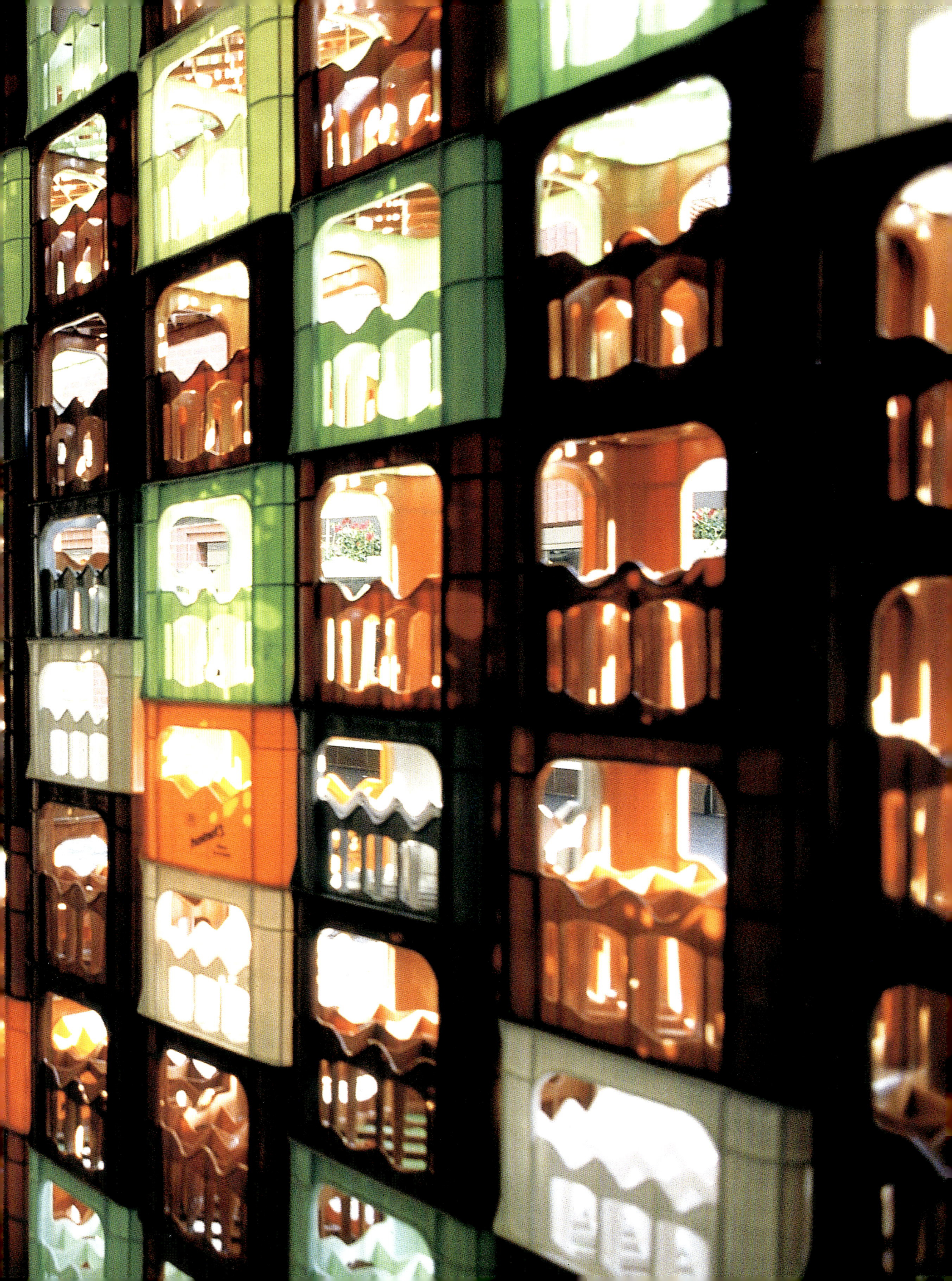

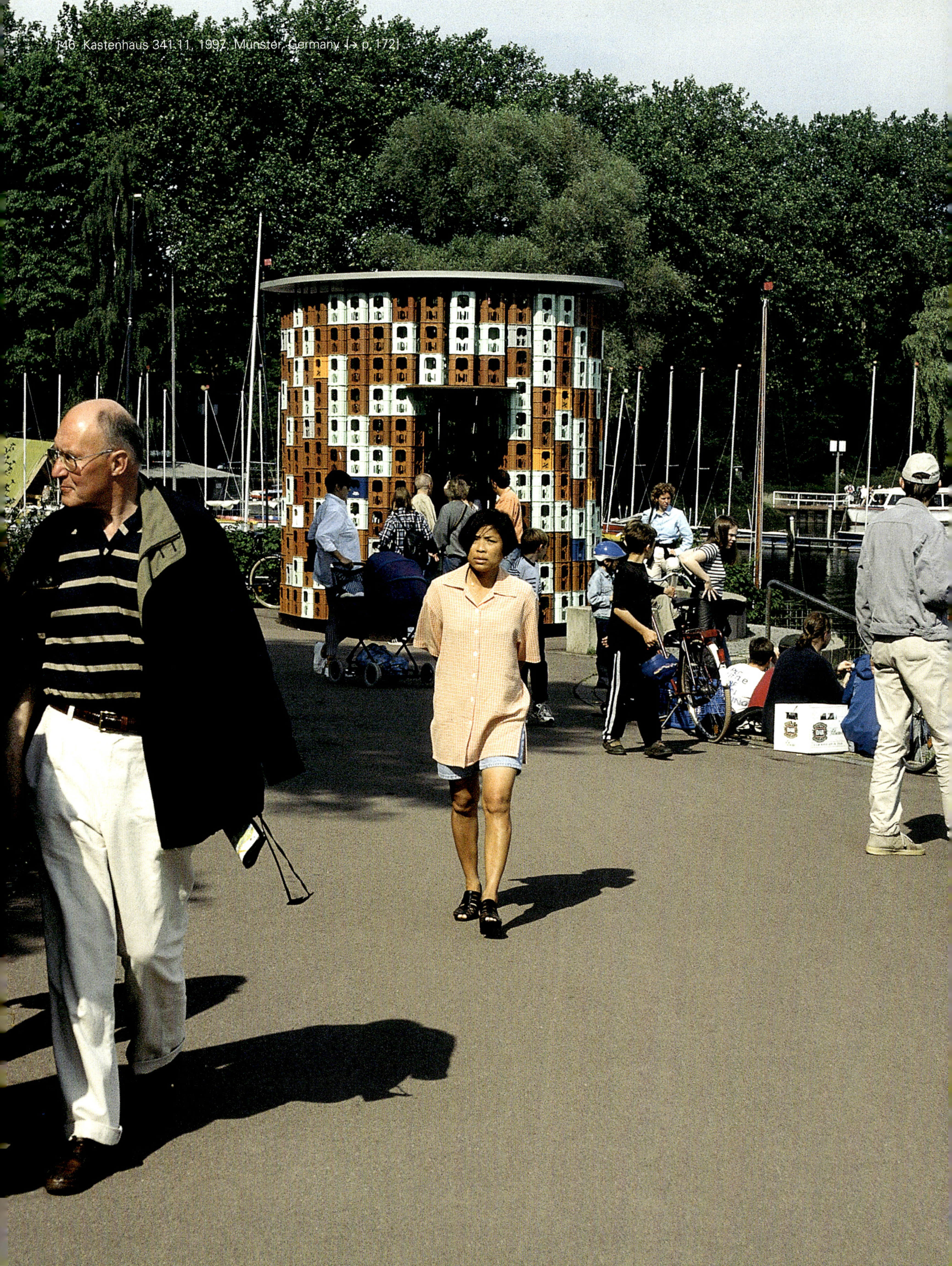
146  Kastenhaus 341.11, 1997, Münster, Germany [→ p. 172]

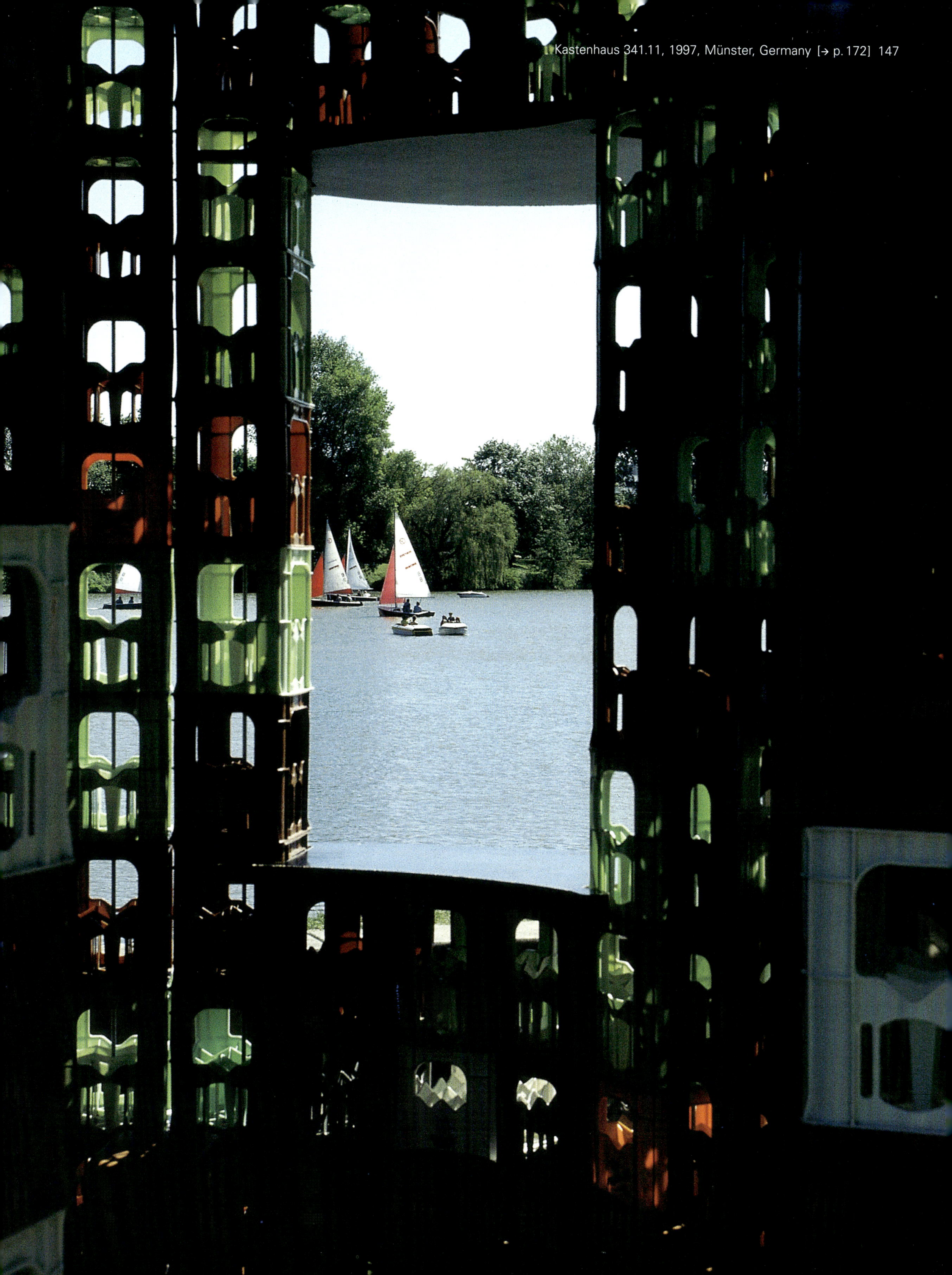

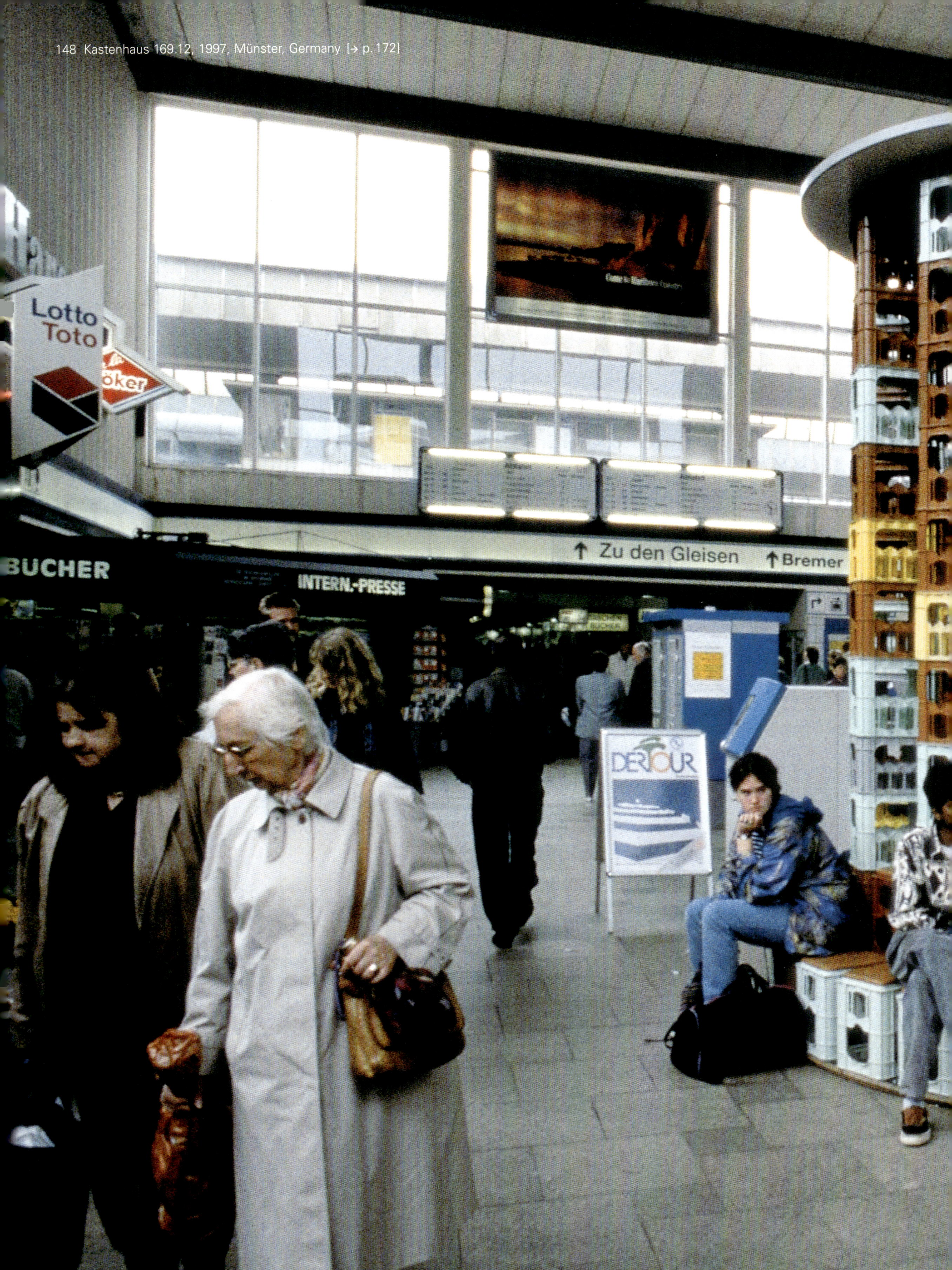
Lotto
Toto
öker
BUCHER
INTERN.-PRESSE
↑ Zu den Gleisen   ↑ Bremer
DERTOUR

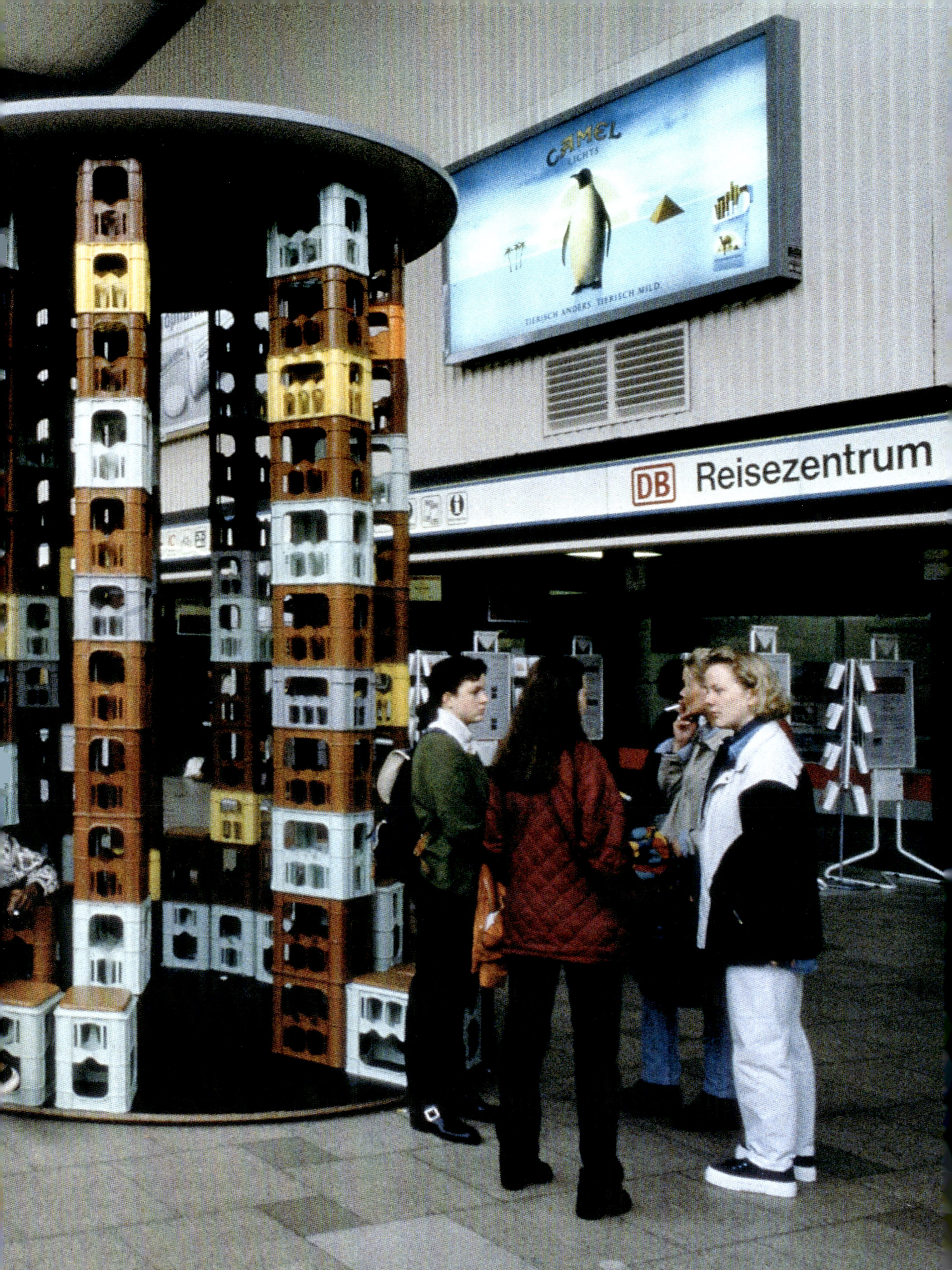
CAMEL
LIGHTS
TIERISCH ANDERS. TIERISCH MILD.
DB Reisezentrum

# KONZIPIERTE PROJEKTE /
# PLANNED PROJECTS

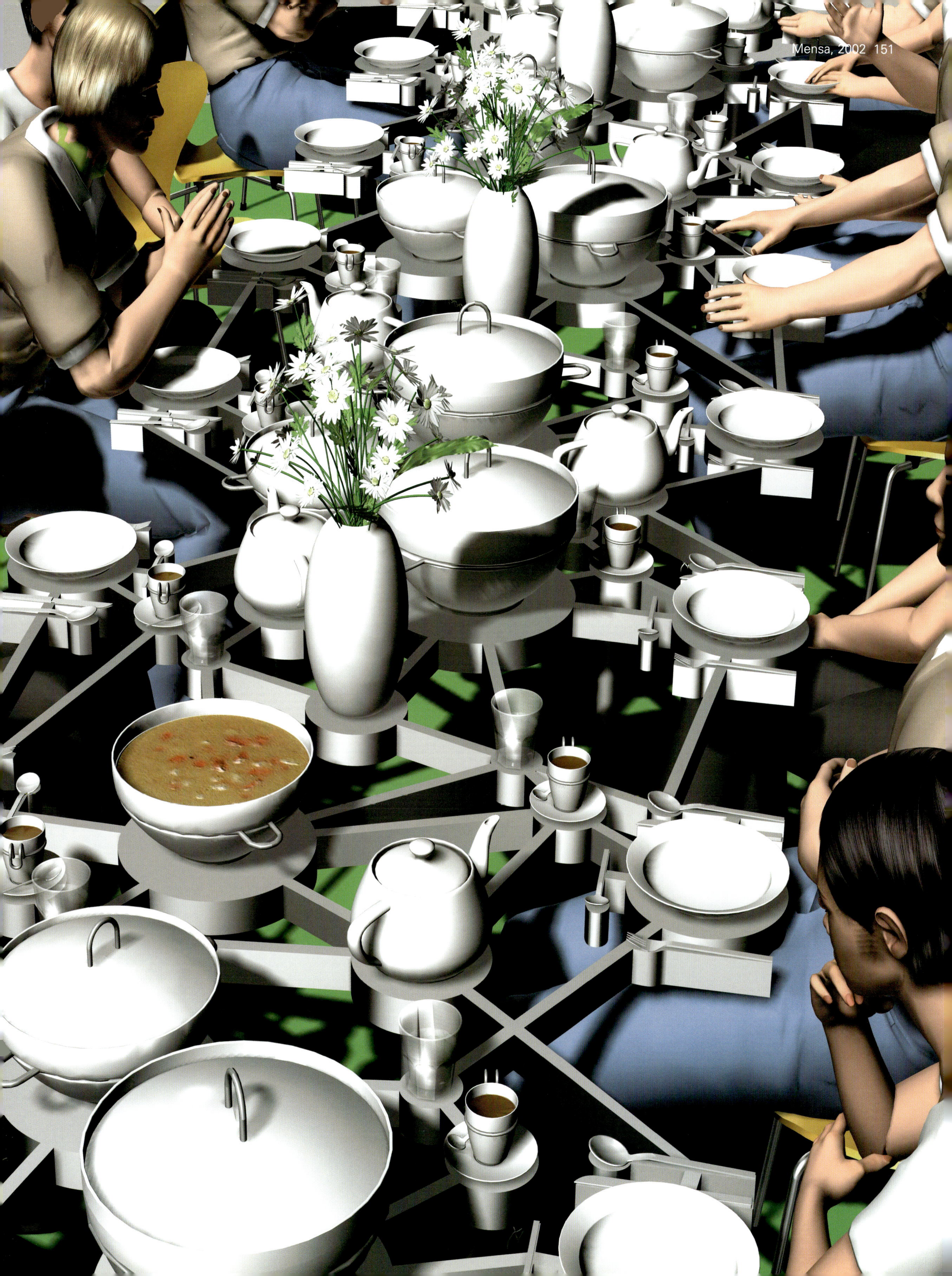

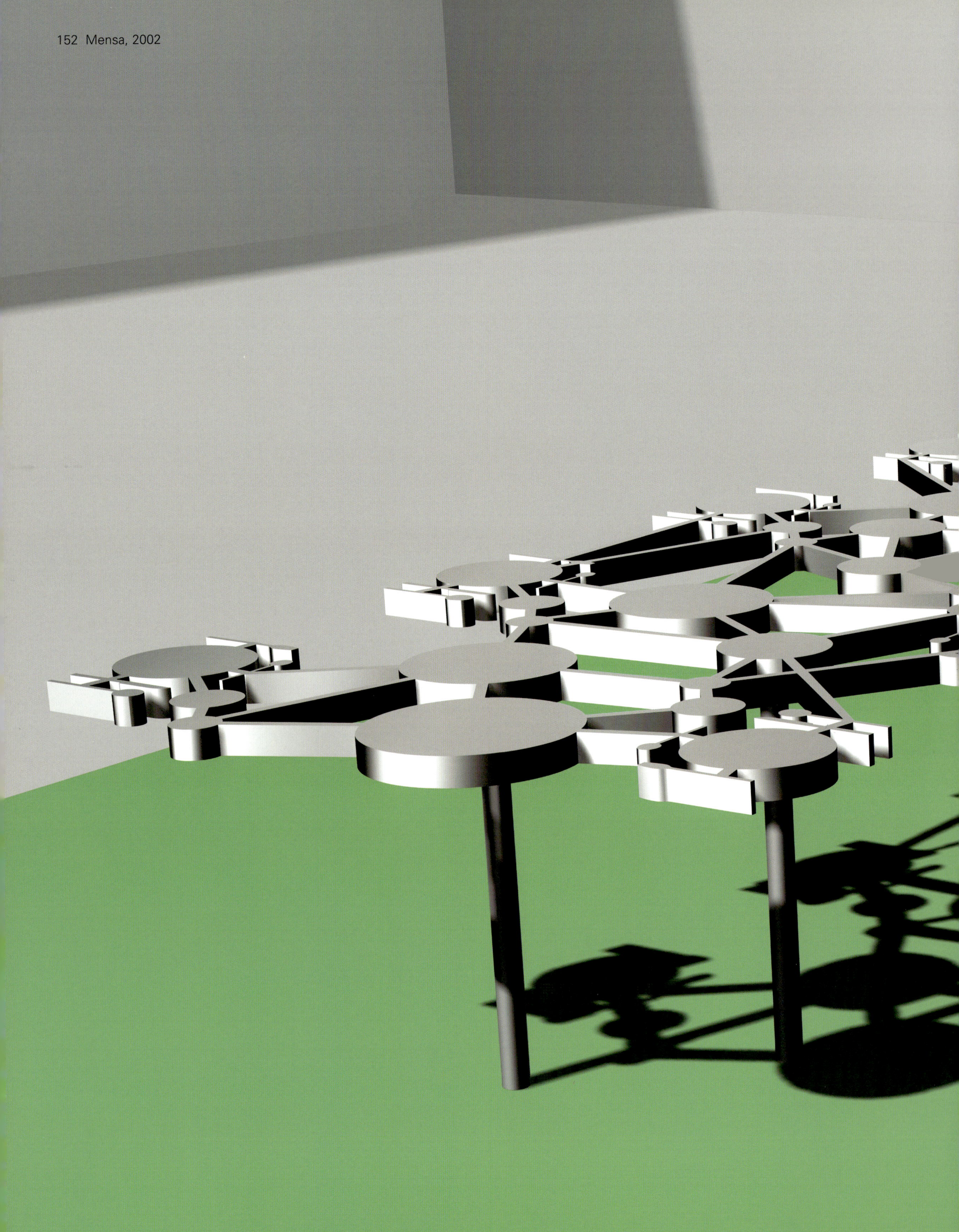

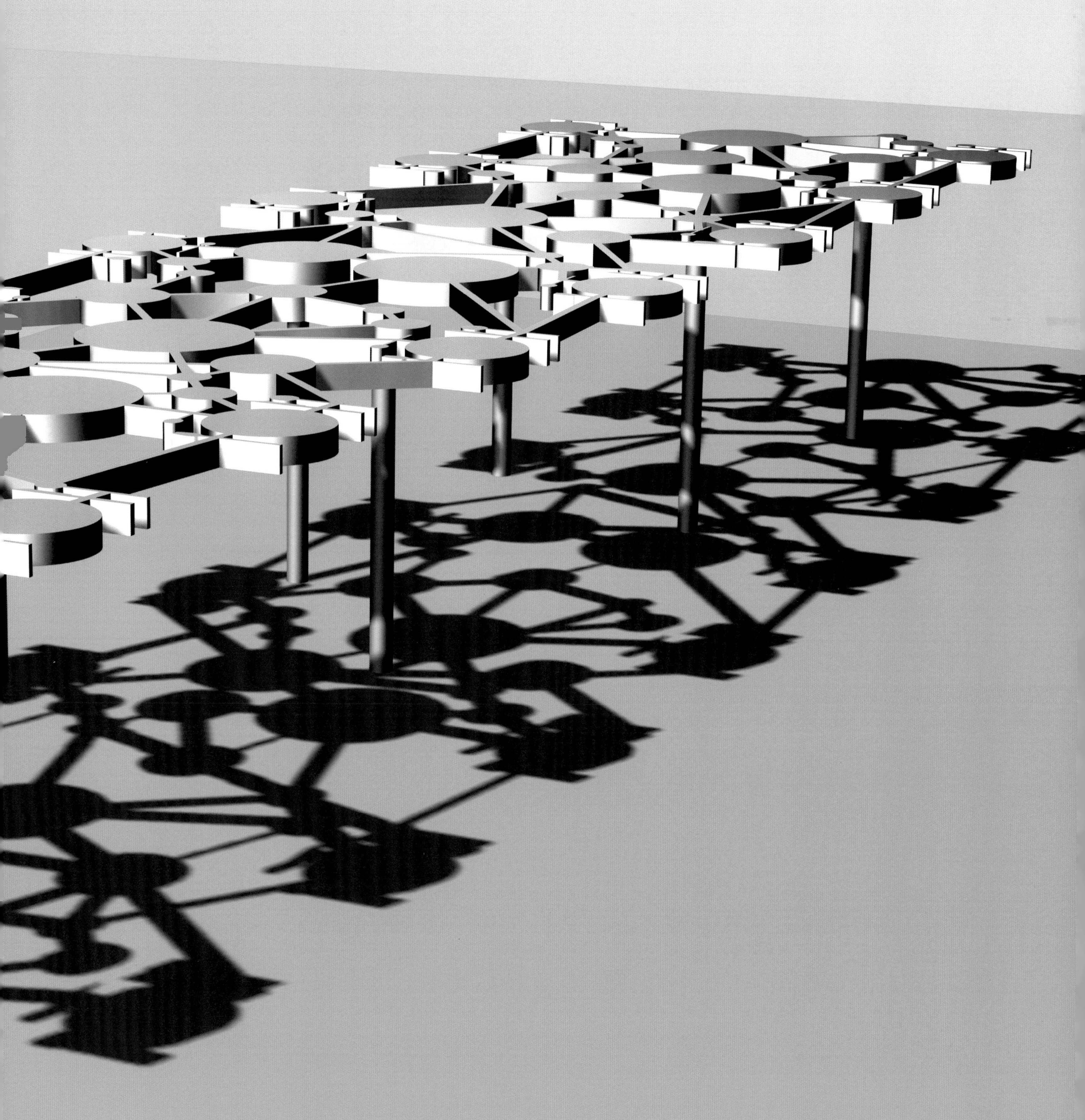

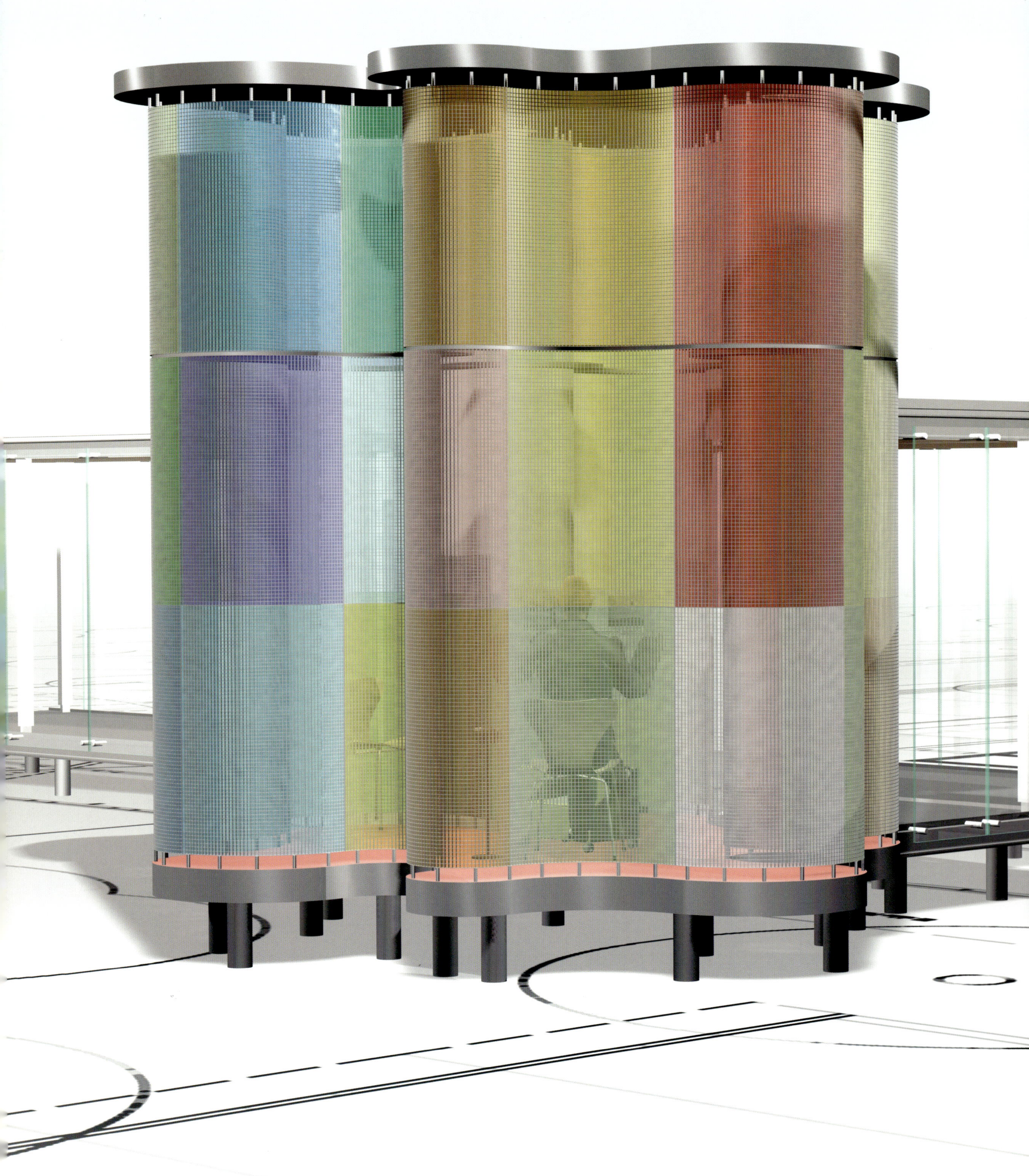

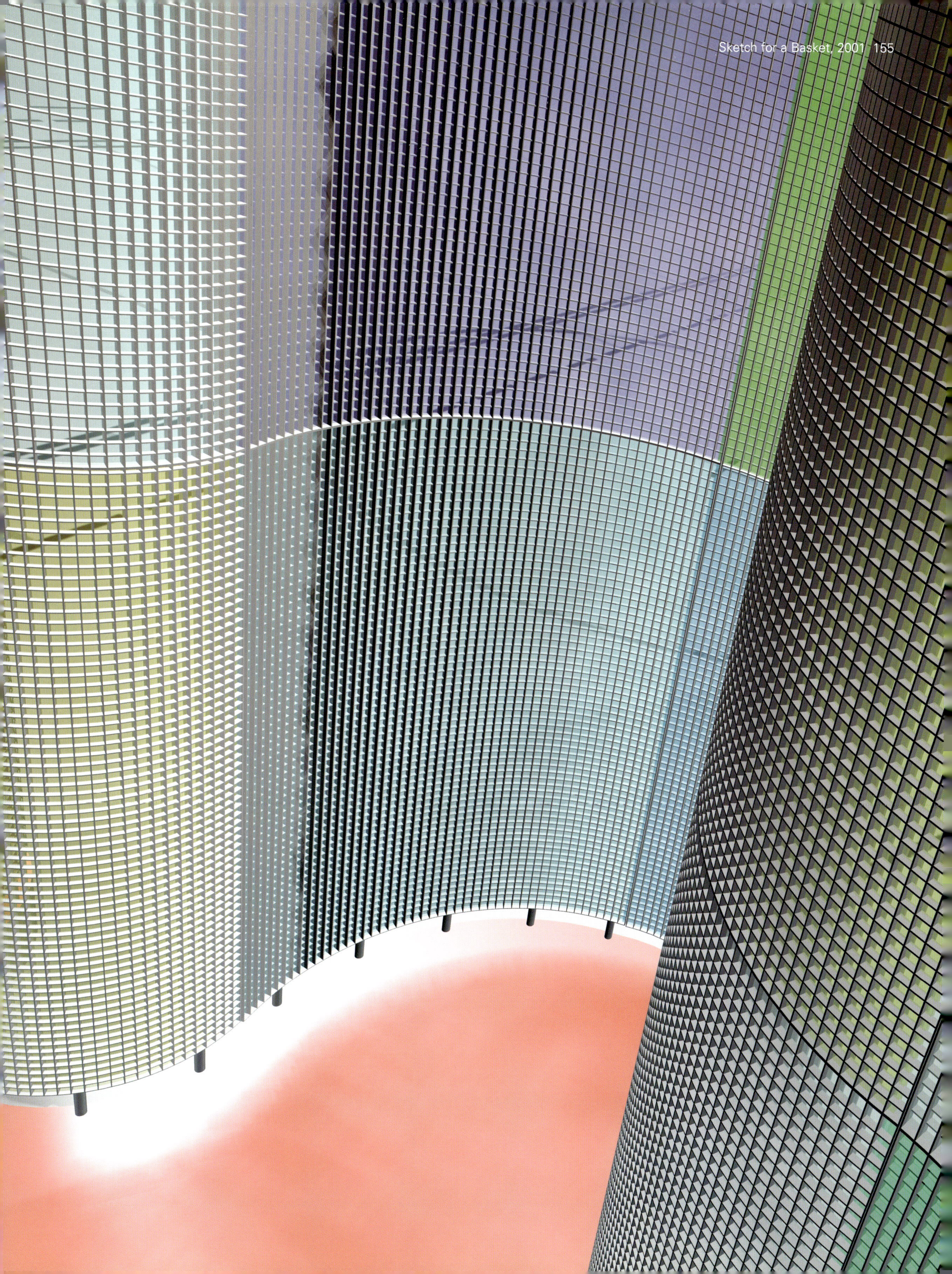

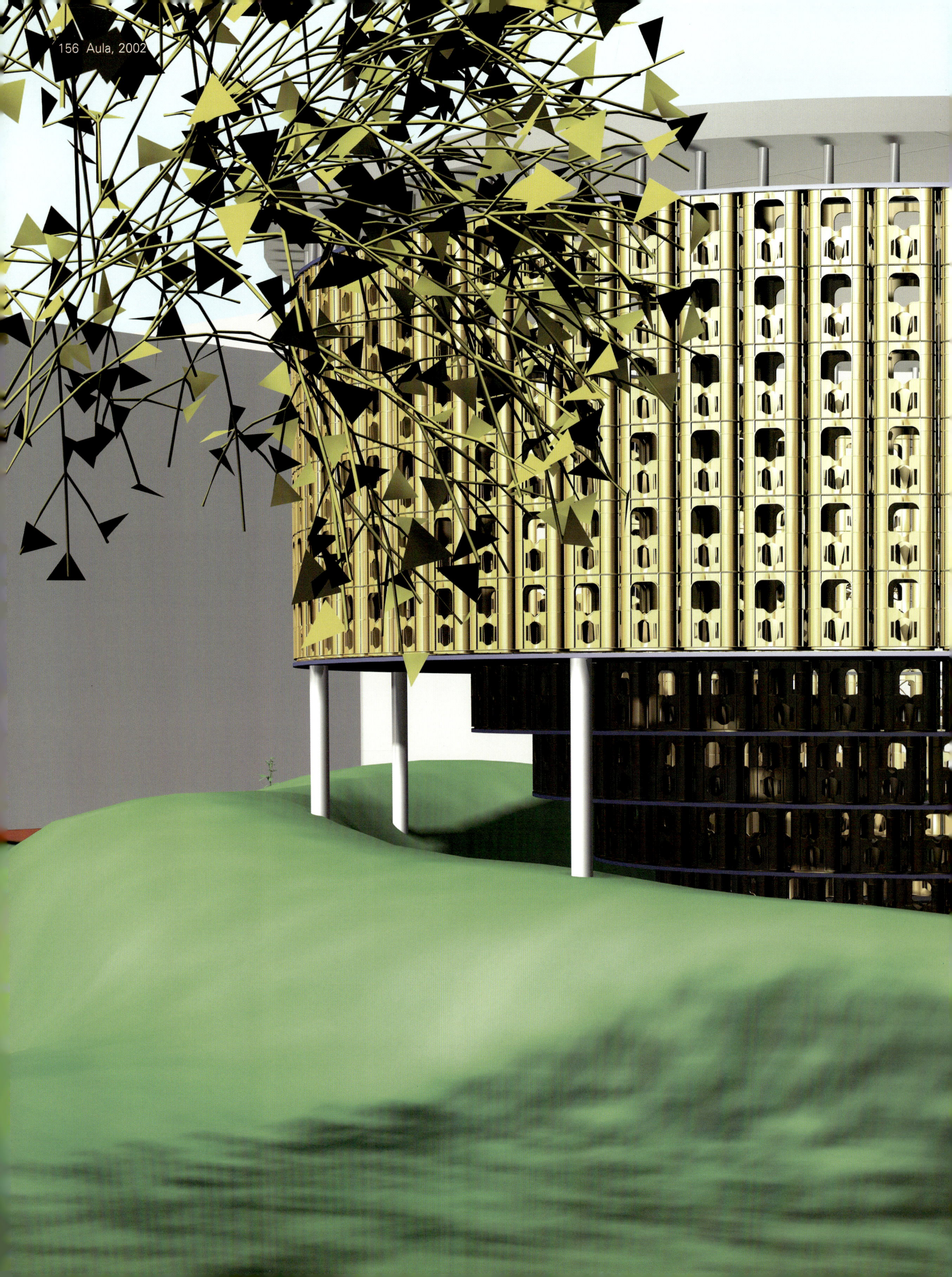

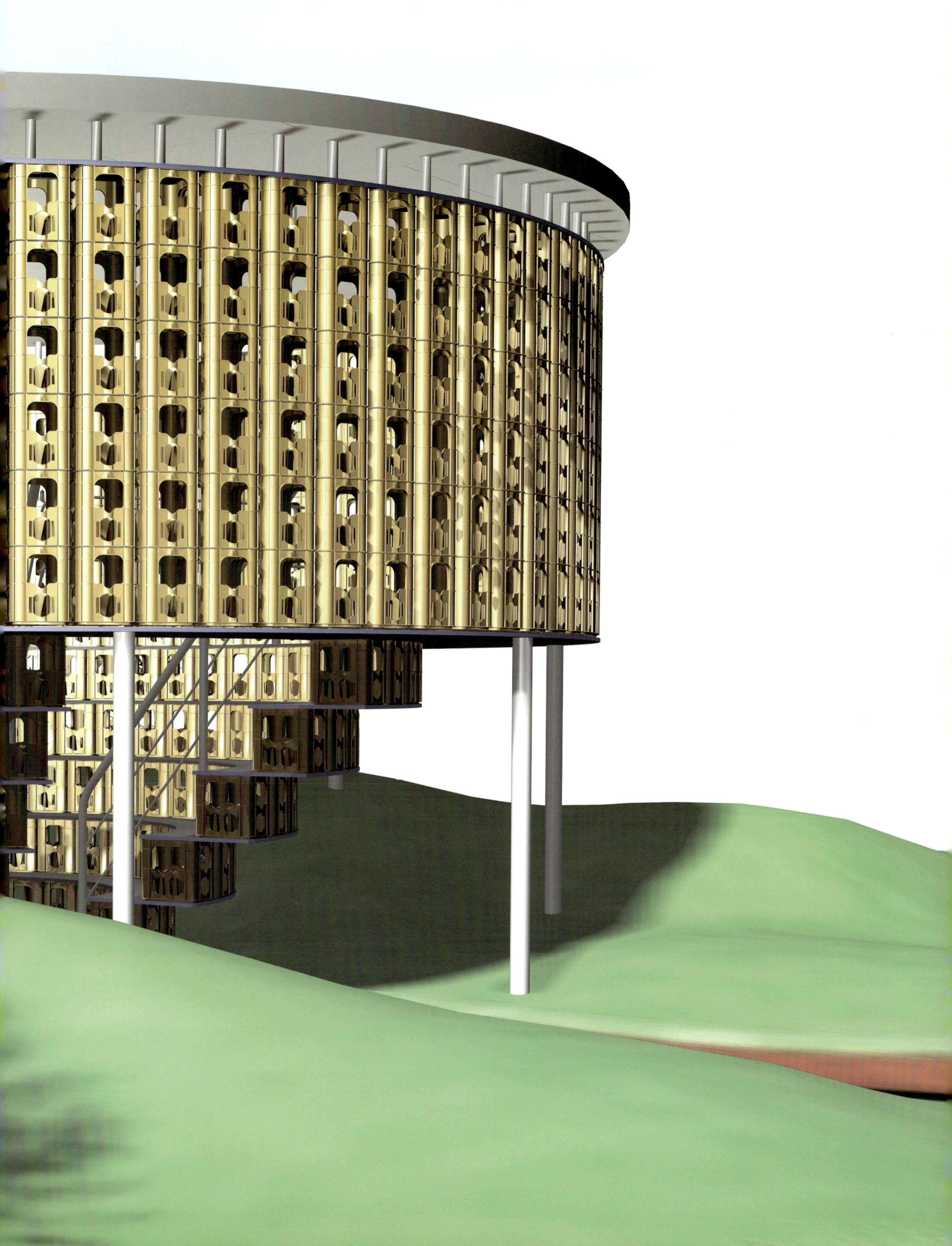

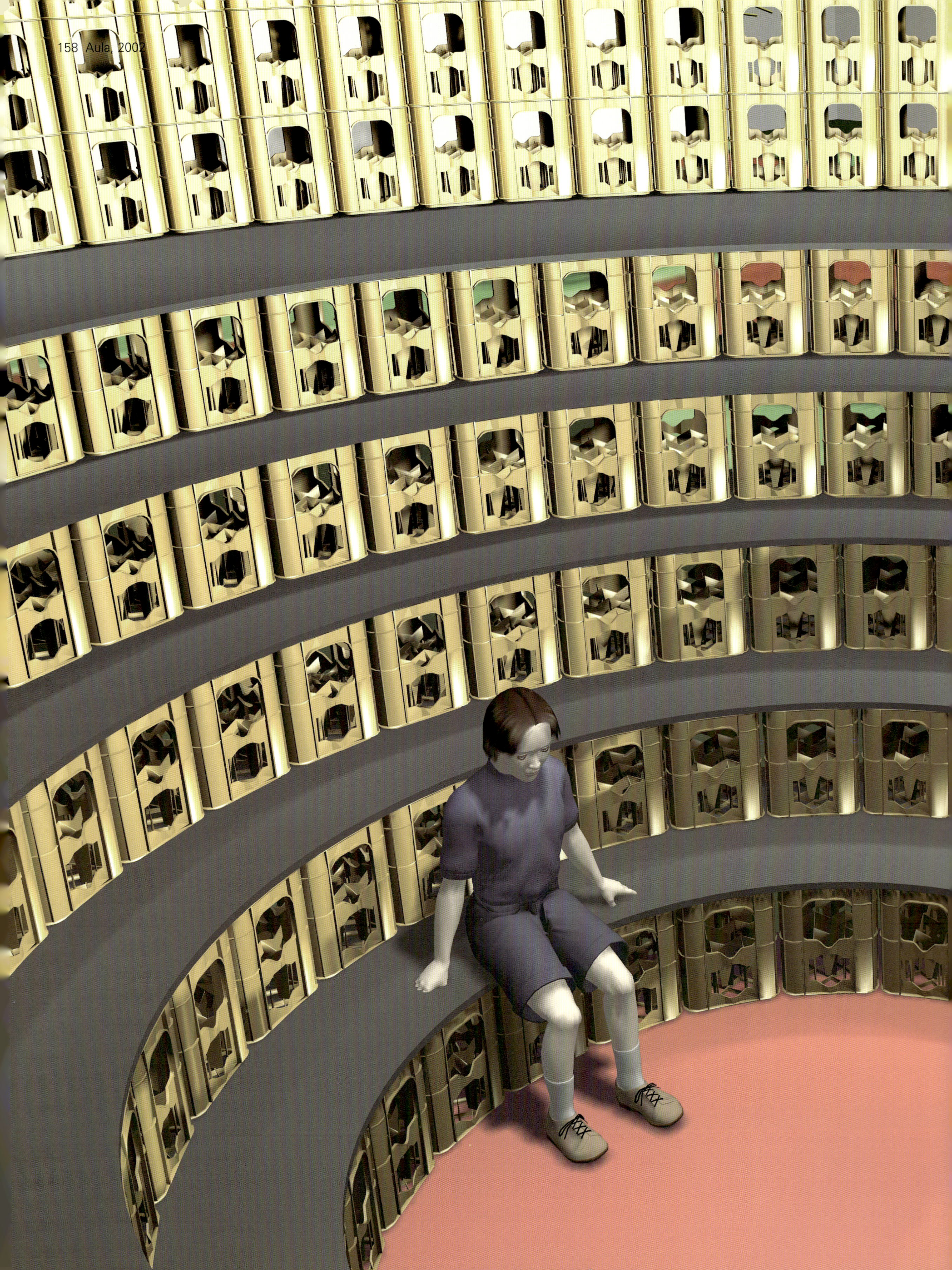

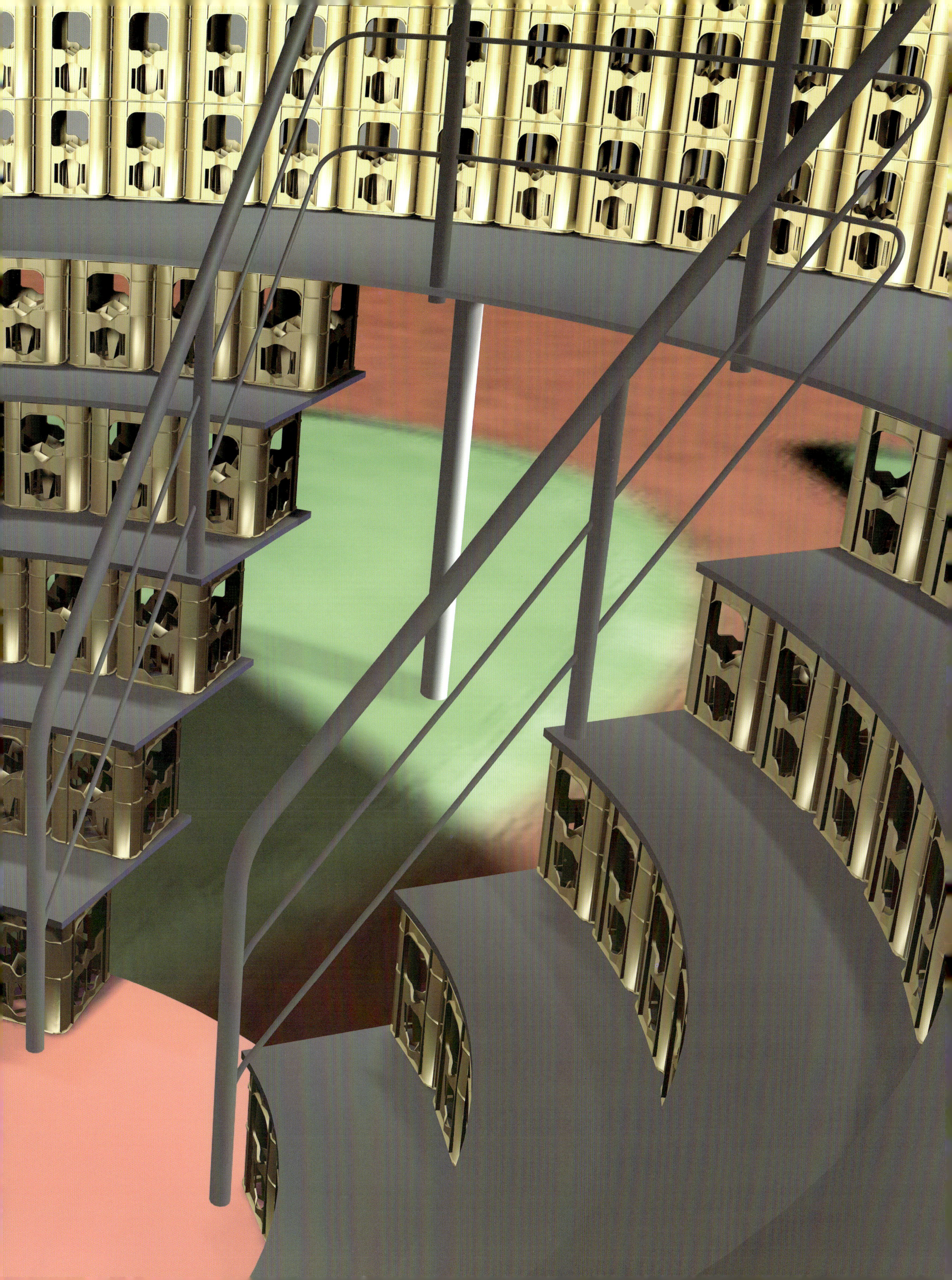

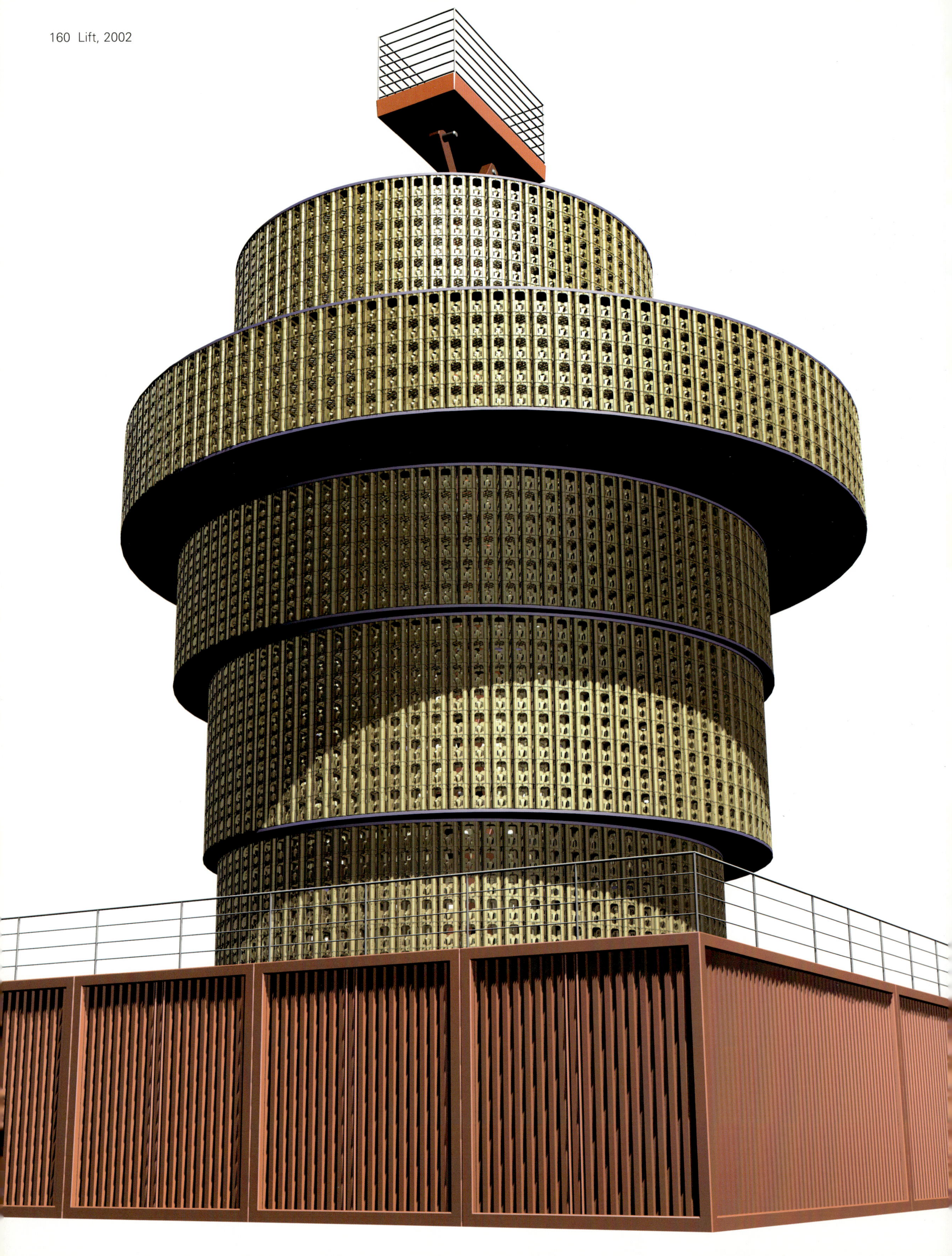

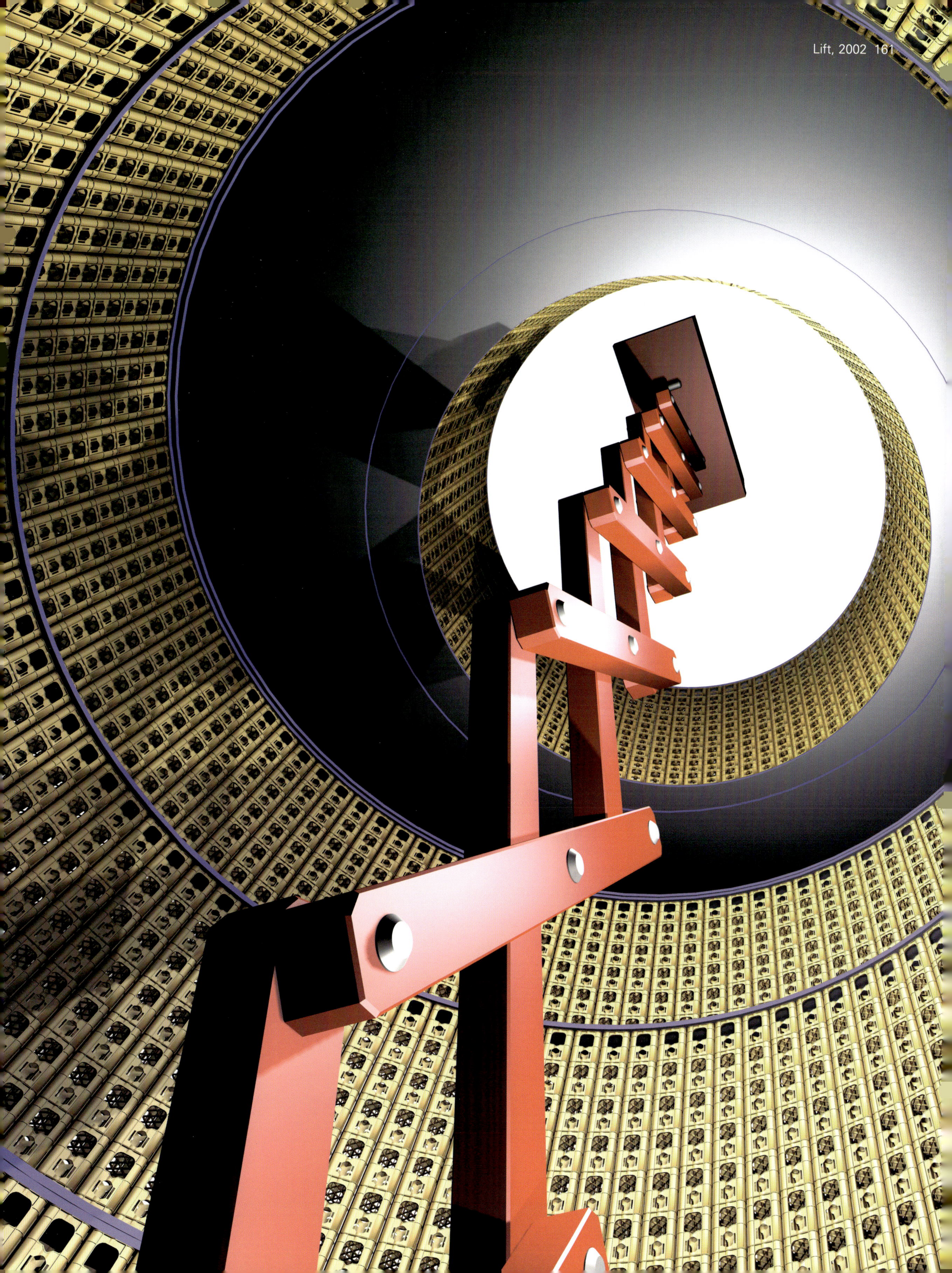

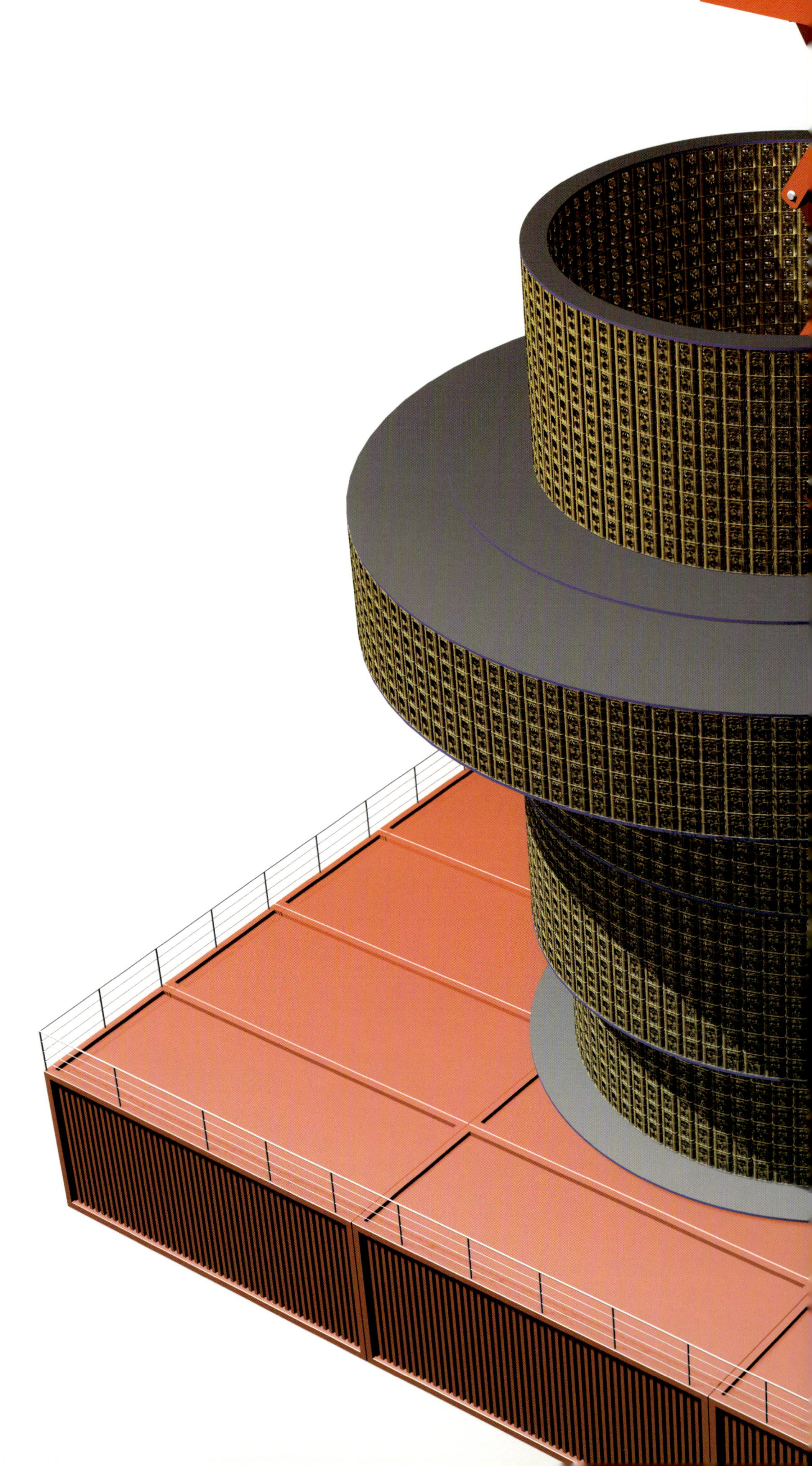

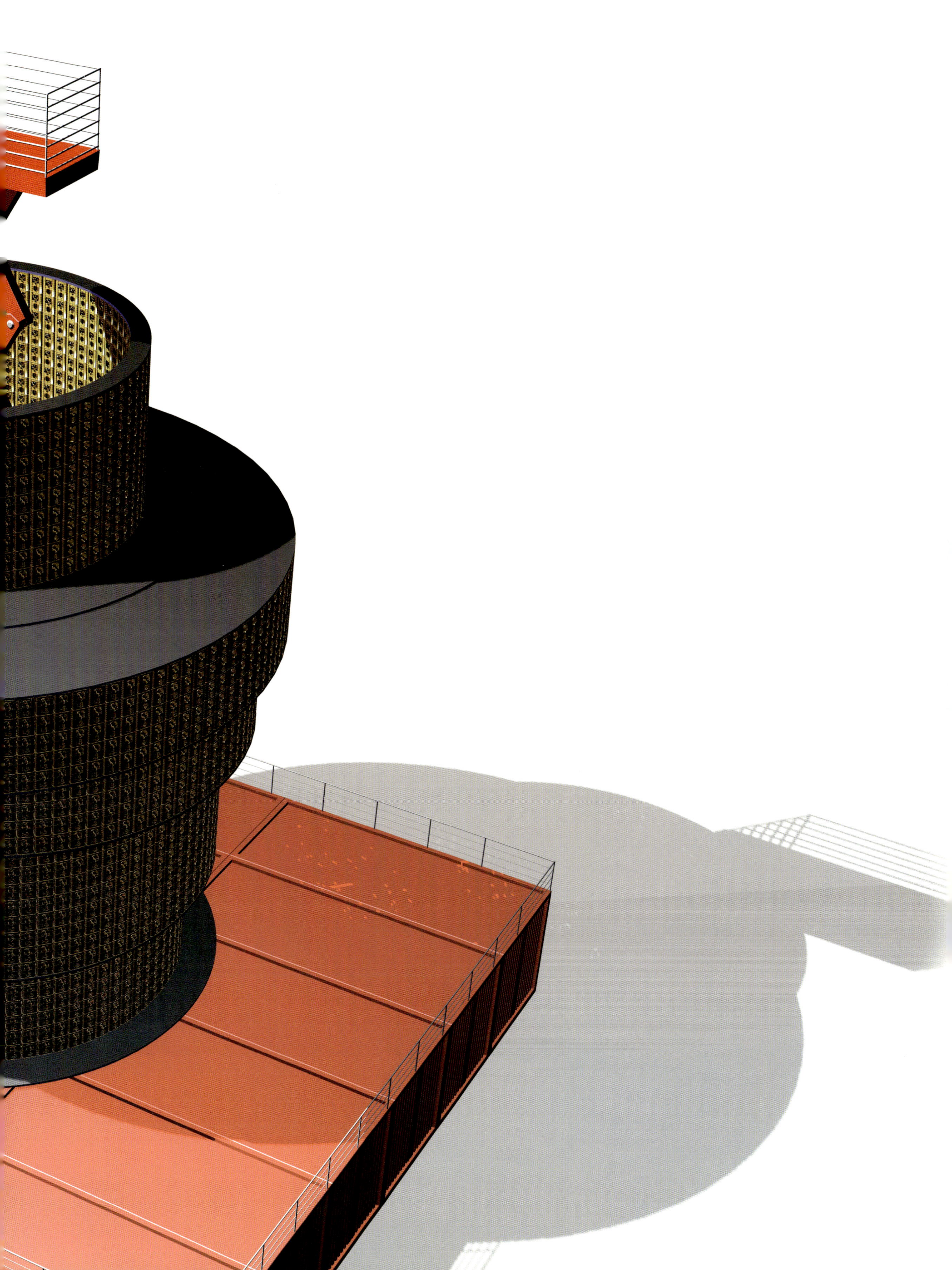

AUSGEWÄHLTE WERKE/
SELECTED WORKS

AUSGEWÄHLTE WERKE 1992 - 2002
EDITORISCHE NOTIZ  FRIEDERIKE WAPPLER

Wolfgang Winter und Berthold Hörbelt arbeiten seit zehn Jahren unter dem Label *Winter / Hörbelt* zusammen. Ausgewählte Arbeiten zeigen Entwicklungstendenzen und Schwerpunkte in ihrem Werk auf. Der chronologische Überblick spannt den Bogen von anfänglichen Abgussarbeiten über Spielgeräte und anderen Installationen zu den Kastenhäusern der Künstler und neuen Gitterrost-Arbeiten.

Ausgesuchte Arbeiten wie *50 Variationen einer Portraitplastik* oder *Madonnen* verweisen auf die Anfänge der gemeinsamen Tätigkeit. Anfang bis Mitte der neunziger Jahre experimentierten die Künstler mit Abgussverfahren und dem von ihnen entwickelten Gussmaterial *HOEWI 301*. 1996 entdeckten sie die ästhetischen Qualitäten von Mineralwasserkästen. In ihrem Atelier entstand ein erster Rohbau aus dem scheinbar trivialen massenproduzierten (industriell gegossenen) Material. 1997 fungierten ihre Kastenhäuser als Informationspavillons der *Skulptur. Projekte in Münster* und 1999 als Ruhe- und Leseräume der *Biennale di Venezia*. Seit ihrem ersten *Kastenhaus 424.8*, 1996 in Schwarzach, haben sie weltweit architektonische Skulpturen gebaut, zahlreiche temporäre und viele vor Ort währende Arbeiten. Das Verzeichnis ausgewählter Werke dokumentiert erstmals vollständig diese Projekte, die zum Teil als ‚flüchtige Bauten' nur während der jeweiligen Ausstellungszeiten existierten.

Die spezifische Qualität der Wasserkästen – sie lassen Licht durchscheinen – führte die Künstler zu Experimenten mit einem weiteren Material. Seit 1999 arbeiten sie mit Gitterrosten. Ihre Arbeiten, die ebenfalls vollständig dokumentiert werden, zeigen, wie sie das starre, unscheinbare, im Straßen- und Städtebau verwendete Material bildhauerisch bearbeiten und in organisch wirkende, begehbare Skulpturen verwandeln.

Winter und Hörbelts Kastenhäuser und Baskets leben von den Menschen, die sie erleben, das heißt, von einer Rezeption, die häufig ästhetische Wahrnehmung und nicht-künstlerischen Gebrauch verschränkt. Die sich im Licht ständig verändernden Architekturen fungieren als autonome Werke, derweil als leerer skulpturaler Raum, oder sie werden als Kino, als Bushaltestelle oder als Informationspavillon genutzt.

Im Werkverzeichnis spiegeln unterschiedliche „Stimmen" und Kommentare von Kuratoren, Kritikern und Betrachtern Rezeptionsmöglichkeiten. Die Texte, die zugleich als Hintergrundinformationen zu den Arbeiten dienen, wurden von den Künstlern und Sebastian Deisen ausgewählt.

SELECTED WORKS 1992 - 2002
EDITORIAL NOTES  FRIEDERIKE WAPPLER

Wolfgang Winter and Berthold Hörbelt have been working together for a decade now under the *Winter / Hörbelt* label. The selected works present their œuvre to date in terms of the key trends and focus. The chronological overview draws a line from the initial molded casts via playground apparatus and other installations through to their crate-houses and most recent works using gridded slates.

Selected works such as the *50 variations on a portrait sculpture* or *Madonnas* highlight the beginnings of their joint endeavor. In the early to mid-1990s they experimented with molding processes and the material they developed for this purpose, *HOEWI 301*. In 1996 they discovered the aesthetic qualities of crates for bottles of mineral water. They made their first basic edifice using this mass-produced (in other words, industrially cast) trivial material in their studio. In 1997 their crate-houses functioned as information pavilions for the *Skulptur. Projekte in Münster* and, in 1999, as a reading and relaxation room at the *Venice Biennial*. Since making their first *crate-house 424.8* in 1996 in Schwarzach, they have created numerous temporary and permanent architectural sculptures the world over. The list of selected works provides the very first complete catalogue of these projects, which in part existed only for the period of the respective exhibition as 'fleeting buildings'.

The specific quality of water bottles (they are translucent) prompted the artists to experiment with a further material. Since 1999 they have been working with gridded slats. Their works, and these are comprehensively documented here, too, show how they the sculpturally process this rigid and unassuming material otherwise used in road construction and transform is with great virtuosity into seemingly organic walk-in sculptures.

Winter and Hörbelt's crate-houses and baskets thrive on the viewers who experience them, in other words from a reception that is often a mix of aesthetic perception and non-artistic usage. These architectures constantly change shape with the light – they function as autonomous works and at times as an empty sculptural space – and are used as cinemas, as bus stops, as information pavilion.

In the catalogue of works, the different "voices" and commentaries of curators, critics and observers reflect different forms of viewing the works. Selected by the artists themselves and Sebastian Deisen, the texts likewise serve as background information to the œuvre.

1  [→ pp. 8, 14, 30, 34]
<u>MADONNEN, 1992 - 2001</u>
Material: Harz / Material: resin
Maße: 78 - 125 cm hoch / Size: 78 to 125 cm high

<u>ANMERKUNG</u> „Schließlich kommt das *Same Same*-Verfahren auch an einer traditionellen Madonnenfigur zum Tragen, die durch den flexiblen Guss bis zur Unkenntlichkeit metamorphorisiert wurde. Dadurch, dass die Madonnenderivate selbst unterschiedlich hoch sind, findet sich der Betrachter unversehens immer auf der gleichen Höhe mit der jeweiligen Figur. Während auf der einen Seite der auratische Charakter der Heiligendarstellung eingeebnet wird, kommt er auf der anderen Seite vermöge der Luzidität der Figuren erneut ins Spiel. Auf diese Weise wird die traditionelle Präsentationsform in doppeltem Sinne dekonstruiert…" (Martin Hentschel, in: Wolfgang Winter / Berthold Hörbelt: *Same-Same 1993 - 94*, Kat. Galerie Tabea Langenkamp, Düsseldorf 1994)
<u>NOTE:</u> "Finally, in the *Same Same* method a traditional figure of the Madonna was used, transformed to the point of being unrecognizable by the flexible molding method. Here, again, one theme is the classical exhibition venue – in the form of respectively different plinth heights. By dint of the fact that the Madonna derivatives are all of different heights, the viewer is inadvertently always on the same height as the respective figure. At the one level, the auratic character of the portrayals of saints is thus eliminated, at another it is again brought into play by the lucidity of the figures. In this way, the traditional form of presentation is deconstructed in a twofold manner…" (Martin Hentschel, in: *Wolfgang Winter / Berthold Hörbelt*. cat. Galerie Tabea Langenkamp, Düsseldorf, 1994)

2  [→ pp. 8, 14, 30, 31, 34]
<u>TRUPP, 1993</u>
Material: HOEWI 301 / Material: HOEWI 301
Maße: ca. 45 x 35 x 35 cm / Size: ca. 45 x 35 x 35 cm

3  [→ pp. 8, 14, 30, 34]
<u>SAME SAME. TISCHFUSSBALL, 1993</u>
Material: Gips, Silikon, Holzgestell /
Material: plaster of Paris, silicon, wooden frame
Maße: 43 x 220 x 110 cm / Size: 43 x 220 x 110 cm

4  [→ pp. 29, 34]
<u>50 VARIATIONEN ÜBER EINE PORTRAITPLASTIK, 1993</u>
Material: Gips, Lack / Material: plaster of Paris, lacquer
Maße: je ca. 35 x 20 x 20 cm / Size: each approx. 35 x 20 x 20 cm
Ausstellung, Ort: Produzentengalerie Kassel /
Exhibition, venue: Produzentengalerie Kassel

<u>ANMERKUNG</u> „Berthold Hörbelt und Wolfgang Winter gingen von einem einzigen Kopfmodell aus, das als Prototyp für die gesamte Serie fungierte. Im Unterschied zu herkömmlichen Verfahren der Reproduktion arbeiten sie nicht etwa mit einer starren, sondern mit einer flexiblen Gussform. Dergestalt konnte jeder neu entstehende Kopf durch Druck während des Härtungsvorgangs verändert werden. Das eben macht das Metamorphische, die proteische Erscheinungsform der Kopfgestalten aus, dass sie einer gemeinsamen Grundform erwuchsen, die freilich nur mehr als Idee präsent ist." (Martin Hentschel, in: Wolfgang Winter / Berthold Hörbelt: *Same Same 1993 - 1994*, Kat. Galerie Tabea Langenkamp, Düsseldorf 1994)
<u>NOTE</u> "Berthold Hörbelt and Wolfgang Winter started from a single head model that functioned as the prototype for the entire series. Unlike the usual reproduction methods, they did not use a rigid mold, but one that was flexible. In this way, each new head could be altered during hardening by squeezing the mold. This highlighted the metamorphosis, the protean appearance of the heads – they all grew out of the same basic mold and shape, but the latter contained more than one idea." (Martin Hentschel, in: Wolfgang Winter / Berthold Hörbelt, cat. Galerie Tabea Langenkamp, Düsseldorf 1994)

5  [→ pp. 8, 14, 30, 35]
<u>LAPPEN, 1994</u>
Material: HOEWI 301 / Material: HOEWI 301
Maße: 150 x 60 x 10 cm / Size: 150 x 60 x 10 cm

6  [→ pp. 8, 14, 31, 35]
<u>BLOCK, 1995 / 96</u>
Material: HOEWI 301 / Material: HOEWI 301
Maße: 80 x 60 x 45 cm / Size: 80 x 60 x 45 cm

7  [→ pp. 8, 14, 31, 35]
<u>DEPOT, 1996</u>
Material: HOEWI 301, Pigment / Material: HOEWI 301, Pigment
Maße: ca. 81 x 42 x 29 cm / Size: approx. 81 x 42 x 29 cm

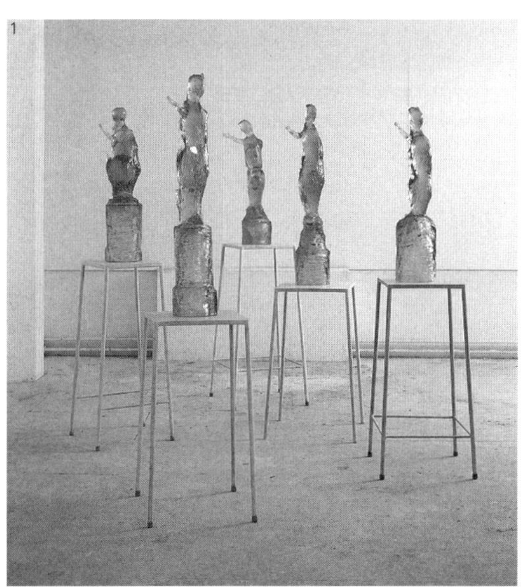

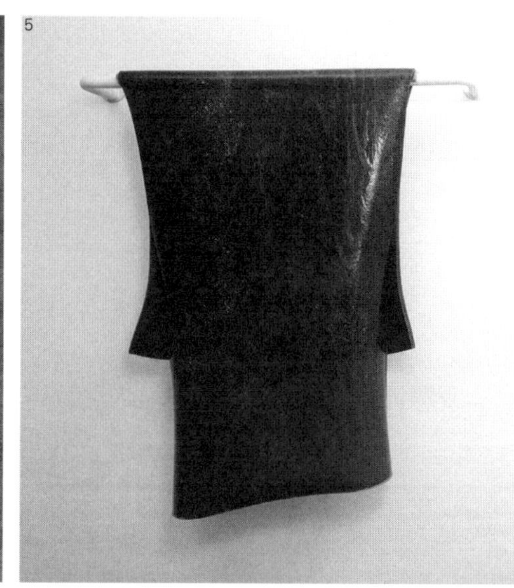

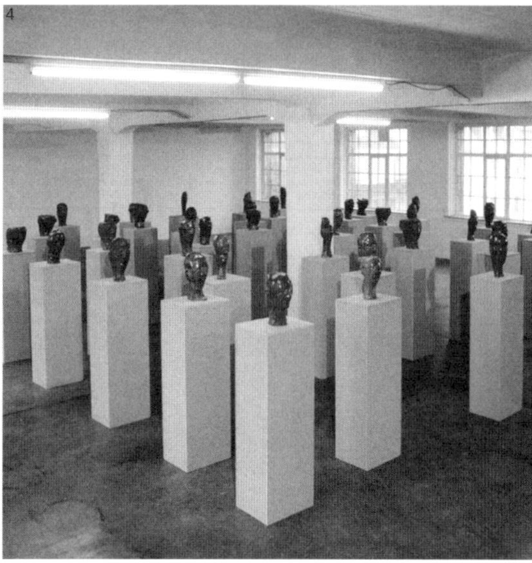

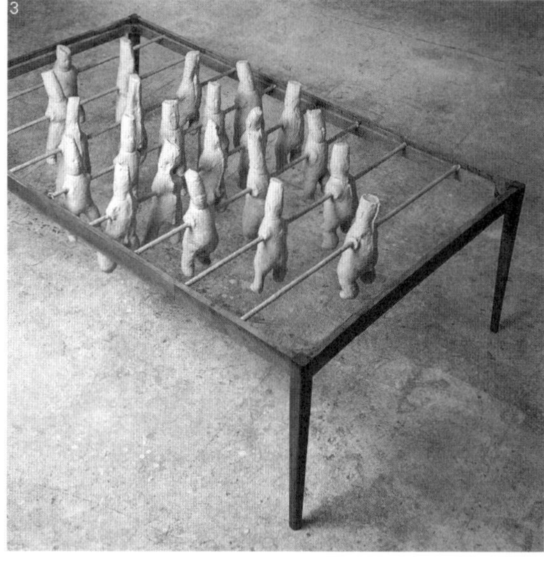

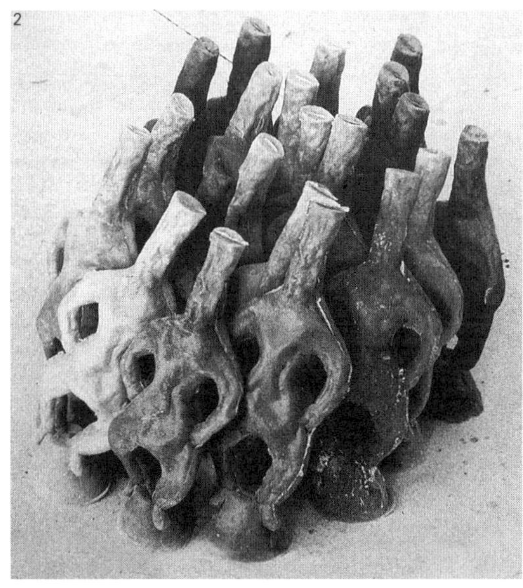

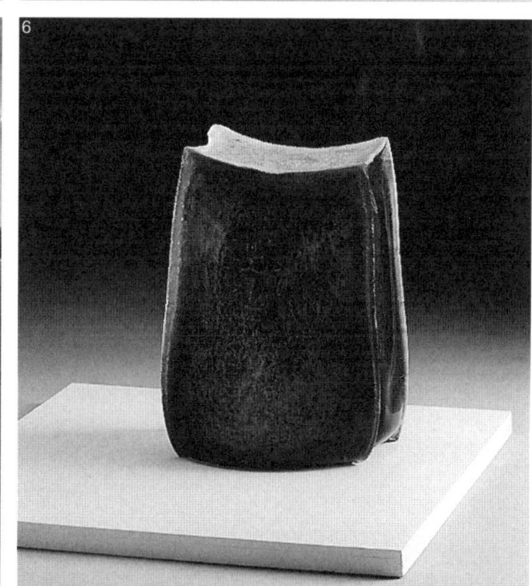

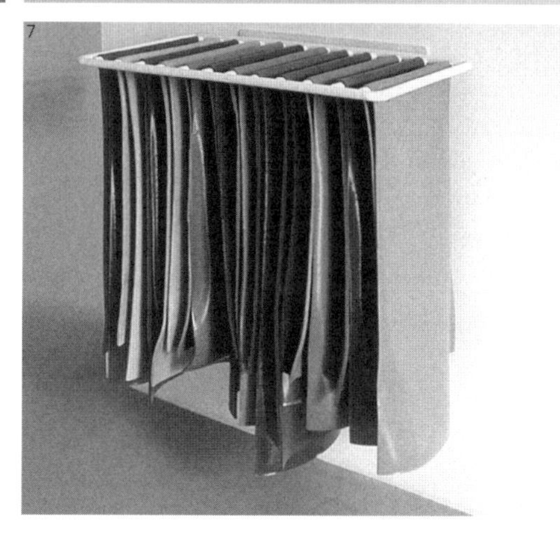

8

<u>KASTENHAUS 424.8, 1996</u>

Material: braune Flaschentransportkisten (FTK), diverse Materialien /
Material: brown transport crates for bottles (FTK), various materials
Maße: 320 x 450 x 550 cm / Size: 320 x 450 x 550 cm
Ausstellung, Ort: Städelschule, Frankfurt a. M., Juni - August 1996 /
Exhibition, venue: Städel Academy, Frankfurt / M., June - August 1996

<u>ANMERKUNG</u> Den ersten Rohbau eines Kastenhauses von Winter
und Hörbelt habe ich 1996 in ihrem Atelier erlebt, einem ehemaligen
Ladenlokal im Frankfurter Puffviertel hinter der Konstabler Wache.
Eine Vielzahl von leeren Getränkekisten aus Plastik waren hier teilweise gestapelt deponiert. Andere im Raum verteilte Kastenforma-
tionen waren in Konstellationen aufgebaut, die überraschende Innen-
Außen-Ansichten ermöglichten, die erst später die Verwandlung zu
einer Vielfalt von Körpern und Funktionen erfahren sollten. Einige
Gruppierungen hatten die Anmutung, als seien sie als Boden und
Dach verwendbar. Spontan dachte ich an eine allgemeine Anfrage
eines Reha-Zentrums für geistig und körperlich Schwerstbehinderte
an Kunsthochschulen in Deutschland. Sie erkundigten sich, ob Inter-
esse an einer künstlerischen Mitgestaltung für eine neue Garten-
anlage bestehen würde, die 800 Bewohner nutzen. Wolfgang Winter
war zu der Zeit Dozent für Bildhauerei an der Städelschule, und die
Anfrage war an mich als Rektor der Akademie gerichtet worden.

Die Konstellationen der Wasserkästen ließen mich unmittelbar
an die Möglichkeit einer gemeinsamen Arbeit der Künstler mit den
Bewohnern des Reha-Zentrums denken. Die Module waren vorge-
geben. Bereits im Atelier war deutlich sichtbar, dass aus Kastenhäusern Rückzugsorte für Erwachsene und Kinder zu schaffen waren.
Alle Maße waren auf den Menschen hin ausgerichtet. Selbst Stühle
und Tische ergaben sich aus den Wasserkasten-Arrangements. Für
Winter und Hörbelt war zu der Zeit die Frage nach dem Sinn einer
Kunst im öffentlichen Außenraum virulent. Diese Frage wurde aus
begründeter Vorsicht weitgehend theoretisch untersucht. Mit den
Architekturen aus Wasserkästen bot sich praktische, spielerische
und funktionale Anwendung an.

Aus den verwendeten Elementen, geliehenen Wasserkästen,
bauten Winter und Hörbelt wunderbare transparente Behausungen.
Die mitschwingende Funktionalität des Materials erwies sich in den
Gestaltungsformen als plausibel. Ich erinnere mich sehr gut an das
erste fertige vor der Mensa im Hof der Städelschule stehende Kastenhaus. Es hatte den bezaubernden Charme des Improvisierten, den
diese Werke weder für sich noch für die Betrachter je ganz verlieren.

Im Jahr darauf haben die begehbaren Skulpturen während der
Ausstellung *Skulptur. Projekte in Münster* 1997 im Hauptbahnhof, in
einer Fußgängerzone, am Schlossvorplatz und am Aasee die Funktion von Info-Pavillons übernommen, ohne ihre eigene Qualität im
Wechselspiel mit anderen künstlerischen Beiträgen der Ausstellung
einzubüßen. Die Informationsfunktion lenkte nicht von ihrer künstlerischen Eigenständigkeit ab. Seit einigen Jahren entstehen einsehbare und doch geheimnisvolle Räume, die uns eine archaische und
zugleich unverwechselbare neue Qualität von Skulptur schenken.
Kasper König, Köln im Juli 2002

<u>NOTE</u> I experienced the first rough crate-house construction in Winter
and Hörbelt's studio in 1996, a former shop-cum-bar in Frankfurt's red-light
district behind Konstabler Wache. Any number of empty plastic bottle
crates had been stacked and deposited there. Other crate formations were
spread around the room to create configurations that offered surprising
interior and exterior views, and only later were transformed into a variety
of bodies and functions. Some groups seemed to be potential roofs or
floors. I spontaneously thought of the enquiry sent by a rehab center for
the severely mentally and physically handicapped to German art colleges.
They had asked whether there was an interest in playing an artistic part in
designing a new garden setting used by 800 inhabitants. At that time Wolfgang Winter was lecturing on sculpture at the Städel Academy, and the
enquiry had been sent to me as the Academy's rector.

The configurations of water-bottle crates made me immediately think
how these artists could collaborate with the occupants of the rehab center.
The modules were already there. The studio setting already showed quite
clearly that the crate-houses could create enclaves and havens for adults
and children. All the sizes used clearly bore human proportions in mind.
Indeed, even chairs and tables could be crated from the crates.

At that time, Winter and Hörbelt were hotly discussing the question
of the sense of art in the public space. This question was investigated with
due circumspection in due theoretical fashion. The architectures made of
water crates are practical, playful and functional applications.

Winter and Hörbelt used the materials (borrowed water-bottle crates)
to building wonderful, transparent edifices. The attendant functionality of
the material proved to be quite functional in the shapes they created.

I remember very well the first finished Crate-House which stood outside the cafeteria of the Städel Academy. It was a delightfully charming
improvization, and these artworks never really cease to have such a quality,
both intrinsically and for the viewer.

The following year, these walk-in sculptures functioned at *Skulptur.
Projekte in Münster* 1997 as information pavilions in the main railway station, the pedestrian zone, in front of the castle and at the Aasee. Yet they
lost none of their own quality when interacting with the other artistic con-
tributions to the exhibition. The information function did not detract from
their independent artistic status. For some years now, visible and yet
secretive rooms have been arising, offering us an archaic and yet
unmistakably new quality of sculpture.
Kasper König, Cologne in July 2002

9  [→ pp. 9, 15]

<u>KASTENHAUS 424.8, 1996</u>

Material: braune FTK, diverse Materialien /
Material: brown FTK, various materials
Maße: 320 x 450 x 550 cm / Size: 320 x 450 x 550 cm
Ausstellung, Ort: Seit 1997 permanent in Schwarzach,
Mosbacher Anstalten /
Exhibition, venue: Permanently, since 1997, in Schwarzach,
Mosbacher Anstalten

10

<u>KASTENHAUS 232.8, 1996</u>

Material: braune, gelbe, grüne und graue FTK, diverse Materialien /
Material: brown, green, yellow and grey FTK, various materials
Maße: 320 x 360 x 310 cm / Size: 320 x 360 x 310 cm
Ausstellung, Ort: Weil am Rhein, August - Oktober 1996 /
Exhibition, venue: Weil am Rhein, August - October 1996

<u>ANMERKUNG</u> Das Haus befand sich an einer stark befahrenen Bun-
desstraße und diente den Jugendlichen in Weil als Treffpunkt. Im
Innenraum befanden sich fünf fest mit den Kisten verbundene plastische Reliefs, aus Acryl produzierte Vogeldarstellungen.
<u>NOTE</u> The house was located at a heavily used main road and serv-
ed as a meeting point for young people in the area. Inside there were
five plastic / acrylic reliefs of birds, firmly fixed to the crates.

11  [→ p. 138]

<u>KASTENHAUS 710.10, MODELL, 1997</u>

Material: Harz, Gipsfiguren / Material: resin, plaster of Paris, figures
Maße: 21 x 28,5 x 53 cm / Size: 21 x 28,5 x 53 cm
Ort: Sammlung Westfälisches Landesmuseum für Kunst und
Kulturgeschichte Münster, Inv. Nr.: Mo 1017 LM /
Venue: Sammlung Westfälisches Landesmuseum für Kunst und
Kulturgeschichte Münster, Inv. no.: Mo 1017 LM

<u>ANMERKUNG</u> „Wie die Madonnenmetamorphosen verstehen Win-
ter / Hörbelt auch die Kastenhäuser als Skulpturen. Von außen domi-
nieren die geschwungenen Formen, die kompakt und geschlossen
wirken. Innen vermittelte sich ein anderes Raumerlebnis, denn das
einfallende Sonnenlicht taucht die Räume in warme Farben. Die von
außen hermetischen Formen wirken von innen licht und transparent.

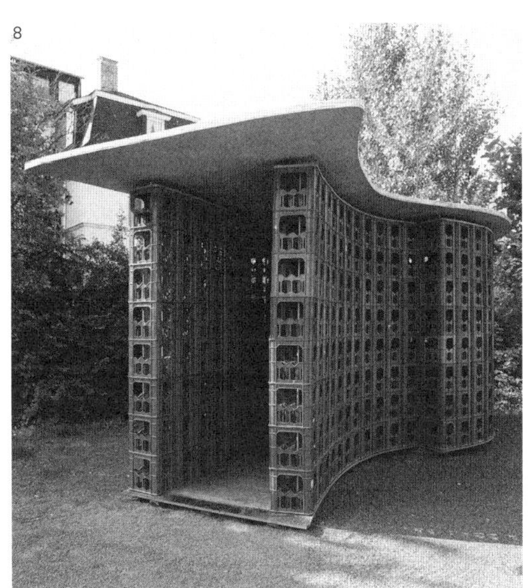

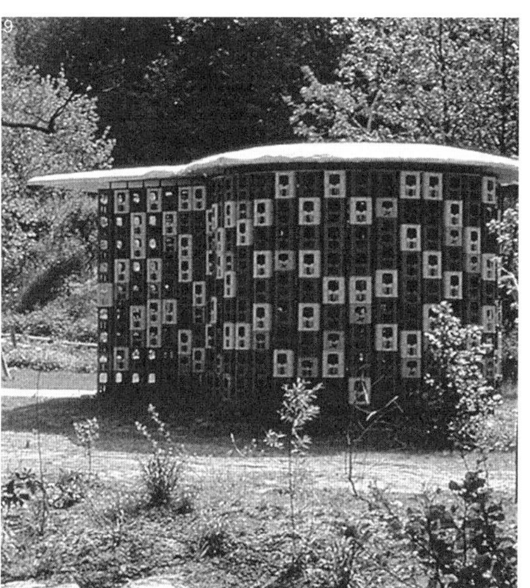

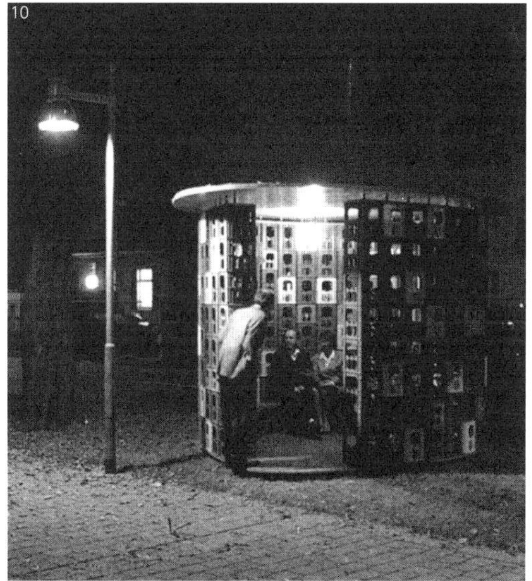

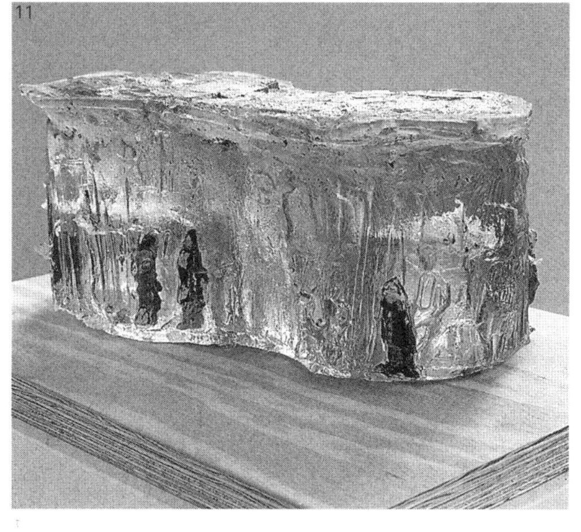

(...) Das Modell zum *Kastenhaus 710.10* zeigt im Grunde diesen Lichtraum, dem nur die Hülle fehlt. Die Künstler nahmen mit Holzscheiten die entsprechenden Formen aus einem Tonquader heraus, setzten die kleinen Figuren hinein, die im Modell zu sehen sind, und gossen den Hohlraum mit Kunstharz aus. Die Grade und Tonreste in der Positivform verweisen noch auf diesen Produktionsprozess. Damit zeigt das fertige Modell nicht nur das Kastenhaus in verkleinertem Maßstab, es vermittelt auch einen vergleichbaren Eindruck von seinem Inneren, weil es wie ein roher Glasbaustein erscheint, dessen kompaktes Material durch seine Transparenz alle Schwere verliert." (Barbara Engelbach: *Das Kunstwerk des Monats (Dezember 1997): Wolfgang Winter / Berthold Hörbelt: Kastenhaus 710.10, Modell, 1997*, Westfälisches Landesmuseum für Kunst und Kulturgeschichte Münster)

NOTE  "As the Madonna metamorphoses, Winter and Hörbelt also consider the crate-houses to be sculptures. From the outside, the curved forms predominate, with a compact and closed appearance. On the inside, the sense of space is different, as the sun light that falls through the gaps gives the rooms a warm coloured glow. What are from the outside heretic forms seem light and transparent on the inside. (...) The model for *Crate-House 710.10* essentially presents this light-filled room, whereby the outer shell is missing. The artists used wooden slats to make the corresponding shapes in the clay block, inserted the little figures to be seen in the model, and then filled the hollow space with artificial resin. The straight lines and clay residues in the molded object still allude to this production process. In this way, the finished model not only presents the crate-house on a smaller scale, it also conveys a comparable impression of its insides, as it has the feel of a rough glass building block to it, its compact material divest of gravity owing to the transparency." (Barbara Engelbach: *Das Kunstwerk des Monats (Dezember 1997): Wolfgang Winter / Berthold Hörbelt: Kastenhaus 710.10, Modell, 1997*, Westfälisches Landesmuseum für Kunst und Kulturgeschichte Münster)

## 12

PLASTISCHE SKIZZEN, 1997

Material: Glas, Harz, Knetfiguren /
Material: glass, resin, plasticene figures
Maße: ca. 25 cm / Size: approx. 25 cm

## 13  [→ p. 136]

SCOBALIT-RAUM, 1997

Material: Scobalit, diverse Materialien / Material: Scobalit, various materials
Maße: 300 x 350 x 800 cm / Size: 300 x 350 x 800 cm
Ausstellung, Ort: Galerie Voges + Deisen, Frankfurt a. M. /
Exhibition, venue: Galerie Voges + Deisen, Frankfurt / M.

ANMERKUNG  „FM: Das Verhältnis von Innen und Außen und damit auch im engeren Sinne von Privat und Öffentlich bestimmte ja auch Euren *Scobalit-Raum*, eine Installation, die Ihr 1997 realisiert habt: Gleichsam als konzeptuelle Fortführung der Kastenhaus-Projekte war diese Arbeit begehbar und verknüpfte insgesamt drei Stockwerke miteinander.

BH: Seit ihrem Bestehen wurde die 1. Etage der Galerie Voges + Deisen als Ausstellungsraum genutzt, das Büro und die sanitären Anlagen waren im Obergeschoss untergebracht (...). Unsere Installation sah vor, eine Verbindung zu allen drei Etagen zu schaffen: Vom 2. Stock wurde der Abfluss des Handwaschbeckens in ein zwischen Decke und Fußboden der 1. Etage installiertes Abflussrohr umgeleitet. Bei Benutzung des Waschbeckens sah und hörte man den Wasserfluss in diesem modellierten und anschließend in durchsichtigem Harz gegossenen Rohr. Weiter sägten wir in den Fußboden der 1. Etage ein Loch von ca. 80 cm Durchmesser zum Erdgeschoss. Dort bauten wir aus handelsüblichem Well-PVC (Scobalit) einen durch ein Podest leicht erhöhten, transparenten Raum. Außen und Innen der Installation konnten jeweils nur durch separate Hauseingänge betreten werden. Das Loch zur 1. Etage befand sich im Inneren." („Zum Werk von Wolfgang Winter und Berthold Hörbelt. Ein Fax-Dialog mit Florian Matzner, Januar 1999", in: *Wolfgang Winter / Berthold Hörbelt*, hrsg. von Florian Matzner, Reihe Cantz: Ostfildern-Ruit 1999, S. 35)

NOTE  "FM: The relationship between inside and outside, and therefore in the narrow sense between the private and the public, also defined your *Scobalit Room*, an installation you made in 1997: as it were as a conceptual continuation of the Crate-House projects, the work can be entered and overall links three storeys.

BH: Since its existence, Level 1 of Galerie Voges + Deisen was used as an exhibition room, the office and the sanitary sections were housed in the first floor (...). Our installation envisaged creating a link between all three floors: From the 2nd floor, the drain in the wash basin was redirected into a drainpipe positioned between the ceiling and floor on the 1st floor. When you used the washbasin you saw and heard the water flowing in this pipe, modeled and then molded in transparent resin. Moreover, we sawed a hole of some 80 cm diam. in the floor of the 1st floor through to the ground floor. There we used common-all-garden corrugated PVC (Scobalit) and a slighted raised, transparent space using a platform. Outside and inside of the installation could be entered by separate building entrances. The floor through to the 1st floor was on the inside." ("Zum Werk von Wolfgang Winter und Berthold Hörbelt. Ein Fax-Dialog mit Florian Matzner, January 1999," in: *Wolfgang Winter / Berthold Hörbelt*, ed. Florian Matzner, Reihe Cantz: Ostfildern-Ruit, 1999, p. 35).

## 14  [→ pp. 6, 7, 10, 16, 140, 142]

KASTENHAUS 740.10, 1997

Material: braune, grüne, gelbe und graue FTK, diverse Materialen /
Material: brown, green, yellow and grey FTK, various materials
Maße: 370 x 550 x 1.000 cm / Size: 370 x 550 x 1,000 cm
Ausstellung, Ort: *Skulptur. Projekte in Münster 1997*, Schlossplatz /
Exhibition, venue: *Skulptur. Projekte in Münster 1997*, Schlossplatz

ANMERKUNG  Es handelte sich um ein Gebäude mit zwei durch einen zentralen Eingang zugängliche Räume.
NOTE  This is a building with two rooms accessible through a central entrance.

## 15  [→ pp. 6, 7, 10, 16, 22, 27, 144]

KASTENHAUS 1128.8 / 639.9. BAUZAUN, 1997

Material: FTK, diverse Farben, diverse Materialien, Licht /
Material: FTK, various colours, various materials, light
Maße: 347 x 860 x 2.100 cm / Size: 347 x 860 x 2.100 cm
Ausstellung, Ort: *Skulptur. Projekte in Münster 1997*, Salzstraße /
Exhibition, Venue: *Skulptur. Projekte in Münster 1997*, Salzstraße

ANMERKUNG  „Der begehbare Bauzaun aus FTK: Hier soll also der Versuch unternommen werden, eine städtisch designte Restfläche zur Baustelle zu erklären, ein Bauzaun, der die Städter über eine (eingebildete) Bauzone transportiert. Option: Eine Distanz von etwa 30 Metern über eine Raum / Zeit-Achse tunneln (Verkehrswesen zu beamen)." (Wolfgang Winter / Berthold Hörbelt: „Kastenhaus xxx.x", in: *Skulptur. Projekte in Münster 1997*, hrsg. von Klaus Bußmann, Kasper König, Florian Matzner, Westfälisches Landesmuseum Münster, Verlag Gerd Hatje: Ostfildern-Ruit 1997, S. 461).

„Der Pavillon in der Fußgängerzone nahm in seiner Längsausrichtung auf die Fassade des Kaufhauses und das Langschiff der Kirche in direkter Nachbarschaft einen dezidiert architektonischen Bezug. Er war als Durchgang benutzbar, doch konnten die Besucher auch in einen apsidialen Raum eintreten." (Angelika Nollert, zit. nach: *Kunstpreis der Böttcherstraße in Bremen*, Kat. Kunsthalle Bremen, Bremen 1999).

NOTE  "A walk-in construction-site fence made of FTK: Here, the attempt is being made to identify a designed residual urban space to be a construction site, a construction-site fence that transports citizens across an (imaginary) construction zone. Option: tunneling a distance of some 30 meters above a spatio / temporal axis (beaming traffic over). (Wolfgang Winter / Berthold Hörbelt: "Kastenhaus xx x.x," in: *Skulptur. Projekte in Münster 1997*, ed. Klaus Bußmann, Kasper König, Florian Matzner, Westfälisches Landesmuseum Münster, Verlag Gerd Hatje: Ostfildern-Ruit, 1997, p. 461).

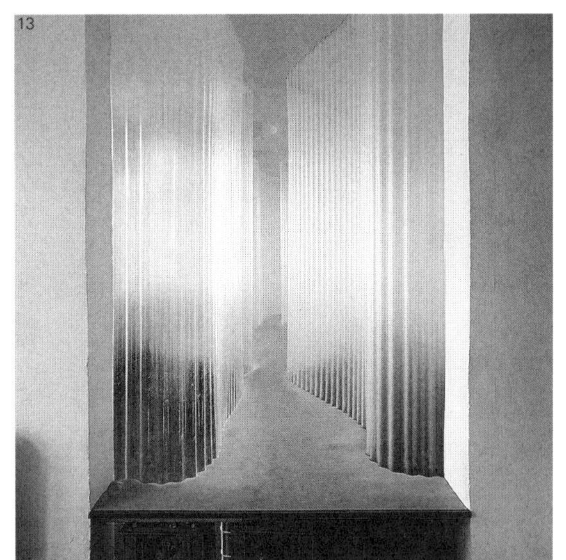

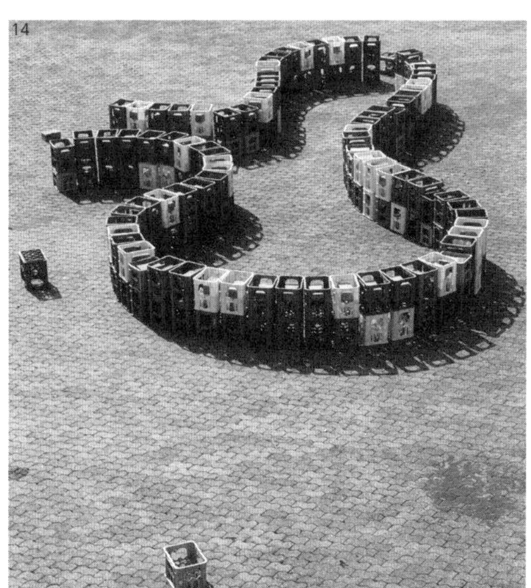

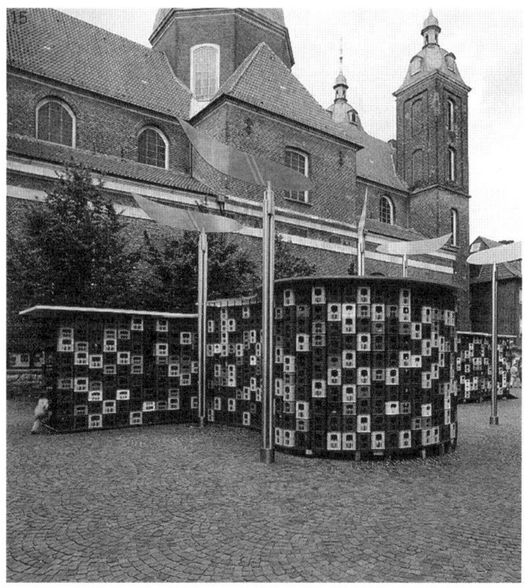

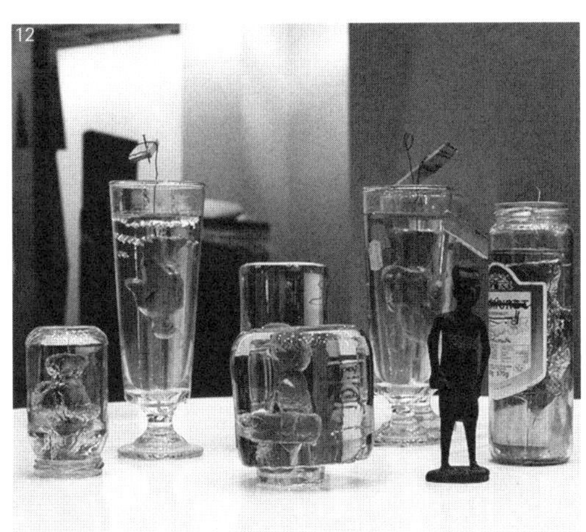

"The pavilion in the pedestrian zone referred quite explicitly in terms of longitudinal thrust to the façade of the department store and the nave of the neighbouring church. It functioned as a passageway, and visitors could also enter a apse-like space." (Angelika Nollert, quoted from: *Kunstpreis der Böttcherstraße in Bremen*, Bremen 1999).

18

### MODELL FÜR EINEN PAVILLON, 1998

Material: Plexiglas, Holzmodule / Material: Plexiglas, wooden modules
Maße: ø ca. 70 cm / Size: ø approx. 70 cm
Ort: Vorschlag für einen Pavillon für die
Wohn- und Stadtbau-Gesellschaft, Münster /
Venue: proposal for a pavilion for the
"Wohn- und Stadtbau-Gesellschaft", Münster

weite Verbreitung finden. Das mit Zustimmung der Stadtverwaltung errichtete Gebäude geriet zum öffentlich ausgetragenen Skandal und wurde von den Bewohnern Salzburgs aufs Schärfste diskutiert." (Peter Schüngel, Salzburg 1998)

„Wieder Wirbel um ein ‚Bauwerk' in Salzburg zur Festspielzeit: (…) Bei Altstadtguru Herbert Fux läutete zuerst – um drei Uhr morgens (!) – das Telefon, (…). ‚Wer hat denn die Mineralwasser-Paletten hier vergessen, in welches Geschäft gehören die denn?' Herr Fux: (…) Die Dummheit explodiert, das Chaos regiert. ‚Das Ding hätte vielleicht auf den Bahnhofsvorplatz gepasst (…).' Tatsache ist, dass die Installation der ACP-Galerie von der Stadt und den zuständigen Gremien mehrheitlich genehmigt wurde." (Martin Kriegel: „Hochgestapelte Getränkekisten sorgen für Wirbel in der Altstadt", in: *Neue Kronen Zeitung*, 23. Juli 1998)

<u>NOTE</u> "The layout of the building was specific to the site, Salzburg's 'Old Market'. Its walls described in smaller form the outlines of the square, and all four access roads to the square were repeated in the shape of the sculpture – as the entrances or exits. Unintentionaly, and favoured by the mint-green colour of the crates used, an association arose with the public toilet building, with establishments widespread in Austria's public space. The building was erected with the permission of municipal authorities and became a focus of the real scandal hotly debated by Salzburg's inhabitants." (Peter Schüngel, Salzburg 2002)

"Another brouhaha about a 'building' in Salzburg during the Festival: Old Town guru Herbert Fux's phone rang as early as three a.m. (!), and the alarm bells started ringing: 'Who went and forgot the palettes of mineral water bottles here, to what store were they meant to be delivered?' Herr Fux: 'It is pointless arguing about what art is. Stupidity explodes and chaos rules. They could have put it in front of the railway station, where it would have fit better perhaps (…).' The fact is that the installation by ACP-Galerie was duly majority-approved by the city authorities and the relevant bodies." (Martin Kriegel: "Hochgestapelte Getränkekisten sorgen für Wirbel in der Altstadt", in: *Neue Kronen Zeitung*, July 23, 1998)

16  [→ pp. 6, 7, 10, 11, 146, 147]

### KASTENHAUS 341.11, 1997

Material: braune, grüne, gelbe und graue FTK, diverse Materialien /
Material: brown, green, yellow and grey FTK, various materials
Maße: 410 x 390 x 400 cm / Size: 410 x 390 x 400 cm
Ausstellung, Ort: *Skulptur. Projekte in Münster 1997*, Aasee /
Exhibition, venue: *Skulptur. Projekte in Münster 1997*, Aasee

<u>ANMERKUNG</u> Dieses Gebäude diente als Informationspavillon. Es war in dieser Funktion mit einer sonst in Kiosken üblichen Durchreiche ausgestattet.
<u>NOTE</u> This building served as an information pavilion and to this end had a till desk as is usual in kiosks.

19

### KASTENHAUS 288.12 / 4 SOLITAIRE, 1998

Material: grüne, gelbe, braune und graue FTK, diverse Materialien /
Material: green, yellow, brown and grey FTK, various materials
Maße: 4 Einzeltürme: ø 400 cm, Höhe: 420 cm /
Size: 4 individual towers: ø 400 cm, height: 420 cm
Ausstellung, Ort: Marienhof, München /
Exhibition, venue: Marienhof, Munich

17  [→ pp. 6, 7, 10, 11, 148]

### KASTENHAUS 169.13, 1997

Material: FTK, diverse Farben, diverse Materialien /
Material: FTK, various colours, various materials
Maße: ø 250 cm, Höhe: 330 cm / Size: ø 250 cm, height: 330 cm
Ort: *Skulptur. Projekte in Münster 1997*, Hauptbahnhof /
Venue: *Skulptur. Projekte in Münster 1997*, main railway station

20  [→ p. 122]

### KASTENHAUS 576.9, 1998

Material: grüne und graue FTK, diverse Materialien /
Material: green and grey FTK, various materials
Maße: 346 x 540 x 410 cm / Size: 346 x 540 x 410 cm
Ausstellung, Ort: Alter Markt, Salzburg, Dezember 1996 - Januar 1997 /
Exhibition, venue: Alter Markt, Salzburg, December 1996 - January 1997

<u>ANMERKUNG</u> „Das Gebäude bezog sich auf die Grundform des Standortes 'Alter Markt' in Salzburg. Seine Wände beschrieben in verkleinerter Form die Platzumrisse, ebenfalls wurden alle vier Zufahrten des Platzes in der Form der Skulptur als Ein- bzw. Ausgänge wiedergegeben. Von den Künstlern unbeabsichtigt und begünstigt durch die mintgrüne Farbgebung der verwendeten Kisten, entstand so die Assoziation einer öffentlichen Bedürfnisanstalt, von Einrichtungen, die im öffentlichen Raum Österreichs

21  [→ p. 128]

### KASTENHAUS 90.5. BUSSTOP, 1998

Material: braune FTK-Sonderserie, diverse Materialien /
Material: brown FTK (special series), various material
Maße: 260 x 260 x 200 cm / Size: 260 x 260 x 200 cm
Ausstellung, Ort: Permanente Aufstellung in Havixbeck, Baumberge /
Exhibition, venue: permanent exhibition at Havixbeck, Baumberge

<u>ANMERKUNG</u> Der Pavillon wird von Kindern, die auf den Baumbergen wohnen, als Bushaltestelle und Regenunterstand benutzt.
<u>NOTE</u> The pavilion is used as a bus stop and shelter by children who live on the Baumberg.

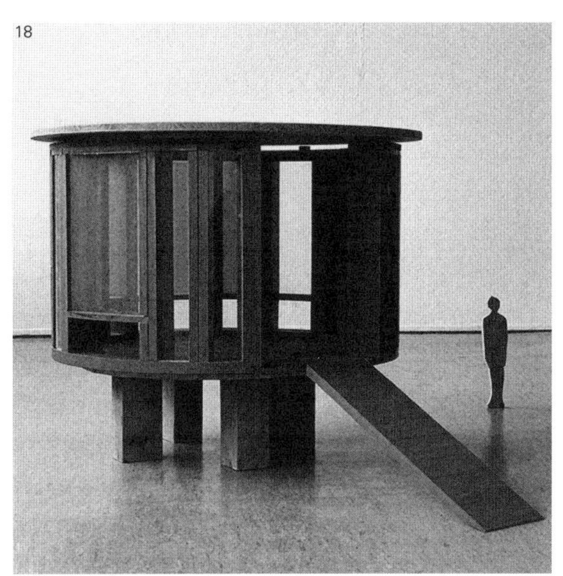

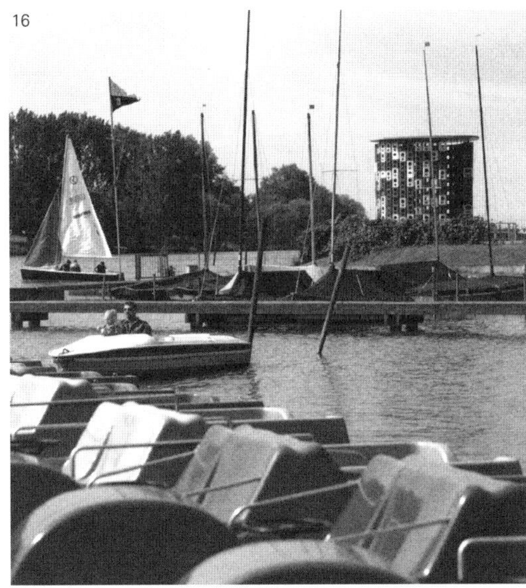

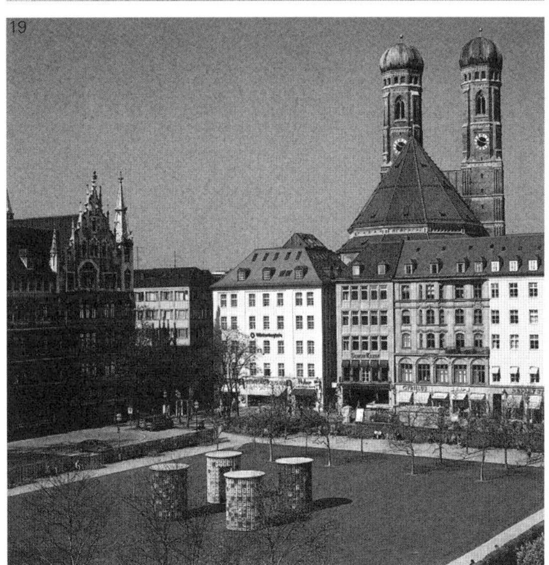

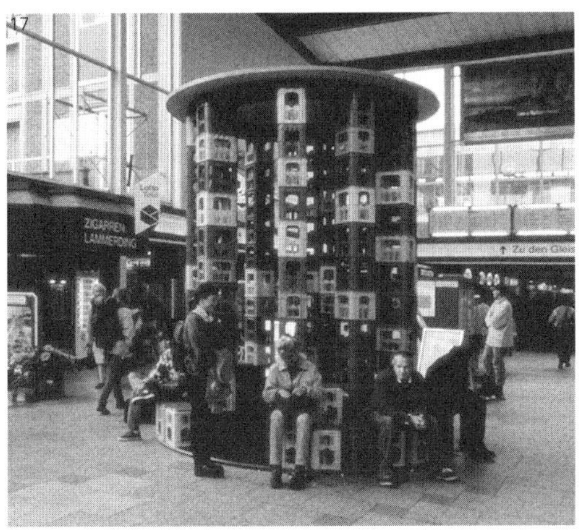

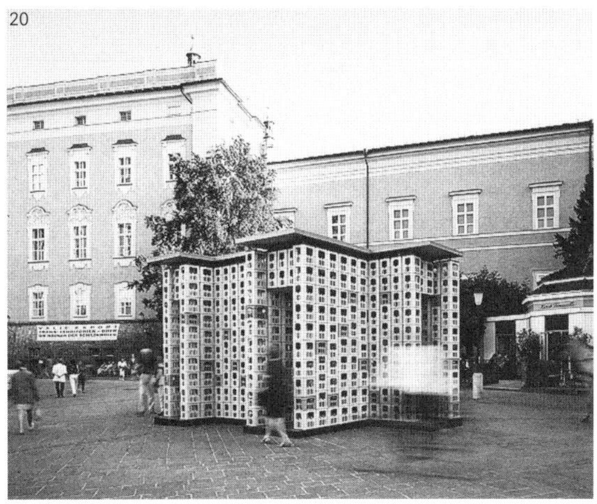

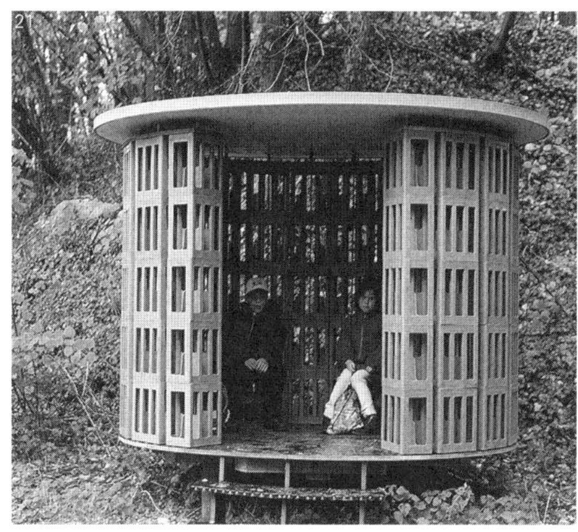

22  [→ pp. 11, 16, 19, 20, 23, 25, 134]
<u>PLAYGROUND, 1998</u>
Material: Metall, Leucht-Farbe / Material: metal, neon paint
Maße: ø 350 cm / Size: ø 350 cm
Ort: Münster, Wohn-und Stadtbau-Gesellschaft /
Venue: Münster, Wohn-und Stadtbau-Gesellschaft

23  [→ pp. 124, 126]
<u>KASTENHAUS 1330.11, 1998</u>
Material: grüne und braune FTK, diverse Materialien /
Material: green and brown FTK, various materials
Maße: 390 x 1.150 x 580 cm / Size: 390 x 1.150 x 580 cm
Ausstellung, Ort: Vorplatz der Bundeskunsthalle,
Kunstmuseum, Bonn /
Exhibition, venue: Bundeskunsthalle plaza, Kunstmuseum, Bonn

<u>ANMERKUNG</u>  „Hier an der Bundeskunsthalle war es die Vorplatz-
situation mit der dem Gebäude vorgelagerten Säulenreihe, die die
Künstler aufgriffen. Indem sich das 'Kastenhaus' um das untere Drit-
tel einer Säule organoid windet, wird es zum Kontrastprogramm
gegenüber der Architektur und ihrer repräsentativen Erhabenheit. Im
Unterschied zum Pathos des Peichl-Baus, das nicht zuletzt in der
Symbolik zum Tragen kommt, dass jede Säule für ein Bundesland
steht, sind Winter / Hörbelt an menschengerechten Proportionen
interessiert. Die Überhöhungsgeste der Säulen – der Stahl in seiner
Reminiszenz an das industrielle Zeitalter relativiert sie lediglich un-
glaubwürdig – setzten sie die Selbstvergegenwärtigung des Besu-
chers entgegen. Dieser wird einerseits an die Tradition, geschlos-
sene Skulpturen als Denkmal auf öffentlichen Plätzen aufzustellen,
erinnert, wie er andererseits mit der Begehung der sockelfreien
Plastik zugleich an ihrer Umwertung teilnimmt." (Eva Linhart: „Wolfgang Winter / Berthold Hörbelt: ‚Same Same', in: Artkaleidoskope,
Nr. 1, Februar - Mai 1999)
<u>NOTE</u>  "Here at the Bundeskunsthalle the artists took up the court-
yard setting with the row of columns. By organically winding the
'Crate-House' around the lower third of a column, it contrasts strongly with the architecture and its representative sublime tone. Unlike
the pathos of Peichl's building, not least evidenced in its symbolism
with each column standing for one federal state, Winter / Hörbelt
focus in proportions better suited to the human body. The exaggerat-
ing gesture of the heights of the columns – steel, reminiscent of the

industrial age, relativizes them and strips them of credibility – is countered
by making visitors conscious of their own presence here. Visitors are
reminded both of the tradition of placing closed sculptures as monuments
in public spaces but are also encouraged to walk through the house, which
does not rest on a plinth, and thus take part in giving it a new function."
(Eva Linhart: "Wolfgang Winter / Berthold Hörbelt: 'Same Same', in: Artkaleidoskope, no. 1, February - May 1999)

24  [→ pp. 10, 16, 23, 28, 114, 116, 118]
<u>LICHTSPIELHAUS 2640.15, 1998</u>
Material: braune FTK, diverse Materialien, Leinwand, Projektoren,
100 Klappsitze aus dem Fundus des British Council, Berlin,
Künstlerfilme ausgewählt von Heike Dander, Berlin /
Material: brown FTK, various materials, canvas, projectors,
100 folding chairs from the fund of the British Council, Berlin.
Films chosen by Heike Dander, Berlin
Maße: 550 x 900 x 2.150 cm / Size: 550 x 900 x 2.150 cm
Ausstellung, Ort: The Cinema Projekt (Tarantino Syndrom),
Künstlerhaus Bethanien, Berlin /
Exhibition, venue: The Cinema Projekt (Tarantino Syndrom),
Künstlerhaus Bethanien, Berlin

<u>ANMERKUNG</u>  „Die Wand könnte daher als osmotisch wirkende Membran
oder als ‚weiche Wand' bezeichnet werden. Durch sie dringt das Außen in
Form von Kälte und Geräuschen in den Innenraum ein. Gleichzeitig strahlt
das warm getönte Licht, das den Innenraum abends vor Beginn der Vorstellung erfüllt, nach außen ab und das Lichtspielhaus erscheint gleichsam
wie eine Laterne. Das Haus wird zu einem Anziehungspunkt: ‚Die Hütte,
das Licht, das am fernen Horizont wacht, verkörpert die Intimitätsverdich-
tung der Zuflucht in ihrer einfachsten Form', schreibt Gaston Bachelard in
seiner Poetik des Raumes. Durch die Lichtwirkung nach außen kann das
Lichtspielhaus als bewohnter Ort wahrgenommen werden, das Licht wirkt
wie ein Magnet, und es zeugt von den Aktivitäten und versammelten Menschen im Innenraum des Gebäudes. ‚Einzig durch sein Licht ist das Haus
menschlich. Es sieht wie ein Mensch. Es ist ein Auge, geöffnet zur Nacht.'
(Gaston Bachelard). Wenn wir dieses Bild auf das Lichtspielhaus über-
tragen, so erscheint das temporäre Kinogebäude gerade durch die Erscheinung der Wand als durchlässige Membran nach außen hin als bewohnt.
Dadurch, dass das Licht nach außen dringt, wirkt das Lichtspielhaus in
Funktion, es erscheint als Ort sozialer Wirklichkeit." (Julia Trolp: Kisten und
Kästen. Wissenschaftliche Hausarbeit im Fach Architektur, Universität der
Künste, Berlin, Juni 2002)

<u>NOTE</u>  "The wall can therefore be termed as osmotic membrane or
a 'soft wall'. Through it, the outside world in the form of cold and
sound enters into the interior. At the same time, the warm light that
floods the interior in the evening before the performance begins
radiates outward and the cinema-house thus resembles a lantern.
The house becomes a point of attraction: 'The hut, the light that
stands guard afar on the horizon, embodies the concentrated form of
intimacy offered by the simplest form of haven,' writes Gaston
Bachelard in his Poetics of Space. The light emanating outward
means the Lichtspielhaus can be considered an inhabited venue, the
light acts as a magnet, attesting to activity and people gathered within. 'It is solely light which makes a house human. It looks like a person. It has eyes, opened to the night' (Gaston Bachelard). If we trans-
pose this image onto the Lichtspielhaus, then this temporary
movie-house seems to be inhabited precisely owing to the appearance of the wall as a permeable membrane. Because light manages
to radiate outward, the Lichtspielhaus has an impact when being
used, appearing as the venue of social reality." (Julia Trolp: Kisten
und Kästen, graduate project in the Architecture Departement, University of Arts, Berlin, June 2002).

25
<u>KASTENHAUS 378.9, 1998</u>
Material: grüne und braune FTK, diverse Materialien /
Material: green and brown FTK, various materials
Maße: 280 x 270 x 420 cm / Size: 280 x 270 x 420 cm
Ausstellung, Ort: Art Cologne, Köln /
Exhibition, venue: Art Cologne, Cologne

<u>ANMERKUNG</u>  Auf der Art Cologne 1998 wurde das Kastenhaus als
Vorführraum für Videos genutzt. Ein dem Gebäude zugehöriger Tisch
mit umlaufender Sitzbank ähnelte in seiner Machart den Stahl-Spiel-
geräten, die man auf Kinderspielplätzen findet.
<u>NOTE</u>  At Art Cologne 1998 the crate-house was used as a room for
screening videos. Inside there was a table with a bench. The furnish-
ing was reminiscent of the equipment found on playgrounds.

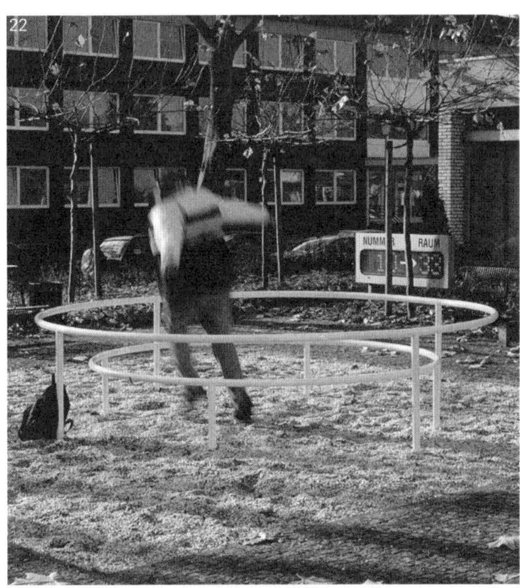

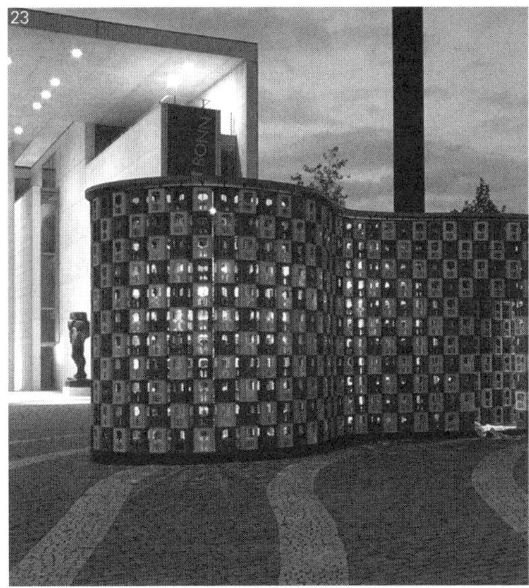

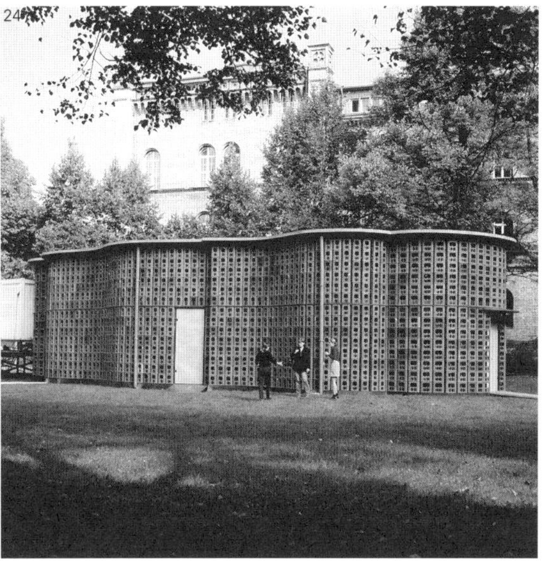

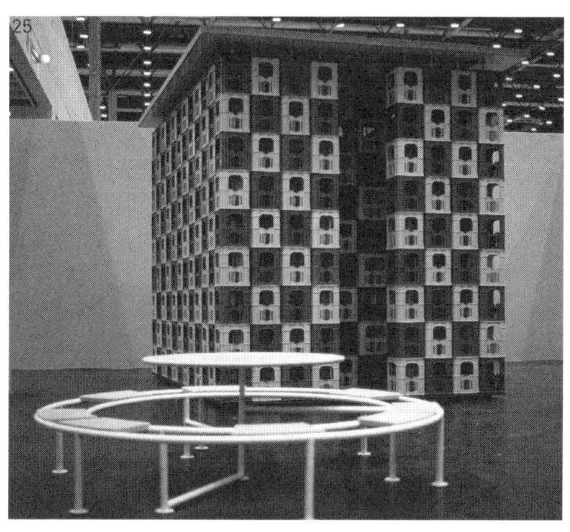

26

<u>KASTENHAUS 378.9, 1999</u>

Material: grüne und braune FTK, diverse Materialien /
Material: green and brown FTK, various materials

Maße: 280 x 270 x 420 cm / Size: 280 x 270 x 420 cm

Ausstellung, Ort: Privatsammlung Düsseldorf /
Exhibition, venue: private collection Düsseldorf

27  [→ p. 96]

<u>KASTENHAUS 560.10. DOPPLER, 1999</u>

Material: graue und schwarze FTK, diverse Materialien /
Material: grey and black FTK, various materials

Maße: 317 x 600 x 280 cm / Size: 317 x 600 x 280 cm

Ausstellung, Ort: *Kunstpreis der Böttcherstraße in Bremen 1999*,
Kunsthalle Bremen /

Exhibition, venue: *Kunstpreis der Böttcherstraße in Bremen 1999*,
Kunsthalle Bremen

<u>ANMERKUNG</u> Das Gebäude bestand aus zwei Baukörpern, die im
Eingangsbereich der Kunsthalle vor und hinter der Glasfront instal-
liert wurden. Durch die gleiche Anordnung der schwarzen und grau-
en Getränkekisten und die Wiederholung der Grundrissform wurde
der Baukörper nicht nur im Spiegel illusionär verdoppelt, sondern
auch faktisch. Die beiden begehbaren Innenräume waren durch die
fortlaufende Glaswand voneinander getrennt. Die Illusion einer Spie-
gelung wurde durch die Möblierung unterstützt: In beiden Räumen
stellten Winter und Hörbelt jeweils einen grünen Eimer und einen
Stuhl in gleicher Anordnung auf.
<u>NOTE</u> The building consists of two edifices installed in the Kunst-
halle's entrance area and behind a glass front. Owing to the identical
arrangement of the black and white bottle crates and the repetition
of the layout, the building was not only doubled up qua illusion by a
mirror, but in actuality. The two walk-in inside rooms were divided by
a continuous glass wall. The illusion of mirror imaging was reinforced
by the furnishings: in both rooms, Winter and Hörbelt placed a green
bucket and a chair, arranged the same way both times.

28  [→ pp. 104 - 108]

<u>KASTENHAUS 1840.17. 'CASA BIANCA PER UNA NAZIONE SCONO-
SCIUTA', 1999</u>

Material: weiße italienische Getränkekästen 'Lissa', diverse Materialien /
Material: white Italian bottle crates 'Lissa', various materials

Maße: 610 x 1.100 x 900 cm / Size: 610 x 1.100 x 900 cm

Ausstellung, Ort: *La Biennale di Venezia, d'Apertutto*, Giardini, Venedig /
Exhibition, Venue: *La Biennale di Venezia, d'Apertutto*, Giardini, Venice

<u>ANMERKUNG</u> Der Titel *Casa bianca per una Nazione sconosciuta* („Weißes
Haus für eine unbekannte Nation") erinnert an den Wettstreit der Nationen,
der alle zwei Jahre in den Giardini in Venedig die Kunst-Biennale bestimmt.
<u>NOTE</u> The title *Casa bianca per una Nazione sconosciuta* ("White House
for an Unknown Nation") alludes to the competition between the nations
that takes place every two years in the Giardini in Venice as part of the Art
Biennial.

29  [→ pp. 98, 100]

<u>KASTENHAUS 1666.14, 1999</u>

Material: grüne FTK, diverse Materialien /
Material: green FTK, various materials

Maße: 410 x 1.000 x 980 cm / Size: 410 x 1.000 x 980 cm

Ausstellung, Ort: *La Biennale di Venezia, d'Apertutto*, Arsenale, Venedig /
Exhibition, Venue: *La Biennale di Venezia, d'Apertutto*, Arsenale, Venice

<u>ANMERKUNG</u> Das grüne Kastenhaus fungierte zusammen mit einer
Video-Audio Arbeit von Christian Marclay als Entree der Ausstellung. Die
begehbare Skulptur diente als Lese- und Ruheraum. Auf einem im Raum
befindlichen Podest lagen Kataloge zur Ausstellung aus. Zugleich spielte
die temporäre Architektur mit der Transluzidität des Materials, das die
Kastenöffnungen ermöglichten. Das ästhetische Spiel wurde dadurch ge-
steigert, dass der Außenraum im Dunkeln durch die im Innern des Gebäudes befindlichen Scheinwerfer erhellt wurde und das Bauwerk wie eine
Laterna magica erschien.
<u>NOTE</u> Together with a video / audio piece by Christian Marclay, the crate-
house served as the entrance to the exhibition. Exhibition catalogues lay on
a plinth placed inside the room. This walk-in sculpture thus functioned as
an information pavilion. The aesthetic appeal of the translucent material
created by the slits in the crates was enhanced by exterior when dark was
lit up by the spotlights inside the building, making the pavilion resemble a
magic lantern.

30  [→ pp. 10, 16, 20, 25, 26, 130]

<u>COLA VIEW POINT, 1999</u>

Material: diverse Materialien / Material: various materials

Maße: Modell: 110 x 35 x 35 cm / Size: model: 110 x 35 x 35 cm

Ort: Artecidade, für São Paulo / Venue: Artecidade, São Paulo

http://www.uol.com.br/artecidade/english/2002

<u>ANMERKUNG</u> „Mit ihrem Vorschlag für den Patio do Pari nehmen
Wolfgang Winter und Berthold Hörbelt den Wasserturm als ty-
pisches industrielles Objekt der Region auf und gestalten ihn zu
einem Aussichtspunkt und Ort der Begegnung um. Das Gebiet, in
dem das Arte / Cidade-Projekt umgesetzt wurde, ist sehr flach – es
ist das Land des alten und fruchtbaren Brás-Tales, das über keine
natürliche Erhebungen und hohe Gebäude verfügt. Es gibt keinen
Punkt, von dem aus sich die enorme Ausdehnung erfassen lässt, die
von der Einfügung öffentlicher Verkehrsrouten unterbrochen ist und
die nach und nach räumlich umstrukturiert wird. Von dem Aussichtsturm wird man nicht nur den Vorhof des Bahnhofes und die Getreide-
großhandelszone überblicken, einen Raum, der durch die Stillegung
der Bahnlinie und durch Fehlinvestitionen unkenntlich gemacht
wurde, sondern auch in die Richtung von SESC …

Die Frage, der sich Wolfgang Winter und Berthold Hörbelt in
São Paulo widmeten, bezog sich auf das Fehlen eines Aussichts-
punktes, von dem aus man die enorme urbane Ausdehnung erfassen
könne. Ein Überblick ist normalerweise durch hohe Gebäude verstellt.
Die Erfahrung des städtischen Raums eröffnet sich ihrer Meinung
nach durch Beobachtung: Durch das Feststellen des eigenen Stand-
ortes. Die Stadt als öffentlicher Raum ist von den Möglichkeiten dieser visuellen Aneignung abhängig …

Der Turm (das Vertikale) und die Transpositionen (das Horizon-
tale) ermöglichen es, das nahe Liegende mit dem Entfernten zu ver-
binden, das Unmittelbare mit der Distanz. Es werden neue Verhält-
nisse von Umgebung geschaffen, die nicht vom topographischen
Standort der Orte abhängig sind. Was entfernt ist, wird zugänglich.
Mit diesem Objekt eröffnet sich eine andere städtische Geogra-
phie." (Nelson Brissac Peixoto, São Paulo)
<u>NOTE</u> "The proposal of Wolfgang Winter and Berthold Hörbelt for
the Patio do Pari retakes a usual industrial equipment in the skyline
of the region, the water tower, reconfigured as place of meeting and
belvedere. The area framed by Arte / Cidade project – the low lands
of the old fertile valley of Brás – is particularly flat, unprovided of
natural rises and high constructions. Points from where one could try
to decipher this immense extension de-configured by the im-
plantation of transit systems and successive space restructuring.
This belvedere will allow not only to visualize the railroad patio area
and the cereal wholesale zone, space disarticulated by the deac-
tivation of the railroad and the disinvestment in commercial activities, as to look at in the direction of SESC …

In São Paulo, the question perceived by Wolfgang Winter and
Berthold Hörbelt is the lack of a point of view from where to appre-
hend this enormous urban extension, in general obstructed by high
constructions. The experience of urban spaces passes, for they,
through observation: mode of locating oneself. The city, as public

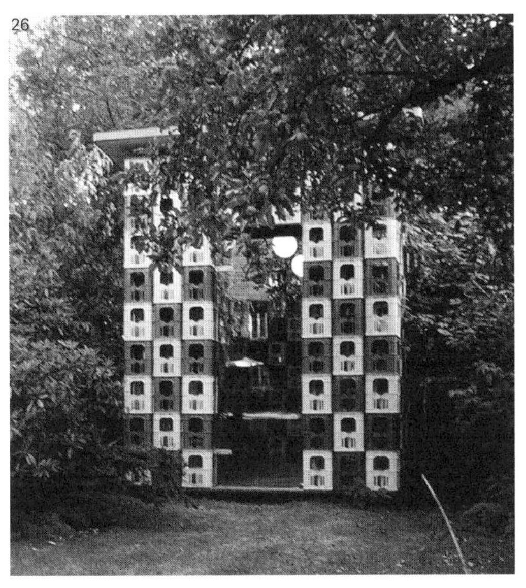

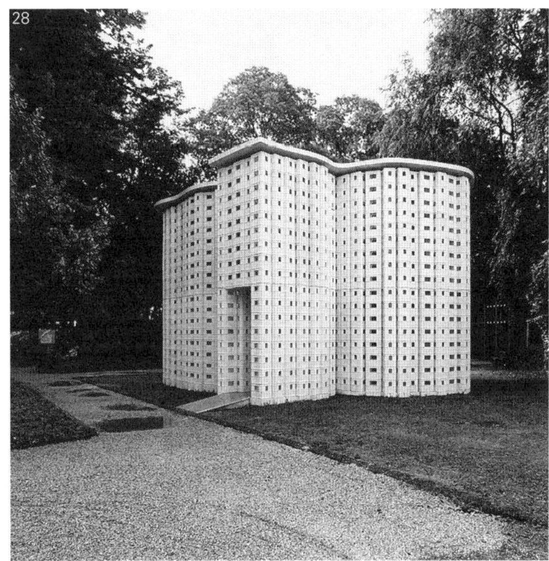

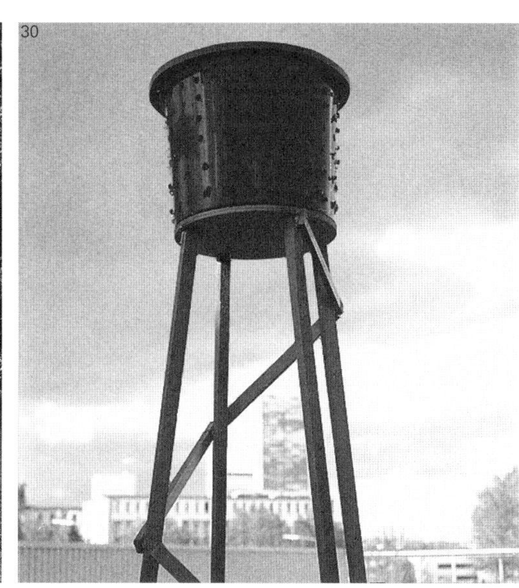

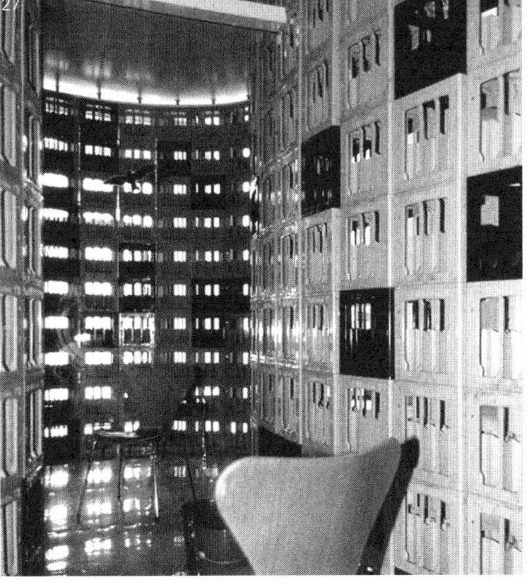

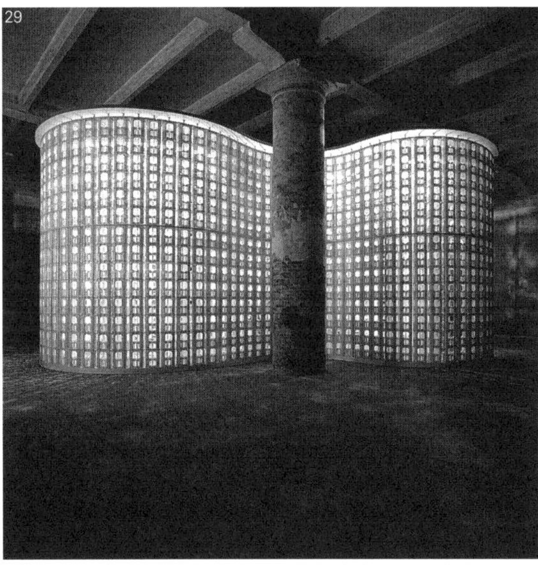

space, depends on this visual appropriation (…). The tower (vertical) and the transpositions (horizontal) allow to connect the next to the distant, the contiguous to the distant. Establishing new relations of neighbourhood, independently from the topological location of the places. What is separate, distant, becomes accessible, next. Another urban geography emerges from this device." (Nelson Brissac Peixoto, São Paulo).

31  [→ pp. 32, 36]

ZWEI ENTWÜRFE ZUR SKULPTUR BIENNALE
IM MÜNSTERLAND, 1999
MODELL „BERG"
MODELL „TÜRMCHEN AN DER WOORT"
Material: 2 Modelle, diverse Materialien /
Material: two models, various materials
Maße: ca. 40 x 50, ca. 60 x 60 cm / Size: approx. 40 x 50,
approx. 60 x 60 cm
Ort: Schloss Nordkirchen, Nordkirchen /
Venue: Schloss Nordkirchen, Nordkirchen


ANMERKUNG [Modell „Berg"] „Beim Abbruch der Pferdeställe wird eine große Menge Ziegelschutt anfallen; wir schlagen vor, die Masse vor Ort zu belassen, zu schreddern und eventuell als Grundmaterial für einen Berg zu verwenden, der irgendwo auf der Wiese aus dem Boden wächst und unnatürlich (nach oben hin spitz zulaufend) geformt ist. Da der geschredderte Ziegelstein einen guten Nährboden für Flora und Fauna darstellt, wird der Berg im Laufe der Zeit vollständig bewachsen sein. Man wird jedoch feststellen können, dass der Berg ein Fremdkörper in der westfälischen Landschaft ist und ihn so besonders wahrnehmen. Er kann erklettert werden." (Wolfgang Winter / Berthold Hörbelt, zit. nach: Skulptur Biennale im Münsterland 1999, hrsg. vom Kreis Coesfeld)

[Modell „Türmchen an der Woort"] „Den südlichen Turm, auch Türmchen an der Woort genannt, an dem zusätzlich Ställe angebaut sind, wollten [Winter und Hörbelt] (…) bis auf die niedrige historisch belegte Mauer von seinen Anbauten befreien und die Türen wieder freilegen. Der Turm erhielte [so] seine Durchgangsfunktion zurück, da er dann vom Schlossgarten aus wieder betreten und durch eine zweite daneben liegende Tür zu den Wiesen hin verlassen werden könnte. Eine Aussicht auf die 'ungestaltete' Natur würde eröffnet (…). Sie hatten vor, die Fenster des Türmchens von Schloss Nordkirchen mit transparenten, blau gefärbten Kunststoffscheiben zu füllen,

einen Terrazzo-Fußboden sowie ein Geländer zur Pferdewiese hin einzufügen, was auf die neue Funktion des Turmes als Aussichtspunkt hinweisen sollte." (Barbara Engelbach, Florian Matzner, zit. nach: Skulptur Biennale im Münsterland 1999, hrsg von Kreis Coesfeld)
NOTE [Modell „Berg"] "When the stables were torn down a large amount of brick refuse was left over; we propose leaving the mass on site, shredding it and then possibly using it as the basic material for a hill, to grow somewhere from it on a meadows and which will not be natural in shape (taper finely upward). Since the shredded brick is a good seedbed for flora and fauna, in the course of time the hill be completely overgrown. But you will still be able to see that the hill is alien to the Westphalian countryside, and therefore see it distinctly. You can climb it up." (Wolfgang Winter / Berthold Hörbelt: Skulptur Biennale im Münsterland 1999, ed. by Kreis Coesfeld)

[Modell "Türmchen an der Woort"] "[Winter und Hörbelt] wanted to take the southern tower, also called the Little Tower at the Woort, to which additional stables are attached, (…) and liberate it from the annexes with the exception of the low wall of historical origin and thus uncover the doorways. In this way, the function of the tower as a passageway was restored, as it could be entered from the castle gardens once more and visitors could also leave it through the second, adjacent door to wander in the meadows. Thus, a prospect of 'unadulterated' nature would be created (…). The duo intended to fill the windows of the small tower in Nordkirchen Castle with transparent plastic panes dyed blue, a terrazzo floor and a railing through to the meadow for the horses in order to highlight the tower's new function as belvedere." (Barbara Engelbach, Florian Matzner, in: Skulptur Biennale im Münsterland 1999, ed. by Kreis Coesfeld)


32  [→ pp. 11, 12, 17, 21, 26, 110, 112]

HANOI CITY TEAHOUSE, 1999
Material: rote vietnamesische Plastiktabletts, Dachlatten,
diverse Materialen /
Material: red Vietnamese plastic trays, roofing slats, various materials
Maße: 290 x 390 x 270 cm / Size: 290 x 390 x 270 cm
Ort: Campus der University of Fine Arts Hanoi, Vietnam, 1999 - 2002 /
Venue: University of Fine Arts Hanoi campus, Vietnam, 1999 - 2002


ANMERKUNG „'Du darfst trinken, aber nicht pissen', hatte ein vietnamesischer Künstler und Lehrer der Hochschule für Kunst Hanoi bereits 1995 in eines seiner Bilder geschrieben. Natürlich war auch das eine ungeheure Provokation und bis 1997 saß er, der ungeliebte Sohn des Hauses, mit seinen Studenten an einem wirklich unsäglichen Teestand (…) und träumte von den Toiletten der Welt. Er hat Vietnam längst verlassen, aber bis heute

findet das Zuführen kleinster Tropfen Tee und im Sommer der dazugehörigen grob abgeschlagenen Eiswürfel immer noch am nicht genehmigten, also eigentlich gar nicht existierenden, Teestand mit den 8 cm hohen Höckerchen und den abgestellten Fahrrädern rechts neben dem Eingangsbereich der 1925 gegründeten ‚Ecole des Beaux Arts de l'Indochine' statt.

Die Frau mit dem Tee und den Eiswürfeln ist sicherlich das Subversivste, was die Schule aufzuweisen hat. Gottlob blieb das der Verwaltung bis heute verborgen, und der schlechte Sohn des Hauses hat daran auch nichts ändern können. Er, gottlob nach Paris ausgewandert, schrieb einen dreiseitigen Brief an die jungen Studenten über die Toiletten am Frankfurter Flughafen: ‚I was so shocked, everything was so clean and large and I didn't know what to do? And so many mirrors, I felt so shy. I didn't felt I can piss there. I try to keep it! Try to keep, it! For ever!' (sic!)

An kaum übersehbarer Stelle steht auf dem Gelände der Hochschule für Kunst Hanoi neben skulpturalen Werken des sozialistischen Realismus das Hanoi-City-Teehaus von Winter / Hörbelt; entstanden im Rahmen eines Arbeitsprojektes im Wintersemester 1999. Es besteht aus ca. 380 Kunststofftabletts made in SR-Vietnam." (Veronika Radulovic, Hanoi 2000)
NOTE "'You may drink, but not piss', a Vietnamese artist and lecturer at the Hanoi Art Academy wrote in one of his pictures back in 1995. That was of course highly provocative and until 1997, this prodigal son, had to sit with his students in a truly dilapidated tea stand, (…) dreaming of the world's cozier toilets.

He has long since left Vietnam, but to this very day you can add even the smallest drop of tea and in summer the requisite coarsely hewn bits of ice to your cup at the still-not-authorized, in other words officially non-existent tea stand with the 8 cm high stools and the bike stands on the right of the entrance to the ‚Ecole des Beaux Arts de l'Indochine', founded in 1925.

The lady with the tea and the ice cubes is evidently one of the most subversive people in the academy. Thank God the administration has still not noticed this and the prodigal son was not able to change things. He thankfully emigrated to Paris, wrote a three-page letter to his young students on the toilets at Frankfurt Airport: 'I was so shocked, everything was so clean and large and I didn't know what to do? And so many mirrors, I felt so shy. I didn't felt I can piss there. I try to keep it! Try to keep, it! For ever!' (sic!)

At a place that it is hard to miss on the grounds of the Art Academy in Hanoi, alongside socialist realist sculptures you will find the Hanoi City Teahouse by Winter / Hörbelt; it was made as part of a work project during the 1999 Winter term. And is made of about 380 plastic trays, made in SR-Vietnam." (Veronika Radulovic, Hanoi 2000)

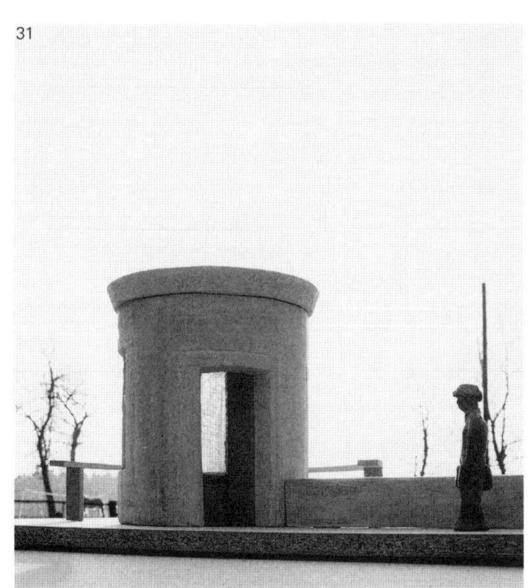

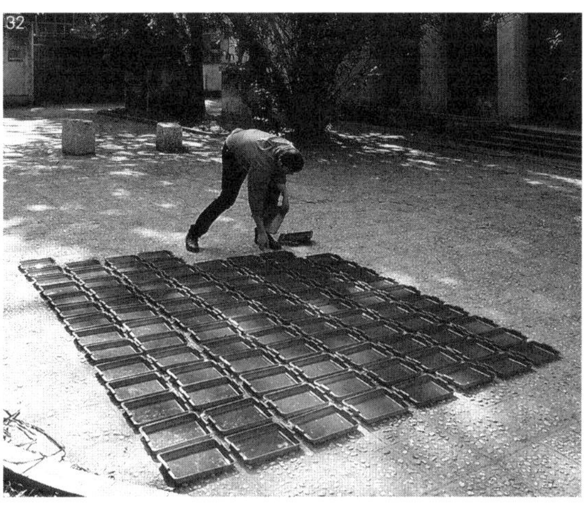

33  [→ p. 132]
GERÄT, 1999
Material: Metall, Farbe / Material: metal, paint
Maße: 87 x 48 x 118 cm / Size: 87 x 48 x 118 cm

34
GROSSES DEPOT, 1999
Material: Zeitungen, Harz, Pigment /
Material: newspapers, resin, pigment
Maße: 48 x 32 x 90 cm / Size: 48 x 32 x 90 cm

ANMERKUNG  In durch unterschiedliche Farbpigmente eingefärbtes
Harz wurden Zeitungen gegossen, die alle am gleichen Tag erschienen waren.
NOTE  The newspapers molded by Winter and Hörbelt all appeared
on the same day. Various colour pigments were added to the resin.

35
KLEINES DEPOT, 1999 / 2002
Material: Zeitungen, Harz, Pigment /
Material: newspapers, resin, pigment
Maße: 48 x 37 x 31 cm / Size: 48 x 37 x 31 cm

ANMERKUNG  (Vgl. Anm. Nr. 34)
NOTE  (Cf. note, no. 34)

36
DEPOT FÜR 10 000 ZEITUNGEN, 1999
Material: Zeitungen, Harz, Pigment / Material: newspapers, resin, pigment
Maße: ø 180 cm, Höhe: 48 cm / Size: ø 180 cm, height: 48 cm
Ort: Sammlung Städtische Galerie Wolfsburg /
Venue: Sammlung Städtische Galerie Wolfsburg

ANMERKUNG  „Im Zeitalter der elektronischen Datenübermittlung nimmt
die Tageszeitung immer mehr einen Sonderstatus ein (…). Als Grundstoff
und Volumen bildende Masse verwenden Winter und Hörbelt rückläufige
oder ausgelesene Zeitungen eines Datums (…). Indem eine meist etwa
20 mm starke Kunststoffschicht um die Zeitungen herum gegossen wurde,
bildet der gefärbte transparente Kunststoff sozusagen die kompakte
Verpackung und harte Schale dieser Volumina (…). Teilweise dringt der
zunächst flüssige Kunststoff in das Zeitungspapier ein und härtet dann
aus. Das ‚Wolfsburger Depot' besteht aus vier Viertelkreiselementen der
Farben blau, grün, braun und weiß. Durch die optimale Sitzhöhe der Blöcke
bedingt, wird die Skulptur von Ausstellungsbesuchern der Städtischen
Galerie gerne als Ruhebank und von Schulklassen als Versammlungsort
verwendet." (Susanne Pfleger: Der Faktor Zeit in der plastischen Arbeit von
Winter / Hörbelt, Wolfsburg 2001)
NOTE  "Newspapers increasingly have a special status in the age of electronic data transfer (…). As the basic material and voluminous mass, Winter and Hörbelt use remaindered or well-read newspapers from one and
the same date (…). They usually cover them in an approx. 20 mm thick
plastic coating and the dyed transparent plastic then forms a compact pack-
age as it were, the hard shell for the volume (…). In part, the initially liquid
plastic permeates the newspapers and then hardens. The 'Wolfsburger
Depot' consists of four quarter-circles coloured blue, green, brown and
white. Thanks to the optimal seat-height of the blocks, visitors to the
exhibition in the Städtische Galerie prefer to use the sculptures as a bench
on which to rest, and school classes gather round them." (Susanne Pfleger: Der Faktor Zeit in der plastischen Arbeit von Winter / Hörbelt, Wolfsburg, 2001)

37
MODELO DEPOSITO PARA 10 000 PERIODICAS, 1999
Material: Zeitungspapier, Harz / Material: newspaper, resin
Maße: ca. 35 x 12 x 60 cm / Size: approx. 35 x 12 x 60 cm

ANMERKUNG  Die konzeptuelle Vorgabe der Arbeit lautete: Alle an einem
bestimmten Tag auf der Welt erschienen Tageszeitungen sollen – jeweils
ein Exemplar – in einen großen Block aus gefärbten Harz eingegossen
werden.
NOTE  The idea: to bring together one copy each of all newspapers that
appeared on a particular day worldwide (one copy each) in a huge block
poured from dyed resin.

38
KASTENHAUS 248.8, 2000
Material: braune und grüne FTK, diverse Materialien, Lampe /
Material: brown and green FTK, various materials, light
Maße: 260 x 280 x 360 cm / Size: 260 x 280 x 360 cm
Ausstellung, Ort: Permanente Aufstellung:
Blindenstudienanstalt, Marburg /
Exhibition, venue: Permanent exhibition:
Learning Institute for the Blind, Marburg

ANMERKUNG  „… unter anderem in Münster. Dort fielen die Kasten-
Skulpturen den Schülern der 9b der Blista auf, als sie im Rahmen
ihres Kunstunterrichts die dortige Ausstellung besuchten. Sie fragten
die Künstler, ob solch ein Projekt nicht auch an ihrer Schule zu ver-
wirklichen wäre (…). Hörbelt und Winter wollten nicht einfach eines
ihrer Kastenhäuser konstruieren und aufstellen, sondern schlugen
eine Mitarbeit der Schüler vor. So fertigten diese verschiedene Reliefs an, die möglicherweise an dem Kastenhaus angebracht werden
sollten …" ((kb): „Blista-Schüler haben neuerdings ordentlich was auf
dem Kasten", in: Marburger Neue Zeitung, 12. März 1999)
NOTE  "… among other things in Münster. There, the pupils of Class
9a from Marburg noticed the crate-like sculptures when visiting the
exhibition there as part of their art lessons. They asked the artists
whether such a project could not be carried out at their school (…).
Hörbelt and Winter did not simply want to make one of their crate-
houses and place it there, and suggested the pupils collaborated.
The latter created various reliefs to potentially be hung inside the
crate-house …" ((kb): „Blista-Schüler haben neuerdings ordentlich
was auf dem Kasten", in: Marburger Neue Zeitung, March 12, 1999)

39  [→ p. 94]
KASTENHAUS 1550.14, 2000
Material: braune und graue FTK, diverse Materialien /
Material: brown and grey FTK, various materials
Maße: 410 x 1.250 x 920 cm / Size: 410 x 1.250 x 920 cm
Ausstellung, Ort: zwischenzeit-zwischenraum,
Bahnhofsplatz, Wolfsburg, 17. Juni - 6. Oktober 2000 /
Exhibition, venue: zwischenzeit-zwischenraum,
Bahnhofsplatz, Wolfsburg, June 17 - October 6, 2000

ANMERKUNG  Im Inneren des Gebäudes befand sich ein durchsich-
tiges Plexiglasrohr. Wenn es regnete, konnte man das vom Dach ab-
fließende Wasser beobachten.
NOTE  Inside the building was a transparent Plexiglass tube. When
it rained, you could watch the water flowing down from the roof.

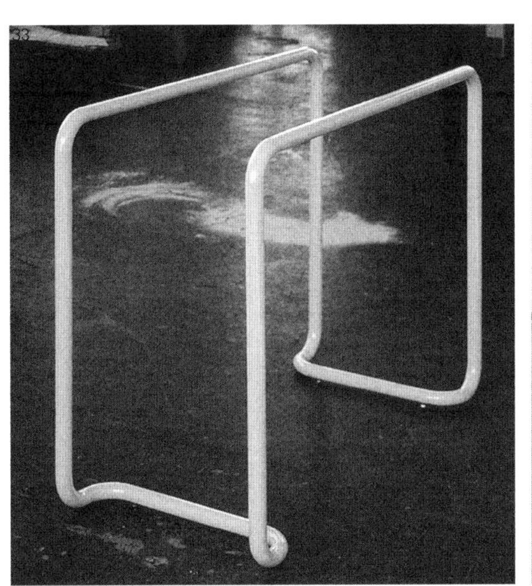

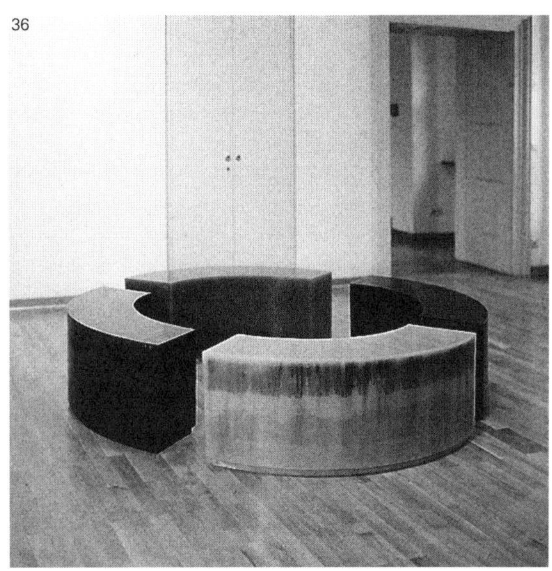

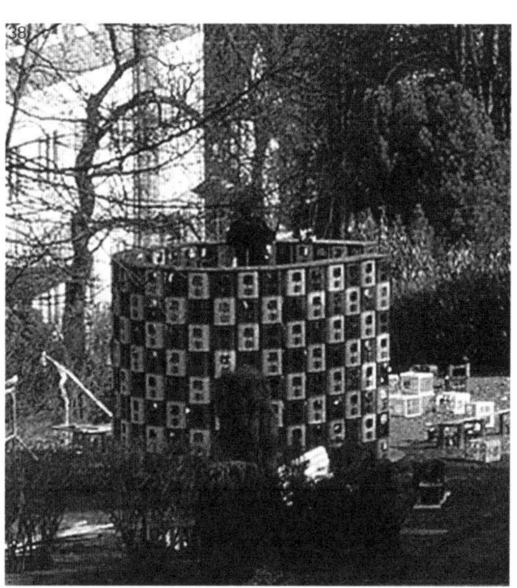

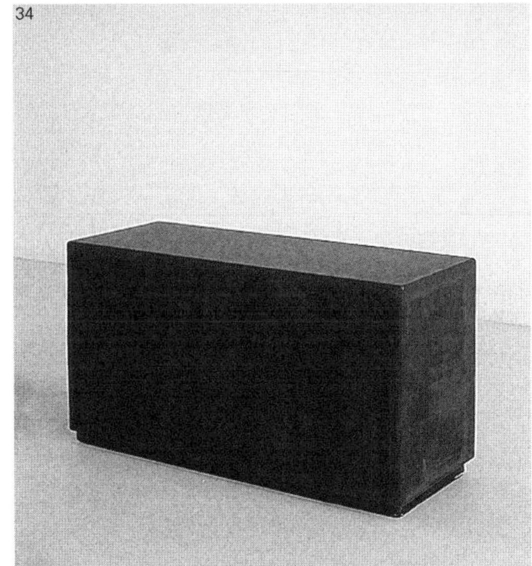

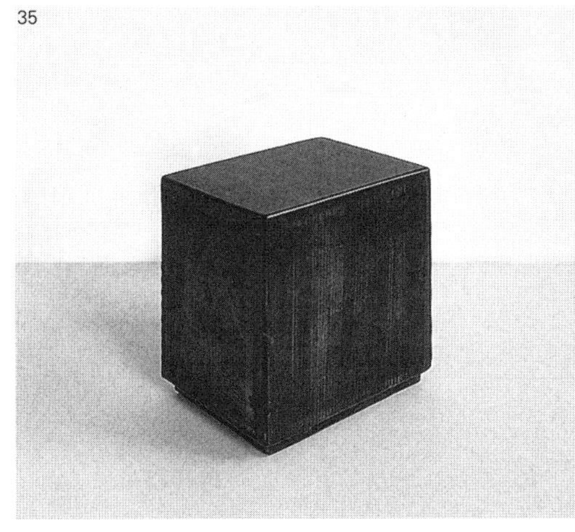

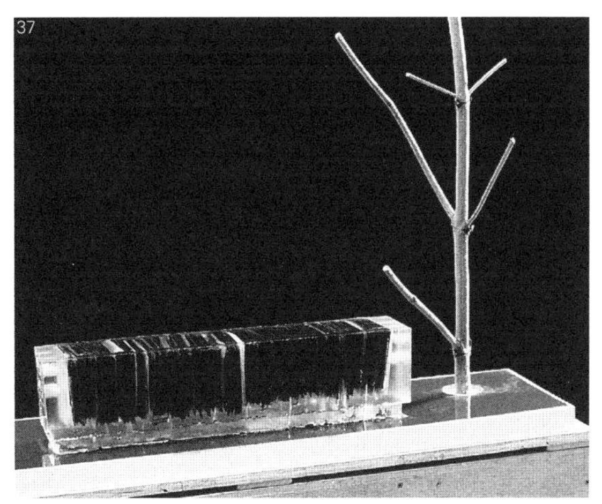

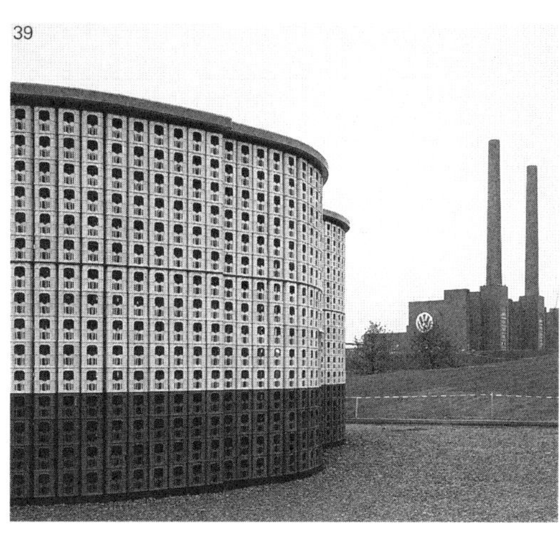

40

KASTENHAUS 1066.13, 2000

Material: braune und graue FTK, diverse Materialien /
Material: brown and grey FTK, various materials
Maße: 470 x 880 x 635 cm / Size: 470 x 880 x 635 cm
Ausstellung, Ort: permanente Aufstellung seit 2001,
Wolfsburg, „Südkopf" /
Exhibition, venue: Permanent exhibition since 2001,
Wolfsburg, "Südkopf"

41  [→ p. 92]

KASTENHAUS 1066.13, 2000

Material: braune und grüne FTK, roter PVC-Boden, diverse
Materialien, Licht /
Material: brown and green FTK, red PVC flooring, various
materials, light
Maße: 470 x 880 x 635 cm / Size: 470 x 880 x 635 cm
Ausstellung, Ort: Umedalen Sculpture 2000. Permanente
Aufstellung: Umedalen Sculpture Parc, Sweden /
Exhibition, venue: Umedalen Sculpture 2000. Permanent
exhibition: Umedalen Sculpture Parc, Sweden

42  [→ pp. 10, 16, 23, 28, 88, 90]

LIGHTHOUSE, 2000

Material: grüne FTK, diverse Materialien, Beleuchtung /
Material: green FTK, various materials, illumination
Maße: ø 380 cm, Höhe: 400 cm / Size: ø 380 cm, height: 400 cm
Ausstellung, Ort: Permanente Aufstellung: Nordsee, vor dem
Nordisk Akvarellmuseet in Skärhamn, Schweden /
Exhibition, venue: Permanent exhibition: North Sea, outside the
Nordisk Akvarellmuseet in Skärhamn, Sweden

ANMERKUNG  „Der Leuchtturm ist ein vier Meter hoher Rundbau,
dessen Fundamente auf einer sehr kleinen Insel im Meer vor dem
Nordisk Akvarellmuseet in Skärhamn, Schweden, stehen. Das Gebäude ist aus hellgrünen deutschen Mineralwasserkästen gebaut.
Innerhalb des Leuchtturms befinden sich acht helle Scheinwerfer,
die das Gebäude so ausleuchten, dass es im schmalen Kanal zwischen
dem Museum und der Insel Bockholmen mit ihren Künstlerateliers wie ein
grüner Smaragd anmutet. Es ist auf dem belebten Seeweg von Marstrand
nach Kyrkesund vorbei an Skärhamn nicht zu übersehen. Wenn das Wasser im Sommer warm ist und der Wasserstand niedrig, kann man einfach
hinüberschwimmen und in den Leuchtturm klettern. An stürmischen Aben-
den im Herbst, wenn das Wasser höher steht, wird die kleine Insel ganz
vom Meer eingenommen; dann sieht es aus, als würde der Leuchtturm mit
seinen Fundamenten einfach im Wasser stehen." (Bernd Arell: The Lighthouse, Skärhamn, Schweden 2000)
NOTE  "The lighthouse measures four meters in height, it is a round construction whose foundations lie on a tiny island in the sea in front of the
Nordisk Akvarellmuseet in Skärhamn, Sweden. The building is mint green
in color, and is built of German mineral water crates. There are eight bright
spotlights inside the lighthouse that light up the building so that it shows
as a green emerald in the narrow channel between the Museum and the
island Bockholmen with artist's studios. It is easy to be detected from
lively sea route leading from Marstrand to Kyrkesund passing Skärhamn. In
the summer when the water is quite warm and the height of the water is
low, people can swim across the water to the lighthouse and climb up into
it. In stormy evenings in the fall the water height has risen, and the tiny
island is completely overwhelmed by the Sea; then, the lighthouse simply
stands as if it had its foundations in the water." (Bernd Arell: The Lighthouse, Skärhamn, Sweden 2000)

43

KASTENHAUS 845.13, 2000

Material: grüne FTK, diverse Materialien /
Material: green FTK, various materials
Maße: 470 x 550 x 580 cm / Size: 470 x 550 x 580 cm
Ausstellung, Ort: Art Chicago 2000 / Exhibition, venue: Art Chicago 2000

ANMERKUNG  Getränkekisten deutscher Herkunft sind den Amerikanern
fremd. Ein Pfandsystem für Mineralwasserflaschen existiert dort nicht.
Daher wurden die Kästen deutscher Herkunft in den USA nicht unmittelbar
als gewöhnliche Gebrauchsgegenstände wahrgenommen.
NOTE  German bottle crates are unknown to Americans. There is no system of returnable bottles there. So in the United States, the German crates
do not immediately get recognized as every-day items.

44  [→ p. 84]

KASTENHAUS 845.13, 2000

Material: grüne und braune FTK, diverse Materialien /
Material: green and brown FTK, various materials
Maße: 470 x 550 x 580 cm / Size: 470 x 550 x 580 cm
Ausstellung, Ort: Rice Art Gallery Houston, Texas /
Exhibition, venue: Rice Art Gallery Houston, Texas

ANMERKUNG  Der Pavillon wurde von den Studenten der Rice University in den Sommermonaten als schattiger Aufenthaltsort und als
Seminarraum genutzt. Auch ohne Klimaanlage war es in dem Raum
deutlich kühler als im Umfeld.
NOTE  The pavilion was used by students at Rice University as a
shady leisure area and seminar room in the summer months. Even
without air conditioning it was far cooler than the surroundings.

45  [→ pp. 37 - 40, 86]

GELSENKIRCHENER BAROCK – ODER:
GRETEL WIRD GEHÄNSELT, 2000

Material: rote Rücklichtabdeckungen des VW Lupo /
Materials: red tail lights of a VW Lupo
Maße: 400 x 450 x 450 cm / Size: 400 x 450 x 450 cm
Ort: Pleasure Garden, Tilburg, Niederlande, August - Oktober 2000 /
Venue: Pleasure Garden, Tilburg, Netherlands, August - October 2000

ANMERKUNG  „Zuerst schufen sie der Skulptur einen Platz im dichten Nadelwald. (…) Es entstand dadurch ein düsterer gewölbter,
kathedralenartiger Raum, in den ein schräg gebrochenes, fast braunes Licht hineinfiel. In diesem Raum wurde die Skulptur aufgebaut.
(…) Die Säule, von innen hohl, von außen breit und üppig geschwungen und etwa zweieinhalb Meter hoch, war aus gestapelten VW-
Autorrückleuchten aufgebaut. (…) Aus dem Innern der Säule strahlte eine kräftige Lampe, die wie ein schwerer facettierter Kristall
aussah. (…) So wurde die Arbeit umgetauft zu Gelsenkirchener
Barock oder Gretel wird gehänselt…" (Marianne Brouwer: Gelsenkirchener Barock [→ S. 37])
NOTE  "First they created a place for the sculpture in a dense pine
forest. (…) In this way, a somber, vaulted, cathedral-like space arose
into which a diffuse almost brown light fell at an angle. It was in this
space that they set up the sculpture. (…) The pillars: hollow on the
inside and broad and opulently curved on the outside, some two and
a half meters high. Made of stacked VW tail lights. (…) From within
the pillars a powerful lamp radiated light – it resembled a heavy, highly faceted crystal. (…) As a consequence, the piece was re-chris-
tened Gelsenkirchen Baroque or Gretel Gets Hansled…" (Marianne
Brouwer: Gelsenkirchener Barock [→ p. 39])

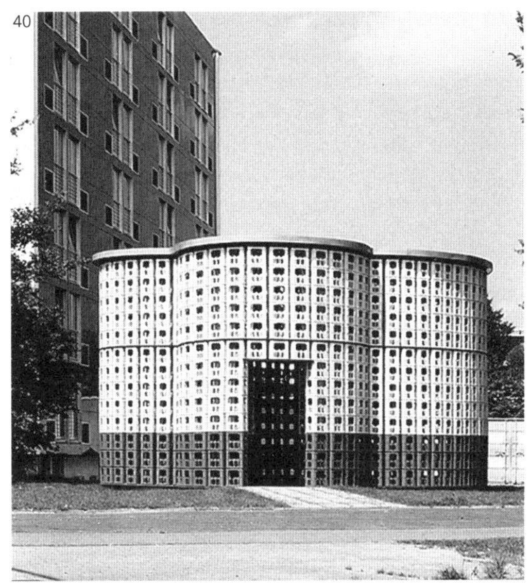

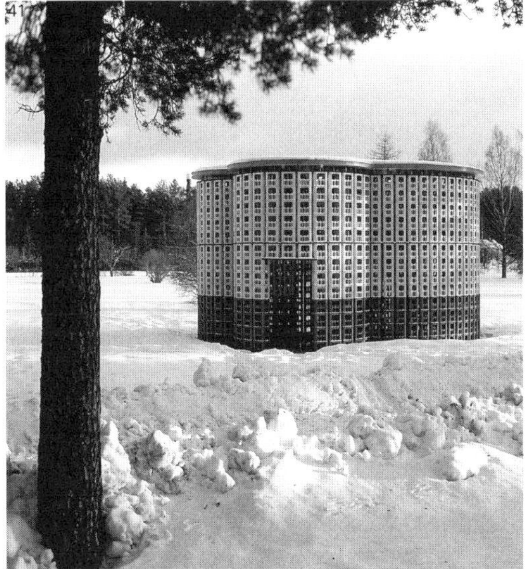

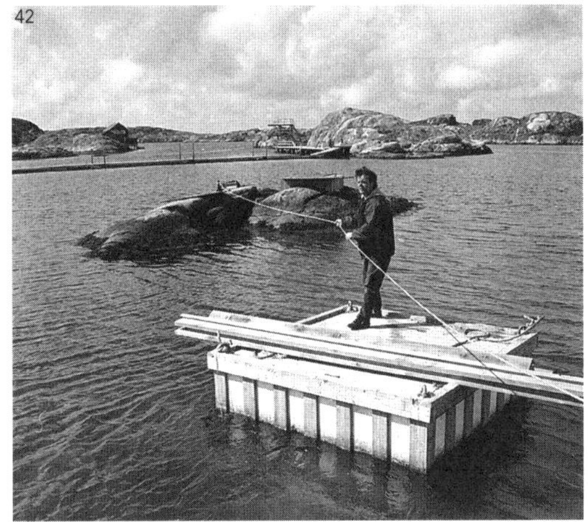

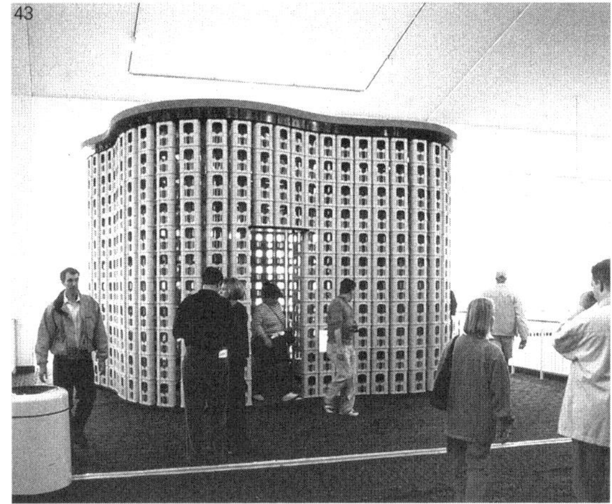

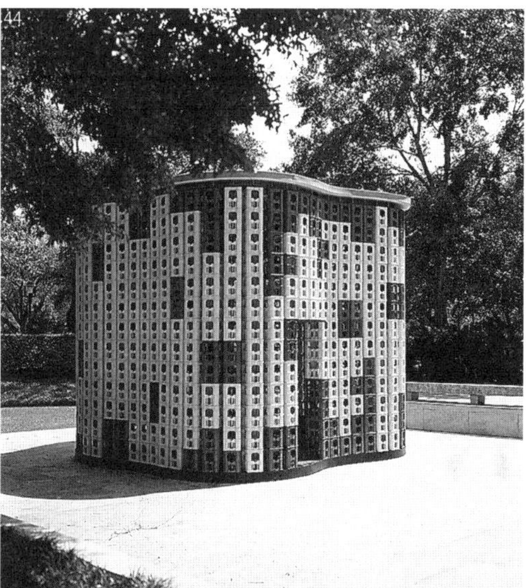

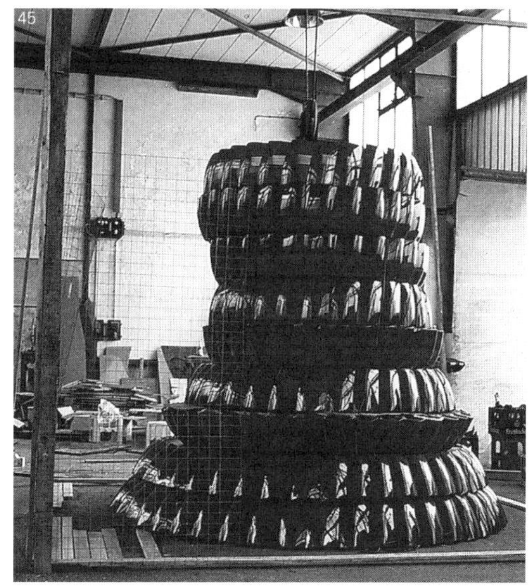

46  [→ pp. 78 - 80]
FENG SHUI BASKET, 2000
Material: verzinkte Lichtgitter (Gitterroste), diverse Materialien /
Material: galvanized light screen (gridded slats), various materials
Maße: 420 x 450 x 460 cm / Size: 420 x 450 x 460 cm
Ausstellung, Ort: *ein|räumen. Arbeiten im Museum. 61 aktuelle
Projekte in der Hamburger Kunsthalle*, Hamburger Kunsthalle,
20. Oktober 2000 - 21. Januar 2001 /
Exhibition, Venue: *ein|räumen. Arbeiten im Museum. 61 aktuelle
Projekte in der Hamburger Kunsthalle*, Hamburger Kunsthalle,
October 20, 2000 - January 21, 2001

ANMERKUNG  „Winter und Hörbelt haben sich für einen Stoff ent-
schieden, der so trivial und alltäglich ist, dass er auf den ersten Blick
nicht als kunstfähig erscheinen würde. Metallene Gitterroste, wie sie
für die Herstellung von Fußabstreifern gebräuchlich sind, wurden in
einem von ihnen entwickelten Verfahren geformt. Eine pavillonartige
Skulptur wurde konstruiert, die nicht nur autonome Plastik ist, sondern zugleich eine temporäre Architektur, die für praktische Zwecke
genutzt wird. Für dieses Projekt funktioniert sie als Kassenhäuschen,
die – in Anlehnung an die Grundform eines Papierkorbs – das Kas-
senpersonal nach oben hin gesehen gegen hinabgeworfene Gegenstände und unerwünschte Einblicke schützt. *Feng Shui Basket* spielt
auf ostasiatische Vorstellungen an, durch Harmonisierung gegen-
poliger Kraftflüsse seien fördernde Wirkungen zu erzeugen, die Vor-
haben und Prozesse zum Erfolg führen." (Frank Barth, in: *ein|räu-
men. Arbeiten im Museum.* Hamburger Kunsthalle, Hamburg 2000)
NOTE  "Winter and Hörbelt have chosen a material that is so banal
and quotidian that at first glance it does not seem worthy of art.
Metal slats such as are used for shoe-scrapers have been shaped
using a method they created. A pavilion-like sculpture arises that is
not only a sculpture in its own right but also a piece of temporary
architecture that can be used for practical purposes. Here, it functions as a ticket office, and, reminiscent of a wastepaper basket in
shape, protects the cashier from objects thrown from above or
unwanted eyes. *Feng Shui Basket* alludes to that East Asian notion
that countervailing power vectors need to be brought into harmony
and that this is healthy for the occupants, promoting success in what
they do." (Frank Barth, in: *ein|räumen. Arbeiten im Museum.* Ham-
burger Kunsthalle, Hamburg 2000)

47
NINE HOURS TO MARFA, 2000
Material: 2.000 Exemplare der „Houston Chronicle", Harz /
Material: 2,000 copies of the "Houston Chronicle", resin
Maße: 35 x 130 x 80 cm / Size: 35 x 130 x 80 cm
Ort: Rice Art Gallery, Houston, Texas /
Venue: Rice Art Gallery, Houston, Texas

ANMERKUNG  2.000 Exemplare des „Houston Chronicle" wurden mit
Harz zu einem Block gegossen. Die Oberfläche blieb unbehandelt.
NOTE  2,000 copies of the "Houston Chronicle" were cast in one block
using resin. The surface was left untreated.

48  [→ pp. 13, 17, 18, 32, 36]
KAPELLE DER FRIEDFERTIGKEIT, 2001
Material: Plattform, Akteure, Musik / Material: platform, actors, music
Maße: Plattform: ø ca. 250 cm / Size: platform: ø approx. 250 cm
Ort: Permanente Installation seit 2001, Billerbeck, *Kapelle der Friedfertig-
keit*, jeden Sonntag 11.30 Uhr /
Venue: Permanent installation since 2001, Billerbeck, *Kapelle der
Friedfertigkeit*, every Sunday 11.30 a.m.

ANMERKUNG  „Im Zentrum der westfälischen Stadt Billerbeck gegenüber
dem Hauptportal des Billerbecker Domes befindet sich die nach den Ent-
würfen des Bildhauers und Architekten Bernd Meyer in den Jahren 1925
und 1926 im neobarocken Stil errichtete Kapelle. Vorbild für die architektonische Gestaltung war die barocke Ludgerus-Sterbekapelle von Peter
Pictorius d. J., 1732 errichtet, die 1890 dem Neubau des Billerbecker Domes
weichen musste. Das Kriegerehrenmal, das wir zumindest als Arbeitstitel
in *Kapelle der Friedfertigkeit* umgetauft haben, hat eine eigentümliche
Ausstrahlung. Im Inneren des Gebäudes befindet sich ein Steinkreuz, die
Wände sind mit den Namen der gefallenen Bürger Billerbecks beschriftet.
Ein Verein engagiert sich seit einigen Jahren um die Neugestaltung
bzw. Umwidmung der neugotischen Kapelle, und hat uns in Folge eines
Wettbewerbs mit der Umsetzung unseres Vorschlages beauftragt. Die
Idee ist es, der Kapelle nicht weitere gestalterische Elemente hinzuzu-
fügen, sondern ein Ritual ins Leben zu rufen, das über lange Jahre hinweg
das öffentliche Leben in Billerbeck mitprägen wird. So haben wir den Komponisten Friedrich Jaecker beauftragt, ein Musikstück für ein Soloinstru-
ment zu komponieren, das nun ab März 2001 für den Zeitraum von
ca. 13 Jahren – solange reicht wohl das Geld – jeden Sonntag zu gleicher
Zeit vor der Kapelle vorgetragen wird. Als einziges materiell gestaltetes
Element wird im Aufgang zur Kapelle eine rot eingefärbte Betonscheibe in
den Treppenabsatz eingelassen, um die Stelle an der das Musikstück vorgetragen wird, klar aber diskret zu markieren und den wechselnden Musi-
kern quasi eine Plattform bereitzustellen." (Wolfgang Winter / Berthold
Hörbelt: *Kapelle der Friedfertigkeit*, Billerbeck 2001)

NOTE  "In the heart of the city of Billerbeck in Westphalia, opposite
the main portal of Billerbeck Cathedral, stands the chapel built in the
Neo-Baroque style in 1925 - 1926 in line with the plans of Bernd
Meyer, a sculptor and architect. The architecture takes its cue from
the Baroque Ludgerus Sterbekapelle created by Peter Pictorius the
Younger in 1732 and which had to give way in 1890 to the new Billerbeck Cathedral. The War Memorial, which we have given the
working title of *Kapelle der Friedfertigkeit* has an aura quite of its
own. Inside the building stands a stone cross and the walls are
covered with names of Billerbeck citizens who died in the war.
For some years now, an association has devoted itself to re-
designing / re-dedicating the Neogothic chapel and held a competition as a result of which we were commissioned to put our ideas into
practice, namely not to add further design elements to the chapel but
to instate a ritual that will for many years play a role in public life in
Billerbeck. We thus commissioned composer Friedrich Jaecker to
produce a piece of music for a solo instrument which will be performed as of March 2001 over a period of approx. 13 years (as long
as the money lasts) every Sunday at the same time outside the
chapel. The only new material element is a pane of concrete dyed
red inserted into the stairs of the entranceway up to the chapel,
clearly but discreetly designating the spot where the music will be
played and, as it were, giving the various musicians a platform."
(Wolfgang Winter / Berthold Hörbelt: *Kapelle der Friedfertigkeit*,
Billerbeck 2001)

49  [→ p. 82]
KASTENHAUS 845.13, 2001
Material: braune, grüne FTK, roter PVC Boden, Lampen /
Material: brown, green FTK, red PVC flooring, lamps
Maße: 470 x 550 x 580 cm / Size: 470 x 550 x 580 cm
Ausstellung, Ort: Permanente Aufstellung. Collection Ellen and
Jerome Sterne, New York /
Exhibition venue: Permanent exhibition: Collection Ellen and
Jerome Sterne, New York

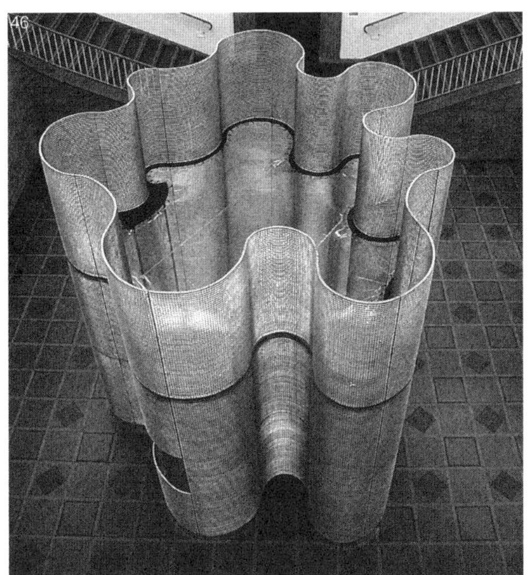

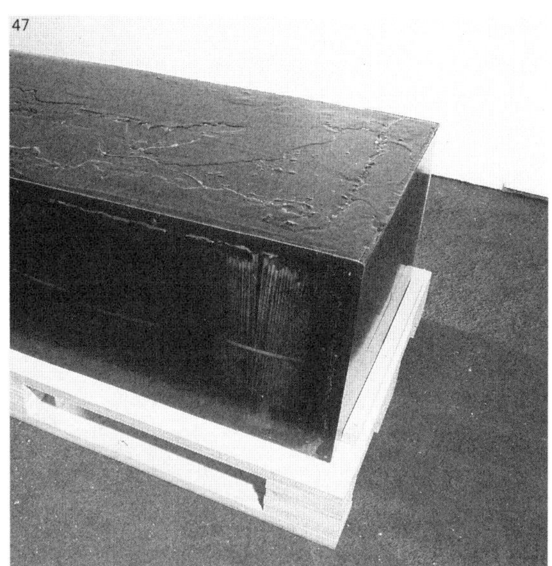

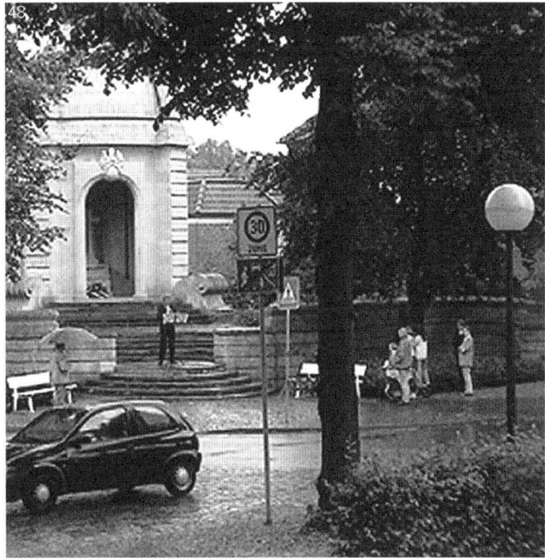

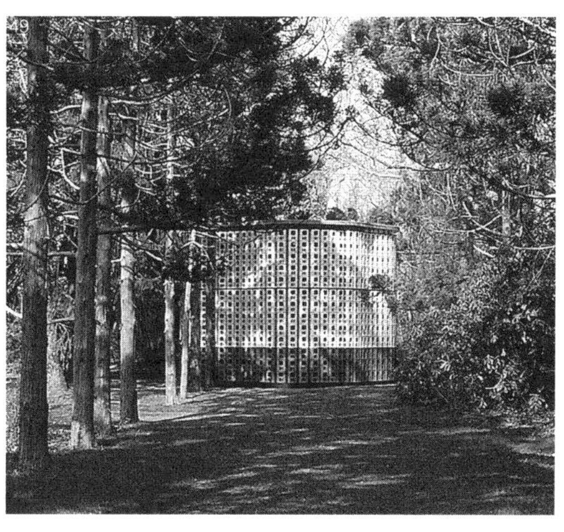

50

ENTWURF ZUM AIDS MEMORIAL MÜNCHEN, 2001

Ort: Sendlinger Tor, München / Venue: Sendlinger Tor, Munich

ANMERKUNG „Das Projekt sieht vor, den nördlichen der beiden
Turmbauten des Sendlinger Tors als Gehäuse für eine Audio-Installa-
tion umzufunktionieren. Zu hören sind persönliche Berichte von von
AIDS betroffenen Menschen. Die Beschreibungen ihrer gravierend
veränderten Lebensumstände werden von einem professionellen
Vorleser oder einer Vorleserin vorgetragen. Die Stimme des Vor-
lesenden ist innerhalb des Turmbaus klar vernehmbar. Da jedoch
eher langsam gesprochen wird, treten in den Pausen die Geräusche
des Straßenraums in einen Dialog mit dem Erzählten. Die intime
Schilderung einer individuellen Lebenssituation wird mit dem öffentlichen, funktional ausgerichteten Geschehen der Umgebung kontras-
tiert." (Bernhard Schwenk: AIDSMEMORIAL, Revolver Archiv für
Aktuelle Kunst, Frankfurt a. M., Juli 2002)

NOTE "The project envisages giving the northern of the two towers
at Sendlinger Gate a new function as a shell for an audio installation.
You hear personal reports on people who are HIV positive. The des-
criptions of the severe changes this has brought to their lives are presented by professional readers. The voice of the reader is clearly
audible within the tower. Since the reader tends to speak slowly, in
the pauses the sounds of the street outside enter into a dialogue
with what has been narrated. The intimate description of an individual person's life thus contrasts with the public, essentially functional occurrences outside." (Bernhard Schwenk: AIDSMEMORIAL,
Revolver Archiv für Aktuelle Kunst, Frankfurt / M., Juli 2002)

51  [→ pp. 70, 72, 73]

FENG SHUI BASKET – PRIVATE VERSION, 2001

Material: verzinktes Lichtgitter (Gitterroste), PVC Boden, 9 m Doppel-
T-Träger, 4 FTK, diverse Materialien / Material: galvanized light screen,
(gridded slats) PVC flooring, 9 m H-beams, 4 FTK various materials
Maße des Baskets: 420 x 450 x 460 cm / Size of the basket: 420 x
450 x 460 cm
Ort: Galerie Voges + Partner, Frankfurt a. M., 2001 /
Venue: Galerie Voges + Partner, Frankfurt / M., 2001

52  [→ pp. 74, 76]

KASTENHAUS 2085.15, 2001

Material: weiße FTK, diverse Materialien /
Material: white FTK, various materials
Maße: 550 x 800 x 1.000 cm / Size: 550 x 800 x 1.000 cm
Ausstellung, Ort: Museumsufer, Frankfurt a. M. /
Exhibition, venue: South bank museums, Frankfurt / M.

53  [→ pp. 31, 35, 68]

TOMBSTONES IN THE DESERT, 2001

Material: Granulat, HOEWI 301 / Material: granulate, HOEWI 301
Maße: variierende Maße / Size: varying sizes
Ausstellung, Ort: Salto mortale, Museum für Sepulkralkultur, Kassel
13. Oktober - 16. Dezember 2001 /
Exhibition, venue: Salto mortale, Museum für Sepulkralkultur, Kassel,
October 13 - December 16, 2001

54  [→ Cover, pp. 42, 44]

FLOWER POWER WAITING ROOM, 2002

Material: weiße Flaschentransportkisten, Spiegelfußboden,
diverse Materialien /
Material: white transportation crates for bottles, mirrored floor,
various materials
Maße: ø 530 cm, Höhe: 420 cm / Size: ø 530 cm, height: 420 cm
Ausstellung, Ort: Obihiro, Hokkaido, Japan /
Exhibition, venue: Obihiro, Hokkaido, Japan

55  [→ pp. 30, 46 - 50]

OBIHIRO GANGWAY, 2002

Material: grüne japanische Milchflaschentransportkisten,
Reismatten, diverse Materialien /
Material: green Japanese transportation crates for milk bottles,
rice mats, various materials
Maße: 490 x 1.450 x 490 cm / Size: 490 x 1.450 x 490 cm
Ausstellung, Ort: Obihiro, Hokkaido, Japan /
Exhibition, venue: Obihiro, Hokkaido, Japan

ANMERKUNG „Wie jeder andere Tunnel erscheint er, von vorn gesehen, wie ein Ring. Doch wenn man der Aufforderung des Wärters
folgt und hineingeht, bleibt man länger als zunächst geplant. Die
Hitze der grellen Sonne dringt nicht in den Innenraum, nur sanftes
Licht scheint durch die Öffnungen der Wasserkästen. Der Ausgang
verwandelt sich in ein Fenster, das den urzeitlich erscheinenden
Wald dahinter rahmt." (Shinobu Ito, Tokyo, September 2002)

NOTE "Like any other tunnel, this structure looks like a ring when
viewed from the front. But once you step into it afterbeing told to do
so by the exhibition attendant, you end up staying there much longer
than expected. The heat of the glaring sun doesn't penetrate into the
interior of the structure; only gentle sunlight comes shining through
the openings in the crates. The exit is suddenly transformed into
a window that frames the primeval forest beyond." (Shinobu Ito,
Tokyo, September 2002)

56  [→ pp. 52 - 56]

KASTENHAUS 1100.10
„IS THERE ANYTHING BETWEEN BLACK AND WHITE?", 2002

Material: weiße und schwarze FTK, diverse Materialien,
elektrisches Licht /
Material: white and black FTK, various materials, electric light
Maße: 358 x 930 x 415 cm / Size: 358 x 930 x 415 cm
Ort: Fribourg, Schweiz. September - Dezember 2002 /
Venue: Fribourg, Switzerland, September - December 2002

ANMERKUNG „Im Jahr 1127 schenkte der deutsche Kaiser den Her-
zögen von Zähringen die Oberhoheit über unser Land. Berchtold IV.
erbaute auf einem Felsenkopf an der Saane eine feste, trotzige Burg.
Er nannte sie Fryburg. Eines Abends nach einem Jagdausflug verlor
er sich in der Finsternis und fand nicht mehr nach Hause. Zur Not

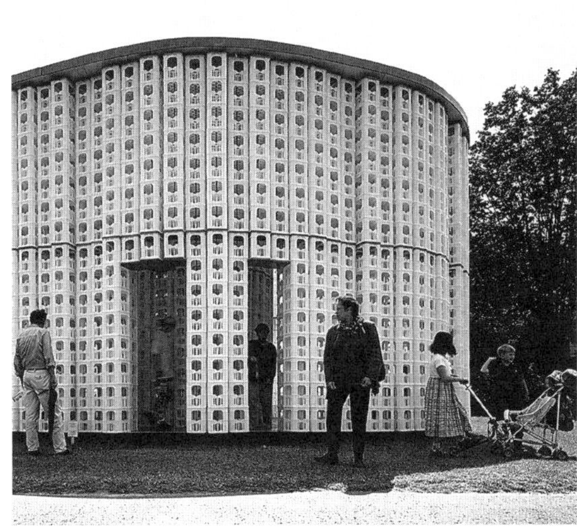

52

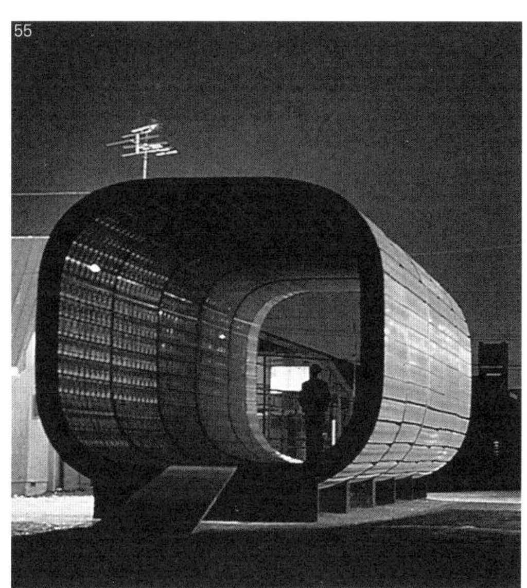

55

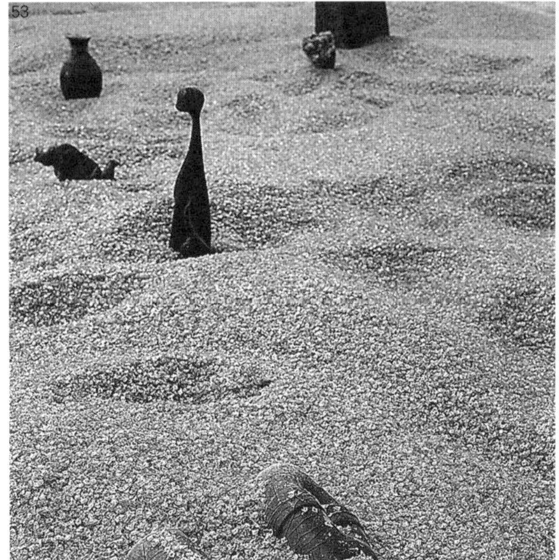

53

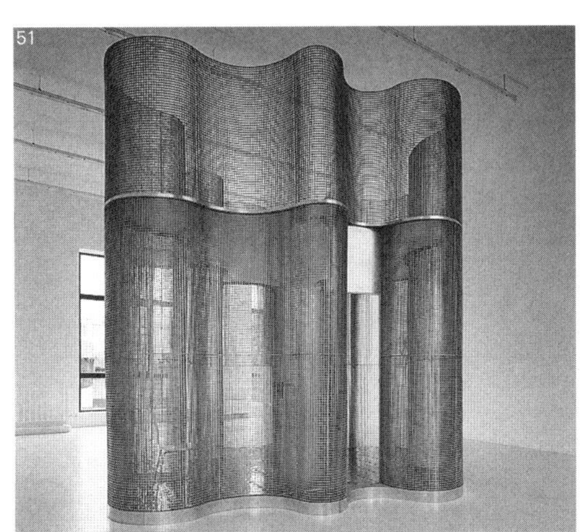

51

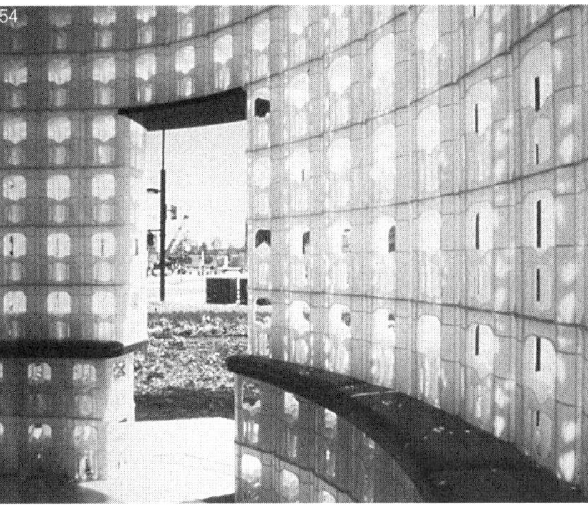

54

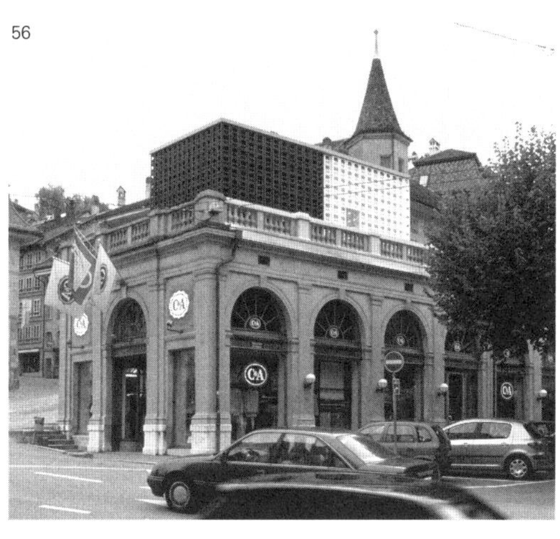

56

übernachtete er in einer Köhlerhütte. Als er am nächsten Morgen erwachte, war sein Wams am Rücken schwarz und auf der Brust weiß bestäubt. Das Lager bestand aus Kohlensäcken, mit einem Mehlsack hatte er sich zugedeckt. Daraufhin gründete er die neue Stadt Fryburg. Ihr Wappen sollte schwarz-weiß sein. Die elementare Farbauswahl schwarz / weiß erinnert an den Entstehungsmythos der Stadt, wie auch an die Durchmischung, welche die katholische Universitätsstadt in den letzten Jahrzehnten mit den schwarzafrikanischen Emigranten erfahren hat. Der grundlegende Kontrast der schwarz / weiß nebeneinander stehenden und miteinander verbundenen Kastenhäuser ermöglicht die Erfahrung von größtmöglichen Gegensätzen und fragt zugleich nach einer Vermittlung von konträren Positionen und Weltbildern." (Esther Maria Jungo, Freiburg 2002)
NOTE "In 1127 the German Emperor granted the Dukes of Zähringen sovereignity over our country. On a rocky outcrop over the Saane Berchtold IV. built a massive resolute castle. He called it Fryburg. One evening, after being out hunting, he got lost in the dark and no longer found his way home. Of necessity, he spent the night in a charcoal maker's hut. When he awoke next morning, the back of his tunic was black and his breastplate white with dust. His bed for the night had been sacks of charcoal and he had covered himself over with a flour sack. Thereupon he founded the new city of Fryburg. Its coat-of-arms: black and white. This choice of elementary colours (black / white) is reminiscent of the legend surrounding the city's origination, and also of the mixture the Catholic university town has seen in recent years with the influx of immigrants from Africa. The fundamental contrast of black and white crate-houses next to each other and joining each other offers a means of experiencing the greatest possible contrasts and also inquires into how contrary positions and outlooks can be bridged." (Esther Maria Jungo, Fribourg 2002)

57
THEKE, 2002
Material: Glas, Holz, diverse Materialien /
Material: glass, wood, various other materials
Maße: ø 300 cm, Höhe: 100 cm / Size: ø 300 cm, height: 100 cm
Ort: Städtische Galerie Wolfsburg /
Venue: Städtische Galerie Wolfsburg

58 [→ p. 66]
THE BLUE CURTAIN, 2002
Material: Well PVC, Metall, Videoinstallation /
Material: corrugated PVC, metal, video installation
Maße: 250 x 540 x 120 cm / Size: 250 x 540 x 120 cm
Ort: Goethe Institut Hanoi, Vietnam, April - Mai 2002 /
Venue: Goethe Institut Hanoi, Vietnam, April - May 2002

59 [→ pp. 58 - 64]
CROSSING. BASKET #3 (REQUIEM FOR A BALCONY), 2002
Material: verzinkte Lichtgitter (Gitterroste), 8 verzinkte Stahltüren,
diverse Materialien, farbig gefasster Fußboden des gesamten Balkons /
Material: light screen (gridded slats), 8 galvanized steel doors,
various materials
Maße: Länge des Balkons: ca. 55 m; Skulptur: 330 x 1.175 x 480 cm /
Size: Length of the balcony: about 55 m; sculpture: 330 x 1.175 x 480 cm
Ausstellung, Ort: The Liverpool Biennial 2002. Lime Street Station,
Liverpool, England. September - November 2002 /
Exhibition, venue: The Liverpool Biennial 2002. Lime Street Station,
Liverpool, England. September - November 2002

ANMERKUNG „Crossing wurde für den ‚Balkon' über einer Ladenzeile entworfen, die die Fassade des Bahnhofs Lime Street verdeckt. Intention der Arbeit ist es, diesen unbeachteten Ort in der Stadtmitte wieder öffentlich nutzbar zu machen (…). Zudem wurde ein ausgezeichneter Aussichtspunkt geschaffen, von dem aus man die wichtigsten Gebäude von Liverpool sehen kann – St.George's Hall, die Walker Art Gallery und das Gerichtsgebäude. (…) Der Grundriss ist der Form einer Pfütze auf dem Balkon entlehnt, eine organische Form, die von sich aus bereits die Umgebung ‚reflektiert'. Man soll die Skulptur begehen: wenn der Betrachter in ihr steht, sieht er durch die einzelnen Lagen der Wand flüchtige Bilder der Stadt. Mit dem Titel Crossing wird auf die Tatsache angespielt, dass – obwohl der Bahnhof ein Ort des Ankommens und Wegfahrens ist – der Balkon (…) zu einem Ort der Stille wird, einem Ort, an dem über Kreuzungen meditiert werden kann, statt sie zu überqueren. (…) Mit Crossing wird ein materieller Dialog zwischen den Bürgern und der Stadt angeregt, um die Debatte hinsichtlich der Planung und Entwicklung der Stadtmitte von Liverpool anzuregen." (Lewis Biggs, Liverpool, 2002)
NOTE "Crossing has been designed especially for the 'balcony' above a row of shops hiding the façade of Lime Street Station. The intention of the piece is to bring this neglected spot in the city centre back into public use (…). It also creates an excellent 'viewpoint' from which to observe Liver-

pool and some of its most important buildings – St George's Hall, the Walker Art Gallery and Quarter Sessions Court. (…) The ground plan was adapted from the shape of a puddle on the balcony, an organic form that inherently 'reflects' its surroundings. The sculpture is designed to be entered: once inside, the visitor will catch veiled glimpses of the city through its layered walls. The title, Crossing, is a play on the fact that, although the station is a point of arrival and departure, the balcony is (…) a point of stillness, a place from which to meditate on crossings rather than make them. Crossing is intended to contribute to a material dialogue between citizens and city, helping to create a debate around the planning of Liverpool's city centre developments. (Lewis Biggs, Liverpool, 2002)

60
HANG THIẼC BASKET #4, 2002
Ausstellung, Ort: Westfälisches Landesmuseum für Kunst und
Kulturgeschichte Münster, 2002,
15. Dezember 2002 - 23. Februar 2003 /
Exhibition, venue: Westfälisches Landesmuseum für Kunst und
Kulturgeschichte Münster, 2002,
December 15, 2002 - February 23, 2003

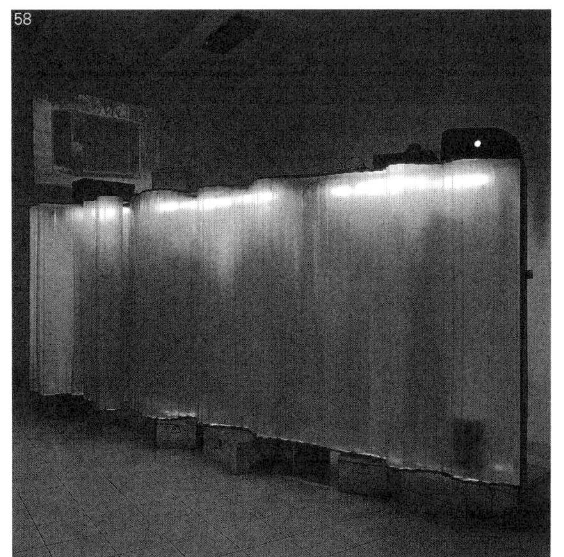

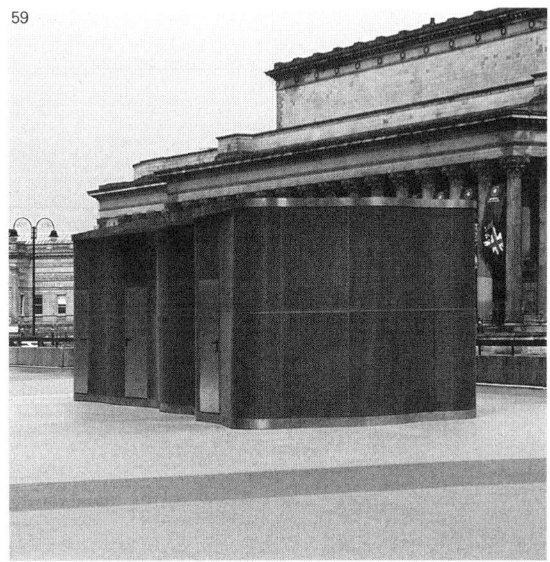

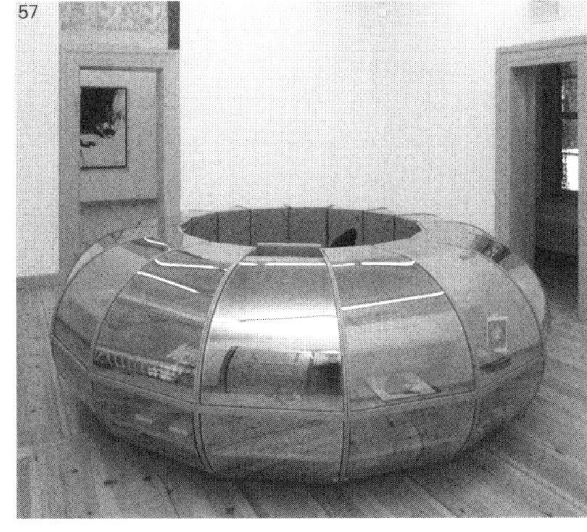

WOLFGANG WINTER
geb. 1960 in Mühlheim / born 1960 in Mühlheim
lebt und arbeitet in Frankfurt a. M. und in Havixbeck /
lives and works in Frankfurt / M. and in Havixbeck

1985 - 1989     Kunsthochschule Kassel
1987 - 1989     Staatliche Hochschule für Bildende Künste –
                Städelschule, Frankfurt a. M.


BERTHOLD HÖRBELT
geb. 1958 in Coesfeld / born 1958 in Coesfeld
lebt und arbeitet in Frankfurt a. M. und in Havixbeck /
lives and works in Frankfurt / M. and in Havixbeck

1984 - 1989     Kunsthochschule Kassel


WOLFGANG WINTER / BERTHOLD HÖRBELT
Zusammenarbeit seit 1992 / Cooperation since 1992
Hompage:http//:www.winter-hoerbelt.de


EINZELAUSSSTELLUNGEN (AUSWAHL) /
SOLO EXHIBITIONS (SELECTION)

2002
*Hang Thiëc Basket #4*, Westfälisches Landesmuseum für Kunst und
Kulturgeschichte Münster, 15. Dezember 2002 - 23. Februar 2003 (Kat.) /
*Hang Thiëc Basket #4*, Westfälisches Landesmuseum für Kunst und
Kulturgeschichte Münster, December 15, 2002 - February 23, 2003 (cat.)

*Sáp Dát Màu Xanh*, Goethe Institut, Hanoi, Vietnam,
8. März - 28. März 2002 /
*Sáp Dát Màu Xanh*, Goethe Institut, Hanoi, Vietnam,
March 8 - March 28, 2002

*"Is there anything between black and white?"*, Fri-Art, Fribourg, Schweiz,
September - December 2002 /
*"Is there anything between black and white?"*, Fri-Art, Fribourg, Swizer-
land, September - December 2002


2001
*Feng Shui Basket – private version*, Galerie Voges + Deisen,
Frankfurt a. M., 16. Juni - 29. Juli 2001 /
*Feng Shui Basket – private version*, Galerie Voges + Deisen,
Frankfurt / M., June 16 - July 29, 2001

*Kastenhaus 1870.15*, Museumsufer Frankfurt a. M., Juni - August  2001 /
*Kastenhaus 1870.15*, South bank museums, Frankfurt / M.,
June - August 2001


2000
*The Houston Crate House*, Rice University Gallery,
Houston, Texas, USA, 21. September - 29. Oktober 2000 (Kat.) /
*The Houston Crate House*, Rice University Gallery,
Houston, Texas, USA, September 21 - October 29, 2000 (cat.)

*Lighthouse*, Nordiska Akvarellmuseet, Skärhamn, Sweden (Kat.) /
*Lighthouse*, Nordiska Akvarellmuseet, Skärhamn, Sweden (cat.)


1999
*Hanoi City Teahouse*, University of Fine Arts Hanoi, Vietnam,
Dezember 1999 /
*Hanoi City Teahouse*, University of Fine Arts Hanoi, Vietnam,
December 1999


1998
Kastenhaus 1330.11, Museumsplatz Bonn,
Oktober - November 1998 /
Kastenhaus 1330.11, Museumsplatz Bonn,
October - November 1998

Kastenhaus 576.9, Salzburg, Österreich, Juni - August 1998 /
Kastenhaus 576.9, Salzburg, Austria, June - August 1998


1997
Galerie Voges + Deisen, Frankfurt a. M.,
4. September - 18. Oktober 1997 /
Galerie Voges + Deisen, Frankfurt / M.,
September 4 - October 18, 1997


1996
*Verkehrswesen*, ACP Galerie Peter Schüngel, Salzburg, Östereich,
Dezember 1996 /
*Verkehrswesen*, ACP Galerie Peter Schüngel, Salzburg, Austria,
December 1996

*Kastenhaus 232.8*, Kunstverein Weil am Rhein, Weil am Rhein,
September - November 1996 /
*Kastenhaus 232.8*, Kunstverein Weil am Rhein, Weil am Rhein,
September - November 1996


1995
Galerie Voges + Deisen, Frankfurt a. M., 20. April - 3. Juni 1995 /
Galerie Voges + Deisen, Frankfurt / M., April 20 - June 3, 1995


1994
*Same Same*, Galerie Tabea Langenkamp, Düsseldorf,
3. Dezember 1994 - 24. Januar 1995 (Kat.) /
*Same Same*, Galerie Tabea Langenkamp, Düsseldorf,
December 3, 1994 - January 24, 1995 (cat.)

GRUPPENAUSSTELLUNGEN (AUSWAHL) /
GROUP EXHIBITIONS ( SELECTION )

2002

*Demeter*, Tokachi International Art Exhibition, Obihiro, Japan,
13. Juli - 23. September 2002 (Kat.) /
*Demeter*, Tokachi International Art Exhibition, Japan,
July 13 - September 23, 2000 (cat.)

*The Liverpool Biennial*, Liverpool, England,
14. September - 24. November 2002 (Kat.) /
*The Liverpool Biennial*, Liverpool, England,
September 14 - November 24, 2002 (cat.)

*Comer no comer*, Centro Arte Salamanca, Salamanca, Spanien,
20. November 2002 - 20. Januar 2003 /
*Comer no comer*, Centro Arte Salamanca, Salamanca, Spain,
November 20, 2002 - January 20, 2003

2001

*Frankfurter Kreuz*, Schirn Kunsthalle, Frankfurt a. M.,
16. Juni - 12. August 2001 (Kat.) /
*Frankfurter Kreuz*, Schirn Kunsthalle, Frankfurt / M.,
June 16 - August 12, 2001 (cat.)

*Salto Mortale*, Museum für Sepulkralkultur, Kassel,
13. August - 16. Dezember 2001 (Kat.) /
*Salto Mortale*, Museum für Sepulkralkultur, Kassel,
August 13 - December 2001 (cat.)

*AIDSMEMORIAL München*, Stadt München, 2001 (Kat.) /
*AIDSMEMORIAL München*, City of Munich, 2001 (cat.)

2000

*zwischenzeit – zwischenraum* (mit Julian Opie und Thomas Huber),
Junge Kunst e.V., Wolfsburg, 17. Juni 2000 - 6. Oktober 2000 (Kat.) /
*zwischenzeit – zwischenraum*, Junge Kunst e.V., Wolfsburg,
June 17 - October 6, 2000 (cat.)

*ein|räumen. Arbeiten im Museum. 61 aktuelle Projekte in der
Hamburger Kunsthalle*, Hamburger Kunsthalle,
20. Oktober 2000 - 21. Januar 2001 (Kat.) /
*ein|räumen. Arbeiten im Museum. 61 aktuelle Projekte in der
Hamburger Kunsthalle*, Hamburger Kunsthalle,
October 20, 2000 - Januar 21, 2001 (cat.)

*Lust-Warande, Pleasure Garden*, Tilburg, Holland,
19. August - 15. Oktober 2000 /
*Lust-Warande, Pleasure Garden*, Tilburg, Netherlands,
August 19 - October 15, 2000

*Umedalen Skulptur 2000*, Galleri Stefan Andersson, Umedalen,
Schweden, Sommer 2000 (Kat.) /
*Umedalen Sculpture 2000*, Galleri Stefan Andersson, Umedalen,
Sweden, Summer 2000 ( cat.)

1999

*Kunstpreis der Böttcherstraße in Bremen*, Kunsthalle Bremen,
21. März - 2. Mai 1999 (Kat.) /
Kunstpreis der Böttcherstraße in Bremen, Kunsthalle Bremen,
March 21 - May 2, 1999 (cat.)

48. *La Biennale di Venzia*, Venedig, Italien,
13. Juni - 7. November 1999 (Kat.) /
48. *La Biennale di Venezia*, Venice, Italy,
June 13 - November 7, 1999 (cat.)

*artecidade*, São Paulo, Brasilien / *artecidade*, São Paulo, Brasil
http://www.uol.com.br/artecidade/english/2002

*Skulptur Biennale im Münsterland 1999*, Kreis Coesfeld,
7. August - 27. September 1999 (Kat.) /
*Skulptur Biennale im Münsterland 1999*, Coesfeld County,
August 7 - September 27, 1999 (cat.)

1998

*Kastenhaus 2640.15*, „The Cinema Project (Das Tarantino Syndrom)".
Künstlerhaus Bethanien, Berlin, 18. September - 18. Oktober 1998 /
*Kastenhaus 2640.15*, "The Cinema Project (Das Tarantino Syndrom)".
Künstlerhaus Bethanien, Berlin, September 18 - October 18, 1998

1997

*Skulptur. Projekte in Münster 1997*, Westfälisches Landesmuseum
Münster, 22. Juni 1997 - 28. September 1997 (Kat.) /
*Skulptur. Projekte in Münster 1997*, Westfälisches Landesmuseum
Münster, June 22, 1997 - September 28, 1997 (cat.)

**BIBLIOGRAPHIE**

*AIDSMEMORIAL*, hrsg. von Bernhard Schwenk, Revolver Archiv für
Aktuelle Kunst, Frankfurt a. M. 2002

Angiolilli, Francesca: „Dupla constroi casas para os sentido",
in: *Folha de São Paulo*, 30. Juni 1999

*Apertutto. 48. Biennale di Venezia 1999*, Marsilio Edition:
Venedig, Italien 1999

Badouin, Uwe: „Kunst aus den Amphoren des 20. Jahrhunderts",
in: *Oberhessische Presse*, 12. März 1999

Baer-Bogenschütz, Dorothee: „In der Scobalit-Schlucht",
in: *Frankfurter Rundschau*, 15. Oktober 1997

Barzel, Amnon: „Von Mineralwasserkisten zu Lichtmaschinen",
in: *Wolfgang Winter / Berthold Hörbelt*, hrsg. von
Florian Matzner, Reihe Cantz: Ostfildern-Ruit 1999, S. 85 - 89

Baumann, Walter E.: „Das Kastenhaus",
in: *Frankfurter Rundschau*, 20. Juli 1996

Beßling, Rainer: „Mein Ruh ist hin",
in: *Weserkurier*, 20. März 1999

Brecht-Levy, Angela: „Sakrale Plastik",
in: *Frankfurter Rundschau*, 11. Juni 2001

Brummel, Klazien: „Belevenissen in het bos",
in: *De Architect*, September 2000

(kb): „Blista-Schüler haben neuerdings ordentlich was auf dem
Kasten", in: *Marburger Neue Zeitung*, 12. März 1999

Deschka, Katharina: „Freundlicher Fremdkörper in der Unterwelt",
in: *Frankfurter Allgemeine Zeitung*, 29. November 2001

*Demeter*, Kat. Tokachi International Contemporary Art Exhibition,
Obihiro, Japan 2002

„Demeter", in: *Bijutsu Techo*, Vol. 54,
September 2002 (Tokyo)

*ein|räumen. Arbeiten im Museum. 61 aktuelle Projekte in der
Hamburger Kunsthalle*, Kat. Hamburger Kunsthalle, Hatje Cantz:
Ostfildern-Ruit 2000

Engelbach, Barbara: „Fliegende Bauten und andere Skulpturen",
in: *Wolfgang Winter / Berthold Hörbelt*, hrsg. von Florian Matzner,
Reihe Cantz: Ostfildern-Ruit 1999, S. 67 - 77

Engelbach, Barbara: *Das Kunstwerk des Monats (Dezember 1997):
Wolfgang Winter / Berthold Hörbelt: Kastenhaus 710.10, Modell
1997*, Westfälisches Landesmuseum für Kunst und Kulturgeschichte
Münster, Münster 1997

Hierholzer, Michael: „Auch Wasserkästen können schön sein",
in: *Frankfurter Allgemeine Zeitung*, 20. Juni 1999

Hierholzer, Michael: „Ein Haus aus lauter leeren Flaschenkästen",
in: *Frankfurter Allgemeine Zeitung*, 2. August 1996

Hierholzer, Michael: „Silberne Apostel und Schwarzer Mönch",
in: *Frankfurter Allgemeine Zeitung*, 13. Juni 2001

Hierholzer, Michael: „Skulpturen aus Wasserkästen",
in: *Frankfurter Allgemeine Zeitung*, 28. September 1997

Hohmeyer, Jürgen: „Brückenkopf am Weiheort",
in: *Der Spiegel*, 16. Oktober 2000

van den Hoven, Door Gerrit: „De wonderen van de Oude Warande",
in: *Brabants Dagblad*, 21. August 2000

Kacar, Filiz: „Kastenhaus bekam endgültigen Standort",
in: *GER Kurier*, 2. Dezember 2001

Karweik, Hans-Adelbert: „Kunst, die Farbe in den Nebel bringt",
in: *Wolfsburger Nachrichten*, 28. November 2001

Klaasmeyer, Kelly: „Project Crate house", in: *Houston Press*,
12. Oktober 2000

Kriegel, Martin: „Hochgestapelte Getränkekisten sorgen für Wirbel in
der Altstadt", in: *Neue Kronen Zeitung*, 23. Juli 1998

Kunsthalle Bremen: *Kunstpreis der Böttcherstraße in Bremen 1999*,
Kat. Kunsthalle Bremen, Bremen 1999

Linhart, Eva: „Wolfgang Winter / Berthold Hörbelt: Same Same",
in: *Artkaleidoskope*, Nr. 1, Februar - Mai 1999

The Liverpool Biennial: *International 2002*,
hrsg. von The Liverpool Biennial, Liverpool 2002

Matzner, Florian: „Zum Werk von Wolfgang Winter und Berthold Hörbelt.
Ein Fax-Dialog mit Florian Matzner, Januar 1999", in: *Wolfgang Winter /
Berthold Hörbelt*, hrsg. von Florian Matzner, Reihe Cantz: Ostfildern-Ruit
1999, S. 11 - 41

Miklis, Claudia: „Vier Minuten gegen das Vergessen",
in: *Westfälische Nachrichten*, 24. März 2001

Pasch, Ralf: „Spiel mir das Lied vom kontrollierten Loslassen",
in: *Frankfurter Rundschau*, 16. Oktober 2001

*Public Art. Kunst im öffentlichen Raum*, hrsg. von Florian Matzner,
Hatje Cantz: Ostfildern-Ruit 2001

Restorff, Jörg: „Billerbeck: Winter / Hörbelt",
in: *Kunstzeitschrift*, Nr. 52, Dezember 2000

Rice University Art Gallery (Kat.): *Wolfgang Winter / Berthold Hörbelt:
Kastenhaus*, Houston, Texas 2000

*Salto mortale*, hrsg. von Florian Matzner, Kat. Museum für Sepulkralkultur,
Kassel, Quantum Books: Ostfildern 2001

Schwarz, Martin: „Wiederverwendet. Getränkekästenkino",
in: *Zitty*, Nr. 20, 1998

Serraller, Francisco Calvo: „Un nouevo aire refesca la Bienal",
in: *EL PAIS*, 13. Juni 1999

*Skulptur Biennale im Münsterland 1999*, hrsg. vom Kreis Coesfeld.
Laumann-Verlag: Dülmen 1999

*Skulptur. Projekte in Münster 1997*, hrsg. von Klaus Bußmann,
Kasper König, Florian Matzner, Kat. Westfälisches Landesmuseum
Münster, Verlag Gerd Hatje: Ostfildern-Ruit 1999

„Skulptur. Projekte in Münster 1997",
in: *Kunstforum International*, Bd. 138, September / November 1997

Smallenburg, Doorsandra: „Beelden detoneren in barock plezierbos
Oude Warande", in: *Handelsblad*, 28. August 2000

Stange, Raimar: „Eine Kiste ist eine Kiste ist eine Kiste?"
in: *zwischenzeit – zwischenraum*, hrsg. vom Kulturdezernat der
Stadt Wolfsburg, Wolfsburg 2000, S. 45 - 53.

Stange, Raimar: „,Kisten aus Kisten'. Fünf Gedanken zu der
ästhetischen Strategie von Wolfgang Winter und Berthold Hörbelt,
in: Wolfgang Winter / Berthold Hörbelt: *recent works*, Kat. Junge
Kunst, Galerie Voges + Deisen, Wolfsburg 2000, S. 5 - 7

„Szeemanns Apertutto", *Kunstforum International*, Nr. 147,
September – November 1999

Thiede, Veit-Mario: „Salto Mortale im Museum",
in: *Nürnberger Nachrichten*, 31. Oktober 2001

Trai, Ngoc: „Tu Quan tra Ha Noi den sap dat man xanh",
in: *My thuat*, 5 / 2002, Hanoi, Vietnam

Trolp, Julia: *Kisten und Kästen*. Wissenschaftliche Hausarbeit im
Fach Architektur, Universität der Künste Berlin, Juni 2002

Ulrich, Wolfgang: „Stapelware als Festarchitektur",
in: *Wolfgang Winter / Berthold Hörbelt*, hrsg. von Florian Matzner,
Reihe Cantz: Ostfildern-Ruit 1999, S. 48 - 59

*Umedalen Skulptur 2000*, Kat. Galerie Stefan Andersson,
Umea 2000

van de Velde, Paola: „Dood paard zorgt vor commotie",
in: *De Telegraaf*, 22. August 2000

Welti, Alfred: „Münster tut gut",
in: *Art. Das Kunstmagazin*, August 1997, S. 44

Winter, Wolfgang / Berthold Hörbelt: *Kapelle der Friedfertigkeit*,
hrsg. vom Förderverein Mahnmal e.V., Billerbeck 2001

Winter, Wolfgang / Berthold Hörbelt: *Kastenhaus. Interview mit
Kimberly Davenport*, in: Kat. Rice University Art Gallery, Houston,
Texas 2000

Winter, Wolfgang / Berthold Hörbelt: „Kastenhaus xxx.x",
in: *Skulptur. Projekte in Münster 1997*, hrsg. von Klaus Bußmann,
Kasper König, Florian Matzner, Kat. Westfälisches Landesmuseum
Münster, Verlag Gerd Hatje: Ostfildern-Ruit 1997, S. 457 - 461

*Wolfgang Winter / Berthold Hörbelt: recent works,*
Kat. Junge Kunst e.V. und Galerie Voges + Deisen, Frankfurt a. M.,
und Wolfsburg 2000

*Wolfgang Wolfgang / Berthold Hörbelt: Same Same 1993 - 94.*
Kat. Galerie Tabea Langenkamp, Düsseldorf 1994

*Wolfgang Wolfgang / Berthold Hörbelt,* hrsg. von Florian Matzner,
Reihe Cantz: Ostfildern-Ruit 1999

Winter, Wolfgang / Berthold Hörbelt: „Vier Projekte, 1999 - 2001",
in: *Public Art. Kunst im öffentlichen Raum,* hrsg. von
Florian Matzner, Hatje Cantz: Ostfildern-Ruit 2001, S. 242 - 249

*zwischenzeit – zwischenraum,* hrsg. vom Kulturdezernat der
Stadt Wolfsburg, Wolfsburg 2000


## BIBLIOGRAPHY

*AIDSMEMORIAL,* ed. by Bernhard Schwenk, Revolver Archiv für Aktuelle
Kunst, Frankfurt / M., 2002

Angiolilli, Francesca: "Dupla constroi casas para os sentido,"
in: *Folha de São Paulo,* June 30, 1999

*Apertutto. 48 Biennal di Venezia 1999,* Marsilio Edition: Venice, Italy, 1999

Badouin, Uwe: "Kunst aus den Amphoren des 20. Jahrhunderts,"
in: *Oberhessische Presse,* March 12, 1999

Baer-Bogenschütz, Dorothee: "In der Scobalit-Schlucht,"
in: *Frankfurter Rundschau,* October 15, 1997

Barzel, Amnon: "Von Mineralwasserkisten zu Lichtmaschinen",
in: *Wolfgang Winter / Berthold Hörbelt,* ed. Florian Matzner,
Reihe Cantz: Ostfildern-Ruit, 1999, pp. 85 - 9

Baumann, Walter E.: "Das Kastenhaus,"
in: *Frankfurter Rundschau,* July 20, 1996

Beßling, Rainer: "Mein Ruh ist hin", in: *Weserkurier,* March 20, 1999

Brecht-Levy, Angela: "Sakrale Plastik,"
in: *Frankfurter Rundschau,* June 11, 2001

Brummel, Klazien: "Belevenissen in het bos,"
in: *De Architect,* September 2000

(kb): "Blista-Schüler haben neuerdings ordentlich was auf dem Kasten,"
in: *Marburger Neue Zeitung,* March 12, 1999

Deschka, Katharina: "Freundlicher Fremdkörper in der Unterwelt,"
in: *Frankfurter Allgemeine Zeitung,* November 29, 2001

*Demeter,* cat. Tokachi International Contemporary Art Exhibition,
Obihiro, Japan 2002

"Demeter" in: *Bijutsu Techo,* Vol. 54, September 2002 (Tokyo)

*ein|räumen. Arbeiten im Museum. 61 aktuelle Projekte
in der Hamburger Kunsthalle,* cat. Hamburger Kunsthalle,
Hatje Cantz: Ostfildern-Ruit, 2000

Engelbach, Barbara: "Fliegende Bauten und andere Skulpturen,"
in: *Wolfgang Winter / Berthold Hörbelt,* ed. Florian Matzner,
Reihe Cantz: Ostfildern-Ruit, 1999, pp. 67 - 77

Engelbach, Barbara: *Das Kunstwerk des Monats (Dezember 1997):
Wolfgang Winter / Berthold Hörbelt: Kastenhaus 710.10, Modell 1997,*
Westfälisches Landesmuseum für Kunst und Kulturgeschichte Münster,
Münster 1997

Hierholzer, Michael: "Auch Wasserkästen können schön sein,"
in: *Frankfurter Allgemeine Zeitung,* June 20, 1999

Hierholzer, Michael: "Ein Haus aus lauter leeren Flaschenkästen,"
in: *Frankfurter Allgemeine Zeitung,* August 2, 1996

Hierholzer, Michael: "Silberne Apostel und Schwarzer Mönch,"
in: *Frankfurter Allgemeine Zeitung,* June 13, 2001

Hierholzer, Michael: "Skulpturen aus Wasserkästen,"
in: *Frankfurter Allgemeine Zeitung,* September 28, 1997

Hohmeyer, Jürgen: "Brückenkopf am Weiheort,"
in: *Der Spiegel,* October 16, 2000

van den Hoven, Door Gerrit: "De wonderen van de Oude
Warande," in: *Brabants Dagblad,* August 21, 2000

Kacar, Filiz: "Kastenhaus bekam entgültigen Standort,"
in: *GER Kurier,* December 2, 2001

Karweik, Hans-Adelbert: "Kunst, die Farbe in den Nebel bringt,"
in: *Wolfsburger Nachrichten,* November 28, 2001

Klaasmeyer, Kelly: "Project Crate house,"
in: *Houston Press,* October 12, 2000

Kriegel, Martin: "Hochgestapelte Getränkekisten sorgen für Wirbel
in der Altstadt," in: *Neue Kronen Zeitung,* Juli 23, 1998

Kunsthalle Bremen: *Kunstpreis der Böttcherstraße in Bremen 1999,*
cat. Kunsthalle Bremen, Bremen, 1999

Linhart, Eva: "Wolfgang Winter / Berthold Hörbelt: Same Same,"
in *Artkaleidoscope,* no. 1, February - May, 1999

The Liverpool Biennial: *International 2002,*
ed. The Liverpool Biennial, Liverpool, 2002

Matzner, Florian: "Zum Werk von Wolfgang Winter und Berthold
Hörbelt. Ein Fax-Dialog mit Florian Matzner, Januar 1999,"
in: *Wolfgang Winter / Berthold Hörbelt,* ed. Florian Matzner,
Reihe Cantz: Ostfildern-Ruit, 1999, pp. 11 - 41

Miklis, Claudia: "Vier Minuten gegen das Vergessen,"
in: *Westfälische Nachrichten,* March 24, 2001

Pasch, Ralf: "Spiel mir das Lied vom kontrollierten Loslassen,"
in: *Frankfurter Rundschau,* October 16, 2001

*Public Art. Kunst im öffentlichen Raum,* ed. Florian Matzner
Hatje Cantz: Ostfildern-Ruit, 2001

Restorff, Jörg: "Billerbeck: Winter / Hörbelt,"
in: *Kunstzeitschrift,* no. 52, December, 2000

Rice University Art Gallery (cat.): *Winter / Hörbelt: Kastenhaus,*
Houston, Texas, 2000

*Salto mortale,* ed. Florian Matzner, cat. Museum für Sepulkralkultur,
Kassel, Quantum Books: Ostfildern 2001

Schwarz, Martin: "Wiederverwendet. Getränkekästenkino,"
in: *Zitty,* no. 20, 1998

Serraller, Francisco Calvo: "Un nouevo aire refesca la Bienal,"
in: *EL PAIS,* June 13, 1999

Skulptur Biennale im Münsterland 1999, ed. Kreis Coesfeld,
Laumann-Verlag: Dülmen 1999

*Skulptur. Projekte in Münster 1997*, ed. Klaus Bußmann,
Kasper König, Florian Matzner, cat. Westfälisches Landesmuseum
Münster, Verlag Gerd Hatje: Ostfildern-Ruit, 1999

"Skulptur. Projekte in Münster 1997,"
in: *Kunstforum International*, vol. 138, September / November 1997

Smallenburg, Doorsandra: "Beelden detoneren in barock plezierbos
Oude Warande," in: *Handelsblad*, August 28, 2000

Stange, Raimar: "Eine Kiste ist eine Kiste ist eine Kiste?"
in: *zwischenzeit – zwischenraum*, ed. Kulturdezernat der Stadt
Wolfsburg, Wolfsburg, 2000, pp. 45 - 53.

Stange, Raimar: "'Kisten aus Kisten'. Fünf Gedanken zu der ästhetischen Strategie von Wolfgang Winter und Berthold Hörbelt,"
in: Wolfgang Winter / Berthold Hörbelt: *recent works*, cat. Junge
Kunst, Galerie Voges + Deisen, Wolfsburg, 2000, p. 5 - 7

"Szeemanns Apertutto," *Kunstforum International*, no. 147,
September - November 1999

Thiede, Veit-Mario: "Salto Mortale im Museum,"
in: *Nürnberger Nachrichten*, October 31, 2001

Trai, Ngoc: "Tu Quan tra Ha Noi den sap dat man xanh,"
in: *My thuat*, 5 / 2002, Hanoi, Vietnam

Trolp, Julia: *Kisten und Kästen*, graduate project in the Architecture
Dept., University of Arts Berlin, June 2002

Ulrich, Wolfgang: "Stapelware als Festarchitektur,"
in: *Wolfgang Winter / Berthold Hörbelt*, ed. Florian Matzner,
Reihe Cantz: Ostfildern-Ruit, 1999, pp. 48 - 59

*Umedalen Skulptur 2000*, cat. Galerie Stefan Andersson,
Umea, 2000

van de Velde, Paola: "Dood paard zorgt vor commotie,"
in: *De Telegraaf*, August 22, 2000

Welti, Alfred: "Münster tut gut",
in: *Art. Das Kunstmagazin*, August 1997, p. 44

Winter, Wolfgang / Berthold Hörbelt: *Kapelle der Friedfertigkeit*,
ed. Förderverein Mahnmahl e.V., Billerbeck, 2001

Winter, Wolfgang / Berthold Hörbelt:
*Kastenhaus. Interview mit Kimberly Davenport*,
in: cat. Rice University Art Gallery, Houston, Texas, 2000

Winter, Wolfgang / Berthold Hörbelt: "Kastenhaus xxx.x,"
in: *Skulptur. Projekte in Münster 1997*, ed. Klaus Bußmann,
Kasper König, Florian Matzner, cat. Westfälisches Landesmuseum
Münster, Verlag Gerd Hatje: Ostfildern-Ruit, 1997, pp. 457 - 61

*Wolfgang Wolfgang / Berthold Hörbelt: recent works*,
cat. Junge Kunst e.V. und Galerie Voges + Deisen, Frankfurt / M.,
and Wolfsburg, 2000

*Wolfgang Wolfgang / Berthold Hörbelt: Same Same 1993 - 94.*
cat. Galerie Tabea Langenkamp, Düsseldorf 1994

*Wolfgang Winter / Berthold Hörbelt*, ed. Florian Matzner,
Reihe Cantz: Ostfildern-Ruit, 1999

Winter, Wolfgang / Berthold Hörbelt: "Vier Projekte, 1999 - 2001,"
in: *Public Art. Kunst im öffentlichen Raum*, ed. Florian Matzner,
Hatje Cantz: Ostfildern-Ruit, 2001, pp. 242 - 9.

*zwischenzeit – zwischenraum*, ed. Cultural Office,
City of Wolfsburg, Wolfsburg, 2000

DANIEL BIRNBAUM Geb. 1963 in Stockholm. 1998 - 2000 Direktor des IASPIS (International Artists' Studio Program) in Schweden. Seit 2001 Rektor der Staatlichen Hochschule für Bildende Künste, Städelschule, Frankfurt a. M. Kurator zahlreicher Ausstellungen (u.a. *Syndrome*, 2000; *Ain't Ordinarily So*, 1999; *Lebensraum*, 1998; *Arkipelag*, 1998). Beiträge in Magazinen und Zeitschriften wie *Artforum*, *Frieze Magazine*, *Parkett*, *Art & Text*. Autor diverser Aufsätze und Publikationen zur Philosophie und zeitgenössischen Kunst (u.a. *Productions* (mit Carsten Höller), 2000; *Like Virginity, Once Lost: Five Views on Nordic Art Now*, 1999; *Heidegger's Path*, 1999).
DANIEL BIRNBAUM Born 1963 in Stockholm. 1998 - 2000: Director of the IASPIS (International Artists' Studio Program) in Sweden. Since 2001 Rector of the State Academy for the Applied Arts – Städel Academy, Frankfurt / M. Curator of numerous exhibitions (*Syndrome*, 2000; *Ain't Ordinarily So*, 1999; *Lebensraum*, 1998; *Arkipelag*, 1998, etc.). Articles for magazines and journals such as *Artforum*, *Frieze Magazine*, *Parkett*, *Art & Text*. Author of numerous essays and publications on philosophy and contemporary art (*Productions* (with Carsten Höller) 2000; *Like Virginity, Once Lost: Five Views on Nordic Art Now*, 1999; *Heidegger's Path*, 1999, etc.).

MARIANNE BROUWER Geb. 1942. Marianne Brouwer ist Kunsthistorikerin, freie Kuratorin und Autorin. In den 1970er Jahren lebte sie in Japan und Frankreich und arbeitete als Kunstkritikerin für verschiedene Zeitschriften und Zeitungen. In den 1980er und 1990er Jahren war sie als die Kuratorin für Skulptur am Kröller-Müller Museum, Otterlo, tätig. Sie kuratierte zahlreiche Ausstellungen (u.a. *Dan Graham. Works 1965 - 2000, Another Long March. Chinese Conceptual and Installation Art in the Nineties, Heart of Darkness*) und verfasste über hundert Essays, u.a. über Robert Smithson und Gordon Matta-Clark. Sie war Redakteurin von *Museumjournaal* und *Archis International*.
MARIANNE BROUWER Born 1942. Marianne Brouwer is an art historian, independent curator and writer. In the 1970s she lived in Japan and in France and worked as an art critic for various magazines and newspapers. During the 1980s and 1990s she was the curator of sculpture at the Kröller-Müller Museum, Otterlo. She has curated a great number of exhibitions (*Dan Graham. Works 1965 - 2000, Another Long March. Chinese Conceptual and Installation Art in the Nineties, Heart of Darkness, etc.*) and has written over a hundred essays, among others about Robert Smithson and Gordon Matta-Clark. She has also worked as an editor of *Museumjournaal* und *Archis International*.

KLAUS BUSSMANN Geb. 1941. Studium der Kunstgeschichte, Geschichte und Soziologie in Münster, Berlin, Basel und Paris. 1968 - 77 Kustos am Westfälischen Landesmuseum für Kunst und Kulturgeschichte Münster, 1977 - 85 Professor für Kunstgeschichte, Fachhochschule Münster / Fachbereich Design. Seit 1985 Direktor des Westfälischen Landesmuseums für Kunst- und Kulturgeschichte Münster. 1985 - 1995 Vorsitzender der Vereinigung Westfälischer Museen. 1990 / 1993 Kommissar der Biennale in Venedig für die Bundesrepublik Deutschland.
KLAUS BUSSMANN Born 1941. Studied art history, history and sociology in Münster, Berlin, Basel and Paris. 1968 - 77: Curator at Westfälisches Landesmuseum für Kunst- und Kulturgeschichte, Münster. 1977 - 85: Professor of Art History, Design Dept., Münster Polytechnic. Since 1985 Director of Westfälisches Landesmuseum für Kunst- und Kulturgeschichte Münster. 1985 - 95: Chairman of the Association of Westphalian Museums. 1990 / 1993: Commissioner of the Venice Biennial for Germany.

FLORIAN MATZNER Geb. 1961. Studium der Kunstgeschichte in Marburg, Hamburg und Rom. Promotion 1991 über Staatsikonographie in der italienischen Renaissance. 1991 - 98: Kurator am Landesmuseum Münster, seit 1998 Professur für Kunstgeschichte an der Akademie der bildenden Künste München. Zahlreiche Publikationen und Ausstellungen zur zeitgenössischen Kunst, u.a. Co-Kurator des Deutschen Pavillons auf der *Biennale in Venedig*, 1992, Projektleiter der *Skulptur. Projekte in Münster*, 1997, der *Skulptur. Biennale Münsterland*, 1999, sowie des Public Art-Programms *Counterpoints* in Luxemburg, 2002- 05.
FLORIAN MATZNER Born 1961. Studied Art History in Marburg, Hamburg and Rome. Awarded a doctorate in 1991 for a thesis on state iconography in the Italian renaissance. 1991 - 98: Curator at Landesmuseum Münster. Since 1998: Professor of Art History at the Academy of the Applied Arts, Munich. Numerous publications and exhibitions on contemporary art, among other things co-curator of the German Pavilion at the 1992 *Venice Biennial*, project head *Skulptur. Projekte in Münster*, 1997, *Skulptur Biennale Münsterland*, 1999, and the public art program *Counterpoints* in Luxembourg, 2002- 05.

FRIEDERIKE WAPPLER Studium der Freien Kunst an der Kunstakademie Düsseldorf / Münster sowie der Germanistik und Kunstgeschichte in Bielefeld, Münster, Bochum und New York. 1999: Promotion über das multimediale Werk Bruce Naumans. In den 1990er Jahren: Lektorin in Kunstbuchverlagen (u.a. *Schirmer / Mosel*, München) und Redakteurin und Korrespondentin der Kunstzeitschrift *Zyma. Art Today*. 1999 - 2000: Wissenschaftliche Mitarbeiterin der Hamburger Kunsthalle (Konzeptuelle und kuratorische Mitarbeit an *ein|räumen. Arbeiten im Museum. 61 aktuelle Projekte in der Hamburger Kunsthalle*). Seit 2001 Dozentin für moderne und zeitgenössische Kunst an der Universität Konstanz, Fachbereich Kunst- und Medienwissenschaften. Kuratorin einer Reihe von Ausstellungen (u.a. *Mischa Kuball: Slings of Memory, Timm Ulrichs: Landschaftsepiphanien*) und Autorin zahlreicher Essays zur zeitgenössischen Kunst sowie zur Kunst- und Medientheorie.

FRIEDERIKE WAPPLER Studied Art at the Art Academy in Düsseldorf / Münster and German and Art History in Bielefeld, Münster, Bochum and New York. 1999: Doctorate on the multimedia œuvre of Bruce Nauman. In the 1990s, editor at art publishers (*Schirmer / Mosel*, Munich, etc.) as well as editor and correspondent for the journal *Zyma. Art Today*. 1999 - 2000: Scholary staffer at Hamburg Kunsthalle (conceptual and curatory participation at *ein|räumen. Arbeiten im Museum. 61 aktuelle Projekte in der Hamburger Kunsthalle*). Since 2001: Lecturer for modern and contemporary art at the University of Constance, Dept. of Art and Media Studies. Freelance curator and authoress. She curated a number of exhibitions (*Mischa Kuball: Slings of Memory, Timm Ulrichs: Landschaftsepiphanien, etc.*) and published numerous essays about contemporary art and art theory.

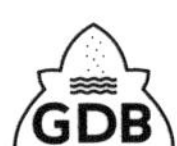

GDB    Sparda-Bank    lichtgitter